유튜브채널 파이팅혼공TV

2025 최신판

최신출제기준 완벽반영 NCS 기반

제과·제빵 기능사
제과 제빵 산업기사 대비 통합 이론

CBT 필기 기출문제집
올인원 총정리

PD혼공 지음

★ SMILE STRATEGY 스마일 전략
★ 기본 이론 핵심 정리
★ CBT 실전모의고사

: PREFACE

구독자 10만명의 유튜브채널 〈파이팅혼공TV〉는 제과제빵기능사, 한식조리기능사, 양식조리기능사, 일식조리기능사, 중식조리기능사, 복어조리기능사, 미용기능사, 굴착기운전기능사, 지게차운전기능사 등 기능사 상시시험을 비롯하여 전기기능사, 조경기능사, 산림기능사, 위험물기능사 등 기능사 정기시험 종목들과 화물운송, 택시, 버스운송자격시험, 보트조종면허, 드론 조종면허에 이르기까지 다양한 자격증의 초단기 합격을 위한 몰입형 학습 컨텐츠 영상 제작에 집중하고 있습니다.

이론적 전문성 보다는 실기 기능에 중점을 둔 자격증의 경우 필기시험 준비를 위해 많은 시간과 돈을 들이는 것은 비효율적입니다. 하지만 이정도쯤 이야 하고 교재를 펼쳤다가 생각보다 전문적인 용어와 내용들에 깜짝 놀라시는 경우가 많습니다.

예전 기출문제에서 순환 출제되는 문제은행식 출제 유형의 시험에서는 이론을 순서대로 이해하며 공부해가는 연구자 모드 공부법보다 핵심내용을 암기팁을 활용하여 정답을 빠르게 찾아내는 쪽집게식 공부법이 효과적입니다. 파이팅혼공TV는 방대한 분량의 기출문제 데이터를 분석하여 출제가 예상되는 핵심내용만 엄선하여 재미있고 효과적인 공부가 될 수 있도록 끊임없이 연구하고 있습니다.

"선생님, 독해가 잘 안돼요." 하고 고민하는 학생에게 독해 지문에 나오는 영어 단어를 물어보면 전혀 단어 암기가 되어있지 않은 경우가 대부분입니다. 독해가 되지 않는다면 일단 단어의 뜻부터 암기해야 하듯이 생소한 분야는 일단 용어의 뜻부터 암기해야 문제가 풀린다는 당연한 사실을 상기해 보면서 여러분을 초단기 합격의 길로 안내하겠습니다.

아울러, 본 교재는 제과제빵기능사를 넘어 최근 새로 도입된 제과제빵 산업기사 자격증에 도전하실 분들에게도 가장 기본이 되는 핵심 이론 정리를 추가함으로써, 응시자격 조건이 되는 경우에는 한 단계 높은 자격증인 산업기사 시험에도 충분히 합격점 이상 받을 수 있는 이론적 토대를 추가 교재 없이 동시에 마련할 수 있습니다.

끝으로 본 교재가 나오기까지 애써주신 인성재단 대표님과 임직원분들께 진심으로 감사를 전합니다.

파이팅혼공TV
PD 혼공

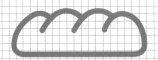

제과제빵기능사
올인원 총정리
이론정리 + 기출 통합 교재

파이팅혼공TV의 [스마일 전략]으로
효율적으로 공부하고 웃으며 시험장을 나오세요!

★ 스마일 전략 SMILE Strategy ★

파이팅혼공TV PD혼공의 초단기 합격 전략

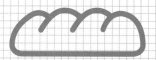

✪ Speedy 빠르게

이론 정리 한 문장이 한 문제다!

철저히 기출되었던 문제 중심으로 집필하여 교재의 한 문장 한 문장이 한 문제와 직결되도록 핵심내용만 요약 정리하였습니다. 굵은 글씨와 색으로 강조된 키워드만 빠르게 여러번 반복해서 읽어 보시는 방법도 추천드립니다. 또한 유튜브 스피드 강의와 함께 공부하신다면 공부시간을 더욱 절약하고 효율적으로 합격할 수 있습니다.

✪ Memorably 기억에 남게

답을 알아도 암기가 어렵다면?

유튜브 영상을 통해 몇 번 만 들으면 저절로 암기되는 마성(?)의 암기팁이 대량 녹아있는 강의들로 배경지식이 전혀 없는 일반인도 초단기 합격이 가능합니다.

✪ Interestingly 재미있게

다소 유치하지만 쉽고 재미있는 암기법으로 지루하지 않고 기억에 남는 공부로 이끕니다.

✪ Learning 학습하고,

혼자서 책만보지 마세요.

유튜브 채널 〈파이팅혼공TV〉의 제과제빵기능사 영상들을 교재와 같이 보시면 공부속도가 훨씬 빨라집니다. 하루에 4시간정도만 투자하시더라도 영상과 함께 공부하신다면 본 교재를 처음부터 끝까지 1회독하시는 효과가 있습니다. 넉넉잡아 3일동안 4시간씩 투자하셔서 3회독 정도 해내신다면, 100% 합격 점수 이상 획득하시리라 확신합니다.

✪ Exactly 정확하게 답을 찾아낸다!

왜 문답 암기가 중요한가?

제과제빵기능사 시험은 응용력을 테스트하는 시험이 아닌 과년도 기출문제에서 그대로 출제되는 문제은행식 출제방식으로 〈문제와 답〉 암기만으로도 고득점이 가능합니다.

우리의 뇌는 문제를 풀 때 내가 찍은 보기가 정답이 되어야하는 로직(logic)를 만들어 머리 속에 각인시킵니다. 그래서 모르는 문제에 많은 시간을 할애하여 나만의 로직을 만들어 풀었는데 아쉽게도 틀리게 되면, 틀린 문제를 계속 반복해서 틀리게 되는 경우가 대부분입니다. 이경우 오답노트를 만들거나 정답지문의 반복암기를 통해 머리 속에 남아있던 먼저 입력된 잘못된 로직의 틀을 깨부수지 않고는 그러한 선입견을 쉽게 고치기가 힘듭니다.

따라서 처음부터 무작정 문제를 풀어보는 것 보다는 답이 표시되어 있는 문제와 답을 연결시켜 정답과 오답을 분리하여 이해하고 암기하는 방법이야말로 제과제빵기능사 시험과 같은 문제의 풀(pool)이 제한되어 있는 문제은행식 시험에 적합한 초단기 합격의 비결입니다.

■ 응시자격

- **제과기능사 제빵기능사**
  - 별도의 제한 없이 누구나 응시 가능

- **제과산업기사 제빵산업기사**
  - 기능사 자격증을 보유하고 실무경력 1년
  - 관련학과 전문대학 또는 4년제 대학졸업자 또는 졸업예정자
  - 고용노동부령이 정하는 기능경기대회 입상자
  - 동일 종목 및 유사 분야 실무경력 2년 이상인 자

■ 합격기준

- **제과기능사 제빵기능사**
  - 100점 만점에 60점이상 득점 시 합격(60문제 중 36문제 이상)

- **제과산업기사 제빵산업기사**
  - 100점 만점에 60점이상 득점하고 각 과목별 40점 이상 시 합격
    [위생안전관리 / 제과점관리 / 과자류 및 빵류 제품제조]

■ 응시자 현황 및 합격율

- **제과기능사 Craftsman Confectionary Making**

연도	필기			실기		
	응시	합격	합격률(%)	응시	합격	합격률(%)
2024	48,614	18,046	37.1%	26,641	10,862	40.8%
2023	54,894	21,877	39.9%	30,741	12,839	41.8%
2022	55,531	24,186	43.6%	32,414	14,362	44.3%
2021	59,893	27,634	46.1%	32,444	14,227	43.9%
2020	41,292	19,136	46.3%	20,928	8,376	40%

- ### 제빵기능사 Craftsman Breads Making

연도	필기			실기		
	응시	합격	합격률(%)	응시	합격	합격률(%)
2024	49,084	18,072	36.8%	27,892	13,048	46.8%
2023	51,897	22,178	42.7%	31,450	14,916	47.4%
2022	53,382	23,467	44%	32,513	16,070	49.4%
2021	55,758	26,213	47%	33,246	16,446	49.5%
2020	39,306	18,467	47%	22,004	10,204	46.4%

- ### 제과 산업기사 Industrial Engineer Confectionery Maker

연도	필기			실기		
	응시	합격	합격률(%)	응시	합격	합격률(%)
2024	1,003	773	77.1%	833	336	40.3%
2023	1,094	846	77.3%	723	275	38%
2022	315	267	84.8%	0	0	0%

- ### 제빵 산업기사 Industrial Engineer Breads Making

연도	필기			실기		
	응시	합격	합격률(%)	응시	합격	합격률(%)
2024	1,053	734	69.7%	823	387	47%
2023	1,040	719	69.1%	663	261	39.4%
2022	279	201	72%	0	0	0%

: NCS 필기시험 출제 범위와 기준

◈ 제과기능사의 주요항목과 세부항목

1. **재료 준비** : 재료 준비 및 계량
2. **제품 제조** : 반죽 및 반죽관리, 충전물/토핑물 제조, 성형, 팬닝, 반죽익히기
3. **제품 저장 관리** : 제품의 냉각 및 포장, 제품의 저장 및 유통
4. **위생 안전 관리** : 식품위생 관련 법규 및 규정, 개인 위생관리, 환경 위생관리, 공정 점검 및 관리

◈ 제빵기능사의 주요항목과 세부항목

1. **재료 준비** : 재료 준비 및 계량
2. **제품 제조** : 반죽 및 반죽관리, 충전물/토핑물 제조, 반죽 발효 관리, 분할하기, 중간발효, 성형, 성형, 반죽익히기
3. **제품 저장 관리** : 제품의 냉각 및 포장, 제품의 저장 및 유통
4. **위생 안전 관리** : 식품위생 관련 법규 및 규정, 개인 위생관리, 환경 위생관리, 공정 점검 및 관리

◈ 제과산업기사의 주요항목과 세부항목

• 위생안전관리 [20문제]

1. **빵류제품 생산작업준비** : 개인위생 점검, 작업환경점검, 기기 도구 점검, 재료 계량
2. **빵류제품 위생안전관리** : 개인 위생안전관리, 환경 위생안전관리, 기기 위생안전관리, 식품 위생안전관리
3. **빵류 품질관리** : 품질기획, 품질검사, 품질개선

• 제과점 관리 [20문제]

1. **과자류제품 재료구매관리** : 재료 구매관리, 설비 구매관리
2. **매장관리** : 인력관리, 판매관리, 고객관리
3. **베이커리 경영** : 생산관리, 마케팅관리, 매출손익관리

• 과자류 제품제조 [20문제]

1. **과자류제품 재료혼합** : 반죽형 반죽, 거품형 반죽, 퍼프 페이스트리 반죽, 부속물 제조, 다양한 반죽
2. **과자류제품 반죽정형** : 케이크류 정형, 쿠키류 정형, 퍼프페이스트리 정형, 다양한 정형

3. **과자류제품 반죽익힘** : 반죽익힘
4. **초콜릿제품 만들기** : 초콜릿제품 제조
5. **장식케이크 만들기** : 장식케이크 제조
6. **무스케이크 만들기** : 무스케이크 제조
7. **과자류제품 포장** : 과자류 제품 냉각, 마무리, 포장
8. **과자류제품 저장유통** : 과자류 제품 저장 및 유통

◈ 제빵산업기사의 주요항목과 세부항목

- ### 위생안전관리 [20문제]

    1. **빵류제품 생산작업준비** : 개인위생 점검, 작업환경점검, 기기 도구 점검, 재료 계량
    2. **빵류제품 위생안전관리** : 개인 위생안전관리, 환경 위생안전관리, 기기 위생안전관리, 식품 위생안전관리
    3. **빵류 품질관리** : 품질기획, 품질검사, 품질개선

- ### 제과점 관리 [20문제]

    1. **빵류제품 재료구매관리** : 재료 구매관리, 설비 구매관리
    2. **매장관리** : 인력관리, 판매관리, 고객관리
    3. **베이커리 경영** : 생산관리, 마케팅관리, 매출손익관리

- ### 빵류 제품제조 [20문제]

    1. **빵류제품 스트레이트 반죽** : 스트레이트법 반죽, 비상 스트레이트법 반죽
    2. **빵류제품 스펀지 도우 반죽** : 스펀지반죽
    3. **빵류제품 특수반죽** : 특수반죽 - 사우어도우법, 액종법, 다양한 반죽(탕종 등)
    4. **빵류제품 반죽발효** : 1차 발효관리, 2차 발효관리, 다양한 발효관리(유산균, 저온발효 등)
    5. **빵류제품 반죽정형** : 반죽분할, 둥글리기, 중간발효, 성형, 패닝
    6. **빵류제품 반죽익힘** : 반죽 굽기, 반죽 튀기기
    7. **기타 빵류 만들기** : 페이스트리 제조, 조리빵 제조, 고율배합빵 제조, 저율배합빵 제조, 냉동빵 제조
    8. **빵류제품 마무리** : 빵류제품 충전물 및 토핑 제조
    9. **빵류제품 냉각 및 포장관리**

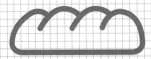

: CONTENTS

PART I   읽기만 해도 정답이 보이는 기출지문 중심의 SMILE 이론 정리

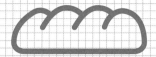

PART II 제과제빵기능사 CBT 복원 실전 모의고사

PART III 제과제빵 산업기사 핵심 정리

읽기만 해도 정답이
보이는 기출지문 중심의

SMILE
이론 정리

1 제과제빵기능사 – 공통파트

제과제빵 공통파트에서는 전체 60문제 중 30~40문제 가량이 출제된다. 빵과 과자류를 제조하는 기능을 익히기 전에 식품을 취급하는 전문가로서의 전반적인 지식을 익히는 파트라 생각하면 쉽다. 과자와 빵을 비롯하여 식품을 구성하는 물질과 각종 영양성분의 특성을 다루고 식품위생과 감염병 예방, 과자류와 빵류의 제품을 만들어 소비자에게 판매하는 공장, 베이커리에 종사하게 되었을 때 필요한 생산 및 판매관리 등도 공통파트에 속한다. 기본 지식없이 단답형 암기만으로도 충분히 모두 맞출 수 있는 비교적 평이한 내용으로 한문제도 놓치지 않겠다는 자세로 기출 키워드 중심으로 공부해 나간다.

(1) 기초과학

1) 영양소

빵이나 과자를 포함하여 대부분의 식품(유기화합물)은 <u>탄수화물, 지방, 단백질</u> 같이 에너지원으로 이용되는 <u>열량 영양소</u>와 <u>비타민과 물</u>처럼 열량을 내지는 않지만 체내에서 생리작용을 조절하고 대사를 원활하게 하는 <u>조절영양소</u>로 이루어져 있다. 또한 우리 신체의 구성성분인 근육과 골격, 호르몬, 효소 등 을 이루고 있는 영영성분을 <u>구성영양소</u>라 하고 단백질, 무기질, 물이 여기에 속한다.

① **열량영양소** : 탄수화물, 단백질, 지방

② **조절영양소** : 무기질, 비타민, 물

③ **구성영양소** : 단백질, 무기질, 물

탄수화물, 단백질, 지방 1g이 내는 열량은 각각 얼마인가?
탄수화물(4kcal/g), 단백질(4kcal/g), 지방(9kcal/g) (**Tip!** 탄, 단, 지는 449)

☑ **3대 영양소** : 탄수화물, 단백질, 지방 [탄단지]

☑ **5대 영양소** : 탄수화물, 단백질, 지방, 무기질, 비타민 [탄단지무비]★★★

☑ **사람의 생명유지에 꼭 필요한 것** : 5대 영양소 + 수분 [**Tip!** 탄단지무비+수분]

☑ **탄수화물 단백질 지방은** 각각 4kcal, 4kcal, 9kcal **의 열량을 낸다.** [**Tip!** 탄단지는 449]★★★

☑ 영양소는 식품의 성분으로 생명현상과 건강을 유지하는데 필요한 요소이다.

☑ 건강이라 함은 신체적, 정신적, 사회적으로 건전한 상태를 말한다.

☑ 물은 체조직을 구성하는 요소로 보통 성인 체중의 2/3를 차지한다.

☑ 열량소란 체내에서 산화 연소하여 신체활동의 에너지원으로 쓰이는 영양소로 탄수화물, 지방, 단백질 이 해당된다.

☑ 조절소란 체내에서 생체조절 기능을 담당하는 영양소로 무기질, 비타민, 물이 해당된다.

④ **일일 영양섭취량 [성인기준]**

  ◆ 탄수화물 55~70%

  ◆ 지방 15~30%

  ◆ 단백질 7~20%

2) 탄수화물

①**구성원소** : 탄소C 수소H 산소O (**Tip!** 탄수화물은 탄수산물) 일반식은 CmH_2nOn 또는 $Cm(H_2O)n$ (m, n은 상수)

②**종류** : 단당류, 이당류, 다당류

  • **단당류(5탄당과 6탄당)** : 탄수화물을 구성하는 가장 작은 단위

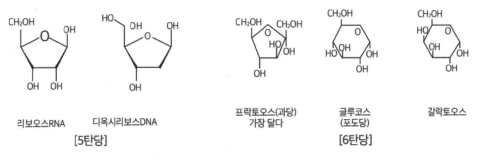

리보오스RNA   디옥시리보스DNA   프락토오스(과당)   글루코스   갈락토오스
                                  가장 달다   (포도당)
[5탄당]   [6탄당]

※ 아라비노오스(arabinose), 자일로오스(xylose)도 5탄당이다.

- **이당류** : 2개의 단당류가 **글리코사이딕 결합**을 한 것
  - · 말토오스(맥아당) = 포도당 + 포도당
  - · 수크로스(설탕) = 포도당 + 과당 · 락토오스(유당) = 포도당 + 갈락토오스
- **올리고당** (3당, 4당류)
- **다당류** : 10개~수천개의 단당류의 **중합체, 복합당질**이라고도 한다.
  - · **전분** : **아밀로오스+아밀로펙틴**으로 이루어져 있다. 찬물에 쉽게 녹지 않으며 달지는 않으나 온화한 맛을 준다. 가열하면 팽윤되어 점성을 갖는다.
    전분은 동물이 아니라 **식물 체내에 저장**되는 탄수화물로 열량을 공급한다.
  - · **글리코겐** : **간과 근육에 저장**되는 다당류로 불용성 과립형태로 존재한다.
  - · **식이섬유** : 펙틴(수용성), 글루코만난(곤약, 수용성), 셀룰로오스(불용성), 리그닌(불용성)

당류의 감미도 순서 :

과당(175) → 전화당(130) → 설탕(자당)(100) → 포도당(75) → 맥아당(32) → 갈락토오스(32) → 유당(16)

---

3) 단백질

① **구성원소** : 탄소C 수소H 산소O + 질소N + 황S (**Tip!** 단백질은 탄산수질황)
  육류, 생선, 알류 및 콩류에 함유된 주된 영양소

② **기본단위** : 아미노산(amino acid) 단백질의 기본 구성 단위로, 단백질을 가수분해하면 암모니아와 함께 생성된다. 산성과 염기성을 모두 가진 공산염기성으로 용매와 pH에 따라 용해도가 달라진다.

③ **종류** : 단순 단백질, 복합 단백질, 유도 단백질

④ **필수 아미노산의 종류** : **트립토판, 메티오닌, 발린, 리신, 루신, 이소루신, 트레오닌, 페닐알라닌(반드시 암기할 것!)**

⑤ **완전단백질**(Complete protein)이란? 정상적인 성장을 돕는 **필수 아미노산이 충분히 함유된 단백질**

⑥ **마이야르 반응** [=아미노카르보닐화 반응] : **당류**(탄수화물)와 **아미노산**(단백질) 사이에 일어나는 **화학 반응**으로 멜라노이딘 색소가 형성되어 식품이 갈색화 되고 독특한 풍미가 형성되는 현상이다. 수분, 온도, 당의 종류에 의해 영향을 받는다. .
  [마이야르 반응은 **효소에 의한 작용이 아님**에 주의!]

⑦ 간장과 된장의 착색은 식품에 아미노기와 카르보닐기가 공존하는 경우에 일어나는 마이야르 반응 즉, 아미노카르보닐화 반응의 예이다. 이는 1912년 프랑스인 마이야르에 의해 규명되었다.

⑧ **캐러멜화 반응** [당류반응] : 조리 중 **당류를 160~180℃로 가열 시 일어나는 산화 반응**에 의한 현상으로, 고소한 풍미와 진한 색을 만들어 낸다.

4) 지방의 구성 지방(지질 脂質 : Lipid)

① 구성원소 : 탄소C 수소H 산소O [**Tip!** 지방은 탄산수]

② **지질의 종류**
  - 단순지질(**중성지방**) : 지방산과 글리세롤(지방, 왁스) [**Tip!** 중성지방 찌글찌글]
  - 복합지질 : 지방산과 알코올에 다른 화학물이 결합된 지질
  - 유도지질 : 단순지질, 복합지질의 가수분해로 얻어지는 지용성 물질(지방산 - 유도지질)

③ **지방산(Fatty Acids)** : 지방산은 카르복실기와 탄화수소 사슬로 구성되어 있고 포화 지방산과 불포화 지방산으로 나누어진다.
  - **불포화 지방산** : 탄소 간에 **이중결합이 있는 지방산**으로 리놀레산(Linoleic Acid: R18:2 오메가6 지방산)과 알파 리놀렌산(Alpha-Linolenic Acid: R18:3 오메가3 지방산), 올레산, 아라키돈산 등이 있다. **이중결합이 많을수록 산화되기 쉬우며 융점은 낮아진다.**
  - **포화 지방산** : 탄소 간에 **이중결합이 없는 지방산**으로 탄소 원자에 수소 원자가 더 이상 결합할 수 없기 때문에 포화 지방산이라 한다. 포화 지방산은 동물성 기름에만 있는 게 아니라 팜유, 코코넛유 등 식물성 기름 중에도 들어 있다.
  - **필수 지방산** : 신체를 구성하는 데 필요하나 **체내에서 합성되지 않는 지방산**을 말하며, **리놀레산, 리놀렌산, 아라키돈산** 등 주로 불포화 지방산을 말한다.

④ **지방의 경화** : 불포화 지방산에 수소를 첨가하여 경화시키는 것을 말한다.
  - **마가린, 쇼트닝(경화유) 제조원리** : 불포화 지방산에 **수소(H_2)를 첨가** 후 니켈(Ni)과 백금(Pt)을 촉매제로 액체유를 고체유로 만든다.

⑤ **유지의 안정화 방법**
  - **산화방지제(항산화제) 첨가** : 토코페롤(비타민 E), BHA, BHT, 구아검 등
  - **항산화 보완제 첨가** : 비타민 C, 주석산, 인산, 구연산 등
  - **수소 첨가** : 유지의 포화도를 높여 안정성을 높인다.

⑥ 건성유와 반건성유, 불건성유 (요오드가는 불포화도를 나타냄)

- **건성유** : 들기름, 아마인유 등 요오드가 130 이상으로 고도의 불포화 지방산 함량이 많은 기름
- **반건성유** : 참기름, 채종유, 면실유, 미강유, 옥수수유 등 (요오드가 100~130)
- **불건성유** : 땅콩유, 올리브유, 피마자유, 야자유, 동백유 등 (요오드가 100 이하)
- 지방산의 불포화도에 의해 요오드가, 융점 등의 수치가 달라지는데 **불포화도가 높을수록 요오드가는 높고 융점이 낮다.**

5) 무기질

무기질 성분은 인체의 약 4%를 구성하지만 체내 합성이 불가능하므로 반드시 음식물 섭취하게 된다.

① 식품의 산성과 알칼리성

- 흔히 신맛이 나는 식품을 산성 식품이라고 아는 사람이 많지만 실제로 신 맛이 나는 과일, 채소, 해조류의 대부분은 알칼리성 식품이다. 식품에 있어서 산성, 알칼리성의 구분은 맛이 아니라, 식품을 태워서 남는 재의 성분 즉 무기질에 의해 **결정된다.**
- **산성 식품** : 음식을 섭취 후 연소되고 남은 성분으로 주로 인(P), 황(S), 염소(Cl) 등이 많은 식품이 해당한다. 대표적인 산성식품으로는 대부분의 **곡류, 육류, 어류**와 달걀 노른자, 치즈, 버터, 튀김, 가다랭이포, 말린 오징어, 굴, 조개, 전복, 새우, 김, 땅콩, 완두콩, 된장, 간장, 아스파라거스 등이다.
- **알칼리 식품** : 주로 철(Fe), 마그네슘(Mg), 구리(Cu), 망간(Mn), 칼슘(Ca), 칼륨(K), 나트륨(Na) 등의 무기질을 함유하고 있는 식품이다. 달걀 흰자, 우유, 미역, 다시마 등 **해조류와 대부분의 과일과 채소** 등이다.

② 주요 무기질 성분

- **칼슘(Ca)**
  - ➢ 칼슘은 골격과 치아를 구성하며 혈액응고 작용 및 신경의 전달 작용을 한다.
  - ➢ 우유와 건멸치에는 양질의 칼슘이 다량 함유되어 있다.
  - ➢ 옥살산은 칼슘의 흡수를 방해한다.
- **인(P)** : 신체를 구성하는 전체 무기질의 1/4정도를 차지하며 골격과 치아조직을 구성한다.
- **철(Fe)** : <u>헤모글로빈의 구성 성분</u>으로 신체의 각 조직에 <u>산소를 운반하는 기능</u>을 한다.
- **요오드(I)** : 겹핍 시 갑상선종이 발생할 수 있다.
- **나트륨(Na)** : 세포 외액의 양이온, 신경 자극 전달, 삼투압 조절, 산 염기 평형 등
- **칼륨(K)** : 수분, 전해질, 산, 염기 평형 유지, 근육의 수축 이완, 단백질 합성 등
- **염소(Cl)** : 체내 삼투압 유지, 수분 평형, 수소 이온과 결합

◆ **마그네슘(Mg)** : 골격, 치아 및 효소의 구성성분

6) 비타민

① **지용성 비타민 : 비타민 A, D, E, K**

◆ **비타민 A** : 레티놀이라고도 한다.

전구물질은 당근, 호박, 고구마, 시금치에 많이 들어 있는 카로틴이다.

결핍 시 안구건조증, **야맹증**이 나타난다.

◆ **비타민 D(칼시페놀)** : 햇볕에 노출하여 자외선을 쪼이게 되면 피부에서 합성된다.

전구물질은 프로비타민 D로 불리는 에르고스테롤(ergosterol)이다.

결핍되면 **골연화증, 유아발육 부족**이 나타난다.

◆ **비타민 E** : 생식기능 유지와 노화방지의 효과가 있고 화학명은 **토코페롤**(tocopherol)이다.

비타민 E 결핍 시 **불임과 근육 위축증** 등이 나타난다.

◆ **비타민 K(필로퀴논/메나퀴논)** : 주로 혈액 응고에 관여하므로 결핍 시 **출혈 및 지혈장애**가 나타난다.

② **수용성 비타민 : 비타민 B군과 비타민 C**

◆ **비타민 B1 (티아민)**

➢ 쌀에서 섭취한 전분이 체내에서 애너지를 발생하기 위해 꼭 필요하다.

➢ 마늘의 매운맛 성분인 **알리신**은 비타민 B의 흡수를 도와준다.

◆ **비타민 B2 (리보플라빈)**

➢ 체내 유해한 활성 산소를 제어하는 항산화제 역할을 한다.

➢ **결핍 시 구각염**이 발생한다.

◆ **비타민B3 (나이아신)**

➢ 생체 내에서 효소의 작용을 도와주는 전구체역할을 한다.

➢ **결핍 시 펠라그라**(피부병), 구토, 빈혈, 피로감이 생긴다.

◆ **비타민 B6 (피리독신)**

➢ 항피부염 인자, 단백질 대사과정에서 보조효소로 작용한다.

➢ 일반적으로 많은 식품에 함유되어 결핍은 거의 일어나지 않지만 **결핍 시 피로, 짜증, 수면장애, 우울증, 피부염** 등의 증상이 나타날 수 있다.

◆ **비타민 B9 (엽산)**

➢ 아미노산, 핵산 합성에 필수적 영양소로 헤모글로빈, 적혈구 등을 생성에 관여한다.

➢ 결핍 시 숨가쁨 및 현기증, 빈혈, 장염, 설사 및 임산부 여성에게 **조산, 유산** 등을 일으킬 수 있다.

◆ **비타민 C (아스코브산)**

➢ 가열조리에 의해 **가장 파괴되기 쉬운 비타민**이다.

➢ **콜라겐을 합성**하며, **항산화제 역할 및 혈관 노화 방지**

➢ **결핍 시 괴혈병**, 전신피로, 식욕부진, 상처 회복 지연, 면역체계 손상 등이 생길 수 있다.

➢ 과잉섭취 시 오심, 구토, 복부팽만, 복통, 설사를 유발할 수 있다.

③ 비타민 결핍증

비타민 **A** : 야맹증	비타민 **D** : 구루병
비타민 **B** : 각기증, 피로	비타민 **E** : 불임, 유산
비타민 **C** : 괴혈병	비타민 **K** : 혈액 응고 장애

7) 수분

① 유리수(자유수)와 결합수

◆ **유리수(자유수)란?**

자유수는 미생물 번식과 성장에 이용되는 일반적인 물로 생각하면 된다.

◆ **결합수란?**

결합수는 보통 식품 내부에서 단백질 분자표면과 강하게 결합되어 있어 일반적인 방법으로 **분리하기 쉽지 않고 미생물의 번식 등에도 이용될 수 없다.**

유리수(자유수)	결합수
◆ 밀도가 작다.	◆ 밀도가 크다.
◆ 식품을 압착 시 쉽게 분리 제거된다.	◆ 식품을 압착해도 쉽게 분리 제거되지 않는다.
◆ 용매로 작용한다.	◆ 용매로 작용하지 않는다.
◆ 미생물의 번식 등에 이용된다.	◆ 미생물 번식에 이용되지 못한다.
◆ 대기 중에서 100℃로 가열하면 수증기가 되고 0℃ 이하에서 언다.(4℃에서 비중이 가장 크다)	◆ 쉽게 얼거나 증발하지 않는다.
◆ 표면 장력과 점성이 크다.	◆ 표면 장력과 점성이 작다.

② 식품의 수분활성도란?

$$수분활성도 [Aw] = \frac{식품의\ 수증기압}{순수\ 물의\ 수증기압}$$

◆ 임의의 온도에서 순수한 물의 수증기압에 대한 식품이 나타내는 수증기압의 비율

◆ 수분활성도의 값이 작을수록 미생물의 이용이 쉽지 않다.

◆ 일반적으로 식품의 수분활성도는 물의 수분활성도인 1보다 작다.
  (예 : 어패류의 수분활성도는 0.98~0.99정도이다.)

◆ **수분활성도의 계산**
  식품의 수증기압이 0.75기압이고, 그 온도에서 순수한 물의 수증기압이 1.5기압일 때 식품의 수분활성도(Aw)를 구하시오.

$$\text{수분활성도 } [Aw] = \frac{\text{식품의 수증기압}}{\text{순수 물의 수증기압}} = \frac{0.75}{1.5} = \frac{1}{2} = 0.5 \quad \text{정답 : 0.5}$$

8) 효소★★★

① 효소란?

효소는 생명체에서 화학반응을 일으키는 데 작용하는 촉매를 뜻한다. 특정한 기질과만 결합하는 기질 특이성이 있으며, **활성화 최적온도는 30~40℃로 100℃이상에서는 활성이 떨어지거나 사라진다.** 또한 pH에 따라 최적으로 활성화 정도가 결정되는데 이는 효소마다 다르게 나타난다.

② 효소는 탄소, 산소, 수소, 질소로 구성(탄산수질) 효소는 단백질 CHON 1g=4kcal이다.

어떤 특정 기질에만 반응하는 <u>선택성</u>이 있고, <u>온도와 PH에 영향</u>을 받는다.(가열 시 변성한다. <u>온도 10도 상승 시 2배 활성</u>)

③ 탄수화물 분해효소

❖ **단당류 분해효소** [**암기팁!** 단찌퍼]
  ● **찌마아제** : 단당류를 알코올과 이산화탄소로 분해(제빵용 이스트)
  ● **퍼옥시다아제** : 카로틴계 황색색소를 무색으로 산화(대두)

❖ **이당류 분해효소** [**암기팁!** 이인말락]
  ● **인베르타아제** : 설탕(자당)을 포도당+과당으로
  ● **말타아제** : 맥아당을 포도당2분자로
  ● **락타아제** : 유당을 포도당 + 갈락토오스로

❖ **다당류 분해효소** [**암기팁!** 다이아셀]
  ● **이눌라아제** : 돼지감자, 뿌리식물에 존재(이눌린을 과당으로)
  ● **아밀라아제(디아스타아제)** : 밀가루, 맥아, 침, 박테리어, 곰팡이에 존재
    알파 : 전분을 **덱스트린으로** 분해 / **베타** : 전분을 **맥아당** 단위로

● 셀룰라아제 : 섬유소(셀룰로오스) 분해효소, 인간의 소화기관에 없다.

④ 지방분해효소 [지방 → 지방산 + 글리세린]

> 종류 : 스테압신 (췌장) / 리파아제 (밀가루, 이스트, 장액에 들어있다.)
포스포리파아제 (췌장, 코브라독, 말벌독) [**암기팁!** 지방분해~스리포!]

▪ 지방을 가수분해 하면 → <u>모노디글리세라이드</u> → 지방산 + 글리세린
[중간생성물질인 **모노디글리세라이드** (Monodiglyceride)를 거쳐 분해된다.]

⑤ 단백질 분해효소

● 프로테아제 : 밀가루/발아중인 곡물 단백질

● 펩신 : in 위액

● 펩티다아제 : in 췌장(이자)

● 레닌 : 소, 양 등 **반추동물의 위액**, 단백질 응고작용

● 트립신 : in 췌액(이자액)

● 에렙신 : in 장액

※ 과일에 들어있는 단백질 분해효소

● 파파야(파파인), 파인애플(브로멜린)

● 무화과(피신), 키위(엑티니딘), 배, 생강(프로테아제)

⑥ 우리 몸의 각 소화기관에서 분비되는 효소 작용

기관	효소	역할
입안	아밀라아제	[탄수화물 분해효소] 전분 → 맥아당
	말타아제	[탄수화물 분해효소] 맥아당 → 포도당
위	펩신	[단백질 분해효소] 단백질 → 펩톤
	리파아제	[지방 분해효소] 지방 → 지방산 + 글리세롤
신장	레닌	[단백질 분해효소] 우유의 카제인 → 응고작용
췌장	아밀라아제	[탄수화물 분해효소] 전분 → 맥아당
	트립신	[단백질 분해효소] 단백질, 펩톤 → 아미노산
	스테압신	[지방 분해효소] 지방 → 지방산 + 글리세롤
소장 대장	말타아제	[탄수화물 분해효소] 맥아당 → 포도당 + 포도당 [말포포, 맥포포]
	수크라아제	[탄수화물 분해효소] 자당 → 포도당 + 과당 [수포과, 자포과]
	락타아제	[탄수화물 분해효소] 유당(젖당) → 포도당 + 갈락토오스 [락포갈, 유포갈]
	리파아제	[지방 분해효소] 지방 → 지방산 + 글리세롤 [리찌글, 찌찌글]

⑦ **담즙의 기능**

산의 중화작용, 유화작용, 약물 및 독소 등의 배설작용 [당질의 소화 X]

⑧ **효소 작용에 따른 갈변 방지법**

식품을 조리하거나 저장 또는 가공할 때 폴리페놀옥시다아제(사과), 티로시나아제(감자) 등의 갈변을 일으키는 효소에 의해 껍질을 벗긴 채소류 및 과일류, 감자 등의 색이 갈색으로 변한다.

아래 방법을 통해 **갈변을 방지**할 수 있다.

①**pH농도를 산성인 3이하로 낮추어** 효소작용을 억제한다.

②**가열**하여 효소를 불활성화 시킨다.

③**아황산가스처리**를 한다.

④**설탕(당)이나 소금(염)을 첨가**한다.

　(기출 : 산화제를 첨가한다. X)

⑨ **그 밖에 갈변 방지법**

- ◆ 공기중의 산소와 접촉하지 않도록 **밀폐**하고 용기에 **이산화탄소나 질소를 주입**한다.
- ◆ 온도를 **-10도씨이하로 급격히 낮추거나**, 구리, 철 등 **금속으로 된 용기사용을 피하는 것이 좋다**.
- ◆ 귤의 경우 갈변현상이 심하게 나타나지 않는데 이는 비타민 C의 함량이 높기 때문이다.
- ◆ 사과, 배 등 신선한 과일의 갈변 현상을 방지하기 위해서는 레몬즙에 담가 두는 것이 좋다.
- ◆ 감자는 껍질을 벗겨두면 티로시나아제라는 효소에 의해 갈변하는데 물에 담가 둘 경우 갈변을 방지할 수 있다.

(2) 재료과학

1) 밀가루

① 밀가루 선택 시 고려 요소

- 단백질 함량 → 제품의 부피와 구조를 결정
- 회분함량 → 껍질색과 풍미를 결정
- 흡수량 → 제품의 유연성(부드러움)과 저장성을 결정

② 밀알의 구조

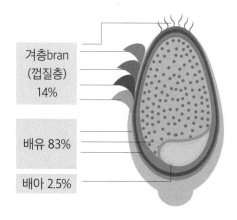

겨층bran
(껍질층)
14%

배유 83%

배아 2.5%

- **밀기울(껍질, 과피)** : 밀알의 14% 차지, 셀룰로오스와 회분 함유
  영양분이 풍부하나 식감에 따른 영향으로 일반적으로 제분 과정에서 분리된다.
- **내배유** : 밀알의 83% 차지, 단백질 함량이 70~75%로, 분말화하여 제과제빵에 적합한 "밀가루"로 사용된다. 호분층에 가까울수록 단백질 함유율이 높고, 중심부로 갈수록 단백질 양이 적어지지만 품질은 좋아진다. (글리아딘과 글루테닌이 거의 동량으로 함유)
- **배아(씨눈)** : 밀알의 2~3% 차지, 식용으로도 사용되기도 하지만 보통 제분 시 제거된다. (씨눈에는 약 10% 지방이 함유되어 밀가루의 저장성을 떨어뜨린다.) 배아유는 식용, 약용으로 사용 가능

③ **제분** : 밀알에서 껍질과 배아 부위를 제거하고 내배유 부분의 전분이 손상되지 않도록 고운 가루로 만드는 것으로 통밀알을 제분 하게되면 수분과 탄수화물은 증가하고, 단백질은 1% 감소한다.
[참고 : 껍질과 배아의 분리를 쉽게 하기 위해 내배유를 부드럽게 만드는 공정을 조질(템퍼링) 공정이라고 한다.]

- ■ **회분함량** : 회분은 식품의 무기질 총량을 나타내는 용어로 밀가루를 태우고 남은 무기물(재/ash)의 양을 말한다. 제분율이 높은 거친 밀가루일수록 회분함량이 높고 영양가가 높지만 제빵 적성에는

맞지 않게 된다. 밀가루 제분 시 회분함량은 1.8%에서 0.4~0.45% 정도로 감소한다.

■ **제분율이 낮은 경우** : 껍질이 적은 고급 밀가루가 되지만 회분과 단백질의 함량은 오히려 떨어진다.

■ **제분율이 높은 경우** : 껍질 부위가 증가하므로 소화율은 감소

④ 밀가루의 종류

❖ **단백질 함량에 따른 밀가루의 분류**

- 경질춘맥 → **강력분** [단백질 함량 12~15%] : 제빵용
- 연질동맥 → **중력분** [단백질 함량 8~10%] : 제면용(우동, 국수면), 다목적용
- 연질동맥 → **박력분** [단백질 함량 7~9%] : 제과용[과자류, 케이크류]
- 경질춘맥(春麥)은 봄에 파종한 것으로 밀알이 적색을 띠고 단단하다.[→강력분]
- 연질동맥(冬麥)은 겨울에 파종한 것으로 밀알이 흰색을 띠고 부드럽다.[→박력분]

❖ **회분 함량에 따른 밀가루의 분류*(( )는 회분함량)**

> **특등급(0.3~0.4%) → 1등급(0.4~0.45%) → 2등급(0.46~0.6%)**

⑤ 밀가루의 탄단지 구성

[탄수화물]

- 밀가루는 탄수화물이 약 70%를 차지하며 대부분 전분이다.(그 외 덱스트린, 셀룰로오스, 펜토산, 당류등을 함유)
- 밀가루의 탄수화물은 제분 과정 중 전립분이 충격을 받아 손상(분산)되는데 이 손상전분 함량은 4.5~8%가 적당하다.
- 손상전분은 알파아밀라아제가 작용하기 용이하여 분해 시 가스발생과 흡수율을 높이는 역할을 한다. [일반전분 대비 흡수율 2배 증가효과]
- 전분의 함량은 단백질 함량과 반비례하므로 강력분보다 박력분이 전분함량이 높다.
- 밀가루의 전분은 발효 시 이스트의 먹이가 되므로 빵 내부 조직과 골격을 이루는 중요한 역할을 한다.
- **밀가루의 호화 (Gelatinization)** : 밀가루 전분은 여러 개의 포도당이 축합된 중합체로 아밀로스(Amylose)와 아밀로펙틴(Amylopectin)으로 구성되어 있다. 이 전분 분자에 물을 붓고 열을 가하면 수분을 흡수하면서 팽윤되기 시작하는데 계속 가열하면 전분 분자의 수소결합구조(미셀구조)가 파괴되어 비결정형이 되면서 반투명의 콜로이드 상태로 변화되는데 이 현상을 호화(알파화)라고 한다.

[단백질]

- 밀가루 단백질은 알부민(Albumin), 글로불린(Globulin), 글리아딘(Gliadin) 및 글루테닌(Glutenin) 등으로 이루어져 있다.
- **글리아딘(Gliadin)** : 밀가루를 반죽 시 **점성과 신장성**을 가지게 한다. [Tip! **점신**은 롯데**리아**에서 먹자.]
- **글루테닌(Glutenin)** : 밀가루를 반죽 시 **탄력성**을 가지게 한다. [Tip! ㅌ → ㅌ 연결 글루**테**닌 → **탄**력성]
- **글루텐(Gluten)** : 불용성인 글리아딘과 글루테닌이 물과 결합하면 글루텐이 된다. 주성분은 글리아딘(Gliadin) 36% 및 글루테닌(Glutenin) 20%, 메싸이오닌(methionine) 17% 이며, 알부민(Albumin), 글로불린(Globulin) 7%, 기타 수분과 회분으로 구성된다. 글루텐은 풍부한 점성, 신장성, 탄력성을 가지며 탄산가스 보유력으로 반죽을 부피를 유지시킨다.
- **알부민(Albumin), 글로불린(Globulin)** : 물과 묽은 염기성 용액에 용해되며 열에 의해 응고된다. 글루텐구성의 7%를 차지한다.
- **젖은 글루텐** : 밀가루와 물을 2 : 1로 섞어 반죽한 후 다량의 물로 전분을 씻어낸 것을 말한다.
- **건조 글루텐(활성 밀 글루텐)** : 밀가루에 물을 소량 가해 반죽한 다음 물속에서 주물러 전분을 제거하여 200℃ 온도에서 구워서 건조시킨 후 가공한 연한 황갈색 가루로 반죽의 강도를 개선하는 밀가루 개량제로 이용된다.(글루텐 생성 속도를 높여 반죽 시간이 단축된다.) 건조 글루텐의 단백질 함량은 젖은 글루텐의 3배 (3은 단백질의 수분흡수량)
- **건조 글루텐의 효과** : 반죽 내구성 개선, 흡수율 증가, 발효 및 성형 시 안정성 증가, 제품 부피, 기공 조직, 저장성 개선

[지방]

밀가루에 함유된 지방은 1~2% 정도로, 제품의 저장성을 해치는 요소로 작용한다.

⑥ 밀가루 내 효소와 색소

- 밀가루 내에는 탄수화물인 전분을 분해하는 아밀라아제와 글루텐 조직을 연화시키는 대표적인 단백질 분해효소인 **프로테아제**가 들어있으며, 반죽에 산화제를 첨가 시 프로테아제의 활성도는 낮아진다.
- **프로테아제**는 반죽 발효 시 신장성 증대와 가스보유력을 향상시키지만 과다하면 글루텐 조직이 끊어져 끈기가 없어 진다. 잉글리시머핀이나 햄버거빵 제조 시 반죽에 흐름성을 부여하기 위해 첨가한다.
- 밀가루는 배유에 함유되어 있는 카로티노이드(carotenoid)계 색소인 크산토필(xanthophyll)에 의하여 **맑은 크림색**을 나타낸다. 제분 중 겨층의 혼입에 의하여 색상이 어두워진다. 제분 입도에 따라 입자가 작을수록 밝은 흰색을 띤다.

- 밀가루의 표백은 카로티노이드계 색소를 제거하는 것으로 공기 중 산소 접촉을 통해 자연 표백시키거나 과산화벤조일, 과산화질소, 염소가스, 산소 등의 표백제를 사용하여 표백한다.

⑦ 밀가루의 숙성

- 밀가루는 생화학적으로 제과제빵용으로 사용하기에 불안정한 상태이므로 공기 중 산소에 의해 자연 숙성을 통해서, 또는 **브롬산칼륨, 비타민C 또는 ADA (Azodicarbonamide)** 등으로 통해 표백을 하지 않고 밀가루를 숙성시켜 사용한다.
- 숙성 후의 밀가루는 흰색을 띠며 pH는 5.8~5.9로 약간 낮아지고, 빵 발효에 적합한 적성을 지니게 된다. 글루텐의 질이 개선되어 흡수성이 좋아지고, 환원성 물질이 숙성과정에서 산화되면서 반죽 시 글루텐 파괴를 줄일 수 있다.

2) 기타 가루

① 호밀가루(Rye Flour)]

- 호밀가루에는 글루텐 형성 단백질인 프롤라민(글리아딘 gliadin)과 글루테린(글루테닌 glutenin)이 밀가루 대비 25% 정도 밖에 되지 않아 밀가루와 양적인 차이는 없으나 질적인 차이가 있다.
- 글루텐 구조를 형성할 수 있는 능력이 부족해 빵이 잘 부풀지 않아 밀가루와 혼합해서 사용한다. (신장성과 탄력성이 떨어짐)
- 호밀가루에는 펜토산 함량이 높아 반죽을 끈적이게 하고 글루텐 탄성을 약화시킨다.
- 제분율에 따라 단백질과 껍질입자(회분)가 가장 많이 함유된 호밀가루, 회분이 1% 함유된 중간색(담회색), 회분이 0.5~0.65% 함유된 백색 호밀가루로 나눈다.
- 호밀빵 제조 시에는 산화된 발효종이나 사워종을 사용하면 양질의 제품을 얻을 수 있다.

② 감자가루

제과 제빵 시 노화지연제, 이스트의 영양공급, 향료제로 쓰인다.

③ 옥수수가루

옥수수 단백질은 필수아미노산인 트립토판과 라이신이 없어 불완전 단백질에 속한다.
다른 곡물에 부족한 트레오닌과 황함유아미노산인 메티오닌을 많이 함유하고 있어 밀가루 등 다른 곡류와 섞어 사용하면 좋다. 옥수수 전분의 경우 음식물 조리 시 농후화제로 사용한다.

④ 땅콩가루

단백질과 필수아미노산의 함량이 높아 영양강화용으로 이용한다.

⑤ **면실분**

목화씨를 갈아 만든 가루로 단백질 함량이 높고, 비타민과 미네랄이 풍부하다.

⑥ **보리가루**

밀가루보다 비타민과 무기질, 섬유질 등을 다량 함유하고 있어 잡곡 바게트 등 건강빵 제조 시 이용되며, 보리껍질이 들어있어 맛은 거칠고, 색이 어둡다.

⑦ **대두분**

대두분은 콩을 갈아 만든 가루로 필수아미노산인 리신을 다량 함유하고 있어 밀가루의 영양을 보강하고 제품의 구조력을 강화시킬 수 있다.

3) 감미제

① 감미제의 종류로는 설탕(정제당, 전화당, 황설탕, 분당, 함밀당 등), 당밀, 전분당, 맥아시럽, 포도당, 물엿, 유당을 비롯하여 아스파탐, 꿀, 올리고당, 이성화당, 카라멜 색소, 스테비오사이드, 사카린, 메이플 시럽 등이 있다.

② **감미제의 기능**

- 단맛과 독특한 향을 부여하며, 껍질색을 형성한다.
- 밀가루 단백질(글루텐) 연화 및 부드러운 조직을 형성한다.
- 수분 보유력을 가지고 있어 노화 지연 및 신선도를 유지시킨다.
- 제과 반죽의 퍼짐성과 흐름성을 조절힐 수 있다.
- 발효 시 이스트의 먹이가 된다.
- 달걀 단백질의 기포력을 저하시키지만 광택과 기포안정성, 기포 포집력을 향상시킨다.

③ **설탕(자당 Sucrose)**

- 제과제빵에 사용하는 대표적 감미제로 사탕수수나 사탕무에서 추출한 즙액을 농축하여 결정화 한 다음 원심분리하여 만든 원당으로 제조한 당류를 말한다.
- 당밀과 불순물을 제거하여 만든 정제당과 설탕을 가수분해하여 포도당과 과당의 시럽형태인 전화당(트레몰린), 약과나 카라멜 색소의 원료로 사용되는 황설탕, 설탕을 미세하게 갈아 만든 분당(슈가파우더), 당밀을 분리하지 않고 함께 굳힌 흑설탕인 함밀당 등이 있다.

④ **포도당(덱스트린 dextrose)**

- 전분을 가수분해하여 만든 전분당으로 감미도가 75 정도로 설탕보다 단맛이 약하다.
- 이스트의 영양 공급원으로 발효 촉진에 사용되며, 껍질색을 진하게 하고 입안의 청량감을 부여한다.

- 제품의 부드러움과 탄력성을 높인다.

⑤ 물엿(Corn syrup)
- 전분당의 일종으로 전분을 산이나 효소로 가수분해하여 만든다. (반유동성 감미제)
- 감미도는 설탕의 1/3 정도로 낮지만 점성과 보습성이 좋아 제빵, 제과, 통조림, 사탕, 빙과제조에 널리 쓰인다.
- 제과제빵에 사용 시 제품 조직을 부드럽게 할 수 있다.

⑦ 맥아(Molt)와 맥아 시럽(Molt syrup)
맥아는 보리의 낱알을 발아시킨 것으로 이스트 발효 촉진 효과가 있으며, 맥아 시럽은 맥아 가루에 물을 넣고 가열하여 여러 분해 효소들을 추출한 액체로 만든 시럽이다. 맥아 시럽 역시 이스트 발효 촉진, 카라멜이나 캔디 제조 시 설탕의 재결정화를 방지하고 제품 내 수분을 유지시키는 역할을 한다.

⑧ 유당(젖당 Lactose)
포유동물의 젖에 들어있는 감미제로 우유의 약 4.8%가 유당이다. 이스트에 의해 발효되지 않고 잔류당으로 남기 때문에 굽는 과정에서 갈변을 일으켜 껍질색을 진하게 한다.

4) 물

제과제빵에서 물은 **재료를 일정하게 분산시키고, 반죽의 되기를 조절**하며, **글루텐 단백질을 결합**시키는 역할을 한다. 또한 **물은 반죽온도를 조절**하고, **글루텐을 형성**시킨다.

① 연수 (0~60ppm, 단물) 증류수나 빗물
제빵에 사용 시 **글루텐을 연화시켜 반죽을 연하고 끈적거리게 한다.**[점착성 증가]
가스 보유력을 감소시킨다. → 오븐스프링 감소

[조치사항]
- 물의 양을 줄여 흡수율을 감소시킨다. (2%)
- 이스트푸드와 소금 사용량을 증가시킨다.
- 이스트양을 감소시키고 발효시간을 단축한다.

② 경수 (180ppm 이상, 센물) 광천수, 온천수, 바닷물
- 물 속에 각종 미네랄이 녹아 있는 물
- 제빵에 사용 시 **반죽이 질겨지고 발효 시간이 길어진다.** [글루텐 경화]
- 반죽 탄력성이 증가해 **반죽이 단단**해지고, 믹싱과 발효시간이 길어진다.

- **일시적 경수** : 탄산칼슘이나 탄산마그네슘이 용해된 물로 끓이면 경도가 사라져 연수가 된다.
- **영구적 경수** : 황산칼슘이나 황산마그네슘을 포함하고 있어 끓이더라도 경도에 영향이 없다.

[조치사항]

- 물의 양을 증가시킨다. 흡수율을 증가시킨다.
- 이스트푸드와 소금 사용량을 감소시킨다.
- 이스트양을 증가시키거나 맥아 또는 효소를 첨가한다.

③ **아경수 (120~180ppm)** 제빵에 가장 적합한 경도로 이스트의 영양물질이 되고, 글루텐을 적절히 강화시킨다.

④ **물의 pH (수소이온농도)**

물의 pH는 반죽의 효소작용과 글루텐의 물리적 성질에 영향을 주는데 일반적으로 산성물은 발효를 촉진하고, 알칼리성 물은 발효를 지연시킨다. pH 5.2~5.6의 약산성물이 제빵용으로 가장 적합하다.

산성 물로 반죽 시	발효를 촉진시킨다. 여린 껍질 색상이 옅고 향이 약하다. 기공이 작고 조직이 조밀하다. 글루텐이 용해되어 반죽이 찢어지기 쉽다. 조치사항 : 이온교환수지 이용 (소금과 같은 염을 함유한 물을 통과시키면 염을 구성하는 이온이 수지에 흡수되어 중화된다.)
알칼리성 물로 반죽 시	발효가 지연된다. 기공이 크고 조직이 거칠다. 탄력성이 떨어져 부피가 작고 노란색을 띤다. 조치사항 : 제과반죽 → 레몬즙, 주석산 크림 등 추가 　　　　　제빵반죽 → 산성 이스트푸드 양 증가(황산칼슘 함유)

5) 달걀

① 달걀은 난황(노른자 30%: Yolk), 난백(흰자 60%: Albumen)과 난각(껍질 10%: Egg Shell)로 구성되며, **흰자와 노른자를 합쳐 전란(全卵)**이라 한다. 난황의 단백질 성분 **비텔린**과 난백의 단백질 성분인 **알부민**은 우리 몸의 세포 생성에 중요한 작용을 한다.

구분[껍질 10%]	구성비[껍질 10%]	수분	고형분
전란	90%	75%	25%
노른자	30%	50%	50%
흰자	60%	88%	12%

- **껍질[10%]** : 껍질의 성분은 탄산칼슘이며, 미세한 구멍으로 세균이 침투가능하지만 큐티클(cuticle)

층이 이를 막아낸다.

- **노른자(난황)[30%]** : 약 50%는 수분이며, 고형분 50% 중 단백질이 30%, 지방이 70%를 차지하며, 그 외 인과 회분 등이 들어있다. 노른자에는 콜레스테롤, 트리글리세리드, 인지질 등이 들어있는데 인지질의 대부분은 레시틴으로 제과제빵 시 천연유화제로 사용된다.
- **흰자(난백)[60%]** : 달걀의 흰자는 pH8.5~9.0의 알칼리성으로 88%가 수분이며 나머지는 단백질로 이루어져 있다. 흰자에는 오브알부민(필수아미노산 함유), 콘알부민(철결합능력), 오부뮤코이드, 아비딘 등의 단백질을 함유하고있다.

② **제과 제빵에서 달걀의 역할**
결합제(응고성, 점성), 유화제(레시틴), 팽창제(기포형성), 농후화제(걸쭉), 영양강화(완전단백질) 등의 역할을 한다.

[제품 별 연결]
✓ 결합제로서의 기능 → 빵가루 도포, 커스터드 크림
✓ 유화제로서의 기능 → 마요네즈, 아이스크림, 케이크
✓ 팽창제로서의 기능 → 엔젤푸드케이크, 스펀지케이크
✓ 농후화제로서의 기능 → 커스터드 크림, 푸딩

③ **달걀의 기포성과 유화성**

- **기포성** : 달걀 흰자의 거품형성에 관여하는 단백질은 글로불린으로 오래된 달걀일수록(수양난백), 30도씨 정도의 온도에서 거품이 많이 형성된다. 설탕, 식염, 우유, 지방 등의 첨가는 안정적인 기포 형성에 도움을 주지만, 식초나 레몬 등 산성분은 기포성을 떨어뜨리는 요인이 된다.
- 신선한 달걀은 기포 형성 후 유지 시간이 길고 안정적인 반면, 신선도가 떨어지는 달걀은 기포 유지 시간은 짧고 기포가 불안정하다.
- **유화성** : 달걀의 노른자 속 레시틴은 유화제로 콜레스테롤의 흡수를 방해하고 혈전 용해 작용 등 건강에 좋은 영향을 주며 마요네즈(난황+식초+오일)가 대표적인 달걀 노른자를 유화제로 활용한 예이다.

④ **신선한 달걀 고르는 법**
- 난황이 중심에 있고 윤곽이 뚜렷한 것을 고른다.
- 6%~10% 농도의 소금물에 담갔을 때 가라앉는 것이 신선하다.[신선한 달걀의 비중은 1.08~1.09]
- 껍질이 까칠까칠하고 광택이 없고 흔들었을 때 소리가 나지 않는 것을 고른다.
- 계란을 편평한 곳에 깨뜨렸을 때

> 난황계수(노른자 높이/지름)가 0.36~0.44 범위면 신선한 것이다. (0.25 이하는 오래된 것)

> 난백계수(흰자 높이/지름)가 0.15 이상이면 신선한 것이다. (0.1 이하는 오래된 것)

6) 유지류

제과제빵에 사용되는 유지류는 **액체상태의 오일(Oil)**과 **고체상태의 지방(Fat)**을 모두 포함한다.

제과제빵에 사용되는 유지류는 다음과 같은 특성으로 판단한다.

크리밍성	유지류가 반죽(교반) 과정에서 공기를 포집하여 품는 성질을 말한다. 유지량에 비해서 많은 공기를 품는 유지일수록 크리밍성이 크다고 한다. 크림법으로 제조하는 제품에서 중요하다.
가소성	고체에 힘을 가했을 때 모양의 변화와 유지(維持)가 가능한 성질을 말한다. 유지(油脂)가 너무 단단하면 반죽이 부서지며 무르면 고르게 펼 수 없다. 버터, 마가린, 쇼트닝은 실온(약 20℃)에서 고체상태를 유지하는데 이는 포화지방산의 비율이 높아서 가소성이 있기때문이다. 페이스트리나 파이류에서 중요한 성질이다.
쇼트닝성	유지 입자들이 반죽 속에서 얇은 필름처럼 분산되어 글루텐 표면을 둘러싸 글루텐의 형성과 발달을 막는 성질을 말한다. 제품에 바삭함과 부드러움을 부여한다. 크래커나 식빵에서 중요한 성질이다.
유화성	서로 녹지 않거나 균일한 혼합물을 만들지 않는 두 액체에서 한쪽의 액체가 다른 쪽의 액체 가운데에 분산하여 에멀션(emulsion)을 만드는 성질로 두가지로 나뉜다. W/O형(기름중에 물이 분산된 유화상 형태) 과 O/W형(물중에 기름이 분산된 유화상 형태) 레이어케이크나 파운드케이크에서 중요한 성질이다.
안정성	유지가 산패와 산화에 장기간 안정적으로 견디는 성질을 말한다. 튀김유의 중요 요소이다.

- **버터 (유중수적형 W/O water in oil)** : 우유 지방(80~81%)으로 제조한다. 수분 함량은 14~17% 정도이며 맛과 풍미가 우수하다. 가소성의 범위가 좁고 융점이 낮다.

- **마가린 (유중수적형 W/O water in oil)** : 버터 대용품으로 식물성 유지를 경화시킨 것이다. 지방이 약 80%를 함유한다. 버터에 비해 가소성, 크림성, 유화성이 우수하지만 풍미가 떨어진다.

- **쇼트닝** : 라드(돼지 기름) 대용품, 지방 100%로 무색, 무미, 무취의 특징을 가지며 크림성이 우수하며, 쿠키의 바삭한 식감을 준다.

- **라드** : 돼지 기름을 정제한 동물성 유지로 풍미가 좋고 가소성의 범위가 넓지만 크리밍성과 산화 안정성이 낮다.

- **튀김유** : 지방 100%로 필수지방산과 비타민E가 풍부한 식물성 오일을 사용한다. 적정 튀김온도는 180~195℃로 발연점이 높고, 산패에 안정성을 가지며, 제품이 냉각되는 동안 충분히 응결되어야 한다.

7) 이스트(효모 yeast)

- 빵과 주류 제조에 사용되는 미생물로 **제과제빵 반죽의 발효 시 알코올 발효**를 일으킨다.
- 발효과정에서 다량의 **이산화탄소를 발생시켜 빵을 부풀게 하고, 반죽의 숙성과 향미를 증진**시킨다.
- 반죽에 **신장성과 조직을 개선**하고 **믹싱시간을 단축**시킨다.
- 이스트에 함유된 효소에는 탄수화물 분해효소인 **인베르타아제, 말타아제, 찌마아제**와 지방분해 효소인 **리파아제**, 단백질 분해효소인 **프로테아제**가 있으며 이 중 **찌마아제는** 빵 반죽 발효에서 최종적으로 **포도당과 과당을 분해하여 탄산가스(CO_2)와 알코올을 생성**하는 역할을 한다.
- **생이스트** : 압착효모라고도 한다. 수분 함량이 68~83%이고 보존성이 낮다. 냉장온도(0~7)에서 보관하며 제조일로부터 2~3주이내 사용하는 것이 좋다. 생이스트는 28~32℃, pH 4.5~5.0에서 발효가 최적으로 된다.
- **건조이스트** : 활성 건조효모, 드라이이스트라고도 한다. 수분 함량이 8~9%로 낮고, 입자 형태로 가공한 것으로 일반적으로 미개봉 상태에서 1년간 보관가능하다. 건조이스트 양의 4~5배의 미지근한 물(35~43℃)에 5~10분간 수화하여 사용한다. (인스턴트 이스트는 바로 사용 가능) 건조 이스트는 **생이스트보다 약 2배의 효과**가 있다.
- **글루타티온** (glutathione) : 오래된 이스트에 많이 함유되어 있는 **환원성 물질**로 효모가 죽으면서 반죽의 **연화작용**에 작용한다. 환원성 물질의 함량이 많을수록 **반죽시간은 짧아지나 끈적하고, 너무 연한 상태**가 되어 풍미를 떨어뜨린다.
- **이스트를 이스트푸드(개량제), 소금, 설탕과 직접 닿지 않게 하는 이유 : 삼투압 작용으로 이스트의 활동을 저해**하기 때문

■ 이스트 사용량의 증감 결정

✓ 설탕, 소금 사용량 증가했을 때	✓ 수작업이 많은 제품일 경우
✓ 반죽 온도가 낮을 때	✓ 반죽실 온도가 높을 때
✓ 글루텐의 질이 좋은 밀가루를 사용할 때	✓ 천연 효모와 함께 사용할 경우
✓ 우유량이 많을 때	✓ 작업량이 많은 경우
✓ 발효시간을 단축 시킬 때	✓ 발효시간을 길게 할 때
이스트 사용량을 증가시킨다.	**이스트 사용량을 감소시킨다.**

8)소금 (NaCl 염화나트륨)

- 맛과 풍미를 향상시키고 **껍질색을 진하게** 한다.
- **글루텐을 강화**시켜 **탄력성**을 갖게 한다.
- **세균 번식을 막고 방부 효과**가 있다.
- 소금을 넣는 시기는 보통 전반부에 이루어지지만 **클린업 단계 이후에 넣는 후염법**도 있다. 소금을 **처음에 넣으면 반죽 시간이 길어지고, 후반에 넣으면 반죽시간을 20% 가량 단축**할 수 있다.
- 삼투압 영향으로 이스트 발효능력을 억제하므로 이스트와 닿지 않도록 한다.

9)이스트푸드 (밀가루개량제)

- 이스트의 발효를 촉진하고 안정된 품질의 제품을 생산하기 위해 **반죽 밀가루 중량의 0.1~0.2% 사용**
- 반죽강화제, 산화제, 환원제, 노화지연제 등을 사용
- **밀가루 개량제**는 그 기능에 따라 크게 두가지로 분류되는데, **물조절제**로서 칼슘의 양조절을 통해 **물의 경도를 조절하고 반죽 탄력성을 향상**시키는 **황산칼슘($CaSO_4$), 인산칼슘($Ca3(PO_4)_2$), 과산화칼슘(CaO_2)** 등이 있고, **이스트의 영양분**인 질소를 제공하는 **염화암모늄(NH_4Cl), 황산암모늄($(NH_4)_2SO_4$), 인산암모늄($(NH_4)_3PO_4$)** 등이 있다.

10) 팽창제

- 화학 반응을 통한 탄산가스를 생성하며 과자나 케이크 등을 부풀려 모양 형성을 돕고, 식감을 부드럽게 한다.
- **탄산수소나트륨**(중조 또는 베이킹소다) : 대표적 팽창제로 단독으로 사용하거나 베이킹파우더를 만들어 사용한다. 이산화탄소를 발생시켜 반죽을 팽창시키며 **알칼리 물질이 반죽에 남게되는데 이는 색상 형성에 영향을 미쳐 제품의 색상을 선명하고 진하게 만드는 효과가 있다.** (과량 사용 시 소다맛이나 비누맛이 나며 제품의 색을 변화시키므로 주의)
- **베이킹파우더** : 탄산수소나트륨을 산성작용제 및 전분과 혼합하여 사용하므로 중조 단독 사용 시에 비해 **이산화탄소의 발생과 속도를 조절 가능**하도록 한 팽창제이다.
- 베이킹파우더에 들어가는 산성작용제에는 **주석산, 산성 인산칼슘, 피로인산칼슘, 인산알루미늄소다, 황산알루미늄소다** 등이 있으며 **주석산이 반응 속도가 가장 크다.**
- **이스파타**(이스트파우더) : 합성팽창제로 탄산수소나트륨에 염화암모늄을 혼합하여 만든다. 찜류의 팽창제로 많이 활용되며 팽창력이 상대적으로 강하고 흰제품의 색상을 더욱 하얗게 만든다.

- 그 밖에 나트륨을 섭취하면 안되는 환자를 위한 대체 팽창제로 사용되는 **중탄산칼륨**, 속효성 베이킹파우더로 쓰이는 **주석산칼륨**, 수분과 열에 쉽게 반응하여 가스를 발생시키는 **중탄산암모늄** 등이 팽창제로 사용된다.

11) 안정제

불안정한 상태의 유동 혼합물의 점도를 증가시켜 안정된 상태로 변화시키는 첨가물을 말한다. 대표적으로 **한천, 젤라틴, 팩틴, 알긴산, 검류, CMC** 등이 안정제에 속한다.

■ 안정제의 기능
- 크림토핑 시 거품을 안정시킨다.
- 흡수제로 노화를 지연시킨다.
- 아이싱의 끈적거림을 방지한다.
- 포장성을 개선한다.
- 머랭의 수분보유력을 향상시킨다. (머랭의 수분 배출을 촉진 ✕)

12) 향신료

여러 재료들과 어울려 풍부한 맛과 향을 내기 위해 첨가하며 제품의 보존성 향상과 식욕증진 및 방부작용 등의 유익한 기능을 한다.

■ 향신료의 종류

[넛메그(Nutmeg)]
육두구과 열매를 건조시킨 것으로 한 개의 종자에서 넛메그(씨앗)와 메이스(씨앗의 붉은 껍질)의 두 종류의 향신료를 얻을 수 있다. 약간 쓴맛과 톡 쏘는 맛이 있으며 애플 파이, 크림류에 이용한다.

[바닐라(Vanilla)]
바닐라 꼬투리가 노란빛을 띄기 시작할 때 따내어 70℃ 물에 데친 다음 며칠 간 발효시키면 꼬투리의 색이 검게 변하고 진한 향을 내는 향신료가 된다. 제과 제품에서 가장 널리 쓰이며 초콜릿. 과자, 아이스크림 등에 이용한다.

[계피(Cinnamon)]
녹나무속(Cinnamomum)에 속하는 몇 종의 육계나무에서 새로 자란 가지의 연한 속껍질(bark)을 벗겨 말리거나 갈아서 가루형태의 향신료로 만든 것을 말한다. 케이크, 쿠키, 초콜릿 등의 과자류와 파이 등의 빵류에 이용한다.

[오레가노(Oregano)]

꿀풀과에 속하는 다년생 식물의 잎과 꽃의 끝부분을 말린 것이다. 바질과 조합하여 대부분의 피자소스나 토마토 파스타 소스에 들어가며 톡 쏘는 매운 향이 특징이다.

[생강(Ginger)]

열대성 다년초의 다육질 뿌리로 특유의 향기가 나며 진저롤(Gingerol)이라는 성분으로 인해 매운 맛을 낸다.

[정향(Clove)]

정향나무의 열매를 건조한 것으로 단맛이 강한 크림이나 소스에 이용한다.

[카다몬(Cardamon)]

생강과의 다년초 열매에서 속의 작은 씨를 말려 빻은 것으로 푸딩, 케이크, 페이스트리에 이용한다.

[박하(Peppermint)]

쌍떡잎 꿀풀과의 풀인 박하 잎을 말린 것으로 산뜻하고 시원한 향이 난다.

[올스파이스(Allspice)]

올스파이스 나무의 덜 익은 열매를 따서 말린 것으로 자메이카 후추라고도 불리며 3대 스파이스인 크로우브(정향), 넛트멕(육두구), 시나몬(육계)의 향미가 모두 있어 올스파이스(Allspice)라는 이름이 붙여졌다. 후추 같은 매운맛은 없지만 상쾌하고 달콤하며 약간 쌉쌀한 맛이 모두 난다. 주로 과일케이크 등 단맛이 강한 케이크나 파이, 비스킷에 이용된다.

14) 초콜릿

- 초콜릿은 코코아 $\frac{5}{8}$(62.5%)와 코코아버터 $\frac{3}{8}$(37.5%), 기타 유화제 (0.2~0.8%), 소량의 설탕, 분유로 구성되어 있다.

- 초콜릿 템퍼링(Tempering)

  카카오 버터를 미세한 결정으로 만들어 매끈한 광택의 초콜릿을 만드는 과정을 말하며, 템퍼링을 통해 초콜릿에 광택을 주고 내부 조직을 치밀하게 한다. 또한 초콜릿 틀을 이용한 작업 시 틀에서 분리하기가 쉽고, 입 안에서 용해성이 좋아지며, 팻블룸(fat bloom) 현상을 방지할 수 있다.

- **팻블룸과 슈가블룸**

팻블룸 (fat bloom)	초콜릿 속 코코아버터가 용해와 응고를 반복하면서 초콜릿 표면에 하얀 곰팡이처럼 얇은 막이 생기는 현상 부적절한 배합률, 부적절한 템퍼링, 부적절하고 더러운 틀 사용 등으로 인해 코코아버터 상태가 나빠지면서 결정이 형성되거나 보관 중 온도변화로 인해 발생한다. 조치 : 적절한 배합률과 템퍼링, 일정한 온도와 낮은 습도의 서늘한 곳에 보관
슈가블룸 (sugar bloom)	초콜릿 속 설탕이 보관 중 부적절한 습도와 온도변화에 의해 용해되었다가 건조되는 과정에서 수준이 증발해 표면에 반점형태로 얼룩으로 나타나는 현상 조치 : 적절한 온도 유지와 낮은 습도의 건조한 장소에 보관 　　　　적정보관온도 14~16℃ 상대습도 50~60%

(3) 식품위생

1) 소독과 살균

소독력의 강도는 **멸균>살균>소독>방부** 순이다.

- **방부** : 미생물 증식을 억제하여 부패와 발효를 제한하는 수준
- **소독** : 병원성 미생물을 사멸시켜 감염과 증식을 차단
- **살균** : 식품에 있는 모든 미생물과 포자를 죽이거나 영양세포를 사멸시킴
- **멸균** : 병원균 및 비병원균 (모든 곰팡이, 세균, 바이러스, 및 원생동물 등)의 영양세포 및 아포까지 사멸시켜 <u>무균상태</u>로 만듦

■ **소독법의 종류**

- ◆ **물리적 소독법** : **증기**소독법, **열탕소독법**(=**자비**소독 100도씨에서 30분 이상), **자외선**살균법
자외선 살균법은 거의 모든 균종에 대해 효과가 있으며, 피조사물에 변화를 주지 않고 큰 살균효과를 줄 수 있으나 표면 투과성이 나쁜 특징이 있다.
- ◆ **화학적 소독법** : 염소(수돗물), 석탄산(페놀), 과산화수소(농도3%), 역성비누, 알코올(농도70%), 차아염소산나트륨, 크레졸 비누액, 승홍, 포름알데히드, 포르말린, 생석회 등의 소독제를 이용한 소독

■ **소독제의 조건**

1. 강한 살균력
2. 악취가 없을 것
3. 부식성과 표백성이 없을 것
4. 안전성, 경제성, 편리성이 있을 것
✓ 살균소독제를 사용하여 소독한 후에는 자연 건조한다.
　(마른 타월로 닦는다× / 표면 수분을 마르지 않게 한다× / 세제를 탄 물로 최종 헹굼×)

2) 식중독 관리

■ 세균성 식중독

① 독소형 식중독 : 황색포도상구균, 클로스트리디움 보툴리눔, 바실러스, 세레우스 등에 의해 발병한다.

황색포도상구균	클로스트리디움 보툴리눔
· 포도상구균 자체는 열에 약하지만, 생성되는 장독소인 엔테로톡신은 열에 강하다. · 잠복기가 1~5시간 정도로 아주 짧다. · 화농성 질환자의 식품 취급을 금지한다.	· 뉴로톡신(neurotoxin)이라는 신경독소를 생성한다. · 오래된 통조림 등 밀봉식품의 부패나 햄, 소시지 등 육가공품에서 발생할 수 있다. · 잠복기가 약 36시간으로 아주 길다. · 동공확대, 언어장애 등 신경마비 증상 · 일반적으로 사망률이 매우 높다.

② 감염형 식중독 : 살모넬라균, 장염비브리오균, 병원성 대장균, 웰치균, 캄필로박터균 등에 의해 발병한다. 살모넬라균 식중독은 심한 발열을 일으키며, 장염비브리오균 식중독은 우리나라에서 7~9월 중 해수세균에 의해 집중적으로 발생하며 이를 예방하기 위해서는 식품섭취 전에 반드시 가열한다.

③ 경구감염병과 세균성 식중독의 특징 비교

경구감염병 [식중독 X] [장티푸스, 콜레라, 파라티푸스, 세균성이질, 브루셀라증 등]	세균성 식중독 [살모넬라균, 병원성대장균, 장염비브리오균, 웰치균 등]
· 소량의 균으로도 발병 · 2차감염 빈번히 발생 · 잠복기간이 길다 · 면역성 있다(백신으로 예방)	· 다량의 균으로 발병 · 2차감염 없음 · 잠복기간이 짧다 · 면역성 없다 [감염 후 면역성 획득 X]

■ 자연독에 의한 식중독 ★★★

- 독버섯 → 무스카린(muscarine), 무스카리딘, 아마니타톡신(광대버섯), 콜린, 뉴린, 팔린 [독버섯은 색이 선명하고 화려하며, 은수저의 접촉 시 색이 검게 변하기도 한다. 겉 표면에 끈적이는 점액질이 있거나, 줄기 표면이 거칠다. 줄기를 세로로 쪼갤 때 잘 갈라지지 않으며, 쓴맛이나 신맛이 나는 것이 많다.]
- 독미나리 → 시큐톡신(cicutoxin)
- 섭조개 → 삭시톡신(saxitoxin) [Tip! 섭삭]
- 복어독 → 테트로도톡신(tetrodotoxin) [Tip! 복테]
- 모시조개, 바지락, 굴 → 베네루핀(venerupin) [Tip! 카페베네에서 모시조개 팔다 망했다.]
- 청매실, 복숭아씨, 살구씨, 아몬드, 자두씨 → 아미그달린(amygdalin)

- 목화씨(면실유) → 고시폴(gossypol)
- 피마자 → 리신(ricin)
- 감자 → 솔라닌(solanine : 싹이 나거나 햇빛에 노출되어 푸른색일 때 증가)
  섭신(sepsine : 부패한 감자에 들어있다)
- 소라 → 테트라민
- 미치광이풀 → 아트로핀
- 독보리 → 테무린

■ 화학적 식중독

소량의 원인물질 흡수로도 만성 중독이 일어나고 체내흡수와 분포가 빨라 사망률이 높으며 중독량에 달하면 급성증상이 나타난다.

① 중금속에 의한 식중독

- 납(Pb) : 납 유약을 바른 도자기 사용 등으로 만성중독 식욕부진, 만성피로, 변비, 복부팽만
- 수은(Hg) : 홍독성 홍분, 미나마타병(중추신경계 장애)
- 카드뮴(Cd) : 신장기능 장애, 이타이이타이병(골연화증)
- 주석(Sn) : 오래된 과일이나 산성 채소 통조림에서 유래(복통, 설사, 구토)
- 크롬(Cr) : 비중격천공(콧속 비중격에 구멍이 생겨 좌우측이 연결되는 현상)

② 첨가물에 의한 식중독

- 감미료(단맛) : 둘신(dulcin), 사이클라메이트(cyclamate), 에틸렌글리콜(etylene glycol), 페릴라르틴(perillartine) 모두 사용이 금지된 감미료이다.
- 착색제 : 황색색소 아우라민(auramine)(단무지, 카레), 핑크색소 로다민(rhodamine)B(어묵, 과자), 갈색 타르색소 실크스칼렛(silk scarlet)(대구 알젓) 등은 구토, 복통, 두통을 일으키고, 니트로아닐린(p-nitroaniline)은 무미, 무취의 황색 결정으로 두통, 청색증, 혼수 등을 일으킨다.

  그 밖에 롱가릿(금지 표백제), 붕산(유해 보존료), 승홍(유해 보존료), 불소화합물(유해 보존료), 포름알데히드(유해 보존료) 등도 유해한 첨가물로 식중독을 일으키는 성분이다. 반면에 무수아황산(표백제), 차아황산나트륨(표백제), 과산화수소(표백제), 소르빈산나트륨(보존료)은 유해첨가물에 속하지 않는다.

③ 농약에 의한 식중독

- 유기인제 농약 ★★ : 파라티온(parathion), 말라티온(malathion) 등은 독성이 강하지만 빨리 분해되어 만성중독을 일으키지 않는 농약을 말한다.
- 유기염소제 농약 : DDT, BHC 등에 중독 시 복통, 설사, 구토 등의 증상이 나타난다.

■ **알레르기성 식중독 ★★★**

가다랑어, 꽁치, 고등어와 같은 붉은 살 생선에 다량 함유되어 있는 히스타민(histamine) 독소는 원인균인 모르가넬라 모르가니(Morganella morganii)에 의해 두드러기, 가려움증, 두통, 호흡곤란 등의 증상이 나타낸다. [Tip! 내가 알레르기인거 몰라? 모르가넬라 모르가니]

■ **노로바이러스 식중독 ★★**

오염된 식수나 식품, 감염환자와의 접촉이나 비위생적 환경, 조리도구 오염 등으로 발생하며 설사, 복통, 구토 등 급성 위장염 증상이 나타난다. 노로바이러스는 크기가 매우 작고 구형이며 발병 후 별다른 치료법은 없으나 2~3일 후 자연치유 된다. 예방을 위해서는 오염 지역에서 채취한 어패류는 85℃ 이상에서 1분 이상 가열하여 섭취하고, 의심되는 지하수 섭취를 피하며 맨손으로 음식물을 만지지 않는다. 하지만 백신 접종으로 예방이 불가능하다.

■ **곰팡이 독소(mycotoxin)에 의한 식중독**

  • **아플라톡신**(땅콩, 곡류 : 아스퍼질러스 플래이버스(aspergilius flavre)에 의해 간장독이 생성된다.)
  • **맥각**(보리, 호밀 : 맥각균에 의한 곰팡이 독소인 에르고톡신 생성)
  • **황변미**(쌀 : 페니실리움 속 푸른곰팡이에 의해 간장독 시트리닌 생성)

3) 감염병 관리

■ **일반 사항**

  • **감염병의 3대 발생 요소 : 감염원, 감염경로, 숙주의 감수성**
  • **감염병 발생의 3대 요인 : 환경, 숙주, 병인** (기출 예방접종 ×)
  • **감염병의 예방 대책 : 병원소의 제거, 예방접종, 환자의 격리** (기출 식품의 저온저장 ×)
  • 숙주의 감수성이란 침입한 항원에 대항하여 감염이나 발병을 막을 능력이 없는 상태를 말한다.
  • 접촉감염지수(감수성 지수) : 높을수록 접촉 시 감염확율이 높음, 홍역이 가장 높다.
    홍역(95%) > 백일해(60~80%) > 디프테리아(10%) > 폴리오(0.1%)
  • 질병의 임상 증상이 회복되는 시기에도 여전히 병원체를 지닌 사람을 **회복기 보균자**라 하며, 병원체를 몸에 지니고 있으나 겉으로는 증상이 나타나지 않는 건강한 사람을 **건강보균자**라 하는데 **감염병 관리가 가장 어려운 대상**은 이러한 **건강보균자**이다.

■ **주요 감염병 특징**

  • **콜레라는** 콜레라균(Vibrio cholerae)이 일으키는 2급 법정 감염병 병균에 오염된 물이나 음식, 환자의 배설물 등으로 전파되므로 **환경위생을 철저히 함으로서 예방 가능**하다.

- **호흡기계 감염병** : 홍역, 디프테리아, 백일해 (기출 일본뇌염 ×)
- **백일해는** 병원체가 **세균**(백일해균: Bordetella pertussis)이며, **폴리오는 바이러스 감염에 의해 발생**하며 음식물을 통해 전파된다. (기출: 폴리오는 공기로 감염된다 ×)
- **리케차(rickettsia)가** 일으키는 감염병 → **발진티푸스**
- **트라코마는** 클라미디아균에 오염된 파리, 오염된 물건이 직접적으로 눈에 접촉하여 발병하는 감염성 질환으로 **개달물**(介達物: 병원체 비활성 운반 수단) **전파가 가장 잘되는 질병**이다.
- **한센병은** 6세기경 처음 발견된 한센병균이 피부, 말초신경계, 상기도의 점막을 침범하여 조직을 변형시키는 질환으로 한센병균은 나균이라고도 하며, 과거에는 나병이라고 불렀다. 잠복기는 짧으면 5년, 길면 20년가량으로 아주 길다.
- **파상풍은** 상처 부위에서 증식한 파상풍균(Clostridiumtetani)이 번식과 함께 생산해 내는 신경 독소가 신경 세포에 작용하여 근육의 경련성 마비와 동통을 일으키지만 감염병 관리상 환자의 격리를 요하지는 않는다.

■ 법정 감염병의 종류

구분	제 1급 감염병	제 2급 감염병	제 3급 감염병	제 4급 감염병
특성	생물테러감염병 또는 치명률이 높거나 집단 발생의 우려가 커서 발생 또는 유행 즉시 신고. 음압격리와 같은 높은 수준의 격리가 필요한 감염병 (16종)	전파가능성을 고려하여 발생 또는 유행 시 24시간 이내에 신고. 격리가 필요한 감염병 (23종)	발생을 계속 감시할 필요가 있어 발생 또는 유행 시 24시간 이내 신고하여야 하는 감염병 (26종)	유행 여부를 조사하기 위하여 표본감시 활동이 필요한 감염병(23종)
종류	에볼라바이러스병 마버그열 라싸열 크리미안콩고출혈열 남아메리카출혈열 리프트밸리열 두창 페스트 탄저병 보툴리눔독소증 야토병 중증급성호흡기증후군(SARS) 중동호흡기증후군(MERS) 동물인플루엔자 인체감염증 신종인플루엔자	결핵 수두 홍역 콜레라 장티푸스 파라티푸스 세균성이질 장출혈성대장균감염증 A형간염 백일해 유행성이하선염 풍진 폴리오 수막구균감염증 폐렴구균감염증 한센병 성홍열 E형간염 코로나바이러스감염증-19	파상풍 B형간염 일본뇌염 C형간염 말라리아 레지오넬라증 비브리오패혈증 발진티푸스 발진열 쯔쯔가무시증 렙토스피라증 브루셀라증 공수병 신증후군출혈열 후천성면역결핍증(AIDS) 크로이츠펠트-야콥병(CJD) 황열 뎅기열	인플루엔자 회충증 편충증 요충증 간흡충증 폐흡충증 장흡충증 수족구병 매독(梅毒) 임질 클라미디아감염증 연성하감 성기단순포진 급성호흡기감염증 해외유입기생충감염증 엔테로바이러스감염증 사람유두종바이러스감염증 등

구분	제1급 감염병	제2급 감염병	제3급 감염병	제4급 감염병
종류	디프테리아 등	원숭이두창 등	큐열 진드기매개뇌염 지카바이러스 감염증 등	

4) 인수공통 감염병

감염병	매개물	감염병	매개물
브루셀라증	소	**야**토병	토끼
탄저병	양, 말, 소	**리**스테리아증	주로 식품류, 동물배설물
결핵	소, 젖소, 양, 사슴 등 포유동물	**돈**단독증	소, 돼지, 말
조류인플루**엔**자	야생조류, 닭	**큐**열	소, 양

※ 그 밖에 페스트(쥐), 렙토스피라증(쥐), 광견병(개) 파상풍(소, 돼지, 염소) 등도 동물을 매개로 하는 인수 공통 감염병에 속한다. [**암기Tip!** 인수공통 감염병 → 브탄결엔 야리돈큐!]

◆ **광견병**은 인수공통감염병으로 병원체가 **바이러스**이다.

◆ **톡소플라스마** : 원형동물 기생충으로 **여성이 임신 중에 감염될 경우 유산과 불임을 포함, 태아에 이 상을 유발**할 수 있는 인수공통감 감염병인 톡소플라스마증을 일으킨다. 사람들이 모르는 사이에 고 양이 배설물로부터의 톡소플라스마 낭종을 섭취하거나 오염된 육류를 섭취할 때 발생한다.

5) 기생충 감염

①**선모충** : <u>돼지고기</u>로 감염, 구토와 열 발생

②**유구조충(갈고리촌충)** : 돼지고기를 생식하거나 돼지에게 사람의 대변을 먹이는 지역에서 감염자가 많이 발생

③**무구조충(민촌충)** : 쇠고기 육회나 생고기를 자주 먹을 경우 걸리는 장내 조충

④**간흡충** : 왜우렁이(제1중간숙주)와 잉어, 붕어 등 담수어(제2중간숙주)를 통해 감염

⑤**폐흡충** : 덜 익은 민물 가재나 민물 게 속의 피낭유충에 의해 감염

⑥**아니사키스충** : 바다새우(제1중간숙주)와 고래(제2중간숙주)를 통해 감염

⑦**편충** : 흙이나 채소를 통해 우리 몸속으로 들어와 감염을 일으킨다.

[출제 예상 지문 정리]

- 식중독의 발생 즉시 가장 먼저 취해야 할 행동 조치는 **식중독 발생 신고**이다.
- 식중독 발생 시 24시간 이내에 의사 또는 한의사, 집단급식소 설치 운영자는 **시장, 군수, 구청장에게 보고**한다.
- 우리나라에서 식중독 사고가 가장 빈번히 발생하는 계절은 **여름**이다.
- **난류**(알)는 **살모넬라균**에 오염되기 쉬운 대표적 식품이다.
- **웰치균**(Clostridium perfringens)은 **산소가 없는 환경**에서 잘 자라는 혐기성 균주이며, 열에 강하여 가열로 쉽게 사멸시키기 힘들며, 냉장온도보다는 냉동육이나 냉동 어패류에서 발생한다.
- **세균성 식중독**의 가장 대표적인 증상은 **급성위장염**이다.
- **세균성 식중독 예방법** : 조리장 청결유지, 조리 기구소독, 신선한 재료 사용 (유독한 부위 제거 ×)
- 고시폴, 무스카린, 솔라닌은 식물성 자연독이지만 **테트로도톡신은 동물성**(복어독)이다.
- **복어독**은 복어의 **난소에 가장 많이 들어**있으며 햇볕에 강하다.
- **화학적 식중독**은 체내 분포가 빨라 사망률이 높다.
- **아민류**는 탈탄산 반응에 의해 생성되는 단백질로 **알레르기성 식중독의 원인물질**이다.
- **평균수명**에서 질병이나 부상으로 인해 활동하지 못하는 기간을 뺀 수명을 **건강수명**이라 한다.
- **영아사망률**은 한 국가의 보건수준이나 생활 수준을 나타내는 지표로 **가장 많이 이용**된다.
- **구충, 구서의 원칙**은 구제 대상 동물의 생태 및 습성에 따라 발생원을 제거하는 것으로 발생 초기에 광범위하게 동시에 실시한다. (성충시기에 구제한다 ×)
- **역학의 목적**은 질병 예방을 위해 질병 발생 요인을 규명, 보건의료의 기획과 평가를 위한 자료 제공, 질병 측정과 유행 발생의 감시 등이다. (경제 연구에 활용 ×)
- 사람이 **예방접종을 통해 얻는 면역**을 **인공능동면역**이라 하며, **모체로부터 태반이나 수유를 통해 얻어지는 면역**을 자연수동면역이라 한다.
- 우리나라에서 출생 후 가장 먼저 **인공능동면역(예방접종)**을 실시하는 것은 **결핵예방접종**이다.
- **폴리오**는 **생균**(live vaccine)을 사용한 예방접종으로 면역이 된다.
- DPT 예방접종은 **디프테리아, 파상풍, 백일해**에 대한 예방을 목적으로 한다. (페스트 ×)

5) 식품안전관리인증기준 (해썹 HACCP : Hazard Analysis and Critical Control Point)

식품의 원료 관리, 제조·가공·조리·소분·유통의 모든 과정에서 위해한 물질이 식품에 섞이거나 식품이 오염되는 것을 방지하기 위하여 각 **과정의 위해요소를 확인·평가하여 중점적으로 관리하는 기준**을 말한다.

■ 위해요소(Hazard)의 분류

　- **화학적 위해요소** : 중금속, 농약, 항생/항균물질 또는 사용 기준 초과 식품첨가물 등

　- **물리적 위해요소** : 쇳조각, 돌, 유리 파편, 플라스틱, 비닐 등

　- **생물학적 위해요소** : 원, 부자재 및 공정내에서 인체의 건강을 해할 우려가 있는 리스테리아, 대장균 O157:H7, 대장균, 대장균군, 효모, 곰팡이, 기생충, 바이러스 등

■ **중요관리점** : 위해요소 중점관리기준에 따라 **식품의 위해요소를 예방, 제거 또는 허용 기준이하로 감소시켜 해당 식품의 안전성을 확보할 수 있는 중요한 단계나 공정**

■ **HACCP 적용 7대 원칙**

HACCP 적용 7대 원칙	
1. 위해요소 분석	
2. 중점관리점 결정	암기Tip!
3. 한계기준 설정	
4. 모니터링 체계 확립	**HACCP 7대 원칙**
5. 개선조치 방법 수립	**"위중한 모개검문"**
6. 검증 절차 및 방법 수립	
7. 문서화 및 기록 유지	

■ **HACCP에 의한 중요관리점(CCP)**

　1. 교차오염방지

　2. 권장된 온도에서의 냉각

　3. 권장된 온도에서의 조리와 재가열

　　(기출 : 생물학적 위해요소 분석 X)

■ HACCP 7단계에 5단계 준비단계를 합쳐 **12절차**로 볼 때, 가장 첫번째 단계는 **HACCP팀 구성이다.[HACCP 준비 5단계 : 팀구성**, 설명서 확인, 용도 확인, 공정흐름도 작성, 공정흐름도 현장 확인]

■ **제조물책임법(Poduct Liability : PL법)** : 제조되어 시장에 유통된 상품의 결함으로 인해 이용자 또는 제3자의 생명 또는 신체나 재산에 손해가 발생한 경우 제조물의 생산, 판매과정에 관여한 자의 과실 유무에 관계없이(무과실) 제조자 등이 그러한 손해에 대해 책임을 지는 법리를 말한다.

6) 식품첨가물

식품첨가물이란 식품을 제조, 가공, 조리 또는 보존하는 과정에서 감미, 착색, 표백 또는 산화 방지 등의 목적으로 사용되는 물질을 말한다. (식품첨가물의 규격과 사용 기준 : 식품의약품안전처장)

■ 식품첨가물의 조건
①무독성, 소량으로도 효과가 클 것
②경제성이 있고 사용이 편리할 것
③무미, 무취이고 자극성이 없을 것
④미생물에 대한 증식 억제 효과가 클 것
⑤공기, 빛, 열에 안정적일 것

■ 식품첨가물의 사용 목적
①식품의 변질, 변패 방지
②식품의 풍미 개선과 영양 강화
③식품 외관, 기호성 향상
④식품의 품질을 개량하여 저장성 향상

■ 식품첨가물의 종류
- **착색제** : 식품의 색을 입히거나 없앨 때 사용하는 용액이나 파우더로 천연 색소(동식물에서 추출한 색소 (예) B-카로틴, 치자황색소, 비트레드색소) 인공색소 (비타르계 색소, 타르계 색소)로 나뉜다.
- **발색제** : 식품의 색소를 유지, 강화시키는 데 사용하며 대표적으로 아질산나트륨(육류 발색), 황산제1철, 제2철(과채류 발색) 등이 있다.
- **응고제** : 겔화작용을 통해 과일이나 채소의 조직을 견고하게 유지시킨다.
- **항산화제(산화방지제)** : 식품의 산화를 늦춰주어 식품 품질 저하를 방지하는 식품첨가물로 식품의 저장기간을 연장시킨다. 대표적인 제과제빵용 식용유지의 산화방지제로는 디부틸하이드록시톨루엔(BHT), 부틸하이드록시아니솔(BHA), 토코페롤(비타민E) 등이 있다.
- **감미료** : 식품에 단맛을 부여하기 위해 사용함 사카린나트륨(생과자, 청량음료), D-소비톨(과일 통조림), 아스파탐(빵, 과자류) 등
- **밀가루 개량제** : 표백작용과 단백질 분해효소 활성을 억제하고 글루텐 성질을 향상시켜 완성품의 품질을 개선하기위해 사용한다. 밀가루에 직접 첨가하는 과황산암모늄, 과산화벤조일, 이산화염소, 염소 등과 제빵용 이스트에 첨가하는 브롬산칼륨 등이 있다.
- **방부제(보존료)** : 미생물에 의한 변질을 방지하여 식품의 보존기간을 연장시킨다. 프로피온산칼슘, 프로피온산나트륨(빵, 과자류), 소브산나트륨(육제품), 디하이드로초산(버터, 치즈 등)

- **산도조절제** : 식품의 산도를 적절한 범위에서 조정하여 식품의 산화방지와 변색을 막고 보존효과를 높이기 위해 사용된다. 사과산, 탄산칼슘, 시트르산, 수산화나트륨 등
- **살균제** : 식품내 또는 표면의 병원균을 살균하기 위한 것으로 표백분(표백작용), 차아염소산나트륨 (소독, 살균, 과일 소독에 사용) 등이 주로 사용된다.
- **표백제** : 원래의 색을 없애거나 퇴색을 방지하기 한 것으로 과산화수소(산화제), 아황산나트륨(환원제) 등이 쓰인다.

(4) 안전관리

1) 재해의 특성과 관리

- 환경이나 작업조건으로 인해 자신이나 타인이 상해를 입었을 때 이를 재해라 한다.
- 재해는 불완전한 행동과 기술 등 구성요소의 연쇄반응으로 일어나며, 재해 발생 비율을 줄이기 위해서는 안전관리가 집중적으로 필요하다.
- **위험도 경감의** 3가지 시스템 구성요소는 **절차, 사람, 장비**이며
- **위험 경감 원칙**의 핵심요소 구성 시 **위험요인의 제거, 위험발생 경감, 사고피해 경감**을 반드시 고려해야 한다. (기출 : 사고피해 치료 X)

2) 안전사고 조치 및 예방

①안전사고 발생 시에는 가장 먼저 **사고발생 관리자에게 보고**한다. (기출 : 모든 작업자 대피 X)

②**응급 조치**는 다친 사람이나 급성질환자에게 사고 현장에서 즉시 취하는 조치로 생명 유지와 더 이상의 상태악화를 방지하고, 건강이 위독한 환자에게 전문적인 의료가 실시되기 전 긴급히 실시하는 것이다. (기출 : 응급 조치는 사고발생 예방과 피해 심각도를 억제하기 위한 조치이다. X)

③사고 예방을 위한 **안전 교육**은 인간생명의 존엄성을 인식시키고, 안전한 생활 습관을 형성하며, 개인과 집단의 안전성을 최고로 발달시키는 교육을 말한다. (기출 : 상해, 사망 또는 재산 피해를 가져오는 불의의 사고를 완전히 제거하는 것 X)

④**작업 전 간단한 체조**로 신체 긴장을 완화하면 작업 시 **근골격계 질환을 예방**할 수 있다.

⑤화재 발생 시에는 큰소리로 주위에 먼저 알린 후 소화기 사용방법과 장소를 미리 숙지하여 소화기로 불을 끈다. 또한 신속히 원인 물질을 찾아 제거하도록 한다.

(기출 : 몸에 불이 붙었을 경우, 움직이면 불길이 더 커지므로 가만히 있는다. X)

⑥화재 발생 위험요소가 있는 기계가 있다면 정기적인 점검을 실시한다.

　　(기출 : 화재 예방을 위해 근처에 가지 않는다. X)

3) 조리작업 시 안전사고 위험요인

①부적절한 조명 → 미끄러짐 발생

②미숙한 칼 사용 → 베임, 절단 사고

③끓는 식용유 취급 → 화재발생, 화상

　　(기출 : 연결코드 제거 후 전자제품 청소 → 감전사고 X)

4) 조리 작업장 안전 및 위생 관리 수칙 OX

- 반드시 안전한 자세로 조리한다. ○
- 짐을 옮길 때는 충돌 위험을 감지할 수 있도록 주의한다. ○
- 뜨거운 용기를 이용할 때는 반드시 장갑을 사용한다. ○
- 주방 내 바닥이 젖어 있거나 기름기가 있는 경우, 전선이 노출된 경우 미끄럼 사고의 원인이 된다. ○
- 1개의 콘센트에 여러 개의 선을 연결하지 않는다. ○
- 물 묻은 손으로 전기기구를 만지지 않는다. ○
- 플러그를 콘센트에서 뺄 때는 줄을 잡아당기지 말고 콘센트를 잡고 뺀다. ○
- 깨진 유리를 버릴 때는 '깨진 유리'라는 표시를 해서 버린다. ○
- 조리작업을 위해 편안한 조리복만 착용한다. X
- 전열기 내부는 물을 뿌려 깨끗이 청소한다. X
- 난로는 불을 붙인 채 기름을 넣는 것이 좋다. X
- 조리실 바닥의 음식찌꺼기는 모아 두었다 한꺼번에 치운다. X
- 떨어지는 칼은 위생을 생각하여 즉시 잡도록 한다. X
- 주방 내 전등의 조도가 높은 경우 미끄럼 사고의 원인이 된다. X
- 위생복은 정해진 작업 장소에서만 착용하며, 작업장 이외의 장소를 출입할 때는 그 용도에 맞는 옷으로 갈아입는다. ○
- 앞치마, 고무장갑 등을 구분하여 사용하고 매 작업 종료 시 세척 및 소독을 실시한다. ○

◆ 작업장 바닥은 세척 및 소독이 가능한 방수성, 방습성, 내약품성, 내열성, 내구성이 있는 재질 선택한다. ○

◆ 작업장 바닥은 배수가 용이하고, 덮개를 설치하여 교차오염이 발생하지 않도록 한다. ○

◆ 작업장의 창문과 창틀 사이에는 실리콘, 고무 패드 등을 부착하여 밀폐 상태를 유지한다. ○

◆ 증기, 수증기, 열, 먼저 유해가스, 악취 등을 환기시키고 축적되는 것을 방지하기 위하여 환기시설을 설치한다. ○

◆ 파리, 나방, 바퀴벌레, 개미 등의 해충 등이 들어오지 않도록 틈새가 없도록 한다. ○

5) 조리용 장비 점검과 취급요령

◆ **정기점검** : 조리작업에 사용되는 설비 기능 이상여부와 보호구 성능 유지 등에 대해 최소 매년 1회 이상 실시하는 점검

◆ 주방에서 조리장비류를 취급 시 결함이 의심되거나 시설제한 중인 시설물의 사용여부를 판단하기 위해 실시하는 점검을 **특별점검**이라한다.

◆ 칼날의 방향은 반드시 **몸의 바깥쪽**으로 놓고 사용한다.

　(기출 : 몸 안쪽으로 사용한다. X)

◆ 가스레인지 사용 시 반드시 **정기적으로 가스관을 점검**해야 한다.

　(기출 : 문제가 의심될 때만 가스관 점검 X)

◆ 육류절단기를 사용할 때는 작업 전 칼날 고정상태를 반드시 확인한다.

◆ **식품위생법에서 정의하는 기구의 범위**

　1. 음식을 먹을 때 사용하는 것

　2. 식품을 조리할 때 사용하는 것

　3. 식품첨가물을 가공할 때 사용하는 것

■ **세척제의 구비 조건 및 종류**

　1. 지방을 유화시키는 유화성을 가지고 있고 금속 부식성이 없어야 한다.

　2. 세정력이 강하고, 단백질을 용해시킬 수 있어야 한다.

　3. 세척제 종류에는 1종 (야채, 과일 등 세척), 2종 (식기, 식품용 조리기구 세척), 3종 (식품의 제조, 가공용 기구 등 세척)이 있다.

■ **균의 종류별 번식 온도**

　저온균 : 0~25℃　　중온균 : 15~55℃　　고온균 : 40~70℃

(5) 장식

1) 아이싱

아이싱이란 다양한 케이크나 과자 제품 표면에 설탕시럽이나 크림을 이용하여 한 꺼풀 씌워 냄으로써 모양을 좋게하고 표면이 마르지 않도록 하는 장식 방법을 뜻한다.

- **단순 아이싱** : 슈가파우더(분당粉糖), 물엿, 물을 넣고 43℃로 중탕하여 만든다.
- **퐁당 아이싱** : 설탕 시럽을 기포하여 크림화하여 만든다.[크림 아이싱]
- **퍼지 아이싱** : 설탕, 우유, 버터, 초콜릿 등을 주재료로 크림화하여 만든다.[크림 아이싱]
- **마시멜로 아이싱** : 거품을 올린 흰자 머랭에 뜨거운 시럽을 첨가하면서 고속으로 믹싱하고 젤라틴을 첨가하여 만든다.[크림 아이싱]

  ※ 조합형 아이싱은 단순 아이싱과 크림 아이싱을 혼합하여 만든다.

■ 아이싱 시 주의사항

- 아이싱의 끈적거림을 방지하기 위해 젤라틴, 한천, 검류, 알긴산, 펙틴 등의 안정제를 사용하거나 전분이나 밀가루를 흡수제로 사용하기도 한다.
- 아이싱이 작업 중 굳었을 때는 35~43℃ 정도로 중탕하여 사용하거나 최소한의 액체(시럽)를 사용하여 풀어준다.

2) 글레이즈

- 주로 도넛이나 과자제품 표면에 광택효과를 내며, 제품의 건조를 방지하는 기능도 한다.
- 안정제인 젤라틴, 한천, 검류, 펙틴 등을 45~50℃ 정도로 데워서 사용한다.

3) 안정제

액상 재료의 점도(끈적한 정도)를 증가시켜 젤리 상태의 안정된 구조로 바꿔주는 역할을 한다.

■ 안정제의 역할

①아이싱의 끈적거림과 크랙(crack)을 방지할 수 있다.
②머랭이나 크림의 수분 배출을 억제해 기포를 안정시키고 노화를 지연시키는 효과가 있다.
③파이 충전물의 점도를 증가시키는 농후화제 역할을 한다.
④젤리, 무스, 바바루아, 커스터드 크림 등 다양한 제품에 사용된다.

■ 제과제빵에 사용되는 안정제

① **젤라틴** : 동물의 가죽이나 연골의 콜라겐을 추출하여 만든 동물성 단백질이다. 물과 함께 가열하면 30℃ 이상에서 녹으며 냉과인 무스나 바바루아 또는 아이싱, 글레이즈의 안정제로 사용된다.

② **펙틴** : 당 + 산과 함께 작용하여 젤리나 잼이 만들어진다. 천연 과일껍질에 들어있는 프로토펙틴이 가수분해 효소의 작용으로 수용성 펙틴이 된다.

③ **CMC** : 카복시메틸셀룰로스나트륨(Sodium Carboxymethylcellulose) 또는 CMC로 불리며 천연 펄프나 식물의 뿌리에서 추출한 셀룰로오스를 가공하여 만들어지는 점성 증진 안정제로 냉수에 쉽게 녹으며 산에 약한 특징이 있다.

④ **검류** : 구아검, 로커스트 빈검, 카라야검, 아라비아검 등이 유화제, 안정제, 점착제, 증점제로 사용된다.안정제로 사용되는 검류는 냉수에 용해되는 친수성 물질이며 낮은 온도에서도 높은 점성을 나타낸다.

⑤ **한천** : 우뭇가사리 등 홍조류에서 추출한 식물성 원료를 물로 깨끗이 씻어 이물질을 제거한 후 열수 추출하거나 황산 또는 아세트산을 첨가한 약한 산성으로 추출해낸다.

⑥ **알긴산** : 다시마, 미역 등에서 추출

4) 충전물 (Filling) 및 토핑(Topping)

• **제품 내부에 과일이나 크림 충전물을 넣어서 굽거나, 구운 후에 속을 채워넣는 것을 충전이라한다.** 과일류는 설탕에 절이거나, 건조과일을 물에 불려서 사용하며, 통조림이나 냉동 과일의 경우 과즙을 분리하고 호화시켜 사용하는 것이 좋다.

• 크림 충전물에는 버터크림, 휘핑크림, 커스터드 크림, 초콜릿 가나쉬 크림, 아몬드 크림 등이 있다.

• 토핑은 제품 성형 후 굽기 전 반죽 위에 얹거나 구운 후 제품 위에 얹어 보기에도 좋고 맛도 향상시킬 수 있도록 한다. 주로 견과류, 초콜릿, 냉동과일, 건과일 등을 얹거나 설탕이나 분당을 뿌린다.

(6) 냉각과 포장

❖ **냉각** : 굽기가 끝난 제품은 반드시 제품 내부의 온도와 수분함량을 일정 수준으로 낮춰서 포장해야한다. 그렇지 않으면 포장 내부에서 냉각되면서 수분이 포장 표면에 응축대에 제품 속에 침투하여 곰팡이나 유해세균이 번식할 위험이 높아진다.

❖ **포장** : 유통 과정에서의 안전하고 용이한 취급과 외부 환경으로부터 제품의 가치 및 상태를 보호하기 위해 적합한 재료 또는 용기에 제품을 넣는 과정을 말한다.

■ **냉각 방식**

냉각팬에 올려 상온(약 20℃)에서 3~4시간 냉각하는 자연 냉각과 공기배출을 이용한 냉각, 컨베이어식(터널식) 냉각, 공기조절식(에어컨디션식) 냉각 등이 있다. 컨베이어식은 주로 대규모공장에서 사용되며, 공기조절식 냉각은 제품에 20~25℃, 습도 85%로 설정된 공기를 통과시켜 가장 빠르게 냉각하는 방식이다.

■ **냉각 온도에 따른 영향**

- **일반적인 제품냉각 조건 : 온도 20~25℃, 습도 87~85%**

  ① 냉각실 설정 온도가 적정수준보다 낮을 경우 : 표면이 건조하여 거칠어지고 노화가 빠르게 진행된다.

  ② 냉각실 설정 온도가 적정수준보다 높을 경우 : 냉각 시간이 증가하며 절단이 용이하지 못해 형태가 고르지 못하게 된다.

  ③ 냉각실 설정 습도가 지나치게 낮을 경우 : 껍질이 지나치게 건조하거나 갈라진다.

  ④ 냉각실 설정 공기흐름이 지나치게 빠를 경우 : 껍질이 지나치게 건조해지고 잔주름과 모양이 나빠진다.

■ **냉각손실**

제품 냉각 중 수분이 증발하여 손실되는 비율을 말하며 일반적으로 2%로 본다. 냉각손실은 **여름보다 겨울에 크게 나타나며, 상대습도가 낮을수록** 냉각손실이 커진다.

■ **포장 온도**

- 포장 시 온도는 **과자류 20~25℃, 빵류 35~40℃**가 적당하다.
- **포장 전 빵의 온도가 너무 낮으면**

  → 수분손실이 많아져 껍질이 심하게 건조해지고 제품 노화가 가속된다.

- **포장 전 빵의 온도가 너무 높으면**

  → 형태 유지가 어렵고 포장지에 습기가 차서 곰팡이가 발생할 수 있다.

■ **포장의 기능**

1. **내용물 보호** : 수분증발과 미생물 오염 방지, 노화억제 등 물리적, 화학적, 생물적, 인위적 요인으로부터 제품의 내용물을 보호하고 제품 손상을 방지한다.

2. **취급 상의 편의** : 제품 생산, 저장, 유통 과정 및 사용 후 폐기에 이르기까지 각 단계에서 취급이 편하도록 편의성을 제공하고 품질을 유지하여 상품의 수명을 연장한다.

3. **판매의 촉진** : 포장을 통해 제품을 차별화할 수 있으며 소비자들의 구매 욕구을 일으킴으로써 매출 증대 효과를 가져올 수 있다.

■ **포장용기의 구비조건**

✓ 방수성과 작업 용이성 갖출 것	✓ 위생적 일 것
✓ 통기성 없을 것	✓ 제품을 변형시키지 않을 것

■ **합성수지 포장재별 특징**

• **PP [Poly propyrene] 폴리프로필렌** : 일반 제과점 진열 포장을 비롯하여 각종 식품 포장 및 인쇄용으로 주로 사용되며 투명성과 강도가 뛰어나다.

• **PE [Poly ethylene] 폴리에틸렌** : 값이 싸고 수분은 차단하고 기체는 투과시킬 수 있어 주로 짧은 기간 저장하는 저지방 식품의 포장에 쓰인다.

• **PS [Poly Styrene] 폴리스티렌** : 가볍고 투명하여 육류나 생선류의 트레이로 많이 사용되나 충격에 약하다.

• **OPP [Oriented Poly propyrene] 오리엔티드 폴리프로필렌** : 폴리프로필렌(PP)의 성능을 더욱 강화한 제품으로 PP와 더불어 제과제빵 포장에 널리 쓰이며 투명성, 방습성, 내유성이 우수하지만 가열 시에는 수축 변형된다.

※ PVC(Polyvinyl chloride)는 인체 유해물질을 포함하여 식품용, 의료용, 장난감 등에 사용이 금지되어 있음

2 제과기능사 – 과자류 제조 [제과파트]

(1) 제과의 기본 공정

주로 발효과정을 거치지 않고 팽창을 이용하여 생산되는 제품을 다루며 주식 이외 기호식품으로 먹는 과자류가 포함된다.
(곡식의 가루에 여러가지 첨가물을 혼합하여 제조)

반죽법의 결정 → 배합표작성 → 재료 계량 → 반죽제조 → 정형 및 팬닝 → 익힘(굽기/튀기기) → 마무리 및 냉각/포장

1) 반죽법의 결정 : 제품의 종류 및 특징에 따른 적정 반죽법의 결정

2) 배합표 작성

각 제품의 특성에 따른 필요 재료의 비율을 결정하는 단계
제품 생산에 필요한 각 재료, 비율, 중량을 작성한 표로 [**베이커스 퍼센트와 트루 퍼센트**]를 기준으로 작성한다.

■ 베이커스 퍼센트(Baker's Percent) [기준은 밀가루의 양]

밀가루 100%를 기준으로 하여 각각의 재료를 밀가루에 대한 백분율로 표시한 것

밀가루를 기준으로 소금이나 설탕의 비율을 조정하여 맛 조절이 가능하다.

[계산 공식]

$$\text{Baker's \%} = \frac{\text{각 재료의 중량(g)}}{\text{밀가루의 중량(g)}} \times 100(\%)$$

■ 트루 퍼센트(True Percent)

제품 생산에 필요한 **재료 전체 양을 100%**로 하여 각 재료의 비율 나타낸 것으로 각 재료의 사용량을 정확하게 알 수 있기 때문에 **원가 관리가 용이한 특징**이 있다.

[계산공식]

$$\text{True \%} = \frac{\text{각 재료의 중량(g)}}{\text{총 재료의 중량(g)}} \times \textbf{총배합률(\%)}$$

3) 반죽 온도와 비중

■ 마찰 계수의 계산 방법

마찰계수(Friction Factor)란 반죽을 제조할 때 **반죽기가 회전하며 반죽이 형성될 때 휘퍼 또는 비터와 반죽 표면 사이의 마찰 정도**를 뜻하며, **반죽 온도에 영향을 미치는 중요한 요인**이 된다.

> 마찰 계수 공식
>
> = (반죽 결과 온도 × 6) - (실내 온도 + 밀가루 온도 + 설탕 온도 + 유지 온도 + 달걀 온도 + 물 온도)

■ 사용수 온도 계산 공식

> 사용수 온도
>
> = (반죽 희망 온도 × 6) - (실내온도 + 밀가루 온도 + 설탕 온도 + 유지 온도 + 달걀 온도 + 마찰 계수)

■ 얼음 사용량의 계산 공식

> 얼음 사용량
>
> = 물 사용량 × (수돗물 온도 - 사용할 물 온도) / (80 + 수돗물 온도)
>
> (※ 80은 얼음의 비중을 나타낸다.)

■ 반죽 비중(Specific Gravity)의 영향

> $$비중 = \frac{같은\ 부피의\ 반죽\ 무게}{같은\ 부피의\ 물\ 무게} = \frac{반죽\ 무게 - 컵무게}{물\ 무게 - 컵\ 무게}$$

반죽의 비중이 높으면 부피가 작고, 기공이 조밀하고 단단한 무거운 제품이 되고, 반대로 **반죽의 비중이 낮으면 기공이 거칠며 부피가 큰 가벼운 제품**이 된다.

4) 반죽의 pH (수소이온농도)

pH7(중성)을 기준으로 이보다 **작으면 산성**을 나타내고, **크면 알칼리성**을 나타낸다.

수소이온농도 pH1의 차이는 수소이온농도 10배 차이를 나타내며, 제품별로 적정 pH를 알아 둘 필요가 있다.

제품 종류	pH
과일케이크	4.4~5.0
엔젤푸드케이크	5.2~6.0
옐로우레이어케이크	7.2~7.6
화이트레이어케이크	7.3~7.6
스펀지케이크	7.4~7.8
쵸콜릿케이크	7.8~8.8
데블스푸드케이크	8.5~9.2

■ 산도가 제품에 미치는 영향

산이 강한 경우	알칼리가 강한 경우
고운 기공(조밀한 기공)	거친 기공
연한 향	강한 향
여린 껍질색과 속색	어두운 껍질색과 속색
톡쏘는 신맛	소다맛
정상보다 제품 부피가 빈약(작다)	정상보다 제품의 부피가 크다

■ 반죽 pH의 조절

- 반죽의 pH를 <u>높이고자 할 때</u>는 **중조를 첨가**한다.
- 중조는 화학 반응 후 탄산나트륨을 만들어 반죽의 pH를 높인다.
- 중조는 알칼리성으로 완제품의 향과 색을 진하게 한다.
- 반죽의 pH를 <u>낮추고자 할 때</u>는 **주석산 크림 또는 식초를 사용**한다.
- 주석산 크림은 산성으로 완제품의 향과 색을 연하게 한다.
- **이스파타**는 합성팽창제로 **산성**을 띠며 화학반응 후 염화나트륨을 만들어 **반죽의 pH를 낮춘다.**

■ 제과 재료별 pH 농도

증류수 : pH 7   박력분 : pH 5.2   달걀 흰자 : pH 8.8 ~ 9   우유 : pH 6.6

■ 반죽의 잔유 기포 → 완제품 기공과 거친 조직에 영향

- **반죽에 남아 있는 기포**(공기, 이산화탄소, 암모니아 가스 등)는 완성품 기공을 과도하게 열리게 하여 제품의 **탄력성을 감소시키며 거친 조직을 형성**하여 **제품이 부스러지기 쉽게 된다.**
  ① **반죽의 pH** : 알칼리성이 강한 반죽 경우에도 기공이 열리고 조직이 거칠어진다.
  ② **반죽의 온도** : 반죽온도가 높으면 많은 공기가 혼입되고 큰 공기 방울이 반죽에 남아 있게 된다.
  ③ **지나친 크림화** : 많은 공기가 혼입되고 큰 공기 방울이 반죽에 남게 된다.

④ **과도한 팽창제 사용** : 이산화탄소와 암모니아 가스가 과다하게 발생하여 큰 기포가 반죽에 남게 된다.

⑤ **낮은 오븐 온도** : 가스가 천천히 발생하여 기공이 반죽에 남게 된다.

5) 제과 제빵 도구의 종류와 특징

■ 믹서

믹서 종류	특징
버티컬(수직형 Vertical Mixer)믹서	탁상 위에 설치가능한 크기로 주로 소규모 제과점에서 사용 반죽상태를 수시로 점검할 수 있는 장점이 있다.
호리즌털(수평형 Horizontal Mixer)믹서	단일 제품 반죽의 대량생산에 적합
스파이럴(나선형 믹서 Spiral Mixer)믹서 (제빵전용)	나선형태의 훅(hook)이 내장되어 있어 바케트빵 등 글루텐 성능이 떨어지는 밀가루를 사용 시 장점을 발휘하며 힘이 좋아 반죽성능은 우수하나 지나치게 고속으로 사용 시 각 제품에 적합한 적정 믹싱단계를 지나칠 수 있으므로 주의해야 한다.
에어믹서 (제과전용)	반죽에 기포를 주입하며 믹싱할 수 있다.
믹서 어태치먼트 용도	휘퍼 : 반죽에 공기를 주입하여 부피를 부풀릴 때 비터 : 반죽 교반 및 크림 제조 시 사용 훅 : 주로 제빵 시 글루텐 형성, 발전에 사용

■ 오븐

- **데크 오븐** : 소규모 제과점에서 사용, 반죽이 들어가는 곳과 나오는 곳이 동일하며, 윗불과 아랫불의 온도 조절이 가능하며, 오븐 내 열전도가 균일하지 않을 경우에는 굽기 도중에 제품의 위치를 바꾸어 주어야 한다.
- **터널 오븐** : 대규모 제과제빵 공장에서 사용, 반죽이 들어가는 곳과 나오는 곳이 다르며, 터널식으로 통과하여 굽기를 완료한다. 설치 비용이 비싸고 넓은 면적이 필요하며 열 손실 또한 크다.
- **컨벡션 오븐** : 컨벡션이란 대류를 뜻한다. 액체나 기체를 가열해 발생하는 열을 팬을 이용하여 강제로 순환시켜 발생하는 대류 현상으로 빵을 굽기 때문에 컨벡션 오븐이라하며, 반죽에 균일하게 열이 전달되어 크기와 색상이 고른 특징이 있다. 뜨거운 대류열로 반죽을 익히기 때문에 딱딱한 계열의 빵이나 과자류에 적합하다. 반죽의 수분이 금방 없어지고 겉면이 바삭해지는 특징이 있다.
- **로터리 오븐** : 컨벡션 오븐과 마찬가지로 팬을 사용하며, 오븐 내의 선반이 회전하므로 고르게 반죽을 익힐 수 있다.

■ 그 외 제과제빵 설비 및 도구 [관리사항]

파이롤러	파이나 페이스트리 반죽의 밀어펴기에 사용하며 밀어펴기 후 냉장휴지 및 냉동보관 처리를 위해 냉장, 냉동고의 옆에 위치하는 것이 좋다. 사용 후에는 깨끗한 솔로 이물질을 제거하고, 소독한다.
발효기	제빵 전용 기기로 청소 소독 후 습기 제거
도우 컨디셔너	제빵 전용 기기로 프로그램에 의한 온도, 습도 자동 제어, 청소 소독 및 습기제거
분할기	제빵 전용 기기로 발효 후 정량 분할, 이물질 제거 및 소독
라운더	제빵 전용 기기로 반죽 둥글리기, 표면 정리, 이물질 제거 및 소독
튀김기	자동 유지류 온도 조절 장치 내장, 기름 재사용 금하고 비눗물 10분간 끓여 세척 후 건조
스크래퍼	반죽을 분할하거나 긁어낼 때 사용, 중성세제로 세척 후 자외선 소독
스패튤라	케이크 제조 시, 제과 반죽 믹싱, 짤주머니에 옮길 때 사용, 중성세제로 세척 후 자외선 소독

(2) 재료 준비

1) 재료별 역할 및 특성

① 제품에 바삭한 식감을 주는 요소 : 유지류, 설탕, 팽창제 – 밀가루의 글루텐 형성을 약화시킴

② 제품에 모양과 형태를 단단히 잡아주는 요소 : 계란, 우유, 밀가루 등

③ 제품의 식감을 부드럽게 하는 요소 : 설탕, 유지류, 베이킹파우더, 계란노른자 등 (연화작용)

④ 제품의 풍미를 더해주는 요소 : 설탕, 소금, 계란, 유제품, 향신료, 주류 등)

⑤ 반죽을 뭉치게하여 모양을 만들어 주는 요소(보형성) : 물, 각 재료 속 수분

⑥ 제품을 부풀게 하여 볼륨감과 부드러움을 형성하는 요소(팽창성) : 팽창제, 유지류, 계란, 반죽 내 수분 등

2) 고율배합과 저율배합

■ 고율배합

- 설탕 사용량이 밀가루 사용량보다 많고, 액체류가 밀가루나 설탕량보다 많은 배합으로 설탕의 보습성을 이용하여 표면이 건조되는 것을 막고 안정성을 높일 수 있다.
- 계란 중심의 거품형 제품에 적합 (예) 레이어 케이크, 초콜릿 케이크 등

■ 저율배합

- 고율배합과는 반대로 설탕 사용량이 밀가루 사용량보다 적고, 액체류가 밀가루양보다 적은 배합
- 유지 중심의 반죽형 제품에 적합

구분	고율배합	저율배합
배합	설탕≥밀가루	설탕<밀가루
믹싱 중 공기혼입 정도	많다	적다
반죽의 비중	낮다	높다
화학팽창제 사용량	줄인다	늘린다
굽기 온도	낮다(저온 장시간/오버베이킹)	높다(고온 단시간/언더베이킹)

[재료 관련 핵심 지문 CHECK]

- **밀가루**는 제과제품의 **구조형성** 기능을 한다. ○
- **케이크 제조** 시 사용하는 밀가루는 **단백질 함량 7~9%** (회분 함량 : 0.4% 이하)의 **박력분이 적합**하다. ○ (유지함량이 많은 쿠키류 : 중력분, 퍼프페이스트리 : 강력분)
- 밀가루, 설탕, 탈지분유 등 가루상태의 재료는 체로 쳐서 사용한다. ○
- **우유**는 밀가루와 함께 제품의 **구조를 형성**한다. ○
- **탈지분유는** 수분 흡수 시 덩어리가 생기므로 **설탕 또는 밀가루와 분산**시킨다. ○
- **달걀**은 밀가루와 함께 **구조형성** 기능을 한다. ○
- 달걀은 **전란의 75%가 수분**으로 구성 되어있는 **중요한 수분 공급원**이다. ○
- 달걀은 반죽에 **공기를 혼입**시키는 역할을 할 수 있으며, **굽기 중 팽창**한다. ○
- 달걀은 **커스터드** 제품 제조 시 **크림의 결합제 역할**을 한다. ○
- 달걀 노른자의 레시틴은 천연 유화제 역할을 한다. ○
- **물은 반죽의 되기를 조절**하는 재료로 **식감에 중요한 영향**을 미친다. ○
- 반죽 내부의 수분은 굽기과정에서 **증기압을 형성**하여 **제품을 팽창**시킨다. ○
- **물은** 밀가루와 결합하여 **글루텐을 형성**시키고 **반죽 온도조절의 역할**을 한다. ○
- 물이라함은 본래 형태로 첨가하는 물 뿐만 아니라, **우유나 달걀** 등 **액체재료에 포함된 수분과 건조 재료에 포함된 수분 모두를 포함**한다. ○
- **베이킹파우더**는 제품의 **식감을 부드럽게** 하며**(연화작용)**, **팽창작용으로 부피를 증가**시킨다. ○
- **소금**은 제품에 **향미를** 제공하고 **설탕의 단맛을 순화**시키는 기능을 한다. ○

3) 유지류의 역할

① **가소성** : 고체가 외부에서 힘을 받아 형태가 바뀐 뒤 그 **힘이 없어져도** 본래의 모양으로 돌아가지 않는 성질

② **신장성** : 반죽 사이에서 **잘 밀어펴지도록** 하는 성질

③ **크림성** : 믹싱 시 **공기 혼입을 통해 크림화**되는 성질

④ **쇼트닝성** : 설탕과 함께 유지는 밀가루의 **글루텐 형성을 방해**하여 제품의 **부드러움(무름)과 바삭함(부서지기쉬운 성질)**을 부여한다.

⑤ **안정성** : 산소에 의한 **산패에 잘 견디는 성질**

4) 설탕의 역할

① 제품에 **단맛을 부여**한다.

② 캐러멜화로 **껍질색을 진하게** 한다.

③ **수분보유력**이 있어 제품의 **신선도를 유지**시킨다.

④ 반죽의 **유동성을 향상**시키고, **퍼짐에 중요한 역할**을 한다.

⑤ 반죽 중에 남아 있는 설탕은 굽기 중에 녹아 **쿠키의 바닥면적을 크게**하고 밀가루의 **단백질을 연화**시키는 작용을 한다.

⑥ 설탕의 **입자가 작을수록 퍼짐성이 떨어지며** 조밀하고 밀집된 기공이 형성된다.

■ **설탕 사용량이 적은 경우**
반죽의 비중은 감소하나 구조력은 커지게 된다.
기공이 닫혀 제품에 단단한 조직감 → 익힘 시 반죽의 팽창이 적고 최종제품의 부피가 작아진다.

■ **설탕 사용량이 많은 경우**
반죽의 비중 증가, 오븐 팽창이 커져 열린 기공상태 → 케이크 중앙부위가 가라앉는 현상

(3) 반죽

1) 반죽(믹싱)6단계

① 픽업단계 (혼합)

② 클린업단계 (글루텐 형성)

③ 발전단계 (탄성력최대, 매끈&광택, 반죽기고속)

④ 최종단계 (최적상태)

⑤ 렛다운단계 (오버믹싱, 지친단계)

⑥ 파괴단계 (글루텐 끊어짐, 신맛)

2) 반죽형 반죽 [Tip! 크일설블]

(예) 파운드케이크, 레이어케이크, 과일케이크, 머핀, 마들렌

■ 특징 : 유지를 다량 사용하며, 화학적 팽창제 사용

- **크림법** (Sugar batter method)
  ① 유지와 설탕, 소금을 넣고 **혼합**하여 **크림상태**로 만든다.
  ② 그런 다음 **달걀을 나누어 서서히 투입**하며 크림을 부드럽게 한 후,
  ③ 체 친 밀가루와 베이킹파우더 및 건조 재료를 넣고 **균일하게 혼합**한다.
  ④ 부피가 큰 제품 제조에 적합하다.

- **1단계법 [스트레이트법 (직접반죽법)]**
  ① 모든 재료를 한 번에 투입하여 반죽하는 방법 (믹싱온도 27℃)
  ② 모든 재료를 믹싱 후 유지를 클린업 단계에서 넣는다.
  ③ 유화제와 화학적팽창제인 **베이킹파우더**가 필요한 제품에 적합하며 **믹서의 성능이 좋아야** 한다.
  ④ 장점 : 제조공정 단순-노동력 시간 절감-장소 제약이 적고, 장비 절약
      (오답 : 발효손실 적다 X, 노화지연 X)

- **설탕물법**
  ① 설탕과 물의 비율을 2:1로 하여 **설탕을 녹여 혼합**하는 방법

② 고운 속 결의 제품과 **계량의 정확성, 운반의 편리성**으로 **대량 생산 현장**에서 많이 사용

③ **설탕 입자가 남지 않아** 유연하고 내부 질감이 곱고 부드러운 제품 제조에 적합하다.

④ **균일한 껍질색**을 낼 수 있다.

⑤ 계량이 용이하고 운반이 편리하며 대량생산에 적합하다.

- **블렌딩법** (Flour batter method)

① **유지와 밀가루를 먼저 혼합**하여 유지가 밀가루 입자를 얇은 막으로 피복하도록 한다.

② **나머지 건조 재료를 혼합**한 후 액체 재료를 투입하여 **균일하게 믹싱**하는 방법

③ **글루텐이 형성되지 않으므로** 조직이 **부드럽고 유연한 제품**을 생산할 수 있다.

3) 거품형 반죽법

달걀의 기포성과 유화성, 응고성을 이용한 반죽법

(예) 스펀지케이크, 엔젤푸드케이크, 카스텔라, 머랭

- **공립법 : 흰자와 노른자를 함께 사용하여 거품을 내는 방법**
  - **더운 방법**

    달걀과 설탕을 넣고 중탕하여 37~43도까지 데운 후 거품을 내는 방법으로 고율 배합에 적합

    기포성이 양호하고 설탕의 용해도가 좋아 껍질 색이 균일
  - **찬 방법**

    중탕하지 않고 달걀과 설탕을 거품 내는 방법으로 저율 배합에 적합

    공기 포집 속도는 느리지만, 튼튼한 거품을 형성할 수 있으며 베이킹파우더 사용이 가능하다.

- **별립법 : 달걀 노른자와 흰자를 분리**한 뒤 **각각 설탕을 넣고 따로 거품 내어** 사용
  공립법에 비해 제품의 부피가 크며 부드러운 것이 특징

- **머랭법** : 달걀 흰자만 사용하여 거품을 내어 사용하는 방법
  - **프렌치 머랭법** : 달걀흰자로 거품 형성 후 슈가파우더 또는 설탕을 조금씩 넣어 주면서 중속으로 거품을 올리는 방법
  - **이탈리안 머랭법** : 달걀흰자로 거품을 낸 후 115~118℃로 끓인 설탕 시럽을 조금씩 넣어 주면서 거품을 올리는 방법

    거품의 안정성이 우수하며 무스나 크림과 같이 열을 가하지 않는 제품에 적합
  - **스위스 머랭법** : 달걀 흰자와 설탕을 믹싱 볼에서 믹싱 후 43~49℃로 중탕하여 설탕이 완전히 녹으면 다시 거품을 올리는 방법, 장식 제작 및 아이싱 시 적합

■ **시퐁법** : 달걀 흰자와 노른자를 분리하여 노른자는 거품을 내지 않고, 흰자는 설탕을 나누어 넣으며 거품형 머랭을 만든 다음 두 가지 반죽을 혼합하여 제조하는 방법으로 시퐁케이크를 제조 시 사용하는 방법이다.

(4) 성형

1) 성형방법
과자의 모양과 형태를 만드는 성형방법에는 다음과 같은 방법들이 있다.

- **짜내기** : 짤 주머니에 모양 깍지를 끼우고 철판에 짜내어 일정한 모양을 만드는 방법
- **찍어내기** : 반죽을 밀어 편 후 모양틀을 사용하여 찍어내어 팬닝하는 방법
- **접어밀기** : 유지를 밀가루 반죽으로 감싼 후 밀어 펴고 접는 일을 되풀이하는 방법
  (퍼프 페이스트리 반죽 등)

2) 반죽형 케이크

■ 파운드케이크
파운드케이크는 밀가루 100%, 설탕 100%, 달걀 100%, 유지 100%를 모두 동일한 1파운드(약 434g)씩 넣어 만들었다고 하여 이름 붙여진 대표적인 저율 배합의 반죽형 케이크다.

① 부드러운 질감의 제품은 박력분을 사용하며, 쫄깃한 질감을 원할 시 중력분으로 대체 기능하다.

② 크림성과 유화성 및 팽창기능과 흐름성이 좋은 유지를 사용하며, 주로 크림법으로 반죽한다. (크림성, 유화성 : 쇼트닝 > 마가린 > 버터 > 라드 순)

③ 유지의 온도는 상온과 같은 18~25℃여야 하고 크림법으로 제조한다.

④ 파운드케이크의 응용제품으로는 초콜릿과 코코아를 첨가해 만든 마블 케이크와 파운드케이크 반죽에 건조과일이나 시럽에 담근 과일을 전체 반죽의 25~50% 사용한 과일파운드케이크, 일반 파운드케이크 반죽에 커피를 넣은 모카파운드케이크가 있다.

파운드케이크 (팬닝은 틀의 70% 정도로 채운다.)		
적정 반죽 온도 23℃	비중 0.8 (±0.05)	비용적 2.4㎤
윗불 200℃ 아랫불 180℃		

- **파운드케이크 구울 때**
  ① 밑면이 타는 것을 방지하고
  ② 밑껍질이 두꺼워지는 것을 막기 위해서

③제품의 조직과 맛을 좋게 하기 위해 <u>반드시 이중 팬을 사용</u>한다.

- **파운드케이크의 윗면이 터지는 원인**

    ①반죽에 수분이 불충분하거나 설탕 입자가 다 녹지 않았을 때

    ②오븐 온도가 지나치게 높을 때

    ③팬닝 후 장시간 방치하여 표면이 말라있을 때

- **터짐 방지 조치**

    굽기 직전 증기 분무 또는 굽기 초반부터 틀을 덮개로 덮고 굽기

■ 레이어 케이크

레이어 케이크는 고율 배합(설탕 사용량(166%)>밀가루 사용량(100%))의 제품으로 흰자를 사용하는 화이트 레이어 케이크, 옐로 레이어 케이크, 블렌딩 법으로 제조하는 데블스 푸드 케이크, 그리고 초콜릿 케이크가 있다.

레이어케이크 (팬닝은 틀의 55~60% 정도로 채운다.)		
적정 반죽 온도 24도	비중 0.85~0.9	비용적 2.96㎤
굽기온도 180~200℃에서 25~30분간 굽는다.		
화이트 레이어 케이크 [크림법]	흰자 = 쇼트닝 X 1.43	우유 = 설탕 + 30 - 흰자
	설탕 : 110~160%	흰자만 사용, 주석산 크림 사용
옐로 레이어 케이크 [크림법]	달걀 = 쇼트닝 X 1.1	우유 = 설탕 + 25 - 달걀
	설탕 : 110~140%	전란 사용
데블스 푸드 케이크 **[블렌딩법]**	달걀 = 쇼트닝 X 1.1	우유 = 설탕 + 30 + (코코아 X 1.5) - 달걀
	설탕 : 110~180%	옐로우 레이어 케이크 반죽 베이스에 코코아 사용(비터쵸콜릿사용시 중조불필요) 중조(천연코코아 사용 시) : 코코아사용량의 7%
초콜릿 케이크 [크림법]	달걀 = 쇼트닝 X 1.1	우유 = 설탕 + 30 + (코코아 X 1.5) - 달걀
	설탕 110~180%	옐로 레이어 케이크 반죽베이스에 비터쵸콜릿 사용 쵸콜릿의 구성 : 카카오버터 3/8 코코아 5/8

3) 거품형 케이크

■ 스펀지케이크 [=제누와즈]

스펀지케이크는 밀가루(100%), 달걀(166%), 설탕(166%), 소금(2%)를 사용하여 만드는 대표적인 거품형 반죽으로 프랑스어로 제누와즈라고 한다.

①박력분과 전란을 사용하는 고율 배합제품이다. (중력분 사용 시 전분을 12% 이하로 섞어 사용)

②공립법과 별립법을 모두 사용하나 주로 공립법을 사용한다.

③계란 사용량을 감소시킬 때는 계란에 있는 수분과 고형질을 대체할 재료들을 더 넣어준다.

　(예) 계란 1% 감소 시 물 사용량은 0.75%, 밀가루 사용량을 0.25%를 추가한다.

④스펀지케이크의 응용제품으로는 조콩드라 불리는 아몬드 스펀지케이크와 건조방지를 위해 나무틀을 사용하여 굽는 카스텔라가 있다.

⑤굽기 전에 탭핑(tapping)을 통해 기포를 정리하고 반죽을 안정화시킨다.

⑥굽기 직후 즉시 틀을 제거하여 실온에서 냉각해야 수축을 막을 수 있다.

⑦굽기온도가 높거나 오래 구울 경우에 제품의 수축이 발생한다.

스펀지 케이크 (팬닝은 틀의 50~60% 정도로 채운다.)		
버터 스펀지 케이크(공립법)의 반죽온도는 25℃가 적당하다.	비중 0.45~0.55	비용적 5.08㎤
[굽기온도] 반죽양이 많거나 높이가 높은 경우 180~200℃ 반죽양이 적거나 얇은 경우 204~213℃		

■ 롤 케이크 [스펀지케이크의 변형제품]

롤케이크는 **공립법을 이용하는 젤리롤 케이크**와 **별립법으로 만드는 소프트롤 케이크**가 있으며 **설탕 100%에 대해 달걀을 75~200%까지 사용량을 늘려서 수분 함량이 높은 특징이** 있다. **케이크를 얇게 구운 후 말아서 완성**하기 때문에 **구운 후 수분 보유가 관건**이다. 따라서 **롤 케이크를 말 때 표피의 수분이 증발하거나 과도한 팽창으로 점착성이 약해지면 표면의 터짐이 발생**하게 되는데 **이를 방지하는 방법**은 다음과 같다.

①설탕의 일부를 물엿이나 시럽(수분 보유력 큰 재료)으로 대체한다.

②덱스트린(풀 상태의 전분) 또는 글리세린 등 보습제 첨가하여 점착성을 높인다.

③비중이 높지 않도록 믹싱을 조절

④팽창제 사용을 조절하여 두께를 조절한다. (팽창이 과할 경우 팽창제 사용을 줄인다.)

⑤노른자 사용을 줄이고 전란(수분) 사용을 증가한다.

⑥오버 베이킹하지 않는다.(오버베이킹 시 겉면이 건조해진다.)

⑦반죽 온도가 너무 낮지 않도록 조절한다.

⑧굽기 시 밑불이 너무 강하지 않도록 조절한다.

롤 케이크 (팬닝은 틀의 50~60% 정도로 채운다.)	
반죽 시 덩어리가 생기지 않도록 주의한다. 믹싱이 지나치면 거품이 파괴되고 끈기가 생겨 제품이 단단하고 질겨지게 된다.	비중 0.4~0.5
굽기 직후 바로 틀을 분리 후 냉각해야 수축과 말기 시 터짐을 방지할 수 있다.	

■ 엔젤 푸드 케이크

엔젤 푸드 케이크는 **달걀 흰자만 사용하는 머랭법으로 만드는 거품형 케이크**이다.

엔젤 푸드 케이크 제조 시 흰자와 주석산 크림, 그리고 소금를 사용한다.(주석산 + 소금 = 1%)

제품 풍미를 위해 당밀 8~10%를 넣을 수 있다.

흰자 머랭에 주석산 크림(주석산 칼륨)을 사용하는데 그 이유는 알칼리성인 흰자를 중화시키고, 머랭을 튼튼하게 하며, 머랭의 색상을 더욱 희게 만들기 때문이다.

엔젤 푸드 케이크 (팬닝은 틀의 60~70% 정도로 채운다.)		
설탕 사용량 = 100 -(흰자 + 밀가루 + 1)	비중 0.45~0.55	비용적 4.7㎤
틀에는 이형제로 물을 분무한다. 오버베이킹 시 수분손실량이 커지므로 주의한다.		

■ 퍼프 페이스트리

퍼프 페이스트리(프렌치 파이)는 **강력분(100%), 유지(100%), 물(50%), 소금(1~2%)를 프랑스식 파이 반죽법**을 사용하여 만든다. 밀가루는 반죽 시 유지를 지탱하고 여러 차례 밀어펴고 접기를 통한 층구조 형성을 하기 위해 반드시 양질의 **강력분**을 사용한다.

①유지가 녹는 것을 방지하기 위해 **반죽 시 찬물을 사용**한다.

②접이식 반죽 시 유지는 **본 반죽용**과 **충전용 유지**로 나누어 사용하는데 **본 반죽용** 유지를 증가시키면 **밀어펴기는 쉽지만 결이 나빠지고 부피가 줄게 되므로 50% 미만**으로 하고, 반대로 **충전용** 유지가 많을수록 **결이 분명해지고 부피도 커지지만 밀어 펴기가 어려워진다.**

③충전용 유지는 롤 인 유지, 파이 마가린이라고도 한다.

④충전용 유지는 **융점(녹는점)이 높고 가소성(힘을 가하는 대로 변화하는 것)과 신장성이 좋아야 한다.**

⑤반죽의 **희망온도가 20℃로 과자류 반죽 중 가장 낮은 것이 특징**이다.

⑥퍼프 페이스트리 반죽은 **발전단계 후기까지 진행**한다.

⑦퍼프페이스트리는 휴지가 종료되고 난 후 손으로 살짝 눌렀을 때 **누른 자국이 그대로 남는다.** (기출)

> • **접이식 반죽**
> 밀가루에 물과 유지 일부를 넣고 먼저 본 반죽을 한 후에, 충전용 유지를 첨가하여 밀어 펴고 접기를 반복하는 방법으로 공정이 어려운 대신에 부피 크고 균일한 결을 얻을 수 있다.

> • **반죽식 반죽**
> 밀가루 위에 유지를 넣고 잘게 잘라 혼합하여 유지가 호두 크기 정도가 되면 물을 넣어 반죽을 만들어 밀어 편다. 작업이 간편하지만 덧가루를 많이 사용하게 되어 결 형성이 불량하고 단단한 제품이 나온다.

■ 파이(쇼트 페이스트리)

파이는 퍼프 페이스트리의 응용 제품으로 아메리칸 파이 또는 쇼트 페이스트리라고도 한다.

① 밀가루는 중력분 100% 또는 박력분 60% + 강력분 40%를 사용한다.

② 유지는 쇼트닝 또는 파이용 마가린을 사용하는데 유지 입자 크기에 따라 파이의 결이 결정된다.

③ 유지의 입자가 클수록 결이 길어지며, 유지입자가 미세할 경우 결이 나타나지 않는다.

④ 소금, 설탕, 분유 등을 녹인 찬물을 이용하여 반죽한다.

⑤ 위와 아래의 껍질을 잘 붙여서 충전물이 새어나오지 않도록 하고, 달걀물을 발라 껍질색을 좋게 한다.

⑥ 굽기 온도는 220℃로 높은 온도에서 굽는다. 오븐 온도가 낮을 시 충전물이 끓어 넘칠 수 있으며, 파이 바닥이 눅눅해진다.

- **파이반죽을 냉장고에서 4~24시간 휴지시키는 목적**

    ① 반죽을 연화 및 이완시켜 밀어펴기를 용이하게 한다.

    ② 유지와 반죽의 굳은 정도를 같게 하기 위해

    ③ 전체 재료를 수화시키기 위해

    ④ 끈적거림을 방지하여 작업성을 좋게 하기 위해

- **파이를 구울 때 충전물이 끓어넘치는 원인**

✓ 껍질에 수분이 많았다. ✓ 위아래 껍질을 잘 붙이지 않았다. ✓ 껍질에 구멍을 뚫지 않았다. ✓ 충전물의 온도가 높았다.	✓ 오븐의 온도가 낮다. ✓ 바닥 껍질이 얇았다. ✓ 오븐 아랫불이 높았다. ✓ 충전물의 배합이 부정확했다. ✓ 천연산이 많이 든 과일을 사용했다.

- **파이 바닥 껍질이 축축(눅눅)한 원인**

✓ 파이 바닥의 반죽이 고율배합일 경우 ✓ 바닥 반죽이 얇았다. ✓ 오븐의 아랫불의 온도가 낮았다.	✓ 윗불의 온도가 높아 파이 바닥이 익기 전에 윗 껍질의 색깔만으로 판단하여 제품을 꺼냈을 경우

- **파이껍질이 질기고 단단하게 수축하는 원인**

✓ 휴지시간 부족 ✓ 강력분만 사용하였다. ✓ 반죽시간이 과도하게 길었다.	✓ 자투리반죽을 많이 사용했다. ✓ 과도하게 밀어펴기를 하였다.(글루텐형성) ✓ 바닥 껍질이 윗껍질보다 얇다.

- **파이 성형 실패원인**

✓ 반죽을 너무 얇게 밀어 펄 경우 정형 시 또는 굽기과정에서 방출되는 증기에 의해 찢어지기 쉽다.
✓ 파치 반죽(모양이 못생겼거나 자잘한 흠이 있어 상품성이 떨어지는 반죽)을 너무 많이 사용하면 수축되기 쉽다.
✓ 밀어 펴기가 부적절하거나 고르지 않을 경우 찢어지기 쉽다.
✓ 성형 작업 시 덧가루를 과도하게 사용하면 글루텐 발달에 의해 질긴 반죽이 되기 쉽다.

■ 케이크 도넛

케이크 도넛은 도넛 껍질 안쪽 부분이 보통의 케이크와 조직이 비슷하며 **중력분과 향신료(넛메그)**를 사용한다. **공립법 또는 크림법**으로 제조한다. [**반죽온도 22~24℃**]

① 도넛 제조 시 **달걀은 구조형성, 수분공급, 유화제 역할**을 한다.

② 케이크 도넛은 **프리믹스 형태**의 제품을 많이 사용하며 이때 밀가루의 **수분함량은 11% 이하**로 수분 흡수율이 높은 것이 특징이다.

[**프리믹스란 밀가루에 팽창제와 설탕, 분유를 섞어 물만 넣어 반죽할 수 있도록 만든 가루**를 말한다.]

③ 성형 후 튀기기 전에 **10~20분 정도 휴지**시킨다.

④ 적정 **도넛 튀김 온도는 180~195℃** 튀김 기름의 **적정 깊이는 12~15cm**

⑤ 튀김 기름은 **발연점이 높고 산패에 강하며 안정성이 큰 면실유**가 적당하다.

⑥ 도넛에 충전물 채울 때는 **충분히 냉각된 후**에 실시한다.

⑦ 글레이즈는 도넛이 식기 전 **49℃ 정도로 데워** 아이싱 한다.

⑧ 도넛 설탕 또는 계피 설탕은 **40℃ 정도로 냉각**되었을 때 실시한다.

⑨ **초콜릿 또는 퐁당은 40℃ 전후로 가온한 후** 아이싱 한다.

- **케이크 도넛의 발한현상 대처 방법**

케이크 도넛 제조 시 도넛에 묻힌 설탕이나 글레이즈가 녹아내려 시럽처럼 변하는 현상을 땀을 흘린다는 표현을 써서 **발한(發汗) 현상**이라 한다.[**원인 : 설탕에 수분이 많거나 온도 상승 시 발생**]

✓ 설탕 사용량을 늘리기	✓ 40℃ 전후로 충분히 식힌 다음 아이싱
✓ 튀김 시간을 늘리기	✓ 스테아린을 첨가
✓ 설탕 점착력이 높은 튀김기름 사용	

- **도넛에 기름이 많을 때 그 원인 (= 흡유율이 높은 원인)**

✓ 설탕, 유지, 팽창제의 사용량이 많았다.	✓ 묽은 반죽을 썼다.
✓ 튀김 시간이 길었다.	✓ 튀김 온도가 낮았다.

✓ 휴지를 적절히 하지 않았다.	
✓ 강도가 약한 밀가루를 사용했다.	
✓ 반죽에 수분이 너무 많았다.	✓ 믹싱시간이 짧아 글루텐이 부족했다.

- 도넛의 부피가 작은 원인

✓ 강력분을 사용했다.	✓ 반죽 온도가 낮았다.
✓ 튀김시간이 짧았다.	✓ 반죽 후 튀기기까지 과도한 시간 경과
✓ 성형 시 적정 중량에 미달했다.	

- 도넛 반죽 휴지의 효과

①이산화탄소 발생으로 **반죽을 팽창**시킬 수 있다.

②표피 **건조를 방지**하고 **글루텐 연화작용**으로 **밀어펴기 작업**이 용이해진다.

③각 재료에 수분이 흡수되며 **표면이 쉽게 마르지 않는다.**

④조직을 균질화시켜 **과도한 지방이 흡수되는 것을 방지**할 수 있다.

- 도넛 성형 공정 시 실패 원인

①강력분이 들어간 케이크 도넛 반죽의 경우 구조가 단단하여 굽기 시 팽창이 제대로 되지 않으므로 **약 10~20분간의 플로어 타임(휴지시간)**을 둔다.

②반죽 완료 후부터 튀김 시간 전까지의 **시간이 지나치게 경과**한 시 **부피가 작아진다.**

③밀어 펴기 시 두께가 일정하지 않거나 많은 양의 파치 반죽을 사용한 경우 모양과 크기가 일정하지 않게 된다.

④**밀어 펴기 시 과다한 덧가루 사용** 시 튀긴 후에도 **표피에 밀가루 흔적**이 남는다.

■ 쿠키

쿠키는 반죽 특성에 따라 **반죽형 쿠키와 거품형 쿠키로** 나뉘며, **반죽형 쿠키로는 드롭(소프트) 쿠키, 스냅(슈가)쿠키, 쇼트 브레드 쿠키**가 있고, **거품형 쿠키로는 머랭 쿠키와 스펀지 쿠키**가 있다.

- 반죽형 쿠키

①**드롭 쿠키 (Drop Cookie 소프트 쿠키)** : 계란 사용량이 많아 반죽형 쿠키 중 수분 양이 가장 많은 쿠키이다. 짤 주머니로 짜서 성형하며 대표적인 제품으로는 버터쿠키가 있다.

②**스냅 쿠키 (Snap Cookie)** : 계란 사용량이 적고 설탕 사용량이 많은 쿠키로 밀어 편 다음 성형기로 찍어낸다. 대표적인 제품으로는 사브레가 있다.

③**쇼트 브레드 쿠키 (Shortbread Cookie)** : 유지 사용량이 스냅 쿠키 보다 더 많은 쿠키로 수분량은 가장 적다. 밀어 편 후 성형기로 찍어 제조하며 식감이 부드럽고 바삭하다.

- **거품형 쿠키**
  ① **스펀지 쿠키** : 전란을 사용한 공립법으로 반죽하며 모든 쿠키 중 수분이 가장 많은 쿠키다. 짤 주머니로 짜고 설탕을 뿌려 실온에서 말려서 굽는 스펀지쿠키의 대표적인 제품은 핑거 쿠키(Finger Cookies)이다.
  ② **머랭 쿠키** : 계란 흰자와 설탕으로 만든 머랭으로 만든 쿠키로 대표 제품으로 다쿠와즈와 마카롱이 있다. 묽은 상태의 반죽을 짤주머니로 짜고 낮은 온도에서 건조시켜 굽는다.

■ **슈(Choux)**

슈는 프랑스어로 양배추를 뜻한다. 보통 속을 크림으로 채워 슈크림이라고도 부르며 **기본 반죽 재료에 설탕이 들어가지 않는 것이 특징**이다.

① 슈(Choux)반죽법 [밀가루 100%, 버터 100%, 달걀 200%, 물 125%, 소금 1%]
② 물과 유지를 먼저 끓인 다음 밀가루를 넣고 완전히 호화될 때까지 저어준다.
③ 60~65℃ 정도로 냉각 후 달걀을 소량씩 넣으면서 매끈한 반죽으로 만든다. **반죽온도는 40℃ 과자류 반죽 중 가장 높다.** 반죽에는 화학적 팽창제 또는 탄산수소 암모늄을 첨가하기도 한다.
④ 팬닝 시 충분한 간격을 두어야 굽기 시 팽창으로 서로 달라붙지 않는다.
⑤ **굽기 전에 반드시 물 분무나 침지를 해주며, 굽기 중에도 껍질이 너무 빨리 형성되는 것을 막기 위해 물을 뿌려준다.**
⑥ 굽는 동안 반죽 안의 수분이 수증기로 변하여 팽창하면서 속이 비게 된다.
⑦ 굽기 중 색이 완전히 나오기 전에 문을 열게 되면 주저 앉는 원인이 된다.
⑧ 철판에 반죽을 짜 둔 채로 방치하면 표면이 말라 구울 때 터지게 된다.

- **슈 반죽에 설탕 첨가 시 일어나는 현상**
  ① 제품 상부가 둥글게 된다.
  ② 내부 공간 형성이 좋지 않다.
  ③ 표면에 균열이 생기지 않고 매끄럽게 된다.

- **오븐온도가 낮거나 철판에 기름칠이 적을 경우**
  충분히 팽창하지 않아 밑면은 좁고 윗면은 공모양처럼 된다.

[슈] 실패한 결과에 따른 올바른 원인 분석

크기와 모양이 균일하지 않을 때	성형 후의 개별 반죽 크기가 일정하지 않거나 간격이 너무 좁으면 서로 퍼지며 붙게 된다.
완성품의 부피가 작을 때	표면의 수분은 적정할 경우에 껍질 형성을 지연시켜 부피를 좋게 하는 작용을 하지만, 수분이 너무 많을 경우에는 과다한 수증기로 인해 오히려 부피가 줄어들게 된다.

슈의 껍질이 불규칙하게 터질 때	성형 후 철판의 반죽제품을 장시간 방치할 경우 표면이 건조되어 굽는 동안 팽창 압력을 견디는 신장성을 잃게 된다.
바닥 껍질에 공간이 생길 때	팬 오일이 과다할 경우 굽기 시 슈 반죽이 팬으로부터 떨어지게 되어 바닥 껍질의 형성이 지연되고 바닥 껍질에 공간이 생기게 된다.

■ 냉과

냉장고에 넣어 차게 굳혀서 마무리하는 모든 과자류를 일컫는다. 바바루아, 무스, 푸딩, 젤리, 블라망제 등이 이에 해당한다.

- **바바루아** : 우유, 설탕, 달걀, 생크림, 젤라틴을 재료로 한다.
- **무스** : 프랑스어로 거품이라는 뜻으로 커스터드, 초콜릿, 과일 퓌레에 생크림, 젤라틴 등을 넣고 굳혀 만든다.
- **푸딩** : 설탕과 계란을 1 : 2, 우유와 소금을 100 : 10의 비율로 혼합하여 만드는 제품으로 우유와 설탕을 80~90℃로 데워 달걀물과 혼합한 다음 중탕으로 굽는다. 육류, 과일, 야채 등을 섞기도 한다. 거의 팽창하지 않으므로 팬닝은 95%까지 한다. 굽기 시 온도가 너무 높으면 표면에 기포가 생기므로 160~170℃를 유지한다.
- **젤리** : 과즙, 와인에 젤라틴, 펙틴, 한천, 알긴산 등 안정제(응고제)를 넣고 굳혀서 만든다 (젤리화 3요소 : 당, 산, 팩틴)
- **블라망제** (Blanc manger) : 프랑스어로 흰 음식이라는 뜻으로 밀가루나 쌀가루와 우유, 크림, 설탕 등을 혼합하여 만들며 아몬드 등을 추가하여 만들기도 하는 하얀색의 부드러운 냉과이다.

(5) 팬닝

- **일정한 모양을 갖춘 틀에 적정량의 반죽을 채워 넣는 것을 팬닝**이라 한다.
- 팬닝 시에는 반죽량 조절이 중요하다.
- 적정량의 반죽무게는 사용하고자 하는 틀의 부피를 비용적으로 나누어 구한다.
- 반죽량이 많으면 윗면이 터지거나 흘러넘치게 되고 반대로 반죽량이 적으면 모양새가 좋지 않게 된다.

■ 비용적이란?

- 반죽 1g당 굽는데 필요한 팬의 부피(cm^3)를 말한다.

$$비용적 = \frac{틀부피}{반죽무게} \quad 반죽무게 = \frac{틀부피}{비용적} \quad 틀부피 = 밑판넓이 \times 높이$$

비용적을 알고 팬의 부피를 계산한 후 팬닝을 해야 알맞은 제품을 얻을 수 있다.

■ 제품별 비용적 (단위 : cm³/g)

파운드케이크	레이어케이크	엔젤푸드케이크	스펀지케이크
2.4	2.96	4.71	5.08

파운드 케이크의 경우 비용적이 작으므로 같은 크기의 용기에 같은 무게의 반죽을 넣었을 때 타제품에 비해 부피가 작으며, 스펀지 케이크의 경우에는 비용적이 상대적으로 크므로 큰 부피를 나타낸다.

■ 틀 부피의 계산

①원형틀의 부피 = 밑넓이 × 높이 = 반지름 × 반지름 × 3.14 × 높이

②옆면이 경사진 원형틀의 부피 = 평균 반지름 × 평균 반지름 × 3.14 × 높이

③옆면이 경사지고 중앙에 경사진 관이 있는 원형틀의 부피 = 전체 둥근 틀 부피 - 관이 차지한 부피

④사각틀의 부피 = 밑판넓이 × 높이

⑤경사면을 가진 사각틀의 부피 = 평균 가로 × 평균 세로 × 높이

　정확한 치수를 측정하기 어려운 틀의 부피는 곡류 알갱이 또는 물을 담은 후 메스실린더를 이용하여 측정한다.

(6) 익히기

1) 굽기

제과류 익힘의 가장 기본이 되는 방법으로 오븐 등을 이용하여 제품의 윗면, 옆면, 밑면을 각각 복사열, 대류열, 전도열에 의해 익히면서 맛과 향을 좋게 하는 방법이다.

■ 오븐 온도에 따른 특징

• 오븐 온도가 높을 때

①겉면이 거칠어지고 옆면의 강도가 약하다.

②껍질이 바스러지고 껍질색이 짙어진다.

③언더베이킹으로 부피가 작게 나오게 된다.

• 오븐 온도가 낮을 때

①껍질이 두꺼워지고 껍질색이 엷다.

②윗면 갈라지고 광택이 부족하거나 얼룩이 생긴다.

③오버베이킹으로 부피가 크게되기 쉽다.

■ 고율배합과 저율배합

고율배합 : 저온에서 **장시간** 굽는다. (암기팁! 오버해서 굽는다 → 오버베이킹)

저율배합 : 고온에서 **단시간** 굽는다. (암기팁! 좀 모자라게, 짧게 굽는다 → 언더베이킹)

　　　　[※ 시간적 관점으로 이해하면 쉽다.]

• Over Baking → 주의사항 : 저온 장시간 굽기 때문에 껍질이 두꺼워지고 윗면이 평평하게 되며, 수분손실이 커서 노화가 촉진된다.

• Under Baking → 주의사항 : 고온 단시간 굽기 때문에 제품 설익음, 조직 거칠어짐, 중심부가 갈라지고 주저앉기 쉽다.

■ 굽기 손실의 계산

반죽이 오븐에서 구워지는 동안 제품 내부의 **이산화탄소나 에틸알코올 등 휘발성물질과 수분**이 증발하면서 빵의 무게가 줄어드는 것을 **굽기손실**이라고 한다.

[굽기손실 공식]

$$굽기손실율(\%) = \frac{굽기전\ 반죽\ 무게 - 굽기\ 후\ 제품무게}{굽기\ 전\ 반죽무게} \times 100$$

■ 굽기 중 일어나는 대표 현상

• **캐러멜화 반응 (Caramelization)** : **당류**를 고온으로 가열하면 산화 반응 등에 의해 먹음직스러운 갈색을 띄게 되는 생기는 현상으로, 요리에 고소함과 진한 갈색의 원인이 되는 중요한 현상이다. 캐러멜화 작용의 발현에 효소가 관여하지 않는 비효소적 갈변반응이며, 발생하는 휘발성 화학 물질이 캐러멜의 독특한 맛과 향을 자아낸다.

• **메일라드(마이야르) 반응 (Maillard reaction)**
비효소적 갈변 반응으로 **당류**, 특히 환원당과 **아미노** 화합물들에 의한 갈색화 반응을 말하는데 대부분의 식품들은 주성분으로 당류 등의 카보닐 화합물과 단백질 등의 아미노기를 가진 질소화합물을 함유하고 있기 때문에 마이야르 반응은 식품에서 흔히 볼 수 있는 갈색반응이며 식품가공에서 가장 중요한 비효소적 갈색 반응이다.

2) 튀기기

제과류 튀기기 시 적정 튀김기름 온도는 180~195℃로 표준온도보다 **온도가 낮은 경우 껍질이 거칠어지고 과다하게 부풀면서 흡유량이 많아진다.** 반대로 튀김기름의 온도가 너무 높으면 속이 익지 않고 껍질색이 진하게 된다.

■ **튀김 기름의 가열 시 일어나는 현상**

① 열로 인해 산패가 촉진되며, 유리지방산과 이물의 증가로 발연점은 점점 낮아진다.

② 지방의 점도가 증가하며 거품이 발생하는 현상이 나타나기도 한다.

③ 단백질이 열분해 되면서 생성된 아미노산과 당이 메일라드 반응을 일으키면서 갈색 색소를 형성하여 제품의 색이 짙어진다.

④ 도넛 튀김 기름에 스테아린 3~6% 첨가 시 유지의 융점을 높여 도넛에 설탕이 붙는 점착성을 증가시키고, 제품에 기름이 흡수되는 것을 저지할 수 있으며 황화(회화) 현상을 방지할 수 있다.

※ 황화(회화)현상: 기름이 도넛 설탕을 녹이는 현상

■ **튀김기름의 조건과 선택**

① 엷은 색을 띠거나 투명하며, 광택이 있을 것

② 불쾌한 냄새나 맛이 나지 않을 것

③ 가열했을 때 냄새가 없고 거품이나 연기가 나지 않을 것

④ 발연점(연기발생온도)이 높을 것 (열 안정성이 높을 것)

⑤ 항산화 물질(토코페롤 등)을 다량 함유하여 저장 중 산패에 안정성이 높을 것

⑥ 튀긴 후 제품 냉각 중에는 제품 속 흡수된 튀김기름(유지)는 충분히 응결할 것

⑦ 튀김용기의 깊이는 12~15cm가 적당하며 깊이가 낮을 경우 온도변화가 커지고, 깊이가 깊을수록 초기 온도를 올리는데 열량소모가 크다.

⑧ 튀김기름은 여러 번 사용하게 되면 산가(지질 및 과산화물 수치)가 높아지고, 점도(끈점임정도)가 증가한다.

⑨ 정제가 잘 된 식물성기름이 적합 (대두유, 옥수수기름, 면실유 등)

■ **튀김 시 흡유량 증가 요인**

• 튀김 시간이 길어질수록 흡유량이 많아지며 튀기는 제품의 표면적이 클수록 흡유량이 증가한다.

• 당류, 지방의 함량 및 레시틴(달걀노른자)의 함량, 수분 함량이 많을 때 기름 흡수가 증가한다.

• 박력분 사용 시 강력분 사용 시 보다 흡유량이 더 크다.

3) 찜

찜은 수증기의 이동에 의해 열을 전달하는 **대류현상**을 이용하는 것으로 물질이 온도 변화 없이 고체-액체-기체 등으로 상태가 변할 때 드는 열량(에너지)을 숨은열(잠열)이라고 하는데, **찜은 기화잠열(559kcal/1g)을 이용**하여 제품을 익히게 된다.

찜기의 재질은 금속보다는 도자기로 된 것이 열의 전도가 적어 적당하며 처음에는 불의 세기를 강하게 하는게 좋다. 온도관리가 용이한 편이며 제품 모양 그대로를 보존할 수 있고 수용성 성분의 손실이 적은 것이 특징이다.

3 제빵기능사 - 빵류 제조 [제빵파트]

(1) 제빵 재료 준비

1) 재료별 역할 및 특성

① 제품에 바삭한 식감을 주는 요소 : 유지류, 설탕, 팽창제 - 밀가루의 글루텐 형성을 약화시킴

② 제품에 모양과 형태를 단단히 잡아주는 요소 : 계란, 우유, 밀가루 등

③ 제품의 식감을 부드럽게 하는 요소 : 설탕, 유지류, 베이킹파우더, 계란노른자 등 (연화작용)

④ 제품의 풍미를 더해주는 요소 : 설탕, 소금, 계란, 유제품, 향신료, 주류 등

⑤ 반죽을 뭉치게하여 모양을 만들어 주는 요소(보형성) : 물, 각 재료 속 수분

⑥ 제품을 부풀게 하여 볼륨감과 부드러움을 형성하는 요소(팽창성) : 팽창제, 유지류, 계란, 반죽 내 수분 등

2) 고율배합과 저율배합

■ **고율배합**
설탕 사용량이 밀가루 사용량보다 많고, 액체류가 밀가루나 설탕량보다 많은 배합으로 설탕의 보습성을 이용하여 표면이 건조되는 것을 막고 안정성을 높일 수 있다.
계란 중심의 거품형 제품에 적합 (예) 레이어 케이크, 초콜릿 케이크 등

■ **저율배합**
고율배합과는 반대로 설탕 사용량이 밀가루 사용량보다 적고, 액체류가 밀가루양보다 적은 배합
유지 중심의 반죽형 제품에 적합 (예) 케이크 시트 제품은 대부분은 고율배합, 파운드케이크는 고율배합 가능

구분	고율배합	저율배합
배합	설탕≥밀가루	설탕<밀가루
믹싱 중 공기혼입 정도	많다	적다
반죽의 비중	낮다	높다
화학팽창제 사용량	줄인다	늘린다
굽기 온도	낮다(저온 장시간/오버베이킹)	높다(고온 단시간/언더베이킹)

[재료 관련 핵심 지문 CHECK]
• 밀가루는 제과제품의 구조형성 기능을 한다. ○

- 케이크 제조 시 사용하는 밀가루는 단백질 함량 7~9% (회분 함량 : 0.4% 이하)의 **박력분이 적합**하다. ○
  (유지함량이 많은 쿠키류 : 중력분, 퍼프페이스트리 : 강력분)
- 밀가루, 설탕, 탈지분유 등 **가루상태의 재료는 체로 쳐서 사용**한다. ○
- **우유**는 밀가루와 함께 **제품의 구조를 형성**한다. ○
- **탈지분유**는 수분 흡수 시 덩어리가 생기므로 **설탕 또는 밀가루와 분산**시킨다. ○
- **달걀**은 밀가루와 함께 **구조형성 기능**을 한다. ○
- **달걀**은 전란의 75%가 수분으로 구성 되어있는 **중요한 수분 공급원**이다. ○
- **달걀**은 반죽에 공기를 혼입시키는 **역할**을 할 수 있으며, **굽기 중 팽창**한다. ○
- **달걀**은 커스터드 제품 제조 시 **크림의 결합제 역할**을 한다. ○
- **달걀 노른자의 레시틴**은 **천연 유화제 역할**을 한다. ○
- **물**은 반죽의 되기를 조절하는 재료로 식감에 중요한 영향을 미친다. ○
- **반죽 내부의 수분**은 굽기과정에서 **증기압을 형성**하여 **제품을 팽창**시킨다. ○
- **물**은 밀가루와 결합하여 **글루텐을 형성**시키고 반죽 **온도조절의 역할**을 한다. ○
- **물**이라 함은 본래 형태로 첨가하는 물 뿐만 아니라, **우유나 달걀 등 액체재료에 포함된 수분과 건조 재료에 포함된 수분 모두를 포함**한다. ○
- **베이킹파우더**는 제품의 **식감을 부드럽게** 하며(연화작용), **팽창작용**으로 부피를 증가시킨다. ○
- **소금**은 제품에 **향미를 제공**하고 설탕의 **단맛을 순화**시키는 기능을 한다. ○

(2) 제빵 반죽 준비

반죽법에 따라 제조공정에 차이가 있기 때문에 각각의 반죽법의 특징과 순서 및 장단점을 상세히 알아둘 필요가 있다. **제빵에서는** 제과와 달리 **발효 공정이 중요하게 다루어진다.**

1) 반죽법의 결정 : 제품의 종류 및 특징에 따른 적정 반죽법의 결정

2) 배합표 작성

각 제품의 특성에 따른 필요 재료의 비율을 결정하는 단계
제품 생산에 필요한 각 재료, 비율, 중량을 작성한 표로 [베이커스퍼센트와 트루퍼센트]를 기준으로 작성한다.

■ 베이커스 퍼센트(Baker's Percent) [기준은 밀가루의 양]
  밀가루 100%를 기준으로 하여 **각각의 재료를 밀가루에 대한 백분율**로 표시한 것

밀가루를 기준으로 소금이나 설탕의 비율을 조정하여 맛 조절이 가능하다.

[계산 공식]

$$Baker's \% = \frac{각\ 재료의\ 중량(g)}{밀가루의\ 중량(g)} \times 밀가루의\ 비율(\%)$$

■ 트루 퍼센트(True Percent)

제품 생산에 필요한 **재료 전체 양을 100%로 하여 각 재료의 비율 나타낸 것**으로 각 재료의 사용량을 정확하게 알 수 있기 때문에 원가 관리가 용이한 특징이 있다.

[계산공식]

$$True \% = \frac{각\ 재료의\ 중량(g)}{밀가루의\ 중량(g)} \times 총배합률(\%)$$

3) 반죽 온도

제빵에서의 **반죽온도**는 반죽이 완성된 직후의 온도를 말하며 반죽온도는 반죽의 발전단계별 반죽의상태 및 발효속도에 모두 영향을 미치는 중요한 요소이다.

반죽온도에 영향을 미치는 요소로는 **실내온도, 수돗물온도, 밀가루 온도** 등이 있으며 이 중 **수돗물 온도**가 경제성과 작업성 측면에서 가장 온도조절이 쉬운 요소라 할 수 있다.

■ **제빵 반죽법에 따른 적정 반죽 온도**

- **스트레이트법** : 27℃ [데시니페이스트리(Danish Pastry)의 경우 18~22℃]
- **스펀지 도우법(Sponge Dough Method)** : 스펀시 반죽 24℃ 본 반죽(Dough) 27℃
- **액체 발효법** : 28~32℃ [30℃]
- **재반죽법** : 27℃
- **비상 반죽법** : 30℃
- **노타임 반죽법** : 30℃
- **냉동 반죽법** : 20℃

4) 반죽온도 계산방법

① 스트레이트법 반죽온도 [**암기Tip!** 마찰 반삼밀실수 / 사용 반삼밀실마]

- **마찰 계수** = (반죽 결과 온도 × 3) - (밀가루 온도 + 실내 온도 + 수돗물 온도)

    ※ **마찰계수(Friction Factor)**란 반죽기가 회전할 때 휘퍼와 반죽 표면 사이의 마찰에 의한 온도상승을 나타내며, 반죽 온도에 영향을 미치는 중요한 요인이 된다.

- 사용수 온도 = (반죽 희망 온도 × 3) - (밀가루 온도 + 실내 온도 + 마찰 계수)

  ※ 희망온도는 반죽 후 원하는 온도 / 결과온도는 반죽 종료 시 측정한 실제 온도

- 얼음 사용량 = $\dfrac{\text{물 사용량 × (수돗물 온도 - 사용할 물 온도)}}{\text{80+수돗물 온도}}$

  ※ 분모의 80은 얼음 1g이 녹아 물 1g이 될 때 흡수하는 융해열을 의미하는 열량 상수이다.

② 스펀지법 반죽온도

- **마찰 계수** = (반죽 결과 온도 × 4) - (밀가루 온도 + 실내 온도 + 수돗물 온도 + 스펀지 온도)
- **사용수 온도** = (반죽 희망 온도 × 4) - (밀가루 온도 + 실내 온도 + 마찰 계수 + 스펀지 온도)
- **얼음 사용량** = $\dfrac{\text{물 사용량 × (수돗물 온도 - 사용할 물 온도)}}{\text{80+수돗물 온도}}$

5) 제과 제빵 도구의 종류와 특징

■ 믹서

믹서 종류	특징
버티컬(수직형 Vertical Mixer)믹서	탁상 위에 설치가능한 크기로 주로 소규모 제과점에서 사용 반죽상태를 수시로 점검할 수 있는 장점이 있다.
호리즌털(수직형 Horizontal Mixer)믹서	단일 제품 반죽의 대량생산에 적합
스파이럴(나선형 믹서 Spiral Mixer)믹서 (제빵전용)	나선형태의 훅(hook)이 내장되어 있어 바케트빵 등 글루텐 성능이 떨어지는 밀가루를 사용 시 장점을 발휘하며 힘이 좋아 반죽성능은 우수하나 지나치게 고속으로 사용 시 각 제품에 적합한 적정 믹싱단계를 지나칠 수 있으므로 주의해야 한다.
에어믹서 (제과전용)	반죽에 기포를 주입하며 믹싱할 수 있다.
믹서 어태치먼트 용도	휘퍼 : 반죽에 공기를 주입하여 부피를 부풀릴 때 비터 : 반죽 교반 및 크림 제조 시 사용 훅 : 주로 제빵 시 글루텐 형성, 발전에 사용

■ 오븐

- **데크 오븐** : 소규모 제과점에서 사용, 반죽이 들어가는 곳과 나오는 곳이 동일하며, 윗불과 아랫불의 온도 조절이 가능하며, 오븐 내 열전도가 균일하지 않을 경우에는 굽기 도중에 제품의 위치를 바꾸어 주어야 한다.
- **터널 오븐** : 대규모 제과제빵 공장에서 사용, 반죽이 들어가는 곳과 나오는 곳이 다르며, 터널식으로 통과하여 굽기를 완료한다. 설치 비용이 비싸고 넓은 면적이 필요하며 열 손실 또한 크다.

- **컨벡션 오븐** : 컨벡션이란 대류를 뜻한다. 액체나 기체를 가열해 발생하는 열을 팬을 이용하여 강제로 순환시켜 발생하는 대류 현상으로 빵을 굽기 때문에 컨벡션 오븐이라하며, 반죽에 균일하게 열이 전달되어 크기와 색상이 고른 특징이 있다. 뜨거운 대류열로 반죽을 익히기 때문에 딱딱한 계열의 빵이나 과자류에 적합하다. 반죽의 수분이 금방 없어지고 겉면이 바삭해지는 특징이 있다.
- **로터리 오븐** : 컨벡션 오븐과 마찬가지로 팬을 사용하며, 오븐 내의 선반이 회전하므로 고르게 반죽을 익힐 수 있다.

■ 그 외 제과제빵 설비 및 도구 [관리사항]

파이롤러	파이나 페이스트리 반죽의 밀어펴기에 사용하며 밀어펴기 후 냉장휴지 및 냉동보관 처리를 위해 냉장, 냉동고의 옆에 위치하는 것이 좋다. 사용 후에는 깨끗한 솔로 이물질을 제거하고, 소독한다.
발효기	제빵 전용 기기로 청소 소독 후 습기 제거
도우 컨디셔너	제빵 전용 기기로 프로그램에 의한 온도, 습도 자동 제어, 청소 소독 및 습기제거
분할기	제빵 전용 기기로 발효 후 반죽을 일정 크기로 분할, 이물질 제거 및 소독 처리
라운더	제빵 전용 기기로 둥글리기 및 표면정리기능, 이물질 제거 및 소독 처리
튀김기	자동 유지류 온도 조절 장치 내장, 기름 재사용 금하고 비눗물 10분간 끓여 세척 후 건조
스크래퍼	반죽을 분할하거나 긁어낼 때 사용, 중성세제로 세척 후 자외선 소독
스패튤라	케이크 제조 시, 제과 반죽 믹싱, 짤주머니에 옮길 때 사용, 중성세제로 세척 후 자외선 소독

(3) 반죽

1) 반죽의 여러가지 특성

① **가소성** : 고체가 외부에서 힘을 받아 형태가 바뀐 뒤 그 힘이 없어져도 본래의 모양으로 돌아가지 않는 성질

② **신장성** : 반죽 사이에서 잘 밀어펴지도록 하는 성질

③ **크림성** : 믹싱 시 공기 혼입을 통해 크림화되는 성질

④ **쇼트닝성** : 설탕과 함께 유지는 밀가루의 글루텐 형성을 방해하여 제품의 부드러움(무름)과 바삭함(부서지기쉬운 성질)을 부혀한다.

⑤ **안정성** : 산소에 의한 산패에 잘 견디는 성질

2) 반죽의 정도를 나타내는 단계

① **픽업단계 Pick up stage** : 건조재료와 액체재료를 적당히 섞어주는 단계

② **클린업단계 Clean up stage** : 글루텐 형성이 형성되기 시작하며 한덩이가 되면서 믹싱볼이 깨끗해지는 단계

③ **발전단계 Development stage** : 탄성력이 최대가 되며, 매끈하며 광택이 나는 단계 (프랑스빵류)

④ **최종단계 Final stage** : 대부분 빵의 최적 상태, 탄력성과 신장성이 가장 좋은 단계

⑤ **렛다운단계 Let down stage** : 오버믹싱, 과반죽 상태로 지친단계라고도 한다. 탄력성을 잃으면서 점성이 커지는 단계 (잉글리시머핀, 햄버거빵)

⑥ **파괴단계 Break down** : 신장성과 탄력성을 완전히 잃어버려 글루텐이 끊어지고 신맛이 나는 단계

■ 반죽 적성 측정 도구

이름	용도
페리노그래프(Farinograph)	밀가루의 흡수율과 글루텐의 품질, 반죽 내구성, 믹싱시간을 측정 일정 온도에서 반죽을 믹싱하면서 반죽의 가소성(plasticity), 움직임(mobility)을 측정하는 기구이다. 이를 통해 반죽이 일정한 굳기를 얻기까지 필요한 수분량(흡수율)과 반죽의 특성을 파악할 수 있다. 반죽의 굳기가 500 B.U.(Brabender Units)에 도달하도록 물을 부은 다음 여러 측정치를 시간(분) 또는 B.U.로 표시한다.
익스텐소그래프(Extensograph)	반죽을 잡아당겨 신장력 및 신장저항을 측정하는 기구이다. 반죽이 지닌 힘의 크기와 시간적 변화를 측정하여 발효에 의한 반죽의 성질을 파악하여 개량제의 효과를 측정할 수 있다. 일반적으로 단백질 함량이 많은 강력분 일수록 신장 저항력이 크다.
아밀로그래프(Amylograph)	아밀로 그래프는 온도변화에 따른 알파 아밀라제의 활성을 측정하는 기구로 밀가루의 호화정도와 전분 질을 파악할 수 있다. 일반적으로 같은 제품 중 효소 활성도가 크게 되면 최고 점도가 400~600B.U.가 적당하다. [높으면 알파아밀라아제 양 적어 노화촉진, 낮으면 알파아밀라아제 양 많아 효소작용 활발해지고 내부조직이 약화된다.]
레오그래프(Rhe-O-graph)	반죽의 기계적 발달을 도표로 나타낼 수 있는 기계로 밀가루의 흡수율 계산에 적합하다. 믹싱시간은 단백질의 함량, 글루텐의 강도, 기타 재료에 영향을 받는다.
믹소그래프(Mixograph)	반죽의 형성, 글루텐의 발달 정도, 밀가루의 단백질 함량과 흡수의 정도를 측정하여 믹싱시간 및 반죽의 내구성을 판단할 수 있다.

3) 반죽법의 종류

■ 스트레이트법 (직접법) Straight Dough Method

①모든 재료를 한 번에 투입하여 반죽하는 방법 (믹싱온도 27℃)

②모든 재료를 믹싱 후 유지를 클린업 단계에서 넣는다.

③1차발효 시 온도 27℃, 상대습도 75~80%, 1시간~3시간

④가스빼기작업(펀치) : 1차발효 후 처음부피의 2배 정도로 부풀었을 때 또는 발효 총 시간의 60%가 지난 시점에 실시한다.

⑤1차 발효는 처음 부피의 3배 정도 부풀었을 때 반죽의 섬유질 상태를 확인하여 손가락으로 찔러보아 자국이 살짝 오므라드는 상태까지 진행한다.

⑥분할과 둥글리기 이후 중간발효(벤치타임)을 두어 반죽의 유연성과 신장성을 회복시킨다. (중간발효는 15~20분 정도한다. 온도 27~29℃, 상대습도 75%)

⑦정형과 팬닝 이후 제품을 철판위에서 최종적으로 2차 발효하는데 온도 35~43℃, 상대습도 85~90%에서 30분~1시간 정도 진행한다.

⑧장점 : 발효시간이 짧아 발효 손실을 줄일 수 있다. 제조공정 단순하여 노동력과 시간을 절감할 수 있다. (장소 제약이 적고, 장비 절약 가능)

⑨단점 : 잘못된 공정을 수정하기 어렵고, 노화가 빠르며, 제품의 부피가 작아지고 발효내구성이 약하다.

재료	비율	재료	비율
밀가루	100%	소금	2%
물	60~64%	유지	3~4%
이스트	2~3%	탈지분유	3~5%
설탕	4~8%	이스트푸드	0.2%

<스트레이트법 식빵 배합비율>

➢ 스트레이트법 제조공정

배합표작성 → 재료계량(이스트와 소금, 설탕 분리 주의!) → 반죽 → 1차발효 → 분할, 둥글리기 → 중간발효 → 정형, 팬닝 → 2차발효 → 굽기 → 냉각

■ 스펀지 도우법 (중종법) Sponge Dough Method

①반죽을 스펀지반죽와 본반죽(도우 dough)으로 나누어 두번 반죽하는 방법으로 발효공정 상 발효 실패확율이 적기 때문에 주로 대규모 제빵공장에서 사용되는 방법이다.

② 스펀지 반죽은 재료배합 후 약 24℃의 반죽온도로 픽업단계까지 반죽한 후 온도 27℃, 상대습도 75~80%의 조건에서 3~5시간 발효하여 만든다.

③ 스펀지반죽 발효는 4~5배 부피가 증가 시 반죽의 중앙부가 오목하게 들어가는 **드롭현상이 생기는 데 이때까지 진행**시킨다. (발효진행에 따라 반죽의 내부 온도는 약간 상승하고 pH는 떨어진다. 내부 온도 28~30℃, pH4.8)

④ 본반죽(도우반죽)은 스펀지반죽과 나머지 **본반죽 재료를 모두 합쳐 8~12분간 믹싱**하는 것을 말하며 본반죽 이후 20~40분간 플로어 타임(Floor Time)을 갖는다.

⑤ 플로어 타임(Floor Time)은 발효가 완료된 스펀지를 나머지 반죽과 혼합하였을 때 **파괴된 글루텐 층이 다시 재결합**하는데 걸리는 시간을 말한다.(통상 **20~40분**)

⑥ 이후 중간 발효부터 굽기 냉각까지의 과정은 스트레이트법과 동일하다.

⑦ 스펀지 도우법에서 **탈지분유를 첨가**하면 분유 속 단백질이 반죽의 pH저하 시 **완충제 역할**을 하여 글루텐의 믹싱과 발효 내구성을 조절하고 효소와 이스트의 활성을 돕기 때문에 **밀가루가 쉽게 지치거나 아밀라아제 활성이 과도할 때, 또는 단백질 함량이 적거나 약한 밀가루를 사용 시 탈지분유를** 첨가한다.

⑧ 장점 : 공정이 잘못되더라도 이를 바로잡을 기회가 있으며 노화가 지연되어 저장성이 좋아진다. 발효 내구성이 강하며 부피가 크고 속결이 부드러운 특징이 있다. 또한 이스트 사용량을 20% 가량 줄일 수 있다.

⑨ 단점 : 발효손실 증가, 공정 시간 증가, 노동력, 시설 및 장소 제한

재료	스펀지반죽	본반죽
밀가루	60~100%	0~40%
물	스펀지밀가루의 55~66%	전체밀가루의 60~70%
이스트	1~3%	-
이스트푸드	0~1%	-
소금 / 설탕	-	1.75~2.25% / 3~8%
유지 / 탈지분유	-	2~7% / 2~4%

<스펀지법 식빵 배합비율>

➤ 제조공정

배합표작성 → 재료계량 → 스펀지반죽 → 스펀지반죽 발효 → 본반죽 → 플로어타임 → 분할, 둥글리기 → 중간발효 → 정형, 팬닝 → 2차발효 → 굽기 → 냉각

■ 액체 발효법 (액종법) Liquid ferment Method

스펀지 도우법에서 발생할 수 있는 결함을 줄이기 위해 만들어진 **스펀지 도우법의 변형**으로 이스트,

이스트푸드, 설탕, 분유, 물을 섞은 다음 2~3시간동안 발효시켜 액종을 만든 다음 이를 사용하여 반죽하는 방법, **완충제로 분유를 사용**하기 때문에 이를 개발한 미국의 분유연구소 ADMI의 이름을 따 **ADMI(아드미)법**이라고도 부른다.

① 배합표 작성과 재료계량 후 액종 재료를 섞고 2~3시간 발효하여 액종을 만든다.

② 액종의 발효완료 시점은 pH를 체크하여 pH4.2~5.0 시 완료한다.

③ 플로어타임을 15분간 가지며, 분할 및 둥글리기 후 벤치타임을 두어 상한 반죽을 회복시킨다.(15~20분)

④ 이후 정형 팬닝, 2차발효, 굽기, 냉각의 과정은 앞의 두 방법과 동일하다.

⑤ **장점 : 한번에 많은 양의 발효가 가능**하며, **발효손실이 적어 생산손실을 줄이고, 시간과 노동력 및 공간과 설비를 절감**할 수 있다. 단백질 함량이 적기 때문에 **발효 내구력이 약한 밀가루를 사용해서도 빵을 제조**할 수 있다.

⑥ **단점 : 액종법은 산화제 사용량이 늘어나며 연화제와 환원제가 필요**하며, 특성 상 설비의 위생에 각별한 주의를 요한다.

재료	액종	재료	본반죽
물	30%	물	32~34%
설탕	3~4%	밀가루	100%
이스트	2~3%	액종	35%
이스트 푸드	0.1~0.3%	소금 / 설탕	1.5~2.5% / 2~5%
탈지분유	0~4%	유지	3~6%

<액체 발효법 식빵 배합비율>

■ **노타임반죽법(No time dough method)**

① **발효에 의한 글루텐 숙성 대신에 산화제와 환원제를 사용한 화학적 숙성을 통해 발효 시간을 단축시켜 빠르게 반죽을 완성할 수 있는 방법**이다.(일반적인 발효 공정을 거치지 않으므로 **무발효 반죽법**이라고도 함)

② **산화제 : 밀가루 단백질의 치올기결합(-SH)을 이황화결합(SS결합)으로 산화시켜 단백질 구조를 튼튼하게 하고 가스보유력을 증가**시킨다.(→취급성 증대, 1차 발효 시간 단축)

③ 산화제에는 **지효성 작용을 하는 브롬산칼륨**과 **속효성 작용을 하는 오오드칼륨**, 그리고 **표백과 숙성작용을 하는 아조디카본아미드(ADA), 비타민 C(아스코르브산)** 등이 있다.

④ **환원제 : 밀가루 단백질을 분해하고 이황화결합(SS결합)을 절단하여 글루텐 구조를 약화시킴으로써 반죽 시간을 25%가량 단축**시킬 수 있다.

⑤ 산화제로는 이화화결합을 절단시키는 **L-시스테인**과 단백질 분해효소인 **프로테아제, 소르브산, 아황산수소염** 등이 있다.

⑥스트레이트법을 노타임 반죽법으로 변경 시에는 반드시 다음과 같은 조치를 한다.

> 물 사용량 1~2% 감소, 설탕 사용량 1% 감소, 이스트사용량 0.5~1% 증가
>
> 반죽온도 30~32℃, 산화제와 환원제 사용

⑦**장점** : 반죽 제조시간이 단축된다, 빵의 속결이 치밀하고 고르다, 발효손실이 적고 반죽의 기계 내성이 양호하다, 반죽이 부드럽고 흡수율이 좋다.

⑧**단점** : 발효 내성이 떨어지며 맛과 향이 좋지 않다, 제품에 광택이 없으며, 제품의 질이 고르지 않다, 저장성이 떨어지며, 재료 단가가 비싼 편이다.

■ 비상반죽법(Emergency dough method)

갑작스럽 주문이나 예상치 못한 설비 고장으로 **빠른 대처가 필요할 때 표준 반죽 시보다 반죽시간을 늘리고 발효 속도를 촉진시킴으로써 전체 공정시간과 노동력을 줄일 수 있는 방법**이다. 하지만 제품에서 **이스트 냄새가 남거나 부피가 고르지 못하고 노화가 빨라 저장성이 떨어지는 단점이 있다.**

• **표준 반죽에서 비상반죽으로 변경할 때 필수적 조치사항과 선택적 조치사항**

➢ **필수적 조치사항**

①반죽시간을 20~30% 증가 ➔ 반죽의 신장성과 가스보유력을 증가시킨다.

②비상스트레이트법 15~30분 / 비상스펀지법 30분

③물사용량 1% 증가 ➔ 이스트 활성 촉진 및 작업성 향상

④반죽 온도를 30℃로 ➔ 반죽 발효 속도를 촉진시킨다.

⑤생이스트 사용량 2배로 증가 ➔ 반죽 발효 속도를 촉진시킨다.

⑥설탕사용량 1% 감소 ➔ 발효시간 단축으로 남아있는 당분이 많아져 껍질색 조절

➢ **선택적 조치사항**

①소금 1.75% 감소 ➔ 이스트 활성을 억제하는 요소를 배제

②이스트 푸드 사용량 늘린다.

③완충제 역할로 발효를 지연시키는 분유는 1% 감소시킨다.

④식초나 젖산을 0.5~1% 첨가하여 반죽 pH를 낮춤으로써 발효를 촉진시킬 수 있다.

■ 냉동 반죽법(Frozen dough method)

①1차 발효 혹은 분할/성형을 마친 반죽을 -40℃로 급속 냉동시켜 -25 ~ -18℃에서 냉동 저장했다가 **필요 시마다 해동하여 사용하는 방법**이다.

②**급속냉동을 하는 이유는 전분의 노화구간인 -7 ~ 10℃를 빠르게 통과시켜 얼음 결정 생성을 최소화할 수 있기 때문이다.**

③밀가루는 단백질 함량이 많은 것을 택하고 가능한 물(수분)은 적게 사용한다.

④스트레이트법으로 반죽하되 다른 제빵법보다 조금 되도록 물사용량을 조절한다.(반죽온도 20℃)

⑤냉동 중 가스발생을 줄이기 위해 보통 반죽보다 이스트양은 2배로 증가시킨다.

⑥냉동 시에는 1차 발효 때 생성된 수분이 얼면 부피가 팽창하면서 이스트와 글루텐이 손상을 입는다.

　→ 이스트파괴로 생성된 환원성 물질이 반죽을 퍼지게 하므로 수분량을 63%에서 58%로 줄인다.

⑦해동 사용시 냉장고에서 완만 해동한다. (5~10℃) 도 컨디셔너(dough conditioner) 혹은 리타드 (retard) 등의 설비를 사용하면 해동 시간 조절이 가능하다.

⑧산화제(브롬산칼륨, 비타민C)와 환원제(L-시스테인) 및 노화방지제(스테아릴젖산나트륨 SSL)를 첨가한다.

⑨냉동기간이 길어지면 품질저하가 일어나므로 냉동 후 꺼내어 사용할 때는 반드시 선입선출 원칙을 지킨다.

⑩ 장점 : 다품종 소량생산 및 야간, 휴일작업도 가능해 작업효율이 좋고, 생산 및 공급 조절이 쉽다. 냉동기간 중 제품 노화를 지연시킬 수 있으며, 빵의 최종부피가 커지고 속결과 향기가 좋다. 발효시간을 줄여 제조 시간이 짧아지므로 시간별로 갓 구운 제품 제공이 가능하다.

⑪ 단점 : 해동 시 반죽이 끈적거리고 퍼지기 쉽다. 이스트가 죽어 가스발생력, 가스보유력 모두 떨어진다. 많은 양의 산화제를 사용해야 한다. 굽기 이후의 제품의 노화가 빠르다.

- **찰리우드법**(초고속 반죽법 Chorleywood dough method)
영국 찰리우드 지방에서 유래된 초고속 반죽기를 이용한 반죽법으로 화학적 발효대신에 초고속 반죽기를 이용하여 기계적으로 숙성시키므로 공정 시간은 줄일 수 있으나 향이 부족해진다. 플로어타임 이후 분할한다.

- **사워종법**(sourdough method)
가공된 이스트 대신에 자가 배양한 천연 발효종을 이용하는 방법으로 사워종법으로 제조한 빵은 풍미가 좋고 소화가 잘되며, 노화를 지연시킬 수 있어 보존성이 향상된다.

- **오버나이트 스펀지법**(Over night sponge dough method)
밤으로 새워 발효시킨다는 뜻에서 이름붙여졌으며 발효손실(3~5%)이 가장 큰 방법이다. 적은 양의 이스트로 12~24시간 장시간 발효 시키기 때문에 신장성이 좋고 맛과 향이 풍부하다. 가스 보유력이 좋으며, 저장성이 높다.

- **후염법**
소금을 클린업 단계 직후에 넣어 믹싱하는 방법으로 반죽 시간을 단축시킬 수 있다. 반죽온도 감소, 흡수율 증가 및 조직을 부드럽게 하고 반죽의 수화를 촉진시켜며 제품 속색으로 갈색으로 만든다.

(4) 발효

1) 1차 발효(Fermentation)

식품 속 미생물이 당류를 분해하거나 산화, 환원시켜 알코올, 산, 케톤을 만드는 생화학적 변화를 말한다. 발효과정에서 열과 탄산가스 등이 발생한다. 제빵 과정에서 효모는 반죽 속의 당을 분해하여 알코올과 이산화탄소를 만들고, 이 가스가 그대로 빠져나가지 않고 그물망 형태의 글루텐 막에 막혀 반죽이 부풀게 된다.

■ 1차발효의 대표적 목적 3가지
   반죽의 팽창 / 반죽의 숙성 / 빵의 풍미 생성

2) 발효는 왜 하는가?

①이스트의 가스 발생력(이산화탄소)을 최대로 하여 반죽의 팽창 작용을 용이하게 한다.

②반죽의 **가스 보유력 증대**시켜 반죽의 **신장성 향상**시킨다.

③**이스트 발효**라는 **생화학적 작용**과 **개량제**를 이용한 **화학작용**으로 반죽을 분해하여 **유연하게 숙성**시킨다.

④발효에 의해 생성된 **알코올, 에스테르, 유기산** 등을 축적하여 **독특한 맛과 향**을 줌으로써 **소화흡수율을 올리고 빵의 풍미를 생성**한다.

■ 1차 발효 조건

> **발효 온도 → 27℃   상대 습도→ 75~80%**

■ 발효 완료점 확인법
- **물리적 변화** : 부피 증가(스트레이트법 3~3.5배, 스펀지법 4~5배), 표면 색변화, 반죽의 내부 망상조직(섬유질) 생성확인[**스트레이트법**], 핀홀(바늘구멍같이 작은 기포구멍)생성확인[**스펀지법**], 반죽을 눌렀을 때 누른 자국이 수축하는 탄력 정도로 확인[**스트레이트법**], 반죽 중앙이 오목하게 들어가는 드롭현상 확인[**스펀지법**]
- **생화학적 변화** : 내부 온도 변화[**발효 진행에 따른 온도상승 체크**], 내부 pH 변화[**발효 진행에 따라 pH 하강 체크**]

■ 펀치(가스빼기 Punch)

1차 발효에서 반죽내 **발생한 가스를 빼는 작업**으로 반죽의 부피가 2.5~3배 정도되었을 때 반죽을 눌러 탄산가스를 제거하는 것을 말한다. 신선한 산소를 공급해서 이스트의 활성을 돕고 반죽의 온도를 균일하게 하여 고른 숙성을 위해 실시한다.

■ 이스트 사용량의 결정

이스트 사용량이 적을수록 발효시간은 길어지고 많을수록 발효시간은 짧아진다.

$$\text{이스트 가감(조절)량} = \frac{\text{기존 이스트양} \times \text{기존 발효 시간}}{\text{조절하고자 하는 발효 시간}}$$

가스발생력은 **이스트사용량, 전분 및 단백질의 효소에 의한 분해** 작용에 의해 결정된다.

3) 발효 중 일어나는 변화 및 발효에 영향을 미치는 요소

➢ 프로테아제에 의해 단백질이 분해되어 글루텐 조직을 연화시키고 반죽의 신장성이 증가된다.

➢ 아밀라아제에 의해 전분이 맥아당으로 분해된다.

➢ 말타아제에 의해 맥아당이 포도당 2개로로 분해된다.

➢ 인버타아제에 의해 설탕이 포도당과 과당으로 분해된다.

➢ 당질의 분해 시 수분량 증가하여 글루텐에 흡수된다.

➢ 찌마아제의 탄수화물 분해활동으로 이산화탄소, 알코올, 유기산, 분해열 발생

➢ 탄수화물 분해 효소인 찌마아제에 의해 생성된 분해열이 반죽의 온도를 올리고, 생성된 이산화탄소에 의해 부피가 증가한다.

➢ 유기산 생성으로 반죽의 pH는 pH 4.6까지 떨어지면서 pH 4.5~5.5에서 발효가 가장 촉진된다.

➢ 유당은 분해되지 않고 남아서 굽기 시 캐러멜화 반응으로 껍질 색이 형성된다.

➢ 이스트 사용량이 많을수록 신선한 이스트일수록 가스 발생량이 많아 발효가 빨라진다.

➢ 설탕 사용량이 많을수록 발효가 빨라지지만 5%를 초과하면 가스 발생력이 약해져서 발효가 느려진다.

➢ 반죽 온도가 높을수록 발효가 빨라진다. (38℃에서 최대가 된다.)

➢ 소금은 표준량(1.75%)보다 많아지면 효소의 작용 억제되어 발효가 느려진다. 즉, 과량 사용 시 가스 발생 방해하여 발효 시간이 길어진다. 소금 사용 시 저장 기간이 길어지는 효과를 준다.

4) 발효손실

발효를 하는 도중 **수분 증발 및 효소에 의한 탄수화물 분해**과정에서 알코올과 탄산가스 발생으로 반죽 중량이 **약 1~2% 가량 줄어드는 현상**을 발효손실이라 한다.

✓ 소금과 설탕 사용량이 **많고**	✓ 소금과 설탕 사용량이 **적고**
✓ 발효시간이 **짧은** 경우	✓ 발효시간이 **긴** 경우
✓ 반죽온도와 발효실 온도가 **낮은** 경우	✓ 반죽온도와 발효실 온도가 **높은** 경우
✓ 발효실 습도가 **높은** 경우	✓ 발효실 습도가 **낮은** 경우
➜ 발효 손실이 적다.	➜ 발효 손실이 크다.

(5) 분할 및 둥글리기

분할은 1차 발효 후에 반죽을 정해진 분량으로 나누는 작업으로 분할 도중에도 발효는 계속 진행되기 때문에 **식빵의 경우 15~20분, 과자빵류는 30분 이내로 분할을 완료**한다. 분할 시 **덧가루를 지나치게 많이 사용할 경우 빵 속에 줄무늬가 형성**되고 완성제품에서 생밀가루 냄새가 날 수 있다.

■ 손분할과 기계분할

- **손분할[소량생산 시]** : 속도는 느리지만 반죽 손상이 적고 오븐스프링이 좋아 부피가 좋은 제품을 생산 가능하다.
- **기계분할[대량생산 시]** : 분할 전용 기계를 이용하여 반죽의 부피에 따라 분할이 이루어진다. 분할 속도는 분당 12~16회로 반죽의 온도는 비교적 낮은 것이 좋다. 반죽이 분할기에 달라붙지 않도록 **유동 파라핀 오일**을 이형제로 사용한다.
- **기계분할 시 반죽 손상을 줄이는 방법** : 스트레이트법보다 **기계에 대한 내구성이 강한 스펀지법으로 반죽**한다. 밀가루 단백질 함량이 높은 **강력분이 반죽 손상이 적다.** 반죽의 **결과 온도가 낮은 것이 반죽 손상이 적다.** 반죽의 **수분흡수량이 최적상태이거나 약간 된 반죽일 경우 반죽손상에 강하다.**

■ 반죽둥글리기

①분할완료한 반죽을 뭉쳐서 둥글림으로써 반죽 단면을 매끄럽게 마무리하고 가스를 균일하게 보유할 수 있는 구조로 재정돈하는 것을 말한다. 반죽의 절단면을 안쪽으로 말아 넣어 표면 점착성을 떨어뜨린다. 둥글리기 이후 성형이 용이한 최적상태로 만든다.

②둥글리기 방법에는 손을 이용한 수동방식과 라운더(Rounder)를 이용한 자동방식이 있다. 자동 방식은 속도는 빠른 반면 반죽 손상이 크다.

■ 반죽표면의 끈적거림 제거 방법은?

① **덧가루는 적정량**만 사용한다.

② 반죽에 **유화제 또는 오일을 윤활제**로 사용한다.

③ **반죽 덧가루**로 밀가루보다 소량사용 시에도 큰 효과를 얻을 수 있는 **전분을 사용**한다.

> **기출 Point**
>
> ➤ 둥글리기는 왜 해주나?
>
> ➤ 반죽표면 얇은 막형성 / 기공 고르게 / 글루텐 방향, 구조 정돈
>
>   But 수분 흡수력 증가 X
>
>   (수분 흡수력 증가는 믹싱공정의 역할이다.)

(6) 중간발효와 정형

■ 중간발효 [벤치타임 Bench Time]

둥글리기와 성형 사이에 10~20분 정도 잠시 발효시간을 두어 상실되었던 **반죽의 물리적 특성[글루텐 재정돈, 유연성 회복, 표면 막 형성]을 회복**시키는 것을 말한다. **끈적거림을 방지**하고 **신장성을 증가**시켜 작업성을 향상시키는 것을 말한다.

■ 중간발효 조건과 방법

> **중간발효 [벤치타임] 온도 27~29℃, 상대 습도 75%, 시간 10~20분 정도**
>
> 방법 : 반죽 수분 증발을 막기 위해 비닐 또는 젖은 헝겊으로 덮거나 캐비닛 발효실에 넣어 둔다.
>
> (부피가 1.7~2배 팽창할 때까지) [대규모 공장에서는 오버헤드프루퍼(Overhead Proofer) 이용]

■ 정형(Make up or Molding)

벤치타임 후 반죽을 **밀대로 밀어 가스를 빼주면서 원하는 모양으로** 만들어주는 것

■ 정형작업 조건과 방법

> ✓ **온도 27~29℃, 상대 습도 75%**
>
> ✓ **방법 : [암기Tip!] 밀-말-봉!**
>
> 1. 밀기 : 반죽을 밀대로 밀어 큰 가스를 제거하고 기포를 고르게 분산시킨다.
>
> 2. 말기 : 적정 압력으로 말거나 접는다.
>
> 3. 봉하기 : 이음매를 단단히 고정하여 이후 과정(2차발효 및 굽기)에서 터짐을 방지한다.

(7) 팬닝

① 정형 후 반죽을 일정한 모양을 갖춘 틀에 적정량의 채워 넣거나 팬에 일정 간격으로 위치시키는 것을 **팬닝**이라 한다. [팬닝 시 팬의 온도 32℃]

② 팬닝 시에는 반죽량 조절이 중요하다.

③ **적정량의 반죽무게는** 사용하고자 하는 **틀의 부피를 비용적으로 나누어 구한다.**

④ **반죽량이 많으면 윗면이 터지거나 흘러넘치게 되고 반대로 반죽량이 적으면 모양새가 좋지 않게 된다.**

⑤ **반죽의 이음매는** 반드시 **아래로(바닥으로) 향하게 해야 2차발효나 굽기 시 벌어지는 것을 방지할 수** 있다.

⑥ 굽기 후 팬에서 제품을 용이하게 분리하기 위해 틀에 도포하는 **이형제는 맛, 색, 향이 없는 발연점 210℃ 이상의 안정성이 높은 유지를** 사용한다. [종류 : 유동파라핀, 면실유, 땅콩기름, 대두유 등]

⑦ **이형제 과다 사용 시에는 밑껍질이 두껍고 어두워지므로** 반드시 적당량만 사용한다.

⑧ 팬닝 방식에는 한덩이로 넣는 **스트레이트 팬닝**(산형 식빵), 길게 늘인 반죽을 N, U, M자로 넣는 **교차 팬닝**(풀먼 식빵 등 뚜껑 덮는 제품), 길게 늘여 꼬아 넣는 **트위스트 팬닝**, 스파이럴 몰더와 연결된 **스파 이럴 팬닝** 등이 있다.

■ 비용적이란?

- 반죽 1g당 굽는데 필요한 팬의 부피(cm^3)를 말한다.

$$비용적 = \frac{틀부피}{반죽무게(분할량)} \qquad 반죽무게(분할량) = \frac{틀부피}{비용적}$$

- 제품별 비용적을 알고 틀부피를 계산한 후 팬닝을 해야 알맞은 제품을 얻을 수 있다.

■ 제품별 비용적 (단위 : cm^3/g)

산형 식빵(윗면이 봉긋한 모양)	풀먼 식빵(윗면이 평평한 모양, 각식빵)
3.2~3.4cm^3/g	3.3~4.0cm^3/g

■ 틀 부피의 계산

1. 사각틀의 부피 = 밑판넓이 × 높이
2. 원형틀의 부피 = 밑넓이 × 높이 = 반지름 × 반지름 × 3.14 × 높이
3. 정확한 치수를 측정하기 어려운 틀의 부피는 곡류 알갱이 또는 물을 담은 후 메스실린더를 이용하 여 측정한다.

(8) 2차 발효

1) 2차 발효의 효과와 발효실 조건

정형 또는 팬닝 시 **이스트와 효소의 재활성화**로 알코올 및 유기산을 생성시킴으로써 **손상받은(가스가 빠진)** 글루텐을 회복시키고, **신장성 증진 및 양호한 오븐 팽창**을 하게 함으로써 **최종적으로 양호한 외관과 식감**을 부여하기 위한 발효 공정을 말한다.

2차발효 일반조건	**2차 발효실 일반조건 온도 38~40℃ 전후 습도 85%** **방법 : 완제품의 70%~80% 부풀린다. (정형 후 반죽 기준 2.5~3배)** **손가락으로 눌렀을 때 반죽 탄력성으로 판단**
제품별 2차발효 조건	• 식빵 및 단과자빵 → 고온고습 조건 : 온도 35~38℃ 습도 75~90% ✓ 햄버거빵이나 잉글리시 머핀은 반죽 흐름성 개선을 위해 상대 습도를 높게한다. • 크로와상, 데니시페스트리, 브리오슈, 하스브레드 → 저온저습 조건 : 온도 27~32℃ 습도 75% ✓ 바게트, 하드롤 등 하스브레드는 반죽 탄력성이 커야하므로 상대습도를 낮게 한다. ✓ 데니시페스트리, 크로와상 등은 발효 중 롤인 유지가 흘러내리는 것을 방지 하기 위해 유지의 녹는점보다 2차 발효 온도를 낮게 설정하고, 습도도 낮게 해야 겉껍질이 바삭해진다. ✓ 브리오슈는 반죽 속 유지가 빠져나오는 것을 방지하기 위해 2차 발효온도를 낮게 설정한다.
제품별 2차발효 조건	• 도너츠 류 → 저온건조 조건 : 온도 32℃ 습도 65~70% ✓ 반죽 탄력성을 유지하고 수포가 생기지 않도록 습도를 낮게 유지한다.

2) 온도, 습도, 시간에 따른 영향

① **발효실 온도가 낮을 때** : 껍질이 두껍고 거칠며 발효시간 길어짐, 풍미가 부족하고 팽창이 부족

② **발효실 온도가 높을 때** : 속과 껍질이 분리, 발효시간이 짧고, 반죽이 산성이 됨→세균 오염 우려

③ **발효실 습도가 낮을 때** : 부피가 작고 표면이 갈라짐, 광택이 부족하고 얼룩이 생김, 윗면이 터지고 갈라짐, 껍질 형성이 조기에 발생

④ **발효실 습도가 높을 때** : 껍질이 거칠어지고 질김, 껍질에 줄무늬, 수포, 반점 나타남, 윗면이 납작하게 됨

⑤ **발효 시간이 부족할 때(어린 반죽)** : 부피가 작고 껍질에 균열 발생 용이, 껍질색이 짙고 붉은 빛깔, 속결이 조밀해진다.

⑥ **발효 시간을 초과했을 때(지친 반죽)** : 부피가 너무 크거나 윗면이 주저 앉음, 내부 기공이 거칠고 노화가 빨라 저장성이 나쁘다. 신맛이 난다. 껍질색이 연하다. 속결이 거칠다.

(9) 익히기

1) 굽기

① 빵류 익힘의 가장 기본이 되는 방법으로 오븐 등을 이용하여 반죽을 가열하면 단백질변성과 전분호화 등이 일어나면서 소화가 잘되고 향이 있는 제품을 만들어 내는 것을 말한다.

② 껍질색을 짙게 하고, 캐러멜 반응과 메일라드(마이야르) 반응으로 맛과 향이 좋아진다.

③ 탄산가스가 열에 의해 팽창하면서 오븐스프링과 오븐라이즈가 일어난다.

④ 2차 발효까지는 생화학적 반응이 활발히 진행되다가 굽기 단계에서는 미생물 활동과 효소 작용이 불활성화된다.

■ 언더베이킹과 오버베이킹

- 언더베이킹 : 고온에서 **단시간** 굽는다. (**암기팁!** 좀 모자라게, 짧게 굽는다 → 언더베이킹)
- 오버베이킹 : 저온에서 **장시간** 굽는다. (**암기팁!** 오버해서 오래 굽는다 → 오버베이킹)

  [※ 시간적 관점으로 이해하면 쉽다.]

- Over Baking → 저온 장시간 굽기 때문에
  ➢ 수분손실이 커서 노화가 촉진된다.
  ➢ 발효부족 시, 분할량을 많이 했을 경우 발생한다.
  ➢ 속 결은 부드러우나 껍질이 두꺼워지고 윗면이 평평하게 된다.
  ➢ 설탕, 유지, 분유량이 많은 고율배합에 적합(식빵)

- Under Baking → 고온 단시간 굽기 때문에
  ➢ 발효과다 시, 분할량 작을 시 발생한다.
  ➢ 제품 속이 설익고 조직 거칠어진다.
  ➢ 수분이 빠지지 않아 껍질에 주름이 지고 중심부가 갈라지고 주저앉기 쉽다.
  ➢ 설탕, 유지, 분유량이 적은 저율배합에 적합(과자빵)

■ 오븐 온도에 따른 특징

- 오븐 온도가 높을 때
  ① 겉면이 거칠어지고 옆면의 강도가 약하다.
  ② 껍질이 바스러지고 껍질색이 짙어진다.
  ③ 언더베이킹으로 부피가 작게 나오게 된다.

- 오븐 온도가 낮을 때

  ① 껍질이 두꺼워지고 껍질색이 옅다.

  ② 윗면 갈라지고 광택이 부족하거나 얼룩이 생긴다.

  ③ 오버베이킹으로 부피가 크게되기 쉽다.

■ 굽기 손실의 계산

반죽이 오븐에서 구워지는 동안 제품 내부의 <u>이산화탄소나 에틸알코올 등 휘발성물질과 수분</u>이 증발하면서 빵의 무게가 줄어드는 것을 <u>**굽기손실**</u>이라고 한다.

➢ 굽기손실 공식

$$굽기손실율(\%) = \frac{굽기전\ 반죽\ 무게 - 굽기\ 후\ 제품무게}{굽기\ 전\ 반죽무게} \times 100$$

[제품별 굽기손실]

일반식빵 11~13%, 풀먼식빵 7~9%, 단과자빵 10~11%, 하스브레드(바게트 등) 20~25%

■ 굽기 중 일어나는 대표 현상

- **오븐스프링 (Oven spring)** : 오븐 속에서 빵 반죽이 급속히 부풀어 오르는 현상으로 일반적으로 반죽 내부 온도 49℃에서 <u>급격히</u> 부푼다. 이스트의 활동이 활발해져 다량의 탄산가스와 알코올이 기화되며, 이와 함께 효소 작용으로 전분의 호화와 글루텐 변성이 진행되는 현상 이후 반죽의 내부 온도가 60~65℃에 이르면 멈춘다.

- **오븐라이즈 (Oven rise)** : 처음 반죽을 오븐에 넣고 0~5분간 60℃까지 오르기 전 이스트가 가스를 발생시켜 점차 온도 상승하며 부풀어 오르는 현상을 말한다.

- **전분의 호화 (Zelatinization)** : 반죽은 54℃에서 호화로 인한 팽윤이 시작되며 팽윤된 전분에 계속 열이 가해지면 수분이 결정 부분까지 침투하여 흡수량이 증가한다. 계속 가열하면 결정구조 내의 수소결합이 파괴되고 결정 구조를 비결정형으로 변화시켜 반투명의 콜로이드 상태가 되는데 이와 같은 현상을 호화라 한다. 반죽 내부온도 70℃ 전후에서 호화가 완료된다.

- **캐러멜화 반응 (Caramelization) : 당류를 고온으로 가열하면 산화 반응 등에 의해 먹음직스러운 갈색을 띠게 되는 생기는 현상**으로, 요리에 고소함과 진한 갈색의 원인이 되는 중요한 현상이다. 캐러멜화 작용의 발현에 효소가 관여하지 않는 비 효소적 갈변반응이며, 발생하는 휘발성 화학 물질이 캐러멜의 독특한 맛과 향을 자아낸다.

- **메일라드(마이야르) 반응 (Maillard reaction)**

  비효소적 갈변 반응으로 당류, 특히 환원당과 아미노 화합물들에 의한 갈색화 반응을 말하는데 대부분의 식품들은 주성분으로 당류 등의 카보닐 화합물과 단백질 등의 아미노기를 가진 질소화합물을 함유하고 있기 때문에 마이야르 반응은 식품에서 흔히 볼 수 있는 갈색반응이며 식품가공에서 가장 중요한 비효소적 갈색 반응이다.

2) 튀기기

① 튀기기 시 적정 **튀김기름** 온도는 180~195℃로 표준온도보다 <u>온도가 낮은 경우 껍질이 거칠어지고 과다하게 부풀면서 흡유량이 많아진다</u>. 반대로 튀김기름의 <u>온도가 너무 높으면 속이 익지 않고 껍질색이 진하게 된다.</u>

② 튀긴 후 설탕이나 글레이즈를 표면에 입혔을 때 제품 내부의 수분이 표면으로 흘러나와 설탕을 녹이면서 눅눅해지는 현상을 **발한현상**이라고 한다. 튀기는 시간을 늘리고, 튀긴 후 충분히 냉각시킬 것, 설탕 사용량을 늘리는 것으로 수분함량을 낮추는 방법 또는 튀김유에 3~6% 스테아린을 첨가하여 발한현상을 예방할 수 있다.

■ 튀김 기름의 가열 시 일어나는 현상

① 열로 인해 산패가 촉진되며, 유리지방산과 이물의 증가로 발연점은 점점 낮아진다.

② 지방의 점도가 증가하며 거품이 발생하는 현상이 나타나기도 한다.

③ 단백질이 열분해 되면서 생성된 아미노산과 당이 메일라드 반응을 일으키면서 갈색 색소를 형성하여 제품의 색이 짙어진다.

④ 도넛 튀김 기름에 스테아린 3~6% 첨가 시 유지의 융점을 높여 도넛에 설탕이 붙는 점착성을 증가시키고, 제품에 기름이 흡수되는 것을 저지할 수 있으며 황화(회화) 현상을 방지할 수 있다.

※ 황화(회화)현상: 기름이 도넛 설탕을 녹이는 현상

■ 튀김기름의 조건과 선택

1. 엷은 색을 띠거나 투명하며, 광택이 있을 것

2. 불쾌한 냄새나 맛이 나지 않을 것

3. 가열했을 때 냄새가 없고 거품이나 연기가 나지 않을 것

4. 발연점(연기발생온도)이 높을 것 (열 안정성이 높을 것)

5. 항산화 물질(토코페롤 등)을 다량 함유하여 저장 중 산패에 안정성이 높을 것

6. 튀긴 후 제품 냉각 중에는 제품 속 흡수된 튀김기름(유지)는 충분히 응결할 것

7. 튀김용기의 깊이는 12~15cm가 적당하며 깊이가 낮을 경우 온도변화가 커지고, 깊이가 깊을수록 초기 온도를 올리는데 열량소모가 크다.

8. 튀김기름은 여러 번 사용하게 되면 산가(지질 및 과산화물 수치)가 높아지고, 점도(끈점임정도)가 증가한다.

9. 정제가 잘 된 식물성기름이 적합 (대두유, 옥수수기름, 면실유 등)

■ 튀기기 시 흡유량 증가 요인 [빵도넛]

- 튀김 시간이 길어질수록 흡유량이 많아지며 튀기는 제품의 표면적이 클수록 흡유량이 증가한다.
- 당류, 지방의 함량 및 레시틴(달걀노른자)의 함량, 수분 함량이 많을 때 기름 흡수가 증가한다.
- 박력분 사용 시 강력분 사용 시 보다 흡유량이 더 크다.

3) 찜

찜은 수증기의 이동에 의해 열을 전달하는 **대류현상**을 이용하는 것으로 물질이 온도 변화 없이 고체-액체-기체 등으로 상태가 변할 때 드는 열량(에너지)을 숨은열(잠열)이라고 하는데, **찜은 기화잠열(559kcal/1g)을 이용**하여 제품을 익히게 된다.

찜기의 재질은 금속보다는 도자기로 된 것이 열의 전도가 적어 적당하며 처음에는 불의 세기를 강하게 하는게 좋다. 온도관리가 용이한 편이며 제품 모양 그대로를 보존할 수 있고 수용성 성분의 손실이 적은 것이 특징이다.

핵심포인트복습

[스피드 기출 문답암기]

- 성형과정에서 상처받은 반죽을 회복시키기 위해 글루텐 숙성 및 팽창을 위해 거치는 과정은? → 2차발효

- 2차 발효 시 습도부족가 부족하면? → 윗면 터지고, 갈라짐, 껍질색 불규칙 얼룩, 광택부족, 팽창저하

- 전분의 종류에 따라 호화온도 / 팽윤(팽창, 윤기) / 반죽점도 등 물리적 성질이 달라진다. ○ (오답 : 냄새)

- 반죽 후 분할기로부터 분할 시, 구울 때 달라붙지 않게 하는 이형제로 허용된 첨가제는? → 유동파라핀

- 이스트와 설탕, 소금은 같이 계량하지 않는다. 소금, 설탕은 물에 녹여 사용한다. ○

- 제빵용 이스트의 최적 발효 ph는 ph4.7 (ph4.5~5.5) 산성에서 가장 발효가 잘된다. ○ (이스트양과 발효시간은 반비례)

- 생이스트 적정 저장온도는? → 0~5℃의 냉장 보관

- 빵의 냉각과 포장에 적합한 온도는? → 35~40℃

- 탈지분유 1% 증가 시 물의 양은? → 1% 증가 시킨다. ○

- 단백질 함량 2% 증가된 강력분 사용 시 흡수율은? → 3% 증가 (단백질 증가 1% 당 흡수율 1.5% 증가)

- 프랑스(불란서)빵은 스팀 사용하는데 스팀의 기능은? → 불규칙하게 터지는 것을 방지하고, 얇고 바삭, 광택있는 껍질 형성 (반죽흐름성 증가 X)

- 가장 많이 사용되는 베이킹파우더는? → 탄산수소나트륨(중조) $NaHCO_3$

- 식빵의 밑바닥이 움푹 패이는 결점이 나타났다! → 굽기 시 초기오븐 온도가 너무 높았기 때문이다.

- 제빵 시 발효는 왜 하는가? → 반죽 팽창, 숙성, 풍미 (글루텐강화 X)

- 오븐내 뜨거운 공기를 강제 순환 시키는 방식은? → 대류

- 식품 또는 첨가물 채취, 제조, 가공, 조리, 저장, 운반 또는 판매하는 자는? → 연 1회 정기 건강진단을 받아야 한다. ○

- 어떠한 식품첨가물이든 식품의약품안전처장의 허가를 받아야한다. ○ (자연동식물 추출 천연 식품첨가물은 허가없이 사용가능하다. X)

- 반죽을 반만 구운 상태에서 다시한번 오븐에 굽는 두번 굽기하는 제품은? → 브라운 앤 서브 롤

- 스트레이트법 반죽 사용 할 물온도 계산법 → 희망온도 × 3 - (실내온도+밀가루온도+마찰계수)
  (예) 희망온도가 28도일때, 실내온도 20도, 밀가루온도 20도, 마찰계수 30인 경우 사용할 물의 온도는? 정답: 84 - 70 = 14

- 제빵용 밀가루의 적정 손상전분 함량은? → 4.5~8%

- 커스터드 크림에서 달걀은? → 결합제 역할을 한다.

- 안정제의 역할은? → 흡수제로 노화지연효과, 아이싱이 부서짐 방지, 토핑거품안정, 머랭의 수분배출을 억제 역할을 한다.

- 중화가란? → [암기Tip! 중퍼산] 산에 대한 중조양

- 반죽(믹싱) 시 랫다운 단계까지 발전시키는 빵은? → 햄버거빵, 잉글리시머핀
  데니시페스트리(픽업단계), 프랑스빵(발전단계), 호밀빵(발전단계), 베이글(발전단계)
  그 외 대부분의 빵은 최종단계까지 반죽한다.

PART Ⅱ

제과제빵 기능사
CBT 복원
실전 모의고사

01 과자 반죽의 믹싱 완료 정도를 파악할 때 사용되는 항목이 아닌 것은?

① 반죽의 비중
② 글루텐 발전 정도
③ 반숙의 색깔
④ 반죽의 점도

해설 글루텐 발전 정도는 과자반죽이 아니라 빵반죽 믹싱 정도를 파악할 때 사용한다.

02 도넛 튀김기에 붓는 기름의 평균 깊이로 가장 적당한 것은?

① 5~8cm
② 9~12cm
③ 12~15cm
④ 16~19cm

03 찜을 이용한 제품에 사용되는 팽창제의 특성은?

① 지효성
② 속효성
③ 이중 팽창
④ 지속성

해설 찜에는 단시간에 효과를 나타내는 속효성 팽창제를 사용한다.

04 식기나 기구의 오용으로 구토, 경련, 설사, 골연화증의 증상을 일으키는 이타이이타이병의 원인이 되는 유해성 금속물질은?

① 카드뮴
② 납
③ 아연
④ 수은

해설 카드뮴 중독에 대한 설명이다.

05 달걀에서 껍질을 제외한 전란의 고형질은 약 몇%를 차지하는가?

① 10%
② 25%
③ 50%
④ 75%

해설 전란은 수분 75%, 고형질 25%

06 코코아 20%에 해당하는 초콜릿을 사용하여 케이크를 만들 때 초콜릿 사용량은?

① 16%
② 20%
③ 28%
④ 32%

해설 초콜릿은 코코아 $\frac{5}{8}$ 카카오버터 $\frac{3}{8}$로 구성되므로 전체 초콜릿 양을 X라고 하면 X의 $\frac{5}{8}$가 코코아 20%라는 뜻이므로 A x $\frac{5}{8}$ = 20 A = 20x $\frac{8}{5}$ 따라서 전체 초콜릿양은 32%

정답 1. ② 2. ③ 3. ② 4. ① 5. ② 6. ④

07 신경조직의 주요물질인 당지질은?

① 세레브로사이드(글리코리피드)
② 스핑고미엘린
③ 레시틴
④ 이노시톨

해설 세레브로사이드(cerebroside)는 동물의 근육과 신경 조직의 중요한 구성 요소이다.

08 다음 중 소화가 가장 잘되는 달걀의 익힘정도는?

① 날(生) 달걀
② 완숙달걀
③ 반숙달걀
④ 구운달걀

해설 반숙달걀이 가장 소화가 잘되고 영양소 파괴도 적다.

09 캐러멜화를 일으키는 것은?

① 지방
② 단백질
③ 당류
④ 무기질

해설 캐러멜화 반응은 탄수화물 즉, 당류를 가열했을 때 일 어나는 산화반응에 의해 생기는 비효소적 갈변현상으 로 달콤한 풍미와 진한 갈색의 원인이 된다.

10 단체급식 식단에서 고등어로부터 동물성 단백질 25g 을 섭취하고자 한다. 고등어의 1인 배식량은 약 얼마 인가? (단, 고등어의 단백질 함량은 18%로 계산한다.)

① 140g
② 100g
③ 72g
④ 65g

해설 배식량을 A라고 하면 고등어의 단백질 함량이 18%이 므로 A x 18% = 25g 의 식을 세울 수 있다.
18%는 0.18이므로 A X 0.18 = 25
$A = \frac{25}{0.18} = 138.888$ 약 140g

11 다음 중 동물성 단백질인 것은?

① 덱스트린
② 아밀로오스
③ 글루텐
④ 젤라틴

해설 동물의 피부가죽이나 연골 등을 구성하는 천연단백질 인 콜라겐을 이용해서 만드는 젤라틴은 동물성 유도 단백질이다.

12 다음 중 제빵용 효모에 함유되어 있지 않은 것은?

① 프로테아제
② 말타아제
③ 사카리아제
④ 인베르타아제

해설 ①②④는 효모에 함유되어 있으나 ③은 함유되어 있 지 않다. 프로테아제는 단백질 분해효소이며, 말타아 제와 인베르타아제는 탄수화물 분해효소로 말타아제 는 맥아당을 포도당 + 포도당으로 분해하고[Tip! 맥포 포], 인베르타아제는 설탕(수크로오수)을 포도당 + 과 당으로 분해한다.[Tip! 수포과]

13 식염이 반죽의 물성 및 발효에 미치는 영향에 대한 설명으로 틀린 것은?

① 흡수율이 감소한다.
② 반죽시간이 길어진다.
③ 껍질 색상을 더 진하게 한다.
④ 프로테아제의 활성을 증가시킨다.

> **해설** 식염은 단백질 분해효소인 프로테아제 활성을 증가시키는 것이 아니라 억제하며, 미생물 활동의 일종인 발효효과에 있어 이상발효를 막고 발효지연 효과를 가져온다.

14 커스터드 크림에서 계란의 역할은?

① 쇼트닝 작용
② 결합제 작용
③ 팽창제 작용
④ 저장성 작용

> **해설** 결합제로서의 역할을 한다. 혹은 형태를 지탱하는 농후화제 역할을 한다.

15 40g의 계량컵에 물을 가득 채웠더니 240g이었다. 과자 반죽을 넣고 달아보니 220g이 되었다면 이 반죽의 비중은?

① 0.85
② 0.90
③ 0.95
④ 0.92

> **해설** 비중 구하는 공식 비중은 순수 물무게 분의 순수 반죽무게, 항상 물무게가 기준, 분모로 간다.
> 반죽의 비중 $= \dfrac{\text{반죽무게-계량컵무게}}{\text{물무게-계량컵무게}} = \dfrac{220-40}{240-40} = \dfrac{180}{220} = 0.90$

16 어떤 밀가루에서 젖은 글루텐을 채취하였더니 밀가루 100g에서 글루텐이 36g이었다면 이 때 단백질 함량은?

① 9%
② 12%
③ 15%
④ 18%

> **해설** 밀가루에 물을 첨가하여 만든 반죽덩어리를 물로 씻어 내면 젖은 글루텐(wet gluten)이 되고 이것을 처리하여 수분을 제거한 것은 마른 글루텐(dry gluten)이 된다. 단백질 함량은 젖은글루텐의 $\frac{1}{3}$로 $\dfrac{\text{젖은글루텐/밀가루양} \times 100}{3}$하여 구한다. $\dfrac{36/100 \times 100}{3} = 12\%$

17 단당류 2~10개로 구성된 당으로 장내 비피더스균의 증식을 활발하게 하는 당은?

① 올리고당
② 고과당
③ 물엿
④ 이성화당

> **해설** 올리고당의 '올리고(oligo-)'는 '적다'는 뜻으로 단당류 2~10개로 구성된 다당류로 비피더스균의 증식을 활발하게 한다. 감미도가 설탕의 20~30%로 낮고 소화시키는데 에너지가 많이 필요하며, 장내 비피더스균(유산균)이 올리고당을 먹이로 활용하여 증식하므로 장의 연동 운동을 촉진하여 변비 등을 막아주는 역할도 한다.

18 쿠키에 사용하는 재료로서 퍼짐에 중요한 영향을 주는 당류는?

① 슈가파우더(분당)
② 포도당
③ 물엿
④ 설탕

> **해설** 쿠키 제조 시 당류의 굵기에 따라 퍼짐의 정도가 달라지므로 알갱이의 입자가 굵은 설탕을 사용하게 되면 퍼짐이 좋아진다.

19 도넛과 케이크의 글레이즈 사용 온도로 적당한 것은?

① 45~50℃ 사이
② 20~25℃ 사이
③ 60~70℃ 사이
④ 30~35℃ 사이

해설 도넛과 케이크 표면에 단맛이나 감칠맛을 위해서 시럽을 이용해 윤기나게 코팅하는 것을 뜻하는 글레이즈의 적정온도는 45~50℃ 사이인 49℃ 정도가 적당하다.

20 다음 중 알레르기성 식중독의 원인이 될 가능성이 가장 높은 식품은?

① 오징어
② 갈치
③ 꽁치
④ 광어

해설 꽁치에 들어있는 히스타민은 알레르기를 유발한다.

21 다음 중 생산관리의 목표는?

① 재고, 출고, 판매의 관리
② 재고, 납기, 출고의 관리
③ 납기, 재고, 품질의 관리
④ 납기, 원가, 품질의 관리

해설 생산관리 목표 → 납기관리, 원가관리, 품질관리 [암기 Tip! 생산관리→납원품] (재고 X, 출고 X)

22 파운드케이크를 팬닝할 때 밑면의 껍질 형성을 방지하기위한 팬으로 가장 적합한 것은?

① 일반팬
② 이중팬
③ 은박팬
④ 종이팬

해설 이중팬은 열전도율이 낮아 밑면 두꺼운 껍질형성 방지에 적합하다.

23 화이트 레이어 케이크의 반죽비중?

① 0.90~1.0
② 0.45~0.55
③ 0.60~0.70
④ 0.75~0.85

해설 화이트 레이어 케이크는 대표적인 반죽형 케이크(고율배합)이다. 반죽형케이크의 비중은 약 0.75~0.85 이며, 거품형케이크의 비중은 약 0.45~0.55 정도이다.

24 거품을 올린 흰자에 뜨거운 시럽을 첨가하면서 고속으로 믹싱하여 만드는 아이싱은?

① 마시멜로 아이싱
② 콤비네이션 아이싱
③ 초콜릿 아이싱
④ 로얄 아이싱

해설 마시멜로 아이싱에 대한 설명이다. 흰자머랭+끓인 시럽+젤라틴 → 고속믹싱

25 케이크의 아이싱에 주로 사용되는 것은?

① 휘핑크림

② 프랄린

③ 마지팬

④ 글레이즈

> **해설** 케이크의 아이싱에는 주로 휘핑크림이 쓰인다.

26 나가사키 카스텔라의 제조 시 굽기과정에서 휘젓기를 하는 이유가 아닌 것은??

① 껍질 표면을 매끄럽게 한다.

② 반죽 온도를 균일하게 한다.

③ 내상을 균일하게 한다.

④ 팽창을 원활하게 한다.

> **해설** 팽창과는 직접적으로 관련이 없다. 휘저어주는 이유는 반죽온도를 균일하게 맞춰서 껍질 표면과 내상을 깔끔하고 균일하게 하기 위함이다.

27 pH가 중성인것은?

① 식초

② 수산화나트륨용액

③ 중조

④ 증류수

> **해설** 증류수는 중성이다. 식초는 산성, 수산화나트륨과 중조는 알칼리성

28 장염비브리오 균에 의한 식중독 유형은?

① 독소형 식중독

② 감염형 식중독

③ 곰팡이에 의한 식중독

④ 화학적 식중독

> **해설** 대표적 감염형 식중독 - 병원성 대장균, 장티푸스, 장염비브리오균, 살모넬라균, 세균성 이질 **[암기Tip! 감염형 - 대장살이]** (비교) 대표적인 독소형 식중독 : 포도상구균, 보톨리누스균 식중독

29 단백질 함량이 2% 증가된 강력분 밀가루 사용 시 흡수율의 변화로 가장 적당한 것은?

① 2% 증가

② 2% 감소

③ 3% 증가

④ 3% 감소

> **해설** 단백질 함량이 1% 변할 때 마다 흡수율은 1.5% 변한다.(정비례) 단백질 2% 증가 시 흡수율 3% 증가

30 다음 중 반죽형 쿠키가 아닌 것은?

① 드랍쿠키

② 스냅쿠키

③ 스펀지쿠키

④ 쇼트브레드쿠키

> **해설** 스펀지쿠키, 머랭쿠키는 거품형 쿠키이다.

31 일반적으로 풀먼식빵의 굽기손실은 ?

① 약 2~3%

② 약 4~5%

③ 약 7~9%

④ 약 11~12%

> **해설** 뚜껑이 있는 육면체 틀에 굽는 풀먼식빵은 굽기손실이 7~9%, 뚜껑이 없는 산형식빵의 굽기손실은 11~12%

정답 25. ①　26. ④　27. ④　28.②　29. ③　30. ③　31. ③

32 냉동 페이스트리를 구운 후 옆면이 주저앉는 원인으로 틀린 것은?

① 토핑물이 많은 경우
② 잘 구워지지 않은 경우
③ 2차발효가 과다한 경우
④ 해동온도가 2~5℃ 로 낮은 경우

해설 저온 해동을 할 경우는 괜찮으나 30℃ 이상 고온에서 해동하게 되면 팽창이 고르지 못해서 옆면 주저앉는 원인이 될 수 있다.

33 다음 단팥빵의 영양성분을 참고하여 단팥빵 200g의 열량을 구하면?

단팥빵	탄수화물	단백질	지방	칼슘	비타민 B1
100g 중 함유량	20g	5g	10g	2mg	0.12mg

① 190kcal
② 300kcal
③ 380kcal
④ 460kcal

해설 [Tip! 탄단지는 449] 탄수화물과 단백질 1g은 4kcal, 지방 1g은 9kcal의 열량을 낸다.
탄수화물 40g X 4kcal =160 kcal
단백질 10g X 4 kcal = 40 kcal
지방 20g X 9 kcal =180 kcal
160 + 40 + 180 = 380 kcal

34 제과제빵에서 달걀의 역할로 짝지어진 것은?

① 영양 증가, 유화, pH 강화
② 영양 증가, 유화, 조직 강화
③ 유화, 조직 강화, 발효 시간 단축
④ 영양 증가, 방부효과, 조직강화

해설 달걀은 영양 증가, 유화작용(레시틴의 역할), 조직 강화(결합제로 역할), 농후화제 역할을 한다.

35 식중독 발생의 주요 경로인 배설물 - 구강 오염 경로를 차단하는 방법으로 가장 옳은 것은?

① 손 씻기 등 철저한 개인위생 지키기
② 음식물을 반드시 가열 후 섭취하기
③ 조리 후 가능한한 빠른 시간내에 섭취하기
④ 남은 음식물은 냉장보관하기

해설 배설물이 손에 묻었다가 음식을 먹을 때 구강으로 침투하게 되므로 손 씻기 등 개인위생을 지키는 것이 식중독 예방에 가장 올바른 방법이다.

36 이형유에 대한 설명으로 틀린 것은?

① 틀을 실리콘으로 코팅하면 이형유 사용을 줄일 수 있다.
② 이형유는 발연점이 높아야한다.
③ 이형유 사용량은 반죽무게에 대해 0.1~0.2% 정도이다.
④ 이형유를 많이 사용하면 밑껍질이 얇아져 색상이 밝아진다.

해설 이형유를 과다하게 사용 시 밑껍질이 뚜꺼워지고 색상이 어두워진다.

37 미국식 데니시 페스트리 제조 시 반죽무게에 대한 충전용 유지(롤인유지)의 사용범위는?

① 10~15%
② 20~40%
③ 45~60%
④ 60~80%

해설 충전용 롤인용 유지(roll-in fats) 사용범위20~40%
롤인유지는 반죽과 반죽 사이에 얇은 층을 만들어 반죽이 서로 붙지 않게 하고 굽기 시 발생하는 수증기나 이산화탄소를 방출하게 하고, 반죽에 흡수되어 바삭하게 한다.

38 식용 유지의 산화 방지제로 항산화제를 사용하는데 항산화제를 직접 산화를 방지하는 물질과 항산화 작용을 보조하는 물질 또는 앞의 두작용을 가진 물질로 구분할 때 항산화 작용을 보조하는 물질은?

① 비타민 A
② 비타민 B
③ 비타민 C
④ 세사몰

해설 그 밖에 구연산, 인산, 주석산 등이 항산화 보완제이며, 직접 산화 방지제로는 세사몰, 비타민E, BHA, BHT 등이 있다.

39 밀가루와 유지를 믹싱한 후 다른 건조재료와 액체 재료 일부를 투입하여 믹싱하는 것으로, 유연감을 우선으로하는 제품에 많이 사용하는 믹싱법은?

① 크림법
② 1단계법
③ 블렌딩법
④ 설탕물법

해설 블렌딩법은 부드럽게 풀어진 유지에 밀가루를 투입하여 혼합한 다음 건조재료들을 차례로 넣는 방법으로 제품의 조직을 부드럽게 하고자 할 때 적당한 방법이다.

40 충전물 또는 젤리가 롤 케이크에 축축하게 스며드는 것을 막기위한 조치시항으로 적절하지 않은 것은?

① 굽기 조정
② 물 사용량 감소
③ 반죽 시간 증가
④ 밀가루 사용량 감소

해설 밀가루 사용량을 오히려 증가시켜야 축축하게 스며드는 것을 막을 수 있다.

41 반죽형 과자 반죽의 믹싱법과 장점이 잘못 연결된 것은?

① 크림법 - 제품의 부피 증가
② 블렌딩법 - 제품의 내상의 부드러움
③ 설탕물법 - 계량의 정확성과 운반 편리성
④ 1단계법 - 사용 재료의 절약

해설 1단계법은 유지를 부드럽게 풀어준 다음 모든 재료를 한꺼번에 투입하여 반죽하는 방법으로 제조시간과 노동력을 절감할 수 있는 방법이나 사용 재료의 절약과는 관계가 멀다.

42 생이스트 대신 건조 이스트로 대체하고자 할 때, 건조 이스트는 생이스트에 비해 얼마나 넣어야 하는가?

① 2배 증가
② 2배 감소
③ 5배 증가
④ 5배 감소

해설 생이스트를 건조시키는 공정에서 수분이 빠져서 부피가 50%정도 줄어들기 때문에 건조이스트로 대체할 때는 생이스트의 ½ 만 넣는다.

43 비중이 가장 낮은 반죽은?

① 레이어 케이크
② 파운드 케이크
③ 데블스 푸드 케이크
④ 스펀지 케이크

해설 일반적으로 반죽형케이크는 비중이 크고, 스펀지케이크는 비중이 작다. 스펀지 케이크 비중은 0.55, 레이어 케이크 0.85, 파운드케이크 0.75, 데블스 푸드케이크 0.85 정도이다.

44 주로 소매점에서 사용하는 믹서로 거품의 케이크 및 빵 반죽이 모두 가능한 믹서는?

① 수직형 믹서
② 스파이럴 믹서
③ 수평형 믹서
④ 핀 믹서

해설 수직형 믹서(Vertical Mixer)는 주로 소규모 제과점에서 케이크 반죽 또는 빵 반죽을 만들 경우에 사용 반죽 상태를 수시로 점검할 수 있는 장점이 있다.

45 식빵 반죽 표면에 수포가 생겼다면 그 이유는?

① 2차발효실 상대습도가 낮았다.
② 2차발효실 상대습도가 높았다.
③ 1차발효실 상대습도가 낮았다.
④ 1차발효실 상대습도가 높았다.

해설 굽고 나서 수포가 생기거나 껍질이 질기게 형성되었다면 2차발효실 상대습도가 높았기 때문이다.

46 단순 아이싱(Flat icing)을 만드는데 들어가는 재료로 적당하지 않은 것은?

① 분당
② 물엿
③ 물
④ 달걀

해설 단순 아이싱에는 분당, 물, 물엿을 섞어 끓여서 사용한다. 달걀은 사용하지 않는다.

47 어린 반죽으로 만든 제품의 특징과 거리가 먼 것은?

① 내상의 색상이 검다.
② 쉰 냄새가 난다.
③ 껍질의 색상이 진하다.
④ 부피가 작다.

해설 어린반죽이란 발효가 정상보다 덜 된 상태를 말하며 지친반죽이란 발효를 정상보다 더 된 상태를 말한다. 쉰 냄새가 나는 것은 지친 반죽에서 나타나는 현상이다.

48 퍼프페이스트리의 휴지가 종료되고 난 후 손으로 살짝 눌렀을 때 어떤 현상이 나타나는가?

① 누른 자국이 그대로 남는다.
② 원상태로 올라온다.
③ 내부의 유지가 흘러나온다.
④ 누른 자국이 유동성있게 움직인다.

해설 퍼프 페이스트리(프렌치 파이)는 강력분(100%), 유지(100%), 물(50%), 소금(1~2%)를 프랑스식 파이 반죽법을 사용하여 만들며 냉장고에서 20~30분간 냉장휴지를 하는데 휴지가 종료되고 난 후 손으로 살짝 눌렀을 때 누른 자국이 그대로 남으면 휴지를 종료한다. [밀가루와 유지의 층상구조를 그대로 유지해야 한다.]

49 다음의 배합률로 판단할 때 제조에 적합한 케이크의 종류는?

밀가루 100% 설탕 166% 달걀 166% 소금 2%

① 파운드 케이크
② 데블스 푸드 케이크
③ 옐로우 레이어 커이크
④ 스펀지 케이크

해설 스펀지케이크는 밀가루를 100%로 했을 때 설탕과 달걀을 166%, 소금 2%로 배합하여 제조한다.

50 다음 중 고속으로 믹싱하여 만든 아이싱은?

① 마시멜로 아이싱
② 콤비네이션 아이싱
③ 쵸콜릿 아이싱
④ 로얄 아이싱

해설 마시멜로 아이싱은 흰자에 뜨거운 시럽과 젤라틴을 넣고 고속으로 믹싱하여 만든다.

51 다음 중 발효시간을 연장시켜야하는 경우는?

① 식빵 반죽온도가 27℃이다.
② 발효실 온도가 24℃이다.
③ 이스트푸드가 충분하다.
④ 1차 발효실 상대습도가 80%이다.

해설 적정발효실 온도와 습도 → 1차 발효는 온도 27℃, 습도 75~80%이고 2차 발효는 35~43℃, 습도 85~90% 이므로 ②에서 발효실 온도 24℃는 발효실 온도로 부적절하다.

52 아미노산의 성질에 대한 설명 중 옳은 것은?

① 모든 아미노산은 선광성을 갖는다.
② 아미노산은 융점이 낮아 액상이 많다.
③ 아미노산은 종류에 따라 등전점이 다르다.
④ 천연단백질을 구성하는 아미노산은 주로 D형 이다.

해설 등전점은 단백질이 중성이되는 시점의 pH값으로 단백질을 구성하는 20가지 아미노산은 그 종류에 따라 등전점이 다르다.

53 제과용 포장재료로 적합하지 않은 것은?

① P.E (Poly Ethylene)
② O.P.P(Orienred Poly Propylene)
③ P.P(Poly Propylene)
④ 형광 종이

해설 형광물질은 식품 포장재료로 적합하지 않다.

54 다음 중 2번 굽기를 하는 제품은?

① 스위트 롤
② 빵도넛
③ 브리오슈
④ 브라운 앤 서브롤

해설 러스크(츠비바크, 비스코트, 토스트 등), 브라운 앤 서브 롤 등은 2번 굽는다.

55 핑거쿠키 성형 시 적정 길이는?

① 3cm
② 5cm
③ 9cm
④ 12cm

해설 5cm [Tip! 핑거오! 핑거오!]

56 20대 남성이 하루 열량을 2500kcal 섭취한다면 가장 이상적인 1일 지방섭취량은?

① 약 10~40g
② 약 40~70g
③ 약 70~100g
④ 약 100~130g

해설 성인 기준 총열량의 15~20%를 지방으로 섭취하는 것이 이상적이므로
하루 지방섭취량(15%)의 칼로리는 2500 kcal X 15% = 375 kcal
지방은 1g 당 9kcal의 열량을 내므로 $\frac{375}{9}$ = 41.666 g이다. 한편,
하루 지방섭취량(20%)의 칼로리는 2500 kcal X 20% = 500 kcal
지방은 1g 당 9kcal의 열량을 내므로 $\frac{500}{9}$ = 55.555 g
따라서 41~55g 섭취량이 적절하다고 할 수 있다. 정답은 ②

57 탈지분유의 구성 중 약 50%를 차지하는 성분은?

① 회분

② 유당

③ 지방

④ 수분

> **해설** 탈지분유에는 유당이 50% 정도 들어있다. 지방은 탈지(脫脂)니까 대부분 제거되고 미량인 0.6~1.25%가 들어있으며 회분이 8%, 수분이 4%정도 들어있다.

58 푸딩에 대한 설명으로 옳은 것은?

① 우유와 설탕은 120℃로 데운 후 달걀과 소금을 넣어 혼합한다.

② 우유와 소금의 혼합비율은 100:10이다.

③ 달걀의 열변성에 의한 농후화 작업을 이용한 제품이다.

④ 육류, 과일, 야채, 빵을 섞어 만들지는 않는다.

> **해설** 푸딩은 달걀과 우유, 설탕을 80~90℃ 정도로 데우면서 달걀의 열에 의한 농후화로 질감이 형성되는 제품이다. 우유 100에 소금 1정도 넣는다. [우유 : 소금 = 100 : 1], 푸딩에는 육류나 과일, 야채, 빵 등을 섞어 맛과 향을 더할 수 한다.

59 가수분해나 산화에 의한 튀김기름의 품질을 나쁘게 하는 요인이 아닌 것은?

① 온도

② 물

③ 산소

④ 비타민 E

> **해설** 비타민E는 토코페롤로 산화반응을 억제하는 항산화 물질이다.

60 일반적인 과자반죽의 결과온도는?

① 22~24℃

② 32~34℃

③ 26~28℃

④ 15~18℃

> **해설** 반죽 시 넣은 물의 온도에 따라 반죽을 끝냈을 때의 온도인 결과온도가 크게 변하는데 일반적인 과자반죽의 결과온도는 22~24℃이다. 반죽 시 물의 온도가 낮으면 지방이 굳어 반죽 내 공기를 포함하기 어려워 비중이 높아지므로 적절한 반죽온도를 맞추는 것이 중요하다.

정답 57. ② 58. ③ 59. ④ 60. ①

01 지방의 산패를 촉진하는 인자와 거리가 먼 것은?

① 질소
② 동
③ 산소
④ 자외선

해설 지방의 산패 촉진 인자 : 동(금속), 산소, 자외선, 수분, 그 밖에 불포화도가 높을수록 온도가 높을수록 산패되기 쉽다.

02 비타민 B1의 특징으로 옳은 것은?

① 단백질의 연소에 필요하다.
② 탄수화물 대사에서 조효소로 작용한다.
③ 결핍증은 펠라그라이다.
④ 인체의 성장인자이며 항빈혈작용을 한다.

해설 비타민 R1(티아민)은 수용성 비타민으로 탄수화물 대사에서 조효소로 작용한다. 펠라그라는 비타민 B3(나이아신) 만성결핍 시 나타나는 결핍증이며, 인체의 성장인자로 항빈혈작용을 하는 것은 비타민 B12이다.

03 난백의 교반에 의해 머랭으로 변하는 현상을 무엇이라고 부르는가?

① 단백질의 변성
② 단백질의 변패
③ 단백질의 강화
④ 단백질의 팽윤

해설 난백(계란 흰자)의 교반에 의해 머랭으로 변하는 현상은 단백질의 구조가 3차원의 망상구조로 바뀌면서 성질이 변하는 것으로 단백질의 변성이라 할 수 있다.

04 냉동반죽법에서 동결방식으로 적합한 것은?

① 완만동결법
② 자연동결법
③ 오버나이트법
④ 급속동결법

해설 급속동결은 반죽 내의 수분을 빠르게 얼림으로써 미세한 얼음결정을 형성하여 품질을 유지시키며, 미생물 성장 억제와 식감 보존, 식품 내 공기 포집을 최소화할 수 있다.

05 버터 크림 당액 제조 시 설탕에 대한 물의 사용량으로 적당한 것은?

① 25%
② 80%
③ 100%
④ 125%

해설 버터크림 당액 즉, 시럽은 설탕과 물의 비율을 100 : 25 정도로 해서 114℃로 끓여서 제조한다.

06 일반적으로 100g 당 열량을 가장 많이 내는 유제품은?

① 요구르트
② 가공치즈
③ 시유
④ 탈지분유

해설 자연치즈는 원유를 발효, 응고시킨 후 수분을 제거해 만든 순수 100% 치즈를 말하며, 반면에 가공치즈는 자연치즈 60~80%에 다른 식품이나 식품첨가물을 더한 다음 유화시켜 재가공한 치즈로, 수분이 많은 요구르트나 시유, 탈지분유보다 열량이 높다.

정답 1.① 2.② 3.① 4.④ 5.① 6.②

07 지방은 무엇이 축합되어 만들어지는가?

① 지방산과 올레산

② 지방산과 팔미트산

③ 지방산과 글리세린

④ 지방산과 포르말린

해설 [암기 Tip!] 중성지방 찌글~찌글~
지방은 지방산과 글리세린으로 이루어져 있다.

08 산화제와 환원제를 함께 사용하여 믹싱시간과 발효시간을 단축시킬 수 있는 제빵방법은?

① 스트레이트법

② 비상 스펀지법

③ 노타임법

④ 비상스트레이트법

해설 노타임법(No-time method)은 직접법의 일종으로 1차 발효를 생략하고 숙성이 덜된 반죽을 바로 분할 및 성형하는 방법이다. 무발효 반죽법이라고도 하며 산화제와 환원제를 함께 사용하여 믹싱시간과 발효시간을 단축시킬 수 있는 방법이다.

09 채소를 통해 감염되는 기생충은?

① 광절열두조충

② 선모충

③ 폐흡충

④ 회충

해설 회충은 주로 채소, 김치, 물, 토양 등에 묻어 있는 자충포장란(감염형 충란)을 입으로 섭취하여 감염된다.
① 광절열두조충 : 물벼룩을 먹은 어폐류
② 선모충 : 돼지고기
③ 폐흡충 : 다슬기를 먹은 민물가재, 게로부터 감염된다.

10 이스트에 질소 등의 영양을 공급하는 제빵용 이스트 푸드의 성분은?

① 칼슘염

② 암모늄염

③ 브롬염

④ 요오드염

해설 이스트푸드의 역할은 이스트에 영양을 공급하고, 발효와 팽창 촉진시킨다. 이 중 이스트의 영양분인 질소를 제공하는 것으로는 염화암모늄, 황산암모늄, 인산암모늄 등이 있고 칼슘의 양조절을 통해 물의 경도를 조절하고 반죽 탄력성을 향상시키는 것으로는 황산칼슘, 인산칼슘, 과산화칼슘 등이 있다.

11 간이시험법으로 밀가루의 색상을 알아보는 시험법은?

① 킬달법

② 페카시험

③ 침강시험

④ 압력계시험

해설 유리판 위에다가 밀가루를 얹어 물에 적셨다가 건조시켜서 색상을 비교해보는 방법, 밀가루의 표백정도를 판별하는 방법이다.

12 언더베이킹이란?

① 낮은 온도에서 장시간 굽는 방법

② 높은 온도에서 단시간 굽는 방법

③ 윗불을 낮게, 밑불을 높게 굽는 방법

④ 윗불을 낮게, 밑불을 낮게 굽는 방법

해설 언더베이킹은 높은 온도에서 단시간 굽는 것, 오버베이킹은 낮은 온도에서 장시간 굽는 것 [Tip!시간개념으로 판단한다]

정답 7.③ 8.③ 9.④ 10.② 11.② 12.②

13 빵제품의 제조공정에 대한 설명으로 옳지 않은 것은?

① 반죽은 무게 또는 부피에 의해 분할한다.

② 둥글리기에서 과다한 덧가루를 사용하면 제품에 줄무늬가 생긴다.

③ 중간 발효시간은 대체로 10~20분이며, 27~29℃에서 실시한다.

④ 성형은 반죽을 일정한 형태로 만드는 1단계 공정으로 이루어져 있다.

> **해설** 성형은 밀어펴기→말기→봉합의 3단계로 구성된다.
> [Tip! 성형은 밀말봉!]

14 성인의 에너지 적정비율이 옳은 것은?

① 탄수화물 : 30~55%

② 지질 : 5~10%

③ 비타민 : 1~2%

④ 단백질 : 7~20%

> **해설** 성인의 에너지 적정비율
> ① 탄수화물 : 60~70%
> ② 지질 : 15~20%
> ③ 비타민 : 4~5%
> ④ 단백질 : 7~20%

15 제과에 있어서 모노글리세리드와 디글리세리드의 역할은?

① 항산화제

② 감미제

③ 유화제

④ 영양공급

> **해설** 유화제란 물과 기름을 섞었을 때 안정적인 혼합물이 되도록 하는 물질로 모노글리세리드와 디글리세리드는 제과제빵에서 주로 유화 및 안정화를 위해 사용된다.

16 유당에 대한 설명으로 틀린 것은?

① 포유동물의 젖에 많이 들어있다.

② 사람에 따라 유당 분해효소가 부족하여 잘 소화시키지 못하는 경우가 있다.

③ 유산균에 의한 유산을 생성한다.

④ 비환원당이다.

> **해설** 유당은 환원당이다. 유당은 유당 분해효소인 락타아제에 의해 포도당과 갈락토오스로 분해되고 다시 유당으로 환원된다.

17 제빵 제조 공정의 4대 관리항목 중 틀린 것은?

① 시간관리

② 온도관리

③ 공정관리

④ 영양관리

> **해설** 제빵 제조 공정의 4대 관리항목 [Tip! 온습시공] 온도관리, 습도관리, 시간관리, 공정관리

18 먼저 유지와 설탕을 섞는 방법으로 부피를 우선으로 할 때 사용하는 믹싱법은?

① 크림법

② 1단계법

③ 블렌딩법

④ 설탕물법

> **해설** 크림법은 먼저 유지와 설탕, 소금을 넣고 혼합하여 크림상태로 만든 다음 달걀을 나누어 서서히 투입하며 크림을 부드럽게 한 후, 체 친 밀가루와 베이킹파우더 및 건조 재료를 넣고 균일하게 혼합하는 방법으로 부피가 큰 제품 제조에 적합하다.

19 파이반죽을 냉장고에서 휴지시키는 이유가 아닌 것은?

① 밀가루의 수분 흡수(수화)를 위해

② 유지를 적당하게 굳게한다.

③ 끈적거림을 방지할 수 있다.

④ 퍼짐을 좋게 한다.

해설 파이반죽을 냉장고에서 4~24시간 휴지시키는 목적
- 반죽을 연화 및 이완시켜 밀어펴기를 용이하게 하기 위해
- 유지와 반죽의 굳은 정도를 같게 하기 위해
- 전체 재료를 수화시키기 위해
- 끈적거림을 방지하여 작업성을 좋게 하기 위해

20 팬기름에 대한 설명으로 거리가 먼 것은?

① 산패에 강해야 한다.

② 반죽무게의 3~4%가 적당하다.

③ 기름이 과다할 경우 바닥 껍질이 두꺼워지고 색이 어둡다.

④ 발연점이 높은 기름을 사용한다.

해설 일반적으로 팬오일의 사용량은 반죽무게의 0.1~0.2% 정도가 적당하다.

21 슈를 굽고난 후 밑면이 좁고 공과 같은 형태가 되었다면 그 원인으로 적절한 것은?

① 밑불이 윗불보다 강하고 팬에 기름칠이 적었다.

② 반죽이 질었고 글루텐이 형성된 반죽이었다.

③ 온도가 낮고 팬에 기름칠이 적었다.

④ 반죽이 된반죽으로 윗불이 강했다.

해설 슈는 굽는 온도가 낮고 기름칠이 적을 경우 팽창이 제대로 되지 않으면서 밑면이 퍼지지 못하고 좁은 상태로 구워진다.

22 밀가루가 75%의 탄수화물, 10%의 단백질, 1%의 지방을 함유하고 있다면, 100g을 섭취하였을 때 얻을 수 있는 열량은?

① 386kcal

② 349kcal

③ 317kcal

④ 307kcal

해설 전체가 100g 이므로 밀가루는 탄수화물 75g, 단백질 10g, 지방 1g으로 구성된다. [Tip! 탄탄지는 449 떠올려서 푼다.] 75g X 4 kcal + 10g X 4 kcal + 1 X 9 kcal = 300 + 40 + 9 = 349 kcal

23 거품형 쿠기로 전란을 사용하는 것은?

① 스펀지쿠키

② 머랭쿠키

③ 스냅쿠키

④ 드롭쿠키

해설 거품형 쿠키인 스펀지쿠키와 머랭쿠키 중에 스펀지쿠키는 흰자와 노른자를 합친 전란이 들어가고 머랭쿠키는 흰자만 사용한다. 드롭쿠키, 스냅쿠키, 숏브레드 쿠키는 반죽형 쿠키이다.

24 HACCP적용 7가지 원칙에 해당하지 않는 것은?

① 위해요소분석

② 제품설명서 작성

③ 한계 기준 설정

④ 기록 유지 및 문서관리

해설 해썹 7가지 원칙[Tip! 위중한 모개검문]

25 세균이 분비한 독소에 의해 감염을 일으키는 것은?

① 감염형 세균성 식중독

② 화학성 식중독

③ 독소형 세균성 식중독

④ 진균독 식중독

> **해설** 독소형 세균성 식중독의 대표 균 : 포도상구균 (엔테로톡신-장독소)과 보툴리누스균(보툴리누스-신경독)

26 빵이나 케이크에 허용되어 있는 보존료는?

① 소르비톨

② 안식향산

③ 데히드로초산

④ 프로비온산 나트륨

> **해설** 프로피온산 나트륨, 프로피온산 칼슘

27 제빵에서 감미제의 기능이 아닌 것은?

① 이스트의 먹이

② 갈변반응으로 껍질색 형성

③ 수분 보유로 노화지연

④ 퍼짐성 조절

> **해설** 쿠키등 제과에서는 감미제가 퍼짐성과 연관이 있으나, 제빵에 대해 물었으므로 퍼짐성과 관련이 적다.

28 노화를 지연시키는 방법으로 적절하지 않은 것은?

① 냉장 보관

② 방습포장재 사용

③ 다량의 설탕 사용

④ 유화제 사용

> **해설** 냉장보관(0~5℃)은 노화를 촉진시킨다.

29 유지의 경화공정과 관계가 없는 물질은?

① 불포화 지방산

② 수소

③ 콜레스테롤

④ 촉매제

> **해설** 유지의 경화는 불포화 지방인 유지에 니켈을 촉매로 수소를 첨가하여 굳히는 것을 말한다. 따라서 불포화 지방산, 수소, 촉매제(니켈)는 유지의 경화공정과 관계가 깊지만 콜레스테롤은 관련이 없다.

30 단과자빵에 사용하는 일반적인 이스트양은?

① 0.1~2%

② 3~7%

③ 8~10%

④ 12~14%

> **해설** 단과자빵 이스트 사용량 : 3~7%

31 과자, 비스킷, 카스텔라 등을 부풀게 하기 위한 팽창제로 사용되는 식품첨가물이 아닌 것은?

① 탄산수소나트륨

② 탄산암모늄

③ 중조

④ 안식향산 나트륨

> **해설** 제과류 팽창제로는 탄산수소나트륨, 탄산암모늄, 중조, 베이킹파우더, 이스파타 등이 있다.
> 안식향산 나트륨은 합성보존료이다. [Tip! 식품을 안심~하고 먹을 수 있도록 해주는 안식향산 나트륨]

정답 25. ③　26. ④　27. ④　28. ①　29. ③　30. ②　31. ④

32 좋은 제품을 위해서 반죽의 저장 pH가 가장 낮아야 좋은 것은?

① 화이트 레이어 케이크
② 스펀지 케이크
③ 엔젤푸드케이크
④ 파운드케이크

해설 과일케이크나 엔젤푸드케이크(쉬폰케이크)는 반죽의 저장 pH가 낮은 것이 좋은 제품이 나오는데 중요하다.

제품 종류	pH
과일케이크	4.4~5.0
엔젤푸드케이크	5.2~6.0
옐로우레이어케이크	7.2~7.6
화이트레이어케이크	7.3~7.6
스펀지케이크	7.4~7.8
쵸콜릿케이크	7.8~8.8
데블스푸드케이크	8.5~9.2

33 최종제품의 부피가 정상과 비교했을 때 더 크다면 그 원인이 아닌 것은?

① 2차발효 과다
② 소금 사용량 과다
③ 분할량 과다
④ 낮은 오븐온도

해설 소금 사용이 표준보다 많아지면 효소작용을 억제해서 가스발생력이 떨어진다. 즉 부피팽창이 덜 된다.

34 유지에 알칼리를 가할 때 일어나는 반응은?

① 가수분해
② 비누화
③ 에스테르화
④ 산화

해설 유지에 알칼리성질을 띠는 수산화칼륨이나 수산화나트륨 등을 첨가하면 글리세린과 지방산으로 비누화된다.

35 밀가루를 채로쳐서 사용하는 이유와 거리가 먼것은?

① 불순물제거
② 공기혼입
③ 표피색 개선
④ 재료분산

해설 밀가루를 채로쳐서 사용하는 이유는 불순물제거, 공기혼입, 재료를 골고루 분산시키기 위해서이다.

36 식품의 부패방지와 관련이 있는 처리법으로 짝지어진 것은?

① 방사선 조사, 조미료 첨가, 농축
② 실온 보관, 설탕첨가, 훈연
③ 수분첨가, 식염첨가, 외관검사
④ 냉동법, 보존료 첨가, 자외선 살균

해설 ④번 보기의 냉동법, 보존료 첨가, 자외선 살균은 직접적인 식품 부패방지 방법이지만 실온보관, 수분첨가, 조미료 첨가, 농축 등은 관련성이 이에 비해 적다.

37 과산화수소의 사용목적으로 알맞은 것은?

① 보존료
② 발색제
③ 살균제
④ 산화방지제

해설 과산화수소는 살균제로 사용된다.

38 푸딩을 제조할 때 경도는 어떤 재료에 의해 결정되는가?

① 우유
② 소금
③ 설탕
④ 달걀

해설 푸딩 경도조절은 달걀로 한다.

정답 32. ③   33. ②   34. ②   35. ③   36. ④   37. ③   38. ④

39 D-glucose와 D-mannose의 관계는?

① Anomer

② Epimer

③ 동소체

④ 라세믹체

해설 당은 여러개의 중심 탄소를 가지기 때문에 다양한 이성질체들이 만들어진다.
[Tip! 디글디만-에피머!]

40 다음 중 아미노산이 분해되어 암모니아가 생성되는 반응은?

① 탈아미노 반응

② 탈탄산 반응

③ 혐기성 반응

④ 아민형성 반응

해설 아미노산이 유기산이 되면서 암모니아가 발생하는 반응 - [탈아미노 반응]

41 다음 중 세균과 관계없는 식중독은?

① 장염비브리오(vibrio)식중독

② 웰치(welchii)식중독

③ 진균독(mycotoxin)식중독

④ 살모넬라(salmonella)식중독

해설 세균(bacteria, 단수bacterium)은 원핵세포이고, 진균(fungi, ,단수fungus)은 진핵세포이다. 진균하면 효모, 곰팡이을 떠올리면 된다. 효모(yeast)는 단세포 진균이며, 곰팡이(mold)는 실모양 사상균이다. 따라서 세균과 관련이 없는 식중독은 진균독 식중독이다. ① ②④는 각각 비브리오균, 웰치균, 살모넬라균 즉 세균이 일으키는 식중독이다.

42 반죽 분할 시 반죽의 손상을 줄일 수 있는 방법이 아닌 것은?

① 스트레이트법보다는 스펀지법으로 반죽한다.

② 단백질 양이 많은 질 좋은 밀가루로 만든다.

③ 가수량이 최적인 상태의 반죽을 만든다.

④ 반죽온도를 높인다.

해설 반죽온도를 높이는 것보다 낮추는 것이 반죽손상을 줄일 수 있다. 직접반죽법보다 중종 반죽법이 반죽 손상에 강하다. 가수량은 수분흡수율과 연결시켜 흡수율 최적상태, 약간 된 반죽 상태가 좋다.

43 식품첨가물 공전상 표준온도는?

① 20℃

② 25℃

③ 30℃

④ 35℃

해설 식품첨가물의 식품 공전상 표준온도는 20℃이다. 식품공전은 「식품위생법」제7조의 규정에 의거하여 판매를 목적으로 하거나 영업상 사용하는 식품, 식품첨가물, 기구 및 용기·포장의 제조·가공·사용·조리 및 보존 방법에 관한 기준, 성분에 관한 규격 등을 수록하고 있다.

44 유지산패도를 측정하는 방법이 아닌 것은?

① 과산화물가(peroxide value, POV)

② 휘발성염기질소(volatile basic nitrogen value, VBN)

③ 카르보닐가(carbonyl value, CV)

④ 관능검사

해설 휘발성염기 질소는 암모니아질소와 트리메틸아민의 총칭으로 동물성 식품이 미생물에 의해서 단백질이 분해되는 과정에서 발생, 즉 부패과정에서 산물로 유지산패도 측정방법이 아니다.

정답 39. ② 40. ① 41. ③ 42. ④ 43. ① 44. ②

45 글리세롤 1분자와 지방산 1분자가 결합한 것은?

① 트리글리세리드

② 디글리세리드

③ 모노글리세리드

④ 펜토스

해설 모노글리세리드 (글리세롤 1, 지방산 1) [Tip! 모노-하나씩이니까 시시해!]
디글리세리드 [글리세롤 1, 지방산 2], 트리글리세리드 (글리세롤 1, 지방산 3),
펜토스는 5탄당을 뜻한다.

46 일반적인 빵반죽의 최적 단계는?

① 픽업 단계

② 클린업 단계

③ 발전단계

④ 최종단계

해설 최종단계에서 최대의 탄성력과 최대의 신장성을 발휘한다. [Tip! 픽-클-발전-최종-렛다운파]

47 부패에 영향을 미치는 요인에 대한 설명으로 맞는 것은?

① 중온균의 발육적온은 46 ~ 60℃

② 효모의 생육최적 pH는 10 이상

③ 결합수의 함량이 많을수록 부패가 촉진

④ 식품성분의 조직상태 및 식품의 저장환경

해설 ④ 식품의 부패는 식품자체 또는 식품의 외부환경에 의하여 일어난다. 대부분의 식품부패는 식품자체의 미생물에 의해 발생하고, 외부환경이 주로 습하고, 통풍이 잘 되지 않으며, 온도가 따뜻할 경우 잘 일어나게 된다. ① 중온균의 발육적온은 20~40℃이며, ② 효모의 생육최적 pH는 6.5~7.5, ③은 유리수의 함량이 많을수록 부패가 촉진된다.

48 음식물을 섭취하고 약 2시간 후에 심한 설사 및 구토를 하게 되었다. 다음 중 그 원인으로 가장 유력한 독소는?

① 테트로도톡신

② 엔테로톡신

③ 아플라톡신

④ 에르고톡신

해설 황색포도상구균의 장독소인 엔테로톡신(Enteroxyn)은 내열성이 큰 단백질 독소로 210℃에서 30분간 가열하여야 파괴되며 음식물을 섭취하고 약 2시간 후에 심한 설사 및 구토를 일으키는 특징이 있다.

49 빵의 제조과정에서 빵 반죽을 분할기에서 분할할 때나 구울 때 달라붙지 않게 하고, 모양을 그대로 유지하기 위하여 사용되는 첨가물을 이형제라고 한다 다음 중 이형제는?

① 유동파라핀

② 명반

③ 탄산수소나트륨

④ 염화암모늄

해설 유동파라핀은 이형제로 쓰인다. 제과제빵에서 명반, 탄산수소나트륨(중조), 염화암모늄은 팽창제로 쓰인다.

50 빵 발효에서 다른 조건이 같을 때 발효손실에 대한 설명으로 틀린 것은?

① 반죽 온도가 낮을수록 발효손실이 크다.

② 발효시간이 길수록 발효손실이 크다.

③ 소금, 설탕 사용량이 많을수록 발효손실이 적다.

④ 발효실 온도가 높을수록 발효손실이 크다.

해설 반죽 온도가 높을수록 발효손실이 크다.

✓ 소금과 설탕 사용량이 많고 ✓ 발효시간이 짧은 경우 ✓ 반죽온도와 발효실 온도가 낮은 경우 ✓ 발효실 습도가 높은 경우 → 발효 손실이 적다.	✓ 소금과 설탕 사용량이 적고 ✓ 발효시간이 긴 경우 ✓ 반죽온도와 발효실 온도가 높은 경우 ✓ 발효실 습도가 낮은 경우 → 발효 손실이 크다.

정답 45. ③ 46. ④ 47. ④ 48. ② 49. ① 50. ①

51 굽기과정 중 일어나는 현상에 대한 설명 중 틀린 것은?

① 오븐 팽창과 전분호화 발생

② 단백질 변성과 효소의 불활성화

③ 빵 세포 구조 형성과 향의 발달

④ 캐러멜화 갈변 반응의 억제

해설 굽기과정에서는 오븐 팽창과 전분호화 발생, 단백질 변성과 효소의 불활성화, 빵 세포 구조 형성과 향의 발달, 마이야르 반응과 캐러멜화 반응 등이 일어나 제품의 맛과 풍미를 형성하고 껍질색을 진하게 한다.

52 어린반죽에 대한 설명으로 옳지 않은 것은?

① 속색이 무겁고 어둡다.

② 향이 강하다.

③ 부피가 작다.

④ 모서리가 예리하다.

해설 어린반죽은 향이 강하지는 않고 생밀가루 냄새가 난다. 지친반죽은 쉰내 등 향이 강하다.

53 인체 유래 병원체에 의한 전염병의 발생과 전파를 예방하기 위한 올바른 개인위생관리로 가장 적합한 것은?

① 식품 작업 중 화장실 사용 시 위생복을 착용한다.

② 설사증이 있을 때에는 약을 복용한 후 식품을 취급한다.

③ 식품 취급 시 장신구는 순금제품을 착용한다.

④ 정기적으로 건강검진을 받는다.

54 케이크의 데코레이션 (장식)에 쓰이는 분당의 성분은?

① 포도당

② 설탕

③ 과당

④ 전화당

해설 분당은 슈가파우더, 설탕을 곱게 빻아 밀가루처럼 작은 입자로 만들어 놓은 것이다.

55 식빵 제조 시 부피를 가장 크게하는 쇼트닝의 적정 사용 비율은?

① 1~2%

② 4~6%

③ 8~11%

④ 18~20%

해설 식빵제조 시 쇼트닝 사용비율 4~6% [Tip! **사륙쇼트닝!**]

56 조리빵류의 부재료로 활용되는 육가공품의 부패로 인해 암모니아와 염기성 물질이 형성될 때 pH변화는?

① 변화가 없다.

② 산성이 된다.

③ 중성이 된다.

④ 알칼리성이 된다.

해설 염기성 물질 형성 → 알칼리성 [Tip! **육가공품 부패는 알칼리!**]

57 경구전염병의 예방대책 중 전염경로에 대한 대책으로 올바르지 않은 것은?

① 우물이나 상수도의 관리에 주의한다.

② 하수도 시설을 완비하고, 수세식 화장실을 설치한다.

③ 식기, 용기, 행주 등은 철저히 소독한다.

④ 환기를 자주 시켜 실내공기의 청결을 유지한다.

> **해설** 경구전염병(經口傳染病)이란 "경구"가 뜻하듯 병원체가 음식물 따위를 통하여 입으로부터 체내에 들어가 발생하는 질병을 말한다. 대표적으로 세균성 대장균, 이질, 장티푸스, 콜레라 등의 소화기 전염병처럼 배설물로부터 보균자의 손이나 물건을 통해 감염되거나 물을 통한 수인(水因) 감염되므로 ④번의 환기와는 관련이 적다.

58 정형기의 작동공정이 아닌 것은?

① 둥글리기

② 밀기

③ 말기

④ 봉합

> **해설** 정형기의 작동공정 : 밀기 → 말기 → 봉합 [Tip! 정형기는 밀말봉~ 정형돈말고 정형기는 밀말봉~]

59 스트레이트법에 의한 제빵 반죽 시 유지의 일반적인 투입시기는?

① 픽업단계

② 클린업단계

③ 발전단계

④ 렛 다운 단계

> **해설** 클린업단계에서는 글루텐이 조금씩 형성되는 단계로 믹싱볼에서 반죽의 물기가 좀 적어지면서 깨끗하게 떨어지는데 보통 이 때 유지를 투입한다.

60 과일케이크를 만들 때 과일이 푹 가라앉는 원인으로 부적당한 것은?

① 강도가 약한 밀가루 사용

② 진한 속색을 위해 탄산수소나트륨을 과다하게 사용

③ 시럽에 담근 과일 시럽을 배수하여 사용한 경우

④ 믹싱이 지나쳐 큰 공기방울이 반죽에 남은 경우

> **해설** 과일케이크 제조 시 수분이 많은 과일을 사용할 경우 주의해야 할 사항으로 단백질 함량이 낮은 강도가 약한 밀가루를 사용하거나 팽창제(탄산수소나트륨)를 과다 사용했을 경우 또는 믹싱이 지나쳐 큰 공기방울이 반죽에 남아있는 경우 과일이 가라앉게 된다. 따라서 이를 방지하기 위해 단백질 함량이 높은 밀가루를 사용하고 과일을 시럽에 충분히 담갔다가 빼거나 과일에 일부 밀가루를 버무려 사용한다.

01 이스트푸드 성분 중 물 조절제로 사용되는 것은?

① 황산암모늄
② 전분
③ 이스트
④ 칼슘염

해설 이스트푸드는 이스트의 발효를 촉진하고 안정된 품질의 제품을 생산하기 위해 반죽 밀가루 중량의 0.1~0.2% 사용한다. 칼슘의 양조절을 통해 물의 경도를 조절하고 반죽 탄력성을 향상시키는 물조절제로는 황산칼슘, 인산칼슘, 과산화칼슘 등이 사용된다. (비교) 질소 공급 : 염화암모늄, 황산암모늄, 인산암모늄]

02 단위당 판매가격이 70원, 단위당 변동비가 50원, 고정비가 5000원이라고 하면 손익분기점은 얼마인가?

① 150개
② 200개
③ 250개
④ 300개

해설 손익분기점이란 고정비와 변동비를 고려해 이윤을 남길 수 있는지 알아보는 것으로 매출액 또는 손익분기점 판매량을 구할 수 있다. '손익분기점(Break-even point)' 판매량은 수익(매출액)과 비용이 동일해 이익도 손실도 나지 않는 지점의 판매량을 말한다.
공식 : 손익분기점 판매량 =

$\dfrac{\text{고정비}}{\text{단위당 판매가격-단위당 변동비}} = \dfrac{5000}{70-50} = \dfrac{5000}{20}$

= 250 개
(비교) 손익분기점 매출액 = $\dfrac{\text{고정비}}{1-\text{변동율}}$

03 밀가루 50g에서 젖은 글루텐을 18g 얻었다. 이 밀가루의 건조 글루텐 함량은?

① 6%
② 12%
③ 18%
④ 24%

해설 건조글루텐의 함량은 젖은 글루텐의 1/3이다. 젖은 글루텐의 함량 = 18/50 X 100 = 36%
건조글루텐의 함량 = 36% / 3 = 12%

04 아이스크림 제조에서 오버런(Overrun)의 의미는?

① 생크림안에 들어있는 유지방이 응집해서 완전히 액체로부터 분리된 것
② 교반에 의해 크림의 부피가 몇 % 증가하는지를 나타내는 지표
③ 살균 등의 가열에 의해 불안정해진 유지 결정체를 안정화시키는 숙성 조작
④ 생유안에 들어있는 큰 지방구를 미세하게 쪼개어 안정화하는 공정

해설 오버런은 아이스크림 혼합물이 공기와 섞여서 부피가 증가되는 현상을 말하는 것으로 아이스크림의 종류를 결정짓는 요소 중 하나이다. 오버런이 높을수록 아이스크림의 재료 간에 공기가 많다는 뜻으로 그렇게 되면 상대적으로 밀도가 낮아져 아이스크림이 더욱 부드러워진다.

정답 1. ④ 2. ③ 3. ② 4. ②

05 도넛에 설탕 아이싱을 사용할 시 적정온도는?

① 20℃ 전후

② 25℃ 전후

③ 30℃ 전후

④ 40℃ 전후

> **해설** 도넛에 설탕으로 아이싱 시 적정 온도는 40℃ 전후이며, 퐁당으로 아이싱 시에는 38~44℃로 한다.

06 자당 10%를 이성화해서 10.52%의 전화당을 얻었다면, 이때 포도당과 과당의 비율은?

① 포도당 7.0%, 과당 3.52%

② 포도당 3.52%, 과당 7.0%

③ 포도당 3.52%, 과당 7.89%

④ 포도당 5.26%, 과당 5.26%

> **해설** 전화당의 구성비율은 포도당과 과당이 1:1로 반반씩 구성되어 있으므로 둘 다 10.52%의 반인 5.26%가 정답이다.

07 우리나라 식품첨가물 중 버터류에 사용할 수 없는 첨가물은?

① TBHQ (터셔리부틸히드로퀴논)

② BHA (부틸히드록시아니솔)

③ BHT (디부틸히드록시톨루엔)

④ 식용색소 황색4호

> **해설** 식용색소 황색4호는 버터류 등 유제품과 아이스크림, 식빵, 두부 등에 사용이 금지되어있다. 천식을 유발하는 것으로 알려져 있다.

08 반죽형 케이크를 구웠더니 너무 가볍고 부서지는 현상이 나타났을 때 그 원인이 아닌 것은?

① 반죽에 밀가루 양이 많았다.

② 반죽의 크림화가 지나쳤다.

③ 팽창제 사용량이 많았다.

④ 쇼트닝 사용량이 많았다.

> **해설** 밀가루 사용량을 과다하게 했을 경우에는 반죽의 무게가 무거워지고 딱딱한 제품이 만들어진다. 따라서 정답은 ①번이다. 반면에 밀가루 사용량이 적거나, 크림화가 지나치다. 또는 팽창제와 쇼트닝을 많이 사용하게 되면 굽고나서 완성품의 무게가 너무 가볍고 부서지는 현상이 나타난다.

09 유지의 크림성이 가장 중요한 제품은?

① 쿠키

② 단과자빵

③ 식빵

④ 케이크

> **해설** 반죽의 믹싱을 할 때 유지류가 기포를 포집하여 크림화가 얼마나 잘 되느냐하는 것이 크림성이며 케이크 제조 시 중요한 요소가 된다.

10 푸딩표면에 기포자국이 많이 생기는 이유는?

① 오븐 온도가 낮은 경우

② 계란의 양이 많은 경우

③ 계란이 오래된 경우

④ 가열이 지나친 경우

> **해설** 커스터드를 이용한 디저트인 푸딩은 높은 온도로 끓이면 기포가 생기고 계란 성분이 익게 되어 표면이 매끄럽게 되지 않는다. 우유, 설탕, 노른자, 생크림을 부드럽게 믹싱 후 약불로 저어주면서 가열하는데 지나치게 가열하여 기포가 생기도록 해서는 안된다.

11 옐로우 레이어 케이크에서 쇼트닝과 달걀의 사용량 관계를 바르게 나타낸 것은?

① 쇼트닝 × 0.6 = 달걀 사용량

② 쇼트닝 × 0.7 = 달걀 사용량

③ 쇼트닝 × 0.9 = 달걀 사용량

④ 쇼트닝 × 1.1 = 달걀 사용량

해설 레이어 케이크나 파운드 케이크같은 반죽형 케이크에서 달걀사용량은 쇼트닝보다 10% 많이 즉 쇼트닝 중량에다가 1.1를 곱해서 구해준다.

12 식품에 식염을 첨가함으로써 미생물 증식을 억제하는 효과와 관련이 가장 적은 것은?

① 삼투압 증가

② 펩티드 결합의 분해

③ 산소의 용해도 감소

④ 탈수 작용에 의한 식품 내 수분 감소

해설 펩티드 결합(Peptide bond)은 단백질(아미노산) 결합으로 펩티드 결합이 분해되는 것은 효소작용에 의한 것이며 식염과는 관련이 없다.

13 지방의 연소와 합성이 이루어지는 장기는?

① 췌장

② 간

③ 위장

④ 소장

해설 지방은 간에서 연소와 합성이 이루어진다. 지방분해 효소인 리파아제는 간에서 주로 분비되며 중성지방을 지방산과 글리세롤로 분해한다.

14 유지의 가소성은 그 구성성분 중 주로 어떤 물질의 종류와 양에 의해 결정되는가?

① 스테롤

② 트리글리세리드

③ 유리지방산

④ 토코페롤

해설 가소성은 글리세린 1분자에 지방산 3분자가 결합한 트리글리세리드(triglyceride) 양에 의해 결정된다.

15 발효가 부패와 다른 점은?

① 미생물이 작용한다.

② 생산물을 식용으로 한다.

③ 단백질의 변화반응이다.

④ 성분의 변화가 일어난다.

해설 발효와 부패는 미생물의 작용으로 인한 단백질 성분 변화 반응이라는 점에서 같지만 인간의 관점에서 이로운 작용은 발효로 분류된다. 발효된 생산물은 식용으로 쓰일 수 있으나 부패된 생산물은 식용으로 사용할 수 없다.

16 아이싱 크림에 많이 쓰는 퐁당을 만들 때 끓이는 온도는?

① 98~100℃

② 114~116℃

③ 120~130℃

④ 144~148℃

해설 퐁당(fondant)은 끓이는 동안 안정적으로 녹아야 하므로 온도 조절이 무엇보다 중요하다. 보통 끓이는 온도는 약 114~116℃사이가 적합하다. 온도를 정확하게 유지해야 설탕이 완전히 녹아 유연한 텍스처를 얻을 수 있으며 더 높은 온도에서는 설탕 응고가 불량해진다.

17 산 사전처리법에 의한 엔젤 푸드 케이크 제조 공정에 대한 설명으로 틀린 것은?

① 흰자에 산을 넣어 머랭을 만든다.
② 설탕의 일부를 머랭에 투입하여 튼튼한 머랭을 만든다.
③ 밀가루와 슈가파우더를 넣어 믹싱을 완료한다.
④ 기름칠이 균일하게 된 팬에 넣어 굽는다.

해설 엔젤 푸드케이크는 (쉬폰케이크로 알고 있는) 팬이나 틀을 일단 물에 담궜다가 빼거나 스프레이로 뿌려주는데 이는 물을 이형제로 활용하여 굽고나서 제품이 틀에서 잘 떨어지도록 하기 위함이다.

18 슈 제조 시 반죽 표면에 분무해주거나 침지를 시키는 이유로 적절하지 않은 것은?

① 껍질을 얇게 한다.
② 팽창을 크게 한다.
③ 기형을 방지한다.
④ 제품 구조를 강하게 한다.

해설 슈 제조 시 기형을 방지하고 적절하게 팽창할 수 있도록 반죽 표면에 물을 분무해주며, 굽기 중에도 껍질이 너무 빨리 두껍게 형성되는 것을 막기 위해 물을 뿌려준다. 하지만 제품 구조 강화와 관련 재료는 계란이나 밀가루이지 물 분무나 물에 넣어 적시는 침지를 시키는 이유로는 적절치 않다.

19 괴혈병 예방에는 어떤 비타민이 많은 음식을 섭취하는 것이 좋은가?

① 비타민 D
② 비타민 C
③ 비타민 A
④ 비타민 B1

해설 비타민C 결핍 시 나타나는 괴혈병의 증상은 비타민 C 결핍 후 3개월이 지나서부터 서서히 나타난다. 주된 증상 : 출혈이나 뼈의 변질이 일어난다.

■ 비타민 결핍증

비타민A : 야맹증	비타민D : 구루병
비타민B : 각기증, 피로	비타민E : 불임 유산
비타민C : 괴혈병	비타민K : 혈액응고장애

20 단순 단백질인 알부민에 대한 설명으로 옳은 것은?

① 물이나 묽은 염류 용액에 녹고 열에 의해 응고된다.
② 물에는 불용성이나 묽은 염류 용액에 가용성이고 열에 의해 응고된다.
③ 중성 용매에는 불용성이나 묽은 산, 염기에는 가용성이다.
④ 곡식의 낱알에는 존재하며 밀의 글루테닌이 대표적이다.

해설 달걀의 흰자, 우유에 함유되어 있는 단순단백질 알부민은 물이나 묽은 염류용액에 녹고(가용성이고), 열에 의해 응고된다.

21 단백질 식품을 섭취한 결과 음식물 중의 질소량이 13g이며 대변의 질소량이 0.7g, 소변중의 질소량이 4g일 때, 이 식품의 생물가 (B.V.)는 약 얼마인가?

① 25%
② 45%
③ 64%
④ 82%

해설 생물가란 음식물 섭취로 체내에 흡수된 질소량 중에 배출되고 남은 질소량의 비율로 구할 수 있다. 전체 섭취 음식 중의 질소량 : 13g 대변으로 배출된 질소량 : 0.7g 소변으로 배출된 질소량 : 4g
따라서 배출되고 체내에 남아있는 질소량은 3g-0.7g-4g = 8.3g이다.

$$생물가 = \frac{체내잔류질소량}{전체질소량} \times 100$$
$$= \frac{8.3}{13} \times 100 = 63.84 \quad 약 \ 64\%$$

정답 17. ④ 18. ④ 19. ② 20. ① 21. ③

22 인수공통 감염병 중 오염된 우유나 유제품을 통해 사람에게 감염될 수 있는 것은?

① 탄저병

② 야토병

③ 구제역

④ 결핵

해설 결핵에 걸린 소에서 짜낸 우유나 유제품의 경우 결핵균으로 오염되어 인체로 감염시킬 수 있다. 살균하지 않은 유제품을 섭취함으로써 걸리게 된다.

23 달걀에 대한 설명으로 옳은 것은?

① 노른자에 가장 많은 것은 단백질이다.

② 흰자보다 노른자의 중량이 더 크다.

③ 껍질은 대부분 탄산칼슘으로 되어 있다.

④ 흰자는 대부분 물이고 그 다음 많은 성분은 지방질이다.

해설 노른자에 가장 많은 것은 지방으로 70%이며 흰자에는 지방이 거의 없다.
껍질을 제외한 전란에서 흰자 비중은 60% 노른자가 40%, 껍질 대부분은 탄산칼슘이다.

24 반죽의 얼음 사용량을 계산하는 공식으로 옳은 것은?

① 얼음 = $\frac{\{물사용량 \times (수돗물온도 - 사용수온도)\}}{80 + 수돗물 온도}$

② 얼음 = $\frac{\{물사용량 \times (수돗물온도 + 사용수온도)\}}{80 + 수돗물 온도}$

③ 얼음 = $\frac{\{물사용량 \times (수돗물온도 \times 사용수온도)\}}{80 + 수돗물 온도}$

④ 얼음 = $\frac{\{물사용량 \times (계산된물온도 - 사용수온도)\}}{80 + 수돗물 온도}$

해설 반죽의 얼음사용량 = $\frac{\{물사용량 \times (수돗물온도 - 사용수온도)\}}{80 + 수돗물 온도}$

[암기Tip! 물곱 수마사(수돗물온도 마이너스 사용수온도) / 80 수]

25 데블스 푸드케이크에서 설탕 120%, 쇼트닝 54%, 천연 코코아 20%를 사용하였다면 물과 분유의 사용량은?

① 분유 12.06%, 물 113.4%

② 분유 12.06%, 물 12.6%

③ 분유 113.4%, 물 108.54%

④ 분유 12.06%, 물 108.54%

해설 쵸콜릿 케이크에서 우유사용량을 구하는 **공식은 설탕 + 30 + (코코아1.5배) - 달걀 사용량** 이므로 먼저 달걀 사용량을 구해야 한다. 달걀사용량 = 쇼트닝의 110% = 54 X 1.1 = 59.4%
우유사용량은 120 + 30 + 30 - 59.4 = 120.6 그런데 우유가 아니라 물과 분유로 되어 있으므로 우유에서 고형분이 약 10%이므로 12.06과 물 108.54로 나눠준다.

> **우유사용량 =**
> **설탕 + 30 + (코코아1.5배) - 달걀 사용량**

26 캐러멜화가 가장 높은 온도에서 일어나는 것은?

① 설탕

② 과당

③ 아카시아꿀

④ 전화당

해설 설탕은 180℃ 이상의 높은 온도에서 캐러멜화가 일어나는 고분자 화합물이다.

27 과당을 분해하여 CO_2 가스와 알코올을 만드는 효소는?

① 리파아제

② 프로테아제

③ 찌마아제

④ 말타아제

해설 ③ 찌마아제(zymase)는 이스트에 들어있는 탄수화물 분해효소로 과당을 분해하여 CO_2 가스와 알코올로 만든다. (리파아제 - 지방분해, 프로테아제 - 단백질 분해, 말타아제 - 맥아당분해)

28 효소와 활성 물질이 잘못 짝지어진 것은?

① 펩신 – 염산

② 트립신 – 트립신 활성 효소

③ 트립시노겐 – 지방산

④ 키모트립신 – 트립신

> **해설** 펩신과 트립신은 단백질 분해효소로 펩신은 염산, 트립신은 트립시노겐에 의해 활성화되고 **트립시노겐은 엔테로키나제에 의해 활성화 된다.** 키모트립신은 트립신에 의해 활성화 되는 것은 맞다.

29 보존료의 구비조건으로 옳지 않은 것은?

① 공기, 광선에 의해 잘 분해될 것

② 미량으로도 효과가 클 것

③ 독성이 없거나 극히 낮을 것

④ 무미, 무취할 것

> **해설** 공기나 광선에 의해 잘 분해되지 않고 안정성을 가지고 있어야 한다.

30 화학적 식중독을 유발하는 요인이 아닌 것은?

① 테트로도톡신

② 불량한 포장용기

③ 유해한 식품첨가물

④ 농약에 오염된 식품

> **해설** 테트로도톡신은 복어독으로 자연독이다.

31 강력분과 박력분의 성상에서 가장 중요한 차이점은?

① 단백질의 함량차이

② 비타민의 함량차이

③ 지방의 함량차이

④ 탄수화물의 함량차이

> **해설** 단백질의 함량, 즉 글루텐 함량이 강력분 중력분 박력분으로 나누는 기준이 된다.

32 다음 중 바이러스가 원인인 감염병은?

① 간염

② 장티푸스

③ 파라티푸스

④ 콜레라

> **해설** 간염은 간염바이러스에 의해 감염된다. 그 외에 폴리오, 인플루엔자, 일본뇌염 등도 바이러스에 의해 전파되는 감염병이다. 장티푸스, 파라티푸스, 콜레라는 모두 세균성 감염병이다.

33 인수공통감염병으로만 짝지어진 것은?

① 결핵, 유행성 간염

② 홍역, 브루셀라증

③ 탄저병, 리스테리아증

④ 폴리오, 장티푸스

> **해설** [암기Tip! 인수공통감염병→브탄결엔야리돈큐] 브루셀라증, 탄저병, 결핵, 인플루엔자, 야토병, 리스테리아증, 돈단독증, 큐열 등

34 압착효모(생이스트)의 일반적인 고형분 함량은?

① 10%

② 20%

③ 30%

④ 90%

> **해설** 압착효모(생이스트)의 일반적인 고형분 함량은 30%, 반면에 건조이스트는 고형분 함량이 90%

35 밀 쌀과 같은 곡류에서 특히 부족하기 쉬운 아미노산은?

① 페닐알라닌
② 트레오닌
③ 리신
④ 알기닌

해설 리신은 곡류에 부족한 아니노산이다. 트립토판 역시 부족하다.

36 제과에 쓰이는 럼주의 원료는?

① 옥수수전분
② 당밀
③ 포도당
④ 타피오카

해설 럼은 사탕수수를 착즙해서 설탕을 만들고 남은 찌꺼기인 당밀을 발효시켜서 증류한 술을 말한다.

37 지방의 주요 기능이 아닌 것은?

① 비타민 ADEK의 운반 및 흡수
② 체온 손실 방지
③ 정상적인 삼투압 조절에 관여
④ 티아민 절약

해설 ③ 정상적인 삼투압 조절에 관여하는 것은 단백질과 무기질의 기능이다. 우리몸에서 나트륨농도가 올라가면 갈증을 느끼게 해서 물을 흡수하고, 나트륨 농도가 떨어지면 소변이나 땀으로 나트륨을 몸 밖으로 배출하는 것 즉, 삼투압 조절 기능은 단백질과 무기질의 기능이다.

38 아래의 쌀과 콩에 대한 설명 중 ( )안에 들어갈 알맞은 말은?

쌀에는 라이신이 부족하고 콩에는 메티오닌이 부족하다.
이것을 쌀과 콩단백질의 ( )이라 한다.

① 제한 아미노산
② 필수 아미노산
③ 필요 아미노산
④ 아미노산 불균형

해설 만일 어떤 식품으로 단백질 만을 섭취한다고 가정할 때 8가지 필수 아미노산 중 특정 아미노산이 부족하거나 없다면 그것을 제한 아미노산이라 한다.

39 완전단백질이 아닌 것은?

① 카제인
② 헤모글로빈
③ 미오신
④ 오브알부민

해설 완전단백질이란 필수 아미노산을 모두 포함하는 단백질을 말한다. 혈액속 적혈구를 구성하는 헤모글로빈은 복합 단백질로 굳이 따지자면 불완전 단백질이다.

40 가압하지 않은 찜기의 내부온도로 가장 적합한 것은?

① 65도
② 99도
③ 150도
④ 200도

해설 증기로 익히는 찜기는 100도가 넘지 않는다.

41 고율배합 반죽의 특성을 잘못 설명한 것은?

① 화학적 팽창제의 사용은 적다.

② 구울 때 굽는 온도를 낮춘다.

③ 반죽하는 동안 공기와의 혼합은 양호하다.

④ 비중이 높다.

> **해설** 고율배합의 특징 밀가루보다 설탕의 사용량이 많다는 것, 그리고 이 설탕량보다 수분양이 더 많다는 것. 달걀과 우유를 합한 양이 바로 수분량으로 많은 설탕이 충분히 녹을 수 있는 많은 양의 물을 사용하기 때문에 제품을 만들었을때 신선도가 오래 유지가 되는 장점이 있다. 비중은 낮다.

구분	고율배합	저율배합
배합	설탕>밀가루	설탕<밀가루
믹싱 중 공기혼입 정도	많다	적다
반죽의 비중	낮다	높다
화학팽창제 사용량	줄인다	늘린다
굽기 온도	낮다(저온 장시간/오버베이킹)	높다(고온 단시간/언더베이킹)

42 공장 설비의 구성으로 적당하지 않은 것은?

① 공장설비는 인간을 대상으로 하는 공학이다.

② 공장시설은 식품조리과정의 다양한 작업을 여러 조건에서 합리적으로 수행하기 위한 시설이다.

③ 설계디자인은 공간의 할당, 물리적 시설, 구조, 설비가 갖춰진 작업장을 나타낸다.

④ 각 시설은 그 시설이 제공하는 서비스의 형태에 기본적인 어떤 기능을 지니고 있지 않다.

43 다음 제품 중 2차 발효실 습도를 가장 낮게 유지하는 것은?

① 빵도넛

② 햄버거빵

③ 풀먼식빵

④ 과자빵

> **해설** 빵도넛 2차발효 습도는 65%~70% 정도로 가장 낮다. 빵도넛은 기름에 넣어 튀겨야 하므로 반죽에 탄력성을 유지하면서 튀김시 반죽 표면에 수포가 생기지 않도록 2차 발효실의 습도가 낮게 설정되어야 한다. 2차 발효 (Final Proofing)는 굽기 전 마지막 공정으로 성형을 마친 반죽을 팬닝해서 일반적으로 온도 35~40℃, 습도 80~90%의 발효실에 넣는 과정이다.

44 장내에서 흡수속도가 가장 빠른 것은?

① 만노스

② 갈락토오스

③ 글루코스

④ 프락토오스

> **해설** 글루코스 (포도당)의 흡수 속도를 수치 상 100이라고 했을 때 유당인 갈락토오스는 110으로 만노스 19, 과당인 프락토오스 43 보다 흡수속도가 훨씬 빠르다.

45 일반적인 계란의 수분 함량은?

① 50%

② 75%

③ 80%

④ 95%

> **해설** 계란의 수분함량 75% 고형질함량 25%(전란기준)

46 무기질에 대한 설명으로 틀린 것은?

① 황은 당질 대사에 중요하며 혈액을 알칼리성으로 유지시킨다.

② 칼슘은 주로 골격과 치아를 구성하고 혈액응고작용을 돕는다.

③ 나트륨은 주로 세포 외액에 들어 있고, 삼투압 유지에 관여한다.

④ 요오드는 갑상선 호르몬의 주성분으로 결핍 시 갑상선종을 일으킨다.

> **해설** 1번은 마그네슘에 대한 설명, 황은 단백질 합성에 관여하고 해독작용과 산화 환원작용을 한다. 식품을 태운 재의 성분 중에서 황(S), 인(P)이 많은 식품이 산성 식품이고, 칼슘(Ca), 칼륨(K), 나트륨(Na), 마그네슘(Mg)이 많은 식품이 알칼리성 식품이라고 할 수 있다.

47 수용성 향료(에센스)의 특징으로 옳은 것은?

① 제조 시 계면활성제가 반드시 필요하다.

② 기름에 쉽게 용해된다.

③ 내열성이 강하다.

④ 고농도의 제품을 만들기 어렵다.

> **해설** 에센스에는 알코올을 사용한 수용성 향료와 비알콜성인 기름에 용해되는 지용성 향료가 있는데 1.2.3번 모두 지용성 향료의 특징이고 수용성향료는 고농도 제품을 만들기 어렵다.

48 다음 중 식품접객업에 해당되지 않는 것은?

① 위탁급식영업

② 유흥주점영업

③ 일반음식점영업

④ 식품 냉동냉장업

> **해설** 식품접객업에는 휴게음식점, 일반음식점, 단란주점, 유흥주점, 위탁급식, 제과점영업 등이 있다.

49 커스터드 푸딩은 틀에 몇 %정도 채우는가?

① 80%

② 75%

③ 95%

④ 100%

> **해설** 커스터드 푸딩은 굽기 시 거의 팽창하지 않기 때문에 틀에 95%를 채운다.

50 순수한 지방 20g이 내는 열량은?

① 80kcal

② 140kcal

③ 180kcal

④ 200kcal

> **해설** [Tip! 탄탄지는 449] 지방 1g은 9 kcal의 열량을 내므로 순수한 지방 20g은 20 x 9 = 180
> 180 kcal의 열량을 낸다.

51 거품형 제품 제조 시 가온법의 장점이 아닌 것은?

① 껍질색이 균일하다.

② 기포시간이 단축된다.

③ 기공이 조밀하다.

④ 계란 비린내가 감소된다.

> **해설** 중탕을 이용한 가온법은 거품형 케이크제조에 주로 사용되는데 계란과 설탕을 중탕해서 점성을 좋게 하고 기포가 좀 더 빨리 잘 일어나도록해서 기포시간을 단축시키는데 이렇게 하면 껍질색을 균일하게 할 수 있고 계란 비린내도 감소시킬 수 있다.

52 지용성 비타민에 대한 설명으로 틀린 것은?

① 기름과 유지에 용해된다.
② 섭취한 필요 이상의 것은 체내에 저장된다.
③ 결핍 증세가 서서히 나타난다.
④ 필요량을 매일 먹지 않으면 결핍증이 발생한다.

해설 수용성비타민 즉 비타민 B군이나 C군은 체내에 저장되지 않고 배설되기 때문에 매일 섭취해줘야 되고 결핍증상도 바로 나타나지만, 지용성 비타민은 비타민 ADEK의 경우 결핍증상도 천천히 나타나고 체내에 저장되기때문에 매일 섭취하지 않아도 된다.

53 식품의 관능을 만족시키기 위해 첨가하는 물질은?

① 강화제
② 보존제
③ 발색제
④ 이형제

해설 관능평가는 시각, 후각, 미각, 촉각 및 청각으로 감지되는 반응을 측정하는 것이므로 색상을 내는 발색제가 관능만족 첨가물이다. 그 밖에 감미료, 조미료, 착색, 착향료 등도 관능을 만족시키기 위해나 첨가물질이다.

54 케이크 제조 시 계란의 역할이 아닌 것은?

① 결합제 역할
② 글루텐 형성 작용
③ 유화력 보유
④ 팽창 작용

해설 글루텐의 형성은 계산으로 형성하는 게 아나고 밀가루 단백질에 물을 가하고 주물주물 치댔을 때 형성된다.

55 칼슘이 인체에서 하는 역할이 아닌 것은?

① 신경 자극을 전달하고 유지시킨다.
② 혈액 응고작용에 관여한다.
③ 지방의 흡수를 조절한다.
④ 근육의 수축과 이완작용을 조절한다.

해설 지방 흡수 조절은 칼슘의 역할이 아니다.

56 체내에서 사용한 단백질이 배설되는 주요 경로는?

① 호흡
② 소변
③ 대변
④ 피부

해설 단백질은 주로 체내에서 분해되어 흡수되고 남은 찌꺼기는 요소와 요산의 형태로 소변으로 배설된다.

57 인슐린이라는 호르몬의 성분이 되는 무기질은?

① 아연
② 철분
③ 구리
④ 유황

해설 인슐린이 적절히 작용하도록 췌장에서의 인슐린 합성을 돕는 역할을 아연이 담당한다.

정답 52. ④ 53. ③ 54. ② 55. ③ 56. ② 57. ①

58 어떤 첨가물의 LD50값이 작을 때의 의미로 옳은 것은?

① 독성이 크다.

② 독성이 작다.

③ 저장성이 좋다.

④ 저장성이 좋지 않다.

> **해설** 반수치사량반수치사량(半數致死量, Median Lethal Dose, LD 50) 어떤 물질의 독성실험 시 실험군의 50%가 사망하는 투여량을 말한다. 말 그대로 '둘이 먹다가 하나가 죽는 양'으로, 일반적으로 '치사량'이라 하면 바로 이 LD 50을 이른다. 문제에서 LD50값이 작을 때의 의미는 작은 양으로도 반수가 죽게되므로 독성이 크다는 뜻이다.

59 과자반죽의 온도조절에 대한 설명으로 틀린 것은?

① 반죽온도가 낮으면 기공이 조밀하다.

② 반죽온도가 낮으면 부피가 작고 식감이 나쁘다.

③ 반죽온도가 높으면 기공이 열리고 큰 구멍이 생긴다.

④ 반죽온도가 높은 제품은 노화가 느리다.

> **해설** 반죽온도가 높으면 급하게 발효가 진행된나는 뜻으로 기공이 열리고 큰 구멍 생기고, 푸석해진다. 노화도 빠르다.

60 초콜릿케이크의 우유사용량 공식은?

① 설탕 + 30 − (코코아 × 1.5) + 전란

② 설탕 − 30 − (코코아 × 1.5) − 전란

③ 설탕 + 30 + (코코아 × 1.5) − 전란

④ 설탕 − 30 + (코코아 × 1.5) + 전란

> **해설** 초콜릿케이크 우유사용량 = 설탕 + 30 + (코코아 X 1.5) − 전란 [암기Tip! 설삼코전 쁠쁠마!] 설탕 30 코코아 전란의 앞자 따서 설삼코전! 부호만 따서 쁠쁠(곱)마!

01 파이껍질이 질기고 단단했다면 그 이유가 아닌 것은?

① 강력분 사용
② 반죽시간이 길었다.
③ 밀어펴기를 덜 하였다.
④ 자투리 반죽을 과다하게 사용하였다.

해설 파이껍질이 질기고 단단해졌다는 것은 글루텐이 강하게 형성되었다는 의미이다. 밀어펴기를 과다하게 할 경우 글루텐 형성이 많이 이루어지면서 파이껍질이 질겨지고 단단해진다.

02 페프 페이스트리 제조 시 팽창이 부족하여 부피가 빈약해지는 결점의 원인에 해당하지 않는 것은?

① 반죽의 휴지가 길었다.
② 밀어 펴기가 부적절하였다.
③ 부적절한 유지를 사용하였다.
④ 오븐의 온도가 너무 높았다.

해설 반죽의 휴지를 두는 이유는 반죽의 재료들에 수분이 골고루 침투하도록 하고, 또 이 휴지 기간 동안 효모는 반죽을 발효시키고 가스를 생성하여 반죽을 부풀어 오르게, 즉 팽창시키게 된다. 따라서 휴지가 길었을 때 팽창이 부족해지는게 아니고 휴지가 짧았을 때 팽창이 덜 될 확률이 크다.

03 옐로우 레이어 케이크의 적당한 굽기 온도는?

① 160℃
② 170℃
③ 180℃
④ 200℃

해설 옐로우 레이어 케이크의 적당한 굽기 온도 180℃가 적당하다.

04 이스트에 들어있는 효소 중 지방을 지방산과 글리세린으로 분해하는 효소는?

① 리파아제
② 프로테아제
③ 인베르타아제
④ 찌마아제

해설 리파아제는 이스트에 들어있는 효소로 지방을 지방산과 글리세린으로 분해하는 지방분해 효소이다. 프로테아제는 단백질 분해 효소, 인베르타아제는 수크로오스 즉 설탕 자당을 분해해서 포도당과 과당으로 만들고, 찌마아제는 단당류(포도당, 과당, 갈락토오스)를 알코올과 이산화 탄소로 분해한다.

정답 1. ③   2. ①   3. ③   4. ①

05 찜류 또는 찜만쥬 등에 사용하는 팽창제의 특성이 아닌 것은?

① 팽창력이 강하다.
② 제품의 색을 희게 한다.
③ 암모니아 냄새가 날 수 있다.
④ 중조와 산제를 이용한 팽창제이다.

> **해설** 찜류나 찜만쥬에는 이스트 파우더를 팽창제로 쓰는데 팽창력이 강력하고 제품색을 희게 할 수 있으며 암모니아 냄새가 약간 날 수 있다. 하지만 중조와 산제를 이용한 팽창제는 베이킹파우더를 말한다.

06 일반적으로 반죽을 강화하는 재료는?

① 유지, 탈지분유, 계란
② 소금, 산화제, 탈지분유
③ 유지, 환원제, 설탕
④ 소금, 설탕, 환원제

> **해설** 반죽을 강화한다는 것은 좀 더 단단하게 한다는 뜻이다. 소금, 산화제, 탈지분유는 첨가 시 반죽을 좀 더 단단하게 할 수 있다.

07 언더 베이킹에 대한 설명으로 틀린 것은?

① 높은 온도에서 짧은 시간 굽는 것이다.
② 중앙 부분이 익지 않는 경우가 많다.
③ 제품이 건조되어 바삭바삭하다.
④ 수분이 빠지지 않아 껍질이 쭈글쭈글하다.

> **해설** 언더베이킹 높은 온도 단시간 굽기 - 속이 덜익어서 수분이 빠지지 못하고 쭈글쭈글하다.
> ■ **Under Baking 시 특징**
> • 고온 단시간 굽기 때문에
> • 발효과다 시, 분할량 작을 시 발생한다.
> • 제품 속이 설익고 조직 거칠어진다.
> • 수분이 빠지지 않아 껍질에 주름이 지고 중심부가 갈라지고 주저앉기 쉽다.
> • 설탕, 유지, 분유량이 적은 저율배합에 적합 (과자빵)

08 모세혈관의 삼투성을 조절하여 혈관 강화 작용을 하는 비타민은?

① 비타민 A
② 비타민 D
③ 비타민 E
④ 비타민 P

> **해설** 비타민 P는 수용성 비타민이자 폴리페놀의 일종으로 감귤류에 많이 들어있는 헤스페리딘, 메밀국수에 많은 루틴, 양파에 들어있는 케르세틴 등을 총칭하는 명칭, 모세혈관 삼투성 조절로 혈관을 강화시키고, 비타민C 작용을 돕고 중성지방을 분해하고 콜레스테롤 수치를 낮추는 작용도 한다.

09 유당불내증의 원인은?

① 대사과정 중 비타민 B군의 부족
② 변질한 유당의 섭취
③ 우유 섭취량의 절대적인 부족
④ 소화액 중 락타아제의 결여

> **해설** 락타아제는 유당분해효소이다. 유당은 포도당과 갈락토오스로 분해한다. 따라서 소화액 중 락타아제가 결핍되면 유당을 소화시키지 못해 복부경련과 메스꺼움, 설사 등의 유당불내증 증상이 나타난다.

10 설탕의 구성성분은?

① 포도당과 과당
② 포도당과 갈락토오스
③ 포도당 2분자
④ 포도당과 맥아당

> **해설** 수크라아제(sucrase)는 탄수화물 분해 효소의 일종으로 수크로스(sucrose 설탕)를 가수분해해 글루코스(glucose 포도당)와 프럭토스(fructose 과당)로 분해한다. [Tip! 설포과 또는 수포과!]

11 시금치에 들어 있으며 칼슘의 흡수를 방해하는 유기산은?

① 초산
② 호박산
③ 수산
④ 구연산

> **해설** 시금치에 들어있는 수산은 칼슘 흡수를 방해하고 결석을 만들어 낼 위험이 있으며, 결석이 가장 잘 형성되는 것은 칼슘과 수산의 비율이 1:2일 때 때로 알려져 있다.

12 굳어진 설탕 아이싱 크림을 여리게 하는 방법으로 부적합한 것은?

① 설탕 시럽을 더 넣는다.
② 중탕으로 가열한다.
③ 전분이나 밀가루를 넣는다.
④ 소량의 물을 넣고 중탕으로 가온한다.

> **해설** 굳어 있는 것이므로 녹여주는 방법을 생각하면 된다. 전분이나 밀가루 등 마른 가루 첨가한다고 여려지지 않는다.

13 트립토판 360mg은 체내에서 나이아신 몇 mg으로 전환되는가?

① 0.6mg
② 6mg
③ 36mg
④ 60mg

> **해설** 트립토판 60mg이 나이아신 1mg으로 전환되므로 360mg은 나이아신 6mg으로 전환된다.

14 반죽무게를 구하는 식은?

① 틀 부피 × 비용적
② 틀 부피 / 비용적
③ 틀 부피 + 비용적
④ 틀 부피 - 비용적

정답 2

> **해설** 반죽의 비용적이란, 반죽 1g을 굽는데 필요한 팬의 부피로 틀부피를 반죽무게로 나누면 된다.
> 비용적 = 틀부피 / 반죽무게 즉, 반죽무게 = 틀부피 / 비용적

15 세균의 대표적인 3가지 형태분류에 포함되지 않는 것은?

① 구균
② 나선균
③ 간균
④ 페니실린균

> **해설** [Tip! 세균은 구간나] 세균은 구균, 간균, 나선균의 형태로 분류된다.

16 1일 2000kcal를 섭취하는 성인의 경우 탄수화물의 적절한 섭취량은?

① 1100~1400g
② 850~1050g
③ 500~750g
④ 275~350g

> **해설** 일단 탄수화물은 전체 탄단지 섭취 비율 중 55~70%를 차지한다는 사실을 암기하고 있어야 한다. [따라서 55%로 계산하면 2000kcal의 55%는 2000 × 0.55 =1100 kcal 이므로 이것을 4로 나누면 1100 / 4 = 275 따라서 275g이 나오고, 70%로 계산하면 2000 kcal 의 70%는 1400kcal 이므로 탄수화물 1g이 내는 열량 4kcal로 나누면 350g이 된다. 따라서 275~350g 이 1일 2000kcal를 섭취하는 성인의 경우 탄수화물의 적절한 섭취량이 된다. 정답은 ④ 275~350g
> ※ 참고로 2010년 한국영양학회 기준에서 탄수화물

섭취 비율을 기존 55~70%에서 55~65%로 낮추었다. 하지만 기존 문제를 푸는데는 크게 지장이 없으므로 55~70%구한다음 가장 가까운 답을 체크한다.

17 세균성 식중독에 관한 사항 중 옳은 내용으로만 짝지어진 것은?

> 1. 황색포도상구균 식중독은 치사율이 아주 높다.
> 2. 보틀리누스균의 생산하는 독소는 열에 아주 강하다.
> 3. 장염 비브리오균은 감염형 식중독이다.
> 4. 여시니아균은 냉장온도와 진공포장에서도 증식한다.

① 1, 2
② 2, 3
③ 2, 4
④ 3, 4

해설 1. 황색포도상구균 식중독은 이 균에 감염된 경우에는 복통, 설사, 구토, 고열 등을 일으키지만 치사율은 낮다. 2. 보틀리누스균의 포자는 열에 매우 강하며 수 시간 동안 끓여도 살아남을 수 있지만, 독소는 열에 의해 쉽게 파괴되기 때문에 일반적으로 열을 가한 음식물 조리 시에는 안심할 수 있다. 3. 장염 비브리오균은 대표적인 세균성 감염형 식중독 주로 생선이나 해산물에서 발견된다. 4. 여시니아균은 냉동보관 시 증식하지는 않으나 장시간 생존하며, 산소 유무에 관계없이 생육 가능하기 때문에 냉장온도나 진공 포장된 식품에서도 증식이 가능하다.

18 스펀지 케이크 제조 시 덥게하는 방법으로 사용할 때 계란과 설탕은 몇 도씨로 중탕하고 혼합하는 것이 가장 적당한가?

① 30℃
② 43℃
③ 10℃
④ 25℃

해설 스펀지케이크의 더운 믹싱법은 가온법(중탕법)으로도 부르고 계란과 설탕을 43℃로 중탕해서 사용한다.
일반법(찬믹싱) : 22 ~ 24도에서 믹싱

19 다음 두가지 식품을 섞어서 음식을 만들 때 단백질의 상호 보조 효력이 가장 큰 것은?

① 밀가루와 현미가루
② 쌀과 보리
③ 시리얼과 우유
④ 밀가루와 건포도

해설 쌀이나 밀가루 등 일반적으로 곡류의 단백질은 우유나 유제품 등 동물성 단백질과 섞어서 섭취할 때 상호 보조 효력이 크다.

20 비병원성 미생물에 속하는 것은?

① 결핵균
② 이질균
③ 젖산균
④ 살모넬라균

해설 병원성 세균이란 동물이나 사람에 기생해서 병을 일으키는 세균을 뜻한다. 젖산균은 유산균을 말한다. 비병원성이다.

21 일명 점착제로 식품의 점착성을 증가시켜 미각을 증진시키는 효과가 있는 첨가물은?

① 팽창제
② 호료
③ 용제
④ 유화제

해설 호료는 증점제, 농화제, 겔화제라고도 부르고, 유산균 음료, 아이스크림, 마요네즈의 분산안정제로 햄, 소세지의 결착보수제, 김의 피복제로 쓰인다.

22 펩티드 사슬이 나선형 구조를 이루고 있는 것은?

① 비타민 A의 구조

② 글리세롤과 지방산의 에스테르 결합구조

③ 아밀로펙틴의 가지구조

④ 단백질의 2차 구조

> **해설** 펩티드라는 것 자체가 단백질이 분해되었을 때 부르는 말이다. (알파 아미노산이 2개 이상 펩티드 결합으로 연결된 화합물) 보기에서 4번 단백질 2차구조가 나선구조 펩티드 사슬로 이루어져 있다.

23 다음 중 체중 1kg당 단백질 권장량이 가장 많은 대상은?

① 1~2세의 유아

② 9~11세 여자 어린이

③ 15~19세 남자 청소년

④ 65세 이상의 노인

> **해설** 1~2세의 유아가 체중 1kg 당 단백질 권장량이 가장 많다. kg 당 1.22g으로 보통 성인기준인 kg당 0.8~0.9g보다 많다.

24 주로 돼지고기를 익혀 먹지 않아서 감염되며 머리가 구형으로 22~32개의 갈고리를 가지고 있어서 갈고리촌충이라고도 불리는 기생충은?

① 무구조충

② 유구조충

③ 간디스토마

④ 선모충

> **해설** 돼지고기로 감염되는 갈고리촌충은 유구조충이다. 무구조충은 민촌충이라고 하고 소고기로 감염된다.

25 직접배합에 사용하는 물의 온도로 반죽온도 조절이 편리한 제품은?

① 젤리 롤 케이크

② 과일 케이크

③ 퍼프 페이스트리

④ 버터 스펀지 케이크

> **해설** 퍼프 페이스트리는 일반적인 차가운 냉수로 반죽하고 또 냉장고에서 휴지를 하기 때문에 반죽온도 조절이 상대적으로 쉽다고 할 수 있다.

26 장티푸스 질환을 가장 올바르게 설명한 것은?

① 급성 전신성 열성질환

② 급성 이완성 마비질환

③ 급성 간염 질환

④ 만성 간염 질환

> **해설** 장티푸스는 세균이 원인인 급성 열성 질환으로, 주로 오염된 음식이나 물을 통해 전파되며 고열, 두통, 근육통, 오한, 피부발진 등의 증상이 나타난다. 급성 전신성 열성이란 전신적으로 열이 올라가는 급성 질환을 의미하며, 장티푸스 역시 이에 해당한다.

27 보툴리누스 식중독에서 나타날 수 있는 주요 증상 및 징후가 아닌 것은?

① 구토 및 설사

② 호흡곤란

③ 출혈

④ 사망

> **해설** 보툴리누스 식중독은 신경마비, 언어장해, 구토, 설사, 호흡곤란을 일으키고 심한 경우 사망에 이른다.

정답 22. ④   23. ①   24. ②   25. ③   26. ①   27. ③

28 미생물이 작용하여 식품이 검은색으로 흑변되었다 다음 중 흑변물질과 가장 관계가 깊은 것은?

① 암모니아
② 메탄
③ 황화수소
④ 아민

해설 황화수소는 식품이 미생물에 의해 분해될 때 작용하여 식품의 색상을 검정색으로 흑변시킨다.

29 전파속도가 빠르고 국민건강에 미치는 위해 정도가 너무 커서 발생 또는 유행 즉시 방역 대책을 수립해야 하는 전염병은?

① 제1급 전염병
② 제2급 전염병
③ 제3급 전염병
④ 제4급 전염병

해설 1급 전염병에는 보툴리눔독소증, 디프테리아, 페스트, 탄저병, 야토병, 신종감염병 증후군, 신종인플루엔자, 에볼라바이러스, 마버그열, 라싸열, 두창 등이 속한다.

30 식품 첨가물의 사용량 결정에 고려해야할 ADI란?

① 반수치사량
② 1일 허용섭취량
③ 최대무작용량
④ 안전계수

해설 ADI는 1일 허용섭취량 Acceptable Daily Intake로 사람이 일생에 걸쳐 섭취 시 인체에 아무런 장애가 없는 수준의 1일섭취허용량을 뜻한다.

31 다음 중 독버섯의 독소가 아닌 것은?

① 에로고톡신
② 무스카린
③ 무스카리딘
④ 팔린

해설 ① 에르고톡신은 맥각균으로 맥각이 돋아난 호밀 등의 씨방에 기생한다. ② ③무스카린, 무스카리딘 → 광대버섯의 독소 ④ 팔린 → 알광대버섯, 독우산광대버섯의 독소

32 케이크 반죽이 30리터 용량의 그릇 10개에 가득 차 있다. 이것으로 분할 반죽 300g짜리 600개를 만들었다면 이 반죽의 비중은?

① 0.8
② 0.7
③ 0.6
④ 0.3

해설 비중은 단위부피 당 무게를 말한다. 즉, 무게를 부피로 나눈 값이다. 먼저 부피는 30리터 X 10그릇이므로 300리터이고 무게는 300g짜리 600개이므로 300 X 600 = 180,000g kg으로 바꾸면 180kg이다. 따라서 비중 = 무게/부피 = 180 kg / 300 리터 = 0.6

33 식품첨가물을 수입할 경우 누구에게 신고해야 하는가?

① 시장 및 도지사
② 관할 검역소장
③ 식품의약품안전처장
④ 관할 보건소장

해설 식품 및 식품첨가물, 기구, 용기, 포장의 규격과 사용기준은 식품의약품안전처장이 작성 및 보급한다.

34 일부 야채류의 어떤 물질이 칼슘의 흡수를 방해하는가?

① 옥살산
② 초산
③ 구연산
④ 말산

해설 파슬리에 들어있는 옥살산은 칼슘의 흡수를 방해한다.

35 생체 내에서의 지방의 기능으로 틀린 것은?

① 생체기관을 보호한다.
② 체온을 유지한다.
③ 효소의 주요 구성성분이다.
④ 주요한 에너지원이다.

해설 효소의 주요 구성성분은 단백질이다.

36 원인균은 안트라시스이며 수육을 조리하지 않고 섭취하였거나 피부상처로 감염되기 쉬운 인수공통감염병은?

① 야토병
② 탄저병
③ 돈단독증
④ 브루셀라증

해설 탄저(anthrax)병의 원인균은 '석탄'을 뜻하는 그리스어 '안트라시스(anthracis)'로 피부를 통해 탄저균이 침입하면 부스럼이 생기면서 피부가 석탄처럼 까맣게 된다는 데서 유래했다. 수육을 조리하지 않고 섭취하였거나 피부상처로 감염되기 쉽다. ① 야토병 → 산토끼, ③돈단독증 → 돼지, ④ 브루셀라증(파상열) → 소

37 스펀지 케이크를 만들 때 설탕이 적게 들어감으로써 생길 수 있는 현상은?

① 오븐에서 제품이 주저앉는다.
② 제품의 껍질이 두껍다.
③ 제품의 껍질이 갈라진다.
④ 제품의 부피가 증가한다.

해설 스펀지 케이크에서 설탕이 적게 들어갔을 때에는 주저 앉거나 껍질이 두꺼워지고 갈라진다. 설탕량이 적으면 부피가 제대로 증가하지 못한다.

38 흰 쥐의 사료에 제인(zein)을 쓰면 체중이 감소한다. 어떤 아미노산을 첨가하면 체중 저하를 방지할 수 있는가?

① 발린
② 트립토판
③ 글루타민산
④ 알라닌

해설 흰 쥐에게 먹이는 옥수수에는 체중 감소를 가져오는 제인이라는 성분은 많지만 필수 아미노산인 트립토판이 부족하다. 트립토판이 많이 들어있는 콩을 같이 첨가해서 체중 저하를 방지한다.

39 다음 중 알코올이 흡수되는 곳은?

① 구강
② 위
③ 식도
④ 대장

해설 알코올은 주로 위와 소장에서 흡수된다. 위에서 약 20%가 흡수되고 나머지 소장에서 혈류로 흡수되어서 대사활동에 쓰이게 된다.

정답 34. ① 35. ③ 36. ② 37. ③ 38. ② 39. ②

40 영양소의 흡수에 대한 설명 중 잘못된 것은?

① 위에서는 영양소의 흡수가 활발하다.
② 구강에서는 영양소의 흡수가 일어나지 않는다.
③ 소장에서는 단당류의 흡수가 일어난다.
④ 대장에서는 수분이 흡수된다.

> **해설** 위에서는 영양소의 흡수보다는 소화효소에 의한 분해가 활발하게 일어난다. 주로 단백질 분해효소인 펩신과 위산이 분비된다.

41 혈당을 조절하는 호르몬이 아닌 것은?

① 인슐린
② 아드레날린
③ 안드로겐
④ 글루카곤

> **해설** ①인슐린 ② 아드레날린 ④ 글루카곤은 혈당 조절 호르몬, ③ 안드로겐은 남성호르몬

42 글리코겐이 가장 많이 저장된 기관은 어디인가?

① 근육
② 뼈
③ 간
④ 머리카락

> **해설** 우리 몸은 쓰고남은 에너지(포도당)을 간과 근육에 저장하는데 글리코겐이라는 다당류의 형태로 바꾸어 저장하게 된다. 간에는 간 전체질량의 5~6%정도 저장되고 주로 간보다는 근육에 더 많이 저장된다.

43 우유단백질 중 함량이 가장 많은 것은?

① 락토알부민
② 락토글로불린
③ 글루테닌
④ 카제인

> **해설** 우유단백질의 80%는 카제인

44 다음 쿠키반죽 중에서 가장 묽은 반죽은?

① 밀어 펴기를 한 쿠키
② 마카롱 쿠키
③ 판에 등사하는 쿠키
④ 짜는 형태의 쿠키

> **해설** 판에 등사한다는 뜻은 다소 묽은 반죽을 얇은 철판 윗면에 흘려서 만드는 것을 말한다. 판에 등사하는 쿠키는 주로 얇고 바삭거리는 제품이다.

45 일반적인 케이크 반죽의 팬닝 시 주의점으로 틀린 것은?

① 종이 깔개를 사용한다.
② 팬기름을 많이 발라준다.
③ 팬닝 후에는 즉시 굽는다.
④ 철판에 넣은 반죽은 두께가 일정하게 되도록 펴준다.

> **해설** 팬기름을 많이 바르게 되면 제품에 기름이 스며들어 타거나 나쁜 냄새가 나게된다.

46 단백질의 기능성이 아닌 것은?

① 유화안정성
② 기포성
③ 젤 형성
④ 호화

> **해설** 호화는 전분(탄수화물)에 물을 넣고 가열했을 때 점성증가, 풍미증가가 나타나는 현상이다.

47 지질 대사에 관계하는 비타민이 아닌 것은?

① pantothenic acid

② niacin

③ Vitamin B2

④ folic acid

해설 pantothenic acid(판토텐산)는 비타민 B5, niacin은 비타민 B3, 비타민 B2는 리보플라빈인데 모두 지방의 대사작용에 관여한다. folic acid는 비타민 B9 엽산으로 folic acid는 지질대사에 관여하지 않는다. 빈혈 예방, 유전자 손상방지, 태아신경관형성에 중요해서 임산부에게 필수적이다.

48 일반적인 슈 반죽에 사용되지 않는 재료는?

① 밀가루

② 계란

③ 버터

④ 이스트

해설 슈 반죽을 만들 때는 노른자 설탕, 밀가루, 버터, 우유, 소금 등이 들어가지만 이스트는 들어가지 않는다.

49 다음 중 호화에 대한 설명으로 맞는 것은?

① 호화되면 소화되기 쉽고 맛도 좋아진다.

② 호화는 주로 단백질과 관련된 현상이다.

③ 호화는 냉장온도에서 잘 일어난다.

④ 유화제를 사용하면 호화를 지연시킬 수 있다.

해설 호화는 탄수화물, 전분이 팽윤(부피가 늘어나)하고 점성도가 증가하는 현상으로 밥솥에서 쌀이 밥되는 현상을 생각하면 된다. 친수성이 강한 성질을 가진 설탕은 30% 정도까지는 호화 전분의 점도를 상승시키나 50%가 되면 호화를 지연시키고 점도를 저하한다.

50 케이크 도넛의 제조방법으로 올바르지 않은 것은?

① 정형기로 찍을 때 반죽손실이 적도록 한다.

② 정형 후에는 곧바로 튀기도록 한다.

③ 덧가루를 얇게 사용한다.

④ 튀긴 후 그물망에 올려놓고 여분의 기름을 배출한다.

해설 케이크 도넛은 튀기기 전 10분간 실온에서 휴지한 후에 튀긴다.

51 다음 중 발효시간을 단축하는 물은?

① 연수

② 경수

③ 염수

④ 알칼리수

해설 일반적으로 제빵에는 아경수가 적합하나 연수를 쓰게 되면 발효시간을 단축할 수 있다. 하지만 연수를 쓰게 되면 자칫 발효가 과하게 될 수 있기 때문에 포도당을 증가시킨다거나 물감소, 이스트감소, 소금증가, 이스트푸드 첨가 등의 조치가 필요하다.

52 다음 설명 중 기공이 열리고 조직이 거칠어지는 원인이 아닌 것은?

① 크림화가 지나쳐 많은 공기가 혼입되고 큰 공기방울이 반죽에 남아있는 경우

② 기공이 열리면 탄력성이 증가하여 거칠고 부스러지는 조직이 된다.

③ 과도한 팽창제 사용은 필요량 이상의 가스를 발생시켜 기공에 압력을 가하게 되어 기공이 열리고 조직이 거칠어진다.

④ 낮은 온도의 오븐에서 구우면 가스가 천천히 발생하여 크고 열린 기공을 만든다.

해설 기공이 열린다는 것은 가스발생이 많아서 많이 부풀었다는 뜻으로 빵의 탄력성이 감소하고 푸석푸석해진다.

정답 47. ④   48. ④   49. ①   50. ②   51. ①   52. ②

53 다음의 크림 중 단백질 함량이 가장 많은 것은?

① 식용크림
② 저지방 포말크림
③ 고지방 포말크림
④ 포말크림

해설 포말크림은 유지방 함유량 36%를 기준으로 그 이하가 저지방포말크림, 그 이상을 고지방포말크림이라 한다. 저지방포말크림은 유지방 30 ~ 36%, 고지방 포말크림은 유지방 37 ~ 40%, 식용크림은 유지방 10 ~ 30% (평균 20%) 함유하고 있으며 지방함유 순서는 고지방> 포말크림 > 저지방 > 식용크림이나 발효크림 순서이다. 단백질 함유량은 포말크림이 2.2%로 가장 많다.

54 일반적인 시유의 수분 함량은?

① 58%
② 65%
③ 88%
④ 98%

해설 시유는 시중에 판매하는 일반적인 시판용 우유 수분 함량은 88% [암기Tip! 88올림픽 CU]

55 다음 중 제품의 비중이 잘못 연결된 것은?

① 레이어 케이크 0.75~0.85
② 파운드 케이크 0.8~0.9
③ 젤리롤 케이크 0.7~0.8
④ 쉬폰 케이크 0.45~0.5

해설 젤리롤 케이크는 거품형 케이크로 비중이 0.45~0.55

56 여름철 사과파이 껍질 제조 시 적당한 물의 온도는?

① 4℃
② 19℃
③ 28℃
④ 35℃

해설 바삭하고 고소한 껍질 즉, 파이지 속에 달콤한 사과 충전물 필링이 쫀득쫀득 씹히도록 만든 제품으로 파이지 제조 시 4℃의 차가운 냉수를 사용한다.

57 숙성된 밀가루에 대한 설명 중 틀린 것은?

① 밀가루의 황색색소가 공기 중의 산소에 의해 더욱 진해진다.
② 환원성 물질이 산화되어 반죽의 글루텐 파괴가 줄어든다.
③ 밀가루의 pH가 낮아져 발효가 촉진된다.
④ 글루텐의 질이 개선되고 흡수성을 좋게 한다.

해설 원래 밀가루에 들어있는 지용성 카로티노이드계 색소인 크산토필 때문에 노란색을 띄는데 제분과정에서 자연숙성이 이루어져 공기 중에서 황색 색소가 산화되면서 탈색되어 더욱 흰색을 띄게된다.

58 무스크림을 만들 때 가장 많이 이용되는 머랭의 종류는?

① 이탈리안 머랭
② 스위스 머랭
③ 온제 머랭
④ 냉제 머랭

해설 이탈리안 머랭은 굽지 않고 만드는 제품인 무스크림에 가장 적합하다.

59 퍼프페이스트리를 제조할 때 주의할 점으로 틀린 것은?

① 성형한 반죽을 장기간 보관하려면 냉장하는 것이 좋다.

② 파치가 최소가 되도록 정형한다.

③ 충전물을 넣고 굽는 반죽은 구멍을 뚫고 굽는다.

④ 굽기 전에 적정한 최종 휴지를 시킨다.

해설 장기간 보관에는 냉장보다는 냉동보관이 좋다. 파치는 흠이 있거나 못쓰는 부분을 뜻한다.

60 제품 공정 상 표면을 건조하지 않게 하는 것은?

① 슈

② 밤과자

③ 마카롱

④ 핑거쿠키

해설 슈 제품은 굽기전에 반죽표면을 물분무 또는 물에 담갔다 빼는 침지를 시켜주는데 그 이유는
1. 껍질을 얇게 한다. 2. 팽창을 크게 한다.
3. 기형을 방지한다.

PART Ⅱ

01 머랭제조에 대한 설명으로 옳은 것은?

① 기름기나 노른자가 없어야 튼튼한 거품이 나온다.

② 일반적으로 흰자 100에 대하여 설탕 50의 비율로 만든다.

③ 저속으로 거품을 올린다.

④ 설탕을 믹싱 초기에 첨가하여야 부피가 커진다.

> **해설** ② 일반적으로 흰자 100에 대하여 설탕 100의 비율, 즉 1:1의 비율로 만든다.
> ③ 보통 저속 → 고속(부피형성) → 저속(안정화) 순서로 거품을 올린다.
> ④ 설탕을 너무 초반에 넣으면 머랭의 부피가 작게 형성되고 시간도 오래 걸린다.

02 열원으로 찜(수증기)를 이용할 때 주열전달 방식은?

① 대류

② 전도

③ 초음파

④ 복사

> **해설** 찜은 대류에 의해서 열이 전달되는데 대류(對流)란 공기나 수증기같은 유체 내에서의 분자들이 확산을 통해 이동하는 현상이다. 쉽게 말해 액체와 기체에서 입자가 직접 이동하면서 열이 전달되는 방법을 말한다.

03 칼슘 흡수에 관계하는 호르몬은 무엇인가?

① 갑상선 호르몬

② 부갑상선 호르몬

③ 부신호르몬

④ 성호르몬

> **해설** 갑상선호르몬은 단백질 합성 촉진, 당 대사 조절, 성장 촉진 등의 기능을 한다. 한편 부갑상선은 갑상선 뒤쪽에 위치하는 쌀알 크기로 4개 존재하는 작은 기관으로 부갑상선호르몬(Parathyroid Hormone, PTH)을 분비하는데 이는 갑상선호르몬과는 전혀 다른 "칼슘대사의 중개"를 하는 호르몬이다. 칼슘은 뼈의 주요 구성성분으로 심장을 포함한 전신의 근육을 수축시키거나 혈액 응고 작용을 한다.

04 밀가루 음식에 대두를 넣는다면 어떤 영양소가 강화되는 것인가?

① 섬유질

② 지방

③ 필수아미노산

④ 무기질

> **해설** 밀가루에는 리신, 메티오닌, 트레오닌, 트립토판 등의 필수아미노산 함량이 매우 적어 대두와 같이 섭취하면 상호 보완적인 역할을 하여 영상소가 강화된다.

05 유지의 항산화 보완제로 적당하지 못한 것은?

① 염산
② 구연산
③ 주석산
④ 아스코르빈산

> **해설** ②구연산 ③ 주석산 ④ 아스코르빈산(비타민C)는 모두 항산화 보완제 역할을 한다. 하지만 염산은 강력한 산화제이다.

06 다음 중 분말계란과 생란을 사용할 때의 장단점으로 옳은 것은?

① 생란은 취급이 용이하고, 영양파괴가 적다.
② 생란은 영양이 우수하나 분말계란보다 공기 포집력이 떨어진다.
③ 분말계란이 생란보다 저장면적이 커진다.
④ 분말계란은 취급이 용이하나 생란에 비해 공기 포집력이 떨어진다.

> **해설** 분말계란은 취급이 용이하나 생란에 비해 공기 포집력이 떨어진다.

07 비타민의 결핍 증상이 잘못 짝지어진 것은?

① 비타민 B1 - 각기병, 신경염
② 비타민 B2 - 야맹증
③ 비타민 C - 괴혈병
④ 나이아신 - 펠라그라

> **해설** ② 야맹증은 비타민 A결핍 시 나타난다. 비타민 B2 결핍시에는 입꼬리에 갈라지고 부스럼이 생기는 구순구각염, 지루성피부염 등이 발생할 수 있다. 펠라그라는 비타민 B3(나이아신) 부족으로 발병하며, 피부가 암갈색으로 변하며 거칠고 벗겨지고 신경계와 소화계의 피부에 작용하기 때문에 치매, 정신착란, 극도의 불안, 설사 등을 유발할 수 있다.

08 철분대사에 관한 설명으로 옳은 것은?

① 수용성이기 대문에 체내에 저장되지 않는다.
② 철분은 Fe++보다 Fe+++이 흡수가 잘 된다.
③ 흡수된 철분은 간에서 헤모글로빈을 만든다.
④ 체내에서 사용된 철은 되풀이하여 사용된다.

> **해설** ④체내에 있는 철분 중 상당량이 헤모글로빈에 들어 있으며 신체는 이를 재활용한다. 적혈구가 소멸하면 적혈구 안에 있던 철분이 골수로 회수되었다가 새로 생성되는 적혈구에서 다시 사용된다. 철분은 수용성으로 소변으로 배출되나 식품에서 흡수된 철분은 이온화된 상태로 혈액을 통해 세포와 조직에 전달되며 일부는 간이나 기타 조직에 저장된다. 철(Fe)이 전자를 2개 잃으면 철 양이온(Fe2+, Fe++, 혹은 Fe(II)로 표기)이 되며 철분은 위산에 의해 이온화되어 주로 소장에서 흡수되는데 불용성인Fe+++ 형태보다 흡수가 능한 형태인 Fe++형태로 흡수된다.

09 밀가루에서 가장 부족한 필수아미노산은?

① 라이신(lysine)
② 글루탐산(glutamic acid)
③ 프로린(proline)
④ 이소로이신(isoleucine)

> **해설** 밀가루에는 Leucine (류신), Isoleucine (이소류신), Valine (발린), Methionine (메티오닌), Threonine (트레오닌), Phenylalanine (페닐알라닌), Tryptophan (트립토판), Lysine (라이신) 등의 필수 아미노산을 함유하고 있으나 라이신, 메티오닌, 트레오닌, 트립토판 등은 FAO(유엔식량농업기구) 기준치에 미달하며 특히 라이신(lysine)은 밀가루에 가장 부족한 필수아미노산이라 할 수 있다.

10 유당불내증이 있는 사람에게 적합한 식품은?

① 우유

② 크림소스

③ 크림스프

④ 요구르트

> **해설** 요구르트 요거트는 우유를 유산균으로 발효시킨 것으로, 발효 과정에서 생긴 효소가 유당을 분해해 유당불내증을 완화시킨다.

11 제빵 시 반죽용 물의 설명으로 틀린 것은?

① 경수는 반죽의 글루텐을 경화시킨다.

② 연수는 발효를 지연시킨다.

③ 연수 사용 시 미네랄 이스트 푸드를 증량해서 사용하는 것이 좋다.

④ 연수는 반죽을 끈적거리게 한다.

> **해설** 연수는 발효를 촉진시킨다.
> • 연수 (0~60ppm, 단물) 사용 시 글루텐을 연화시켜 반죽을 연하고 끈적거리게 한다. [점착성 증가]
> 반죽의 가스 보유력을 감소시켜 오븐스프링이 감소한다.
> • 경수 (180ppm 이상, 센물) 사용 시 반죽이 질겨지고 발효 시간이 길어진다. [글루텐 경화]
> 반죽의 탄력성이 증가해 반죽이 단단해지고, 믹싱과 발효시간이 길어진다.

12 아미노산과 아미노산의 결합을 무엇이라고 부르는가?

① 글리코사이드 결합

② 펩타이드 결합

③ a-1, 4 결합

④ 에스테르 결합

> **해설** 펩타이드 결합 혹은 펩티드 결합(peptide bond)은 두 아미노산 간에 일어나는 아마이드 공유 결합의 일종이다. 글리코사이드 결합은 포도당과 같은 탄수화물 분자가 다른 분자의 기(group)와 공유결합된 유형을 말한다. α(1→4) 결합도 글리코사이드 결합으로 포도당들이 중합체인 글리코겐이 될 때 일어나는 결합이다. 에스테르 결합은 산과 알코올이 반응하여 물 분자가 빠져나오는 결합을 말한다.

13 베이킹파우더가 반응을 일으키면 주로 발생하는 가스는?

① 질소가스

② 암모니아가스

③ 탄산가스

④ 산소가스

> **해설** 베이킹파우더는 베이킹소다인 탄산수소나트륨 $NaHCO_3$(중조)에 중화반응을 일으킬 수 있는 산성물질인 인산칼륨이나 소암모늄명반, 그리고 전분이 추가된 첨가제로 이산화탄소와 물과 반응하여 탄산나트륨과 탄산가스가 발생한다.

14 다음 중 자외선을 조사하면 비타민 D2가 되는 것은?

① 레시틴

② 콜레스테롤

③ 세파린

④ 에르고스테롤

> **해설** 에르고스테롤에 자외선을 조사하면 비타민 D2가 된다. 또한 표고버섯을 자외선 처리를 할 경우 비타민 D2의 활성을 돕는 에르고스테롤 성분이 증폭된다.

15 필수 지방산의 기능이 아닌 것은?

① 머리카락 손톱의 구성성분이다.

② 세포막의 구조적 성분이다.

③ 혈청콜레스테롤을 감소시킨다.

④ 뇌와 신경조직, 시각 기능을 유지한다.

> **해설** 머리카락과 손톱의 구성성분은 단백질이다. 필수지방산은 비타민 F라고도 불리며, 불포화지방산중에서 리놀레산($C18H32O2$)·리놀렌산($C18H30O2$)·아라키돈산($C20H32O2$)이 이에 해당한다.

16 비타민의 일반적인 결핍증상의 연결이 바르지 못한 것은?

① 비타민 B12 - 부종
② 비타민 D - 구루병
③ 나이아신 - 펠라그라
④ 리보플라빈 - 구내염

해설 비타민 B12 결핍시에는 악성빈혈이 대표적인 증상이며 신경을 손상시켜 손과 발의 저림이나 감각 상실, 근육 쇠약, 보행 곤란, 착란 및 치매 등의 증상을 일으킨다.

17 파운드 케이크의 표피를 터지지 않게 하려고 할 때 오븐의 조작 중 가장 좋은 방법은?

① 뚜껑을 처음부터 덮고 굽는다.
② 10분간 굽기를 한 후 뚜껑을 덮는다.
③ 20분간 굽기를 한 후 뚜껑을 덮는다.
④ 뚜껑을 덮지 않고 굽는다.

해설 파운드 케이크의 표피를 터지지 않게 하려면 처음부터 뚜껑을 덮고 구워 껍질이 형성되는 것을 늦춘다.

18 다음의 인체 모식도에서 탄수화물의 소화가 시작되는 곳은?

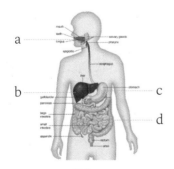

① a   ② b
③ c   ④ d

해설 침속에 들어있는 아밀라아제(Amylase)는 탄수화물 소화효소이다. 췌장에서 십이지장으로 분비된다.

19 쥐나 곤충류에 의해 발생할 수 있는 식중독은?

① 살모넬라 식중독
② 클로스트리디움 보툴리눔 식중독
③ 포도상구균 식중독
④ 웰치균 식중독

해설 살모넬라 식중독은 주로 쥐나 바퀴 등 곤충류에 의해 균이 음식물로 옮겨져 발생한다.

20 도넛의 흡유량이 높았다면 그 원인은?

① 고율배합 제품이다.
② 튀김시간이 짧았다.
③ 튀김온도가 높았다.
④ 휴기시간이 짧았다.

해설 도넛 배합 시 설탕 사용량이 밀가루보다 많은 고율배합으로 만들 경우 흡유량이 많아지고, 저율배합이면 흡유량이 적고 껍질색연하고 조직이 거칠게 된다.

21 다음 재료들을 동일한 크기의 그릇에 담아 측정하였을 때 중량이 가장 큰 것은?

① 우유
② 분유
③ 쇼트닝
④ 분당

해설 같은 부피일 때 무거운 것을 찾으면 된다. 즉, 단위 부피에 대한 중량을 측정했을 때 어떤 것이 가장 무겁냐 하는 것이 바로 비중이다. 우유의 비중은 1.03 정도이고, 쇼트닝 등 대부분의 유지류는 물보다 가벼운 0.88~0.92 정도이다. 분유와 분당은 마른 가루류로 같은 부피의 물보다 가볍다.

22 반죽의 비중에 대한 설명으로 옳지 않은 것은?

① 비중이 높으면 부피가 작아진다.

② 비중이 낮으면 부피가 커진다.

③ 비중이 낮으면 기공이 열려 조직이 거칠어진다.

④ 비중이 높으면 기공이 커지고 노화가 느리다.

> **해설** 비중은 단위부피당 무게이므로 비중이 높다는 것은 빈공간이 적다는 것, 공기구멍이 조밀하고 노화가 빠르다.

23 퍼프 페이스트리의 팽창은 주로 무엇에 기인하는가?

① 공기 팽창

② 화학 팽창

③ 증기압 팽창

④ 이스트 팽창

> **해설** 증기압 팽창 (퍼프 페이스트리의 반죽 속 수분을 이용한 증기압 팽창을 한다.)

24 카카오 버터는 초콜릿에 함유된 유지로 그 안정성이 떨어져 초콜릿 블룸 현상의 원인이 되는데 이를 방지하기 위한 공정을 무엇이라고 하나?

① 콘칭

② 발효

③ 선별

④ 템퍼링

> **해설** 템퍼링은 커버춰 초콜릿을 녹였다가 식혔다가를 반복하는 과정으로 초콜릿의 질감, 광택과 안정성을 높인다.

25 제과, 제빵작업에 종사해도 무관한 질병은?

① 이질

② 약물 중독

③ 변비

④ 결핵

> **해설** 피부병 화농성질환자, 결핵, 1급, 2급 감염병 질환자, 에이즈 환자는 제과 제빵작업에 종사할 수 없다. 변비는 무관한다.

26 빵의 노화방지에 유효한 첨가물은?

① 이스트푸드

② 산성탄산나트륨

③ 모노글리세라이드

④ 탄산암모늄

> **해설** 노화란 딱딱하게 굳는 것이므로 조직을 부드럽게 유화시켜주는 유화제 역할을 하는 모노글리세라이드가 노화를 방지하는데 유효한 첨가물이다.

27 프랑스빵에서 스팀을 사용하는 이유로 부적절한 것은?

① 거칠고 불규칙하게 터지는 것을 방지한다.

② 겉껍질에 광택을 내준다.

③ 얇고 바삭거리는 껍질이 형성되도록 한다.

④ 반죽의 흐름성을 크게 증가시킨다.

> **해설** 스팀과 반죽의 흐름성 증가와는 관련이 없다. 흐름성(Viscous Flow) : 반죽이 팬 또는 틀에 넣으면 용기의 모양대로 가득 차는 성질을 말한다.

28 젤리롤 케이크는 어떤 배합을 기본으로 하여 만드는 제품인가?

① 스펀지케이크 배합
② 파운드케이크 배합
③ 하드롤 배합
④ 슈크림 배합

해설 젤리롤 케이크는 거품형으로 스펀지 케이크 배합을 기본으로 한다.

29 주방설비 중 작업의 효율성을 높이기 위한 작업 테이블의 위치로 가장 적당한 것은?

① 오븐 옆에 설치한다.
② 냉장고 옆에 설치한다.
③ 발효실 옆에 설치한다.
④ 주방의 중앙부에 설치한다.

해설 주방설비 중 작업의 효율성을 높은 작업 테이블의 위치는 주방의 중앙부이다.

30 케이크 팬의 용적이 410에 100g의 스펀지케이크 반죽을 넣어 좋은 결과를 얻었다면, 팬용적 1230cm³에 넣어야 할 스펀지케이크의 반죽 무게는?

① 123
② 200
③ 300
④ 410

해설 비례식을 세워보면 410 : 100 = 1230 : X
410 x X = 100 x 1230
X = $\frac{123000}{410}$ = 300g

31 튀김횟수 증가 시 튀김 기름의 변화로 부적당한 것은?

① 중합도 증가
② 점도의 감소
③ 산가 증가
④ 과산화물가 증가

해설 유지의 재사용은 산패를 촉진하여 끈적거림의 정도인 점도를 증가시킨다.

32 스펀지 케이크를 만들 때 설탕이 적게 들어감으로써 발생되는 현상으로 옳은 것은?

① 오븐에서 제품이 주저 않는다.
② 제품의 껍질이 두껍게 형성된다.
③ 제품의 껍질이 갈라진다.
④ 제품의 부피가 증가한다.

해설 스펀지케익에서 설탕은 팽창제 역할과 껍질이 뚜껍고 색을 진하게 해주는 역할을 한다. 따라서 설탕이 적게 들어갔을 때는 껍질이 얇고 연하게 형성되어 갈라지게 된다.

33 도넛과 케이크의 글레이즈 사용 온도로 가장 적합한 것은?

① 23℃
② 34℃
③ 49℃
④ 68℃

해설 글레이즈는 주로 도넛이나 과자제품 표면에 광택효과를 내며, 제품의 건조를 방지하는 기능도 한다. 안정제인 젤라틴, 한천, 검류, 펙틴 등을 45~50℃ 정도로 데워서 사용한다. 가장 적합한 온도는 49℃이다.

34 퍼프 페이스트리 굽기 후 결점과 그 원인으로 틀린 것은?

① 수축 : 밀어펴기 과다, 너무 높은 오븐 온도
② 수포 생성 : 단백질 함량이 높은 밀가루로 반죽
③ 충전물 흘러나옴 : 충전물량 과다, 봉합 부적절
④ 작은 부피 : 수분이 없는 경화 쇼트닝을 충전용 유지로 사용

해설 수포(물집)이 생기고 결이 거칠게 나오는 경우 → 밀어펴기를 했을 때 작은 구멍을 내주지 않았거나 계란물 칠을 잘못했을 때 발생한다. 밀가루의 단백질 함량과는 관련이 없다.

35 다음 중 버터크림 당액 제조 시 설탕에 대한 물 사용량으로 알맞은 것은?

① 25%
② 80%
③ 100%
④ 125%

해설 버터크림 당액 즉, 시럽 제조 시에는 설탕 100%에 물 25%를 넣고 114~118로 끓인 다음 식혀서 만든다.

36 과일 케이크를 구울 때 증기를 분사하는 목적과 거리가 먼 것은?

① 향의 손실을 막는다.
② 껍질을 두껍게 만든다.
③ 표피의 캐러멜화 반응을 연장한다.
④ 수분의 손실을 막는다.

해설 과일케이크를 구울 때 증기를 분사하는 목적은 너무 빨리 익어 껍질이 두껍게 되는 것을 방지하기 위해서이다. 물을 뿌려주면 천천히 익으면서 수분손실을 막고 표피의 캐러멜화 반응을 연장시키고 향의 손실을 막을 수 있다.

37 비스킷을 제조할 때 유지보다 설탕이 많이 들어가면 어떤 현상이 나타나는가?

① 제품의 촉감이 단단해진다.
② 제품이 부드러워진다.
③ 제품의 퍼짐이 작아진다.
④ 제품의 색깔리 엷어진다.

해설 설탕을 많이 넣으면 단단해지고, 유지를 많이 첨가했을 때에는 제품이 부드러워진다.

38 다음 중 비교적 스크래핑을 가장 많이 해야하는 제법은?

① 공립법
② 별립법
③ 설탕/물법
④ 크림법

해설 스크래핑은 믹싱볼의 벽면을 긁어내는 것을 말하는데 크림법은 물(달걀)과 기름(유지)이 잘 섞이지 않는 성질로 인해 한 번에 다 들어가면 순두부처럼 분리되기 때문에 반드시 조금씩 나눠 섞는다. 계란 하나 당 약 2분 정도 스테인리스 믹싱볼 벽면의 반죽을 긁어 모으는 스크래핑 작업을 계속해주면서 섞어 주어야 한다.

39 반죽무게를 이용하여 반죽의 비중 측정 시 필요한 사항은?

① 밀가루 무게
② 물 무게
③ 용기 무게
④ 설탕 무게

해설 반죽의 비중은 순수 물 무게를 기준으로 했을 때 반죽무게를 말한다. 따라서 비중은 순수 반죽무게를 순수 물무게로 나눈 것이므로 순수 반죽무게를 안다면 순수 물무게를 알면된다.

비중 = $\dfrac{\text{반죽무게 - 용기무게}}{\text{물무게 - 용기무게}}$ = $\dfrac{\text{순수 반죽무게}}{\text{순수 물무게}}$

40 케이크의 부피가 작아지는 원인에 해당하는 것은?

① 강력분을 사용하는 경우

② 액체 재료가 적은 경우

③ 크림성이 좋은 유지를 사용한 경우

④ 달걀 양이 많은 반죽의 경우

해설 케이크는 글루텐 함량이 적은 박력분을 사용해서 만들어야 부피가 커진다.

41 다음 제품 중 성형하여 팬닝할 때 반죽 간격을 충분히 유지해야 하는 제품은?

① 오믈렛

② 숏 브레드 쿠키

③ 핑거쿠기

④ 슈

해설 구울 때 가장 팽창을 많이 하는 제품을 찾으면 된다. 슈는 팬닝 시 충분한 간격을 두어야 굽기 시 팽창으로 서로 달라붙지 않는다.

42 일반적인 과자반죽의 결과온도는?

① 10~14℃

② 22~24℃

③ 25~27℃

④ 32~34℃

해설 일반적인 과자 반죽의 결과온도는 22~24℃이다. [일반적인 과자류 반죽온도 20~25℃

43 빵의 부피가 가장 크게 형성되는 경우는?

① 숙성이 안된 밀가루를 사용할 때

② 물을 적게 사용했을 때

③ 반죽이 지나치게 믹싱 되었을 때

④ 발효가 더 진행되었을 때

해설 과발효 시에 빵의 부피가 가장 크게 형성된다.

44 반죽형 케이크를 구웠더니 너무 가볍고 부서지는 현상이 나타났다
그 원인이 아닌 것은?

① 반죽에 밀가루 양이 많았다.

② 반죽의 크림화 지나쳤다.

③ 팽창제를 많이 사용했다.

④ 쇼트닝을 과다 사용했다.

해설 밀가루 양이 많으면 가벼워지는게 아니라 무거워지고 구조가 단단해진다.

45 반죽법에 대한 설명 중 틀린 것은?

① 스펀지법은 반죽을 두 번에 나누어 믹싱하는 방법으로 중종법이라고도 한다.

② 직접법은 스트레이트법이라고 하고 전재료를 한 번에 넣고 반죽하는 방법이다.

③ 비상 반죽법은 제조시간을 단축할 목적으로 사용한다.

④ 재반죽법은 직접법의 변형으로 스트레이트법의 장점을 이용한 방법이다.

해설 재반죽법은 스트레이트법의 변형으로 스펀지법의 장점을 이용하여 모든 재료를 처음부터 넣지만 물은 다 넣지 않고 8%정도는 남겼다가 발효 후에 나머지 물을 넣고 다시 반죽을 해주는 방법이다.

46 페이스트리 성형 자동밀대, 즉 파이롤러에 대한 설명 중 옳은 것은?

① 기계를 사용하여 밀어 펴기 할 때는 유지와 반죽의 경도는 가급적 다른 것이 좋다.

② 기계에 반죽이 달라붙는 것을 막기 위해 덧가루를 많이 사용하는 것이 좋다.

③ 기계를 사용하여 반죽과 유지는 따로따로 밀어서 편 뒤 감싸서 밀어펴기를 한다.

④ 냉동휴지 후 밀어 펴면 유지가 굳어 갈라지므로 냉장 휴지를 하는 것이 좋다.

47 데니시 페스트리에서 롤인유지 함량 및 접기 횟수에 대한 내용 중 틀린 것은?

① 롤인 유지함량이 증가할수록 제품 부피는 증가한다.

② 롤인 유지함량이 적어지면 같은 접기 횟수에서 제품의 부피가 감소한다.

③ 같은 롤인 유지함량에서는 접기 횟수가 증가할수록 부피는 증가하다 최고점을 지나면 감소한다.

④ 롤인 유지함량이 많은 것이 롤인 유지함량이 적은 것보다 접기 횟수가 증가함에 따라 부피가 증가하다가 최고점을 지나면 감소하는 현상이 현저하다.

해설 아래 그래프에서 알 수 있듯이 롤인 유지함량이 적은 것(가장 아래쪽 곡선)이 롤인 유지함량이 많은 것보다 접기 횟수가 증가함에 따라 부피가 증가하다가 최고점을 지나면 감소하는 현상이 현저하다.(그레프가 급격히 꺽인다.)

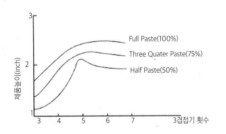

48 흰자를 사용하는 제품에 주석산 크림과 같은 산을 넣는 이유가 아닌 것은?

① 흰자의 알칼리성을 중화하기 위해서

② 흰자의 거품을 강하게 하기 위해서

③ 머랭의 색상을 더욱 희게하기 위해서

④ 전체 흡수율을 높여 노화를 지연시키기 위해서

49 케이크 제품의 기공이 조밀하고 속이 축축한 결점의 원인이 아닌 것은?

① 액체 재료의 과다 사용

② 계란 함량의 부족

③ 너무 높은 오븐 온도

④ 과도한 액체당 사용

50 숏브레드 쿠키 성형 시 주의점이 아닌 것은?

① 글루텐 형성 방지를 위해 가볍게 뭉쳐서 밀어편다.

② 반죽의 휴지를 위해 성형전에 냉동고에서 동결시킨다.

③ 반죽을 일정한 두께로 밀어 펴서 원형 또는 주름커터로 찍어낸다.

④ 달걀노른자를 바르고 조금 지난 뒤 포크로 무늬를 그려낸다.

51 다음 중 산성 식품은?

① 빵

② 오이

③ 사과

④ 양상추

> **해설** 쉽게 생각해서 빵, 곡류, 난류, 육류, 치즈 등 유제품, 달걀노른자 등은 산성식품이고 쓴맛나는 야채류 등은 알칼리 식품이다. 산성식품은 음식을 섭취 후 연소되고 남은 성분이 주로 인(P), 황(S), 염소(Cl) 등이 많은 식품을 말한다.

52 다음 중 굽기과정에서 일어나는 변화로 옳지 않은 것은?

① 반죽의 온도가 90℃일 때 효소의 활성이 증가한다.

② 글루텐이 응고된다.

③ 오븐 팽창이 일어난다.

④ 향이 생성된다.

> **해설** 굽기과정에서는 오븐 팽창과 전분호화 발생, 단백질 변성과 효소의 불활성화, 빵 세포 구조 형성과 향의 발달, 마이야르 반응과 캐러멜화 반응 등이 일어나 제품의 맛과 풍미를 형성하고 껍질색을 진하게 한다. 하지만 효소는 35~45℃ 범위에서 가장 활발하게 활성화되며(발효단계) 60℃ 이상에서는 대부분의 효소의 활성이 급격히 떨어지며 효모(이스트) 역시 세포내 가수분해 효소가 불활성화되어서 자가 소화를 하지 못한다.

53 반죽의 내부온도가 60℃에 도달하지 않은 상태에서 온도상승에 따른 이스트의 활동으로 부피의 점진적인 증가가 진행되는 현상은?

① 호화

② 오븐스프링

③ 오븐라이즈

④ 캐러멜화

> **해설** 오븐라이즈(Oven rise) 굽기단계에서 처음 반죽을 오븐에 넣고 0~5분간 일어나는 반응으로, 40 반죽의 내부온도가 60℃에 도달하지 않은 상태에서 아직까지 살아있는 효모가 가스를 발생시켜 점차적으로 부피가 증가하게 된다. [**Tip! 점진적 팽창→오븐라이즈, 급격한 팽창→오븐스프링**]

54 냉동제법에서 믹싱 다음 단계의 공정은?

① 1차 발효

② 분할

③ 해동

④ 2차 발효

> **해설** 보통 믹싱(반죽) - 1차 발효 - 분할 - 둥글리기 - 중간 발효 - 성형 - 팬닝 - 2차 발효 - 굽기의 과정이지만 냉동 반죽법에서는 1차발효를 생략할 수 있다. 따라서 믹싱단계 다음 바로 분할공정이 다음단계가 된다.

55 다음은 어떤 공정의 목적인가?

> 자른 면의 점착성을 감소시키고 표피를 형성하여 탄력을 유지한다.

① 분할

② 둥글리기

③ 중간발효

④ 정형

> **해설** 둥글리기 목적 표피 끈적거림 감소시키고, 발효 조절(반죽 내부의 가스를 조절하는 역할), 글루텐 텍스처 개선(반죽 내부의 신축성과 탄력성을 향상)

56 퐁당 아이싱이 끈적거리거나 포장지에 붙는 경향을 감소시키는 방법으로 옳지 않은 것은?

① 아이싱을 다소 덥게(40)하여 사용한다.

② 아이싱에 최대의 액체를 사용한다.

③ 굳은 것은 설탕 시럽을 첨가하거나 데워서 사용한다.

④ 젤라틴, 한천 등과 같은 안정제를 적절하게 사용한다.

해설 상식적으로 액체는 최대가 아니라 최소량을 사용해야 끈적거림을 방지하고 포장지에 붙는 경향을 감소시킬 수 있다.

57 다음 중 제품의 건조 방지를 위해 나무틀을 사용하여 굽는 제품은?

① 슈

② 카스텔라

③ 퍼프 페이스트리

④ 밀푀유

해설 나무틀 이용 - 나가사키 카스텔라

58 반죽의 비중이 제품에 미치는 영향 중 관계가 가장 적은 것은?

① 제품의 부피

② 제품의 조직

③ 제품의 점도

④ 제품의 기공

해설 반죽의 비중은 제품의 부피와 조직, 기공형성과 밀접한 관련이 있다. 반죽 속 기공이 많으면 그만큼 가볍다, 비중이 낮다는 뜻이고, 비중이 크다는 건 같은 부피일 때 무겁다는 뜻이다. 즉, 비중이 크면 같은 무게일 때 부피가 작고 기공이 적고, 조직이 조밀하다 얘기가 된다. 얼마나 끈적이냐하는 점도와는 관련성이 적다.

59 완충작용으로 발효를 조절하는 기능을 가진 재료는?

① 설탕

② 물

③ 맥아

④ 분유

해설 발효 시에는 효모에 의해 반죽의 당류가 분해되면서 산이 생성되어 때문에 반죽의 pH가 낮아지게 된다. 따라서 충분한 발효가 되지 못하고 맛과 향이 떨어진다. 이를 방지하기 위해 우유나 분유를 완충제로 사용하면 pH 저하를 억제하는 완충작용을 하여 이스트 최적 활성 pH인 pH 4.5~4.9 정도에서 유지시킴으로써 반죽이 가스 발생력과 가스 보유력을 유지할 수 있도록 도와 제품에 맛과 향을 강화할 수 있다.

60 스펀지 케이크에서 계란 사용량을 감소시킬 때의 조치로 잘못된 것은?

① 베이킹 파우더를 사용한다.

② 물 사용량을 추가한다.

③ 소트닝을 첨가한다.

④ 양질의 유화제를 병용한다.

해설 계란 사용량을 감소시켰을 때는 밀가루를 추기히기나 물사용량을 추가하고 대안으로 베이킹 파우더나 양질의 유화제를 첨가해준다 소트닝 첨가는 아니다 계란 사용량을 감소시킬 때는 계란에 있는 수분과 고형질을 대체할 재료들을 더 넣어준다.
(예) 계란 1% 감소 시 물 사용량은 0.75%, 밀가루 사용량을 0.25%를 추가한다.

01 성형한 파이 반죽에 포크 등을 이용하여 구멍을 내주는 가장 주된 이유는?

① 제품을 부드럽게 하기 위해

② 제품의 수축을 막기 위해

③ 제품의 원활한 팽창을 위해

④ 제품에 기포나 수포가 생기는 것을 막기 위해

해설 성형을 끝 낸 파이 반죽은 굽기 전 포크나 롤러로 구멍을 뚫어주는데 이는 최종 제품에 기포나 수포가 생기는 것을 막고 파이 반죽을 전체적으로 균일하게 부풀게 하기 위해서이다.

02 제빵용 밀가루의 적정 손상 전분 함량?

① 4.5~8%

② 2~3%

③ 12~13.5%

④ 6~9.5%

해설 제빵용 밀가루의 손상전분 함량은 약 4.5~8%이다. 손상전분이란 밀알을 제분할 때 두 개의 롤사이를 지나며 압력과 마찰열을 받아 직경이 증가되면서 불완전한 구조로 손상을 입은 것을 말한다. 손상전분은 효소작용을 보다 쉽게 받고 흡수력이 커서 발효 및 빵의 성상에 영향을 미친다.

03 다음 중 오븐 스프링의 요인이 아닌 것은?

① 가스의 압력

② 알코올

③ 글루텐

④ 탄산가스

해설 오븐스프링은 휘발성이 있는 알코올 성분과 탄산가스의 압력에 의해 오븐내에서 급격히 팽창하는 현상이다.

04 제분에 대한 설명 중 틀린 것은?

① 넓은 의미의 개념으로 제분이란 곡류를 가루로 만드는 것이 지만 일반적으로 밀을 사용하여 밀가루를 제조하는 것을 제 분이라고 한다.

② 밀은 배유부가 치밀하거나 단단하지 못하여 도정 할 경우 싸라기가 많이 나오기 때문에 처음부터 분말화하여 활용하는 것을 제분이라고 한다.

③ 제분 시 밀기울이 많이 들어가면 밀가루의 회분함량이 낮아진다.

④ 제분율이란 밀을 제분하여 밀가루를 만들 때 밀에 대한 밀가루의 백분율을 말한다.

해설 밀기울에는 회분이 4.2% 가량 들어있으므로 밀기울이 많을수록 회분함량은 높아진다.

정답 1. ④ 2. ① 3. ③ 4. ③

05 스펀지케이크를 만들 때 설탕이 적게 들어감으로써 생길 수 있는 현상은?

① 오븐에서 제품이 주저앉는다.
② 제품의 껍질이 두껍다.
③ 제품의 껍질이 갈라진다.
④ 제품의 부피가 증가한다.

해설 설탕은 계란의 수분에 녹아들어 포집한 기포가 쉽게 터지는 것을 방지하는 역할을 한다. 따라서 설탕이 적게 들어갈 경우 제품의 껍질이 갈라지는 현상이 생길 수 있다.

06 2급 법정 감염병에 해당하는 것은?

① 장티푸스
② 야토병
③ 브루셀라증
④ 디프테리아

해설 2급 법정 감염병 : 장티푸스, 결핵, 콜레라, 홍역, 수두

07 2차 발효를 과다하게 할 경우 나타나는 현상으로 바람직하지 않은 것은?

① 옆구리가 터진다.
② 사큼한 냄새가 난다.
③ 색깔이 옅어진다.
④ 오븐에서 주저 앉는다.

해설 구웠을 때 옆면이 터지는 것은 2차발효가 과다할 때 나타나는 현상이 아니라, 2차 발효를 짧게 했을 때 나타나는 현상이다. 2차 발효가 충분치 않을 경우 글루텐 신장성이 떨어져 오븐스프링 시 옆구리가 터지는 현상이 발생한다.

08 다음 중 인건비와 관련된 요소는?

① 안전 활동율
② 물량 생산율
③ 노동 분배율
④ 연천인율

해설 노동분배율$=\dfrac{인건비}{생산가치}$ 생산된 가치 중에서 노동에 대해 분배되는 부분이 얼마나 되는가를 말하는 지표로 인건비와 관련된 지표이다. ① 안전 활동율은 100만시간당 안전활동건수 ④ 연천인율은 안전과 관련된 요소로 1년간 평균 근로자수에 대하여 평균 1,000인당 몇 건의 재해가 발생했는 가를 나타낸다.

09 다음 중 반죽형 케이크의 반죽 제조법에 해당하는 것은?

① 공립법
② 별립법
③ 머랭법
④ 블렌딩법

해설 반죽형 케이크 반죽법 : 크림법, 블렌딩법, 1단계법, 설탕물법 [유지 및 크림 사용량이 많은 특징]

10 식품과 이를 부패시키는 주요 미생물의 연결이 잘못된 것은?

① 곡물류 : 곰팡이
② 어패류 : 곰팡이
③ 통조림 : 포자 세균
④ 육류 : 세균

해설 어패류는 곰팡이가 아니라 세균에 의해서 부패한다.

11 제빵에서 설탕의 기능으로 맞지 않는 것은?

① 껍질의 색을 낸다.

② 향미를 향상시킨다.

③ 제품의 노화속도를 증가시킨다.

④ 이스트의 영양성분으로 작용한다.

해설 설탕은 보습효과를 증가시켜 노화속도를 늦추는 효과가 있다.

12 전화당에 대한 설명으로 옳지 않은 것은?

① 포도당과 과당의 혼합물

② 감미도는 맥아당보다 낮다.

③ 제과류의 광택과 촉감을 위해 사용된다.

④ 감미도가 130정도로 설탕의 감미도보다 높다.

해설 감미도는 설탕 100을 기준으로 전화당은 감미도 130 맥아당의 감미도는 32로 전화당보다 훨씬 낮다.

13 2차 발효의 3대 기본요소는?

① 온도, pH, 시간

② 온도, 습도, 시간

③ pH, 온도, 습도

④ 습도, 시간, pH

해설 [Tip! 2차발효 - 온습시!] pH값은 1차발효에서 중요하게 적용된다. (정상반죽 기준 : pH 4.5)

14 불란서빵 제조 시 2차발효실의 습도는?

① 50~60%

② 75~80%

③ 85~90%

④ 90~95%

해설 [Tip! 불란칠팔!] 빵 불란서빵 제조 시 2차 발효에 있어 적합한 습도는 75~80%이며 이보다 높을 경우 성형 시 반죽이 퍼지고 탄력이 상실된다.

15 생이스트의 저장온도로 적당한 것은?

① -18도 냉동보관

② 0도~5도의 냉장보관

③ 20도 정도의 실온보관

④ 40도 이상의 고온보관

해설 생이스트는 냉장보관하는 것이 적합하다.[이스트의 보관] 이스트의 살아있는 생물체이므로 생이스트는 1~5℃의 저온에서 냉장보관하고(2주~4주정도 보관가능) 장기간 보관했던 것을 사용하지 않는 것이 좋다. 건조이스트는 상온 보관하며 밀봉 보관 시 최장 12개월이상 보관이 가능하다.

16 소화기관의 작용에 대한 설명으로 옳지 않은 것은?

① 위액은 강한 알카리성을 띤다.

② 대장에서는 수분과 영양분의 흡수가 일어난다.

③ 췌장에는 탄수화물 대사 호르몬의 내분비선이 있다.

④ 소장에서는 영양분의 소화와 흡수가 진행된다.

해설 위액은 강산성이다.(pH2)

17 제빵 시 유지류 투입에 가장 적당한 단계?

① 픽업 단계

② 클린업 단계

③ 발전 단계

④ 최종 단계

해설 제빵 시 유지류를 클린업 단계 이후에 투입할 경우 믹싱시간을 단축할 수 있다.

18 냉동 반죽법에 적합한 반죽온도는?

① 5~10도

② 15~17도

③ 18~22도

④ 25~30도

해설 냉동반죽 시 이스트 활동을 억제할 수 있는 18~22℃가 적당하다.

정답 11. ③ 12. ② 13. ② 14. ② 15. ② 16. ① 17. ② 18. ③

19 섭취 시 결핵감염의 원인이 될 수 있는 식품은?

① 유통기한이 지난 두유
② 불완전 살균한 우유
③ 덜익은 돼지고기
④ 덜익은 닭고기

> 해설 결핵의 감염경로는 우유나 유제품을 통해 경구로 침입할 수 있으며 수년에서 수십년의 잠복기를 거쳐 감염증상을 일으킨다.

20 빵 반죽의 기계분할 및 손분할은 몇 분이내로 완료해야 과발효로 인한 단점을 막을 수 있는가?

① 15분~20분
② 25분~30분
③ 30분~40분
④ 40분~50분

> 해설 빵 반죽의 기계분할 및 손분할은 15~20분이내로 완료해야 과발효로 인한 과다팽창과 무게감소를 예방할 수 있다.

21 제품의 성형 후 가스팽창이 최대가 되도록하는 단계로 적당한 것는?

① 펀치
② 1차발효
③ 2차발효
④ 중간발효

> 해설 성형 후 단계 가스팽창을 최대로 하는 단계는 2차발효 단계이다. 1차발효, 펀치, 중간발효는 모두 성형전에 이루어진다. 또한 펀치(가스빼기)는 프랑스빵, 하드롤의 저율 배합에서 많이 활용되는데 완성된 빵의 부피를 좋게 하기 위해서 발효 중에 발생하는 가스를 제거하는 것을 말한다.

22 원가구성에 직접 원가에 해당하지 않는 것은?

① 직접 관리비
② 직접 노무비
③ 직접 재료비
④ 직접 경비

> 해설 [Tip! 노재경 부장님이 직접 원가관리하신다.] 직접원가 - 직접 노무비, 직접 재료비, 직접 경비

23 스펀지 도우법에서의 스펀지 반죽온도와 도우의 반죽온도는 각각 몇 도가 가장 적합한가?

① 스펀지 10도, 도우 15도
② 스펀지 24도, 도우 27도
③ 스펀지 34도, 도우 37도
④ 스펀지 42도, 도우 45도

> 해설 스펀지 도우법에서의 반죽온도 : 스펀지 24도, 도우 27도 정도이다. [암기Tip! 스이사, 도이칠]

24 퍼프 페이스트리 반죽의 휴지 효과에 대한 설명으로 틀린 것은?

① 글루텐을 재정렬시킨다.
② 밀어 펴기가 용이해진다.
③ CO_2 가스를 최대한 발생시킨다.
④ 절단 시 수축을 방지한다.

> 해설 빵 퍼프 페이스트리는 이스트를 사용하지 않고 강력분과 다량의 유지을 사용해서 반죽을 접고 펴기를 반복하여 성형 후 냉장과 휴지를 통해 밀가루를 완전히 수화시켜 글루텐을 안정화시킨다. 이스트를 사용하지 않기 때문에 CO_2가 발생하지 않는다.

25 식품조리 및 취급과정 중 교차오염이 발생하는 경우와 거리가 먼 것은?

① 씻지 않은 손으로 샌드위치 만들기
② 생고기를 자른 가위로 냉면 면발 자르기
③ 생선 다듬던 도마로 샐러드용 채소 썰기
④ 반죽에 생고구마 조각을 얹어 쿠키 굽기

26 노인에게 있어 필수 지방산 흡수를 돕는 유지류는?

① 돼지기름
② 우지
③ 선지
④ 콩기름

> **해설** 필수지방산(리놀렌산, 리놀레산, 아라키돈산)은 식물성유지류에 많이 함유되어 있다.

27 물수건의 소독방법으로 적절한 것은?

① 중성세제로 세탁 후 그늘에서 건조한다.
② 삶거나 차아염소산나트륨으로 소독 후 햇볕 건조한다.
③ 크레졸 액상비누로 소독 후 햇볕 건조한다.
④ 3% 과산화수소로 소독 후 햇볕 건조한다.

> **해설** 물수건 소독에는 ②번이 가장 적합하다. 물수건은 열탕소독하는 것이 가장 좋으며, 차아염소산나트륨은 염소가스와 수산화나트륨을 반응시켜 만든 살균제로, 일반적으로 염소살균이라 한다. 크레졸 액상비누는 독성이 적은 강력한 살균제로 화장실청소, 변기 청소 등에 쓰이고, 3% 과산화수소는 낮은 농도(3~9%)로 주로 의약용 소독제, 의류 및 모발 탈색제로 적합하지만 물수건 소독에는 적합하지 않다.

28 ppm에 대한 설명으로 옳은 것은?

① g 당 천만분율
② g 당 백만분율
③ g 당 천분율
④ g 당 백분율

> **해설** ppm(parts per million)은 백만분율로 어떤 수치를 1,000,000과의 비로 나타내는 방법이다. 즉, ppm은 백만분의 1이라는 뜻

29 다음 중 노화가 가장 빠른 제품은?

① 쿠키
② 카스텔라
③ 도넛
④ 식빵

> **해설** 설탕과 유지의 함량이 적은 식빵이 노화가 빠르다. 또한 냉장온도(0~5)에서 노화가 가장빠르다.

30 다음 빈칸에 알맞은 것은?

쇼트닝, 마가린, 버터 등 가소성 유지 제품은 일반적으로 상온에서 고형질의 함량이 (   ) 이다.

① 20~30%
② 40~50%
③ 50~60%
④ 70~80%

> **해설** 상온에서 모두 고체로 보이나 20~30% 고형질과 70~80%의 액상 형질로 이루어져 있다.

31 2차 발효를 진행 시 습도가 부족하면 나타나는 현상을 모두 고른 것은?

> ⓐ 오븐 스프링 부족
> ⓑ 껍질 색이 균일하지 않고 얼룩이 생긴다.
> ⓒ 윗면이 터지거나 갈라진다.
> ⓓ 질기고 두꺼운 껍질이 형성된다.

① ⓐ
② ⓐ ⓑ
③ ⓐ ⓑ ⓒ
④ ⓐ ⓑ ⓒ ⓓ

해설 2차발효 시 상대습도가 낮을 때 일어나는 현상
ⓐ 오븐 스프링 부족, 껍질형성이 빠르게 일어난다.
ⓑ 껍질 색이 균일하지 않고 얼룩이 생긴다. (광택부족)
ⓒ 윗면이 터지거나 갈라진다.

32 판 젤라틴을 전처리하기 위한 물의 온도는?

① 10~20℃
② 30~40℃
③ 60~70℃
④ 80~90℃

해설 무스나 젤리 디저트 제조 시 판젤라틴 사용, 전처리 방법은 10~20℃의 차가운 물에 최대 20분간 불려서 사용한다.

33 강력분의 특성으로 틀린 것은?

① 중력분에 비해 단백질 함량이 많다.
② 박력분에 비해 글루텐 함량이 적다.
③ 박력분에 비해 이 크다.
④ 경질소맥을 원료로 한다.

해설 강력분은 단백질 함량이 높은 경질소맥을 원료로 제과보다는 제빵용에 주로 쓰인다.
밀가루 단백질의 대부분을 차지하는 글루텐 함량에 따라 강력분 11~13%(12~14%로 구분하기도 한다.)이상, 중력분 10%내외, 박력분 8%내외로 구분한다.

34 이스트푸드의 구성성분 중 칼슘염의 역할은?

① 이스트 성장에 필요하다.
② 오븐 스프링에 필요하다.
③ 반죽에 탄성을 부여한다.
④ 물조절제 역할을 한다.

해설 수소이온의 농도 즉, pH값에 따라 분류되는 물은 제빵용으로는 약산성의 물 pH5.2~5.6 이 적당한데, 이스트 푸드의 구성성분인 칼슘염은 반죽 효모활성과 온도조절, 되기와 농도 조절 등 물조절제 역할을 한다.

35 우유 단백질의 응고에 관여하지 않는 것은?

① 산
② 레닌
③ 가열
④ 리파아제

해설 리파아제는 단백질이 아니라 지방을 분해하는 소화효소로 췌장에서 생성되어 십이지장으로 분비된다.

36 일반적인 이스트 도넛의 적당한 튀김 기름의 온도는?

① 150~160℃
② 180~195℃
③ 230~240℃
④ 150~260℃

해설 도넛의 튀김온도는 너무 높으면 껍질이 빨리 형성되어 팽창이 부족하게 되며 속이 제대로 익지 않고, 반면에 온도가 너무 낮으면 익히는데 시간이 오래걸려서 기름 흡수가 많아진다.

37 제빵 시 메이크업(Make-up)단계에 해당하지 않는 것은?

① 분할
② 둥글리기
③ 성형
④ 2차발효

해설 메이크업(성형] 단계는 분할-둥글리기-중간발효-성형-팬닝 순서로 이루어진다.

38 다음 중 반죽의 발효에 영향을 주는 요소로 거리가 가장 먼 것은?

① 쇼트닝
② 이스트푸드
③ 이스트
④ 설탕

해설 쇼트닝은 발효보다는 빵의 부피 팽창과 반죽 윤활작용을 통해 제품에 부드러움을 주는 내상을 개선하는 역할을 한다.

39 유지의 분해산물인 글리세린에 대한 설명으로 틀린 것은?

① 향미제의 용매로 식품의 색택을 좋게하는 독성이 없는 극소수 용매 중 하나이다.
② 보습성이 뛰어나 빵, 케이크, 소프트쿠키류의 저장성을 연장시킨다.
③ 물, 기름의 유탁액에 대한 안정 기능이 있다.
④ 자당보다 감미가 크다.

해설 설탕의 감미도를 100이라고 했을 때 글리세린의 감미도는 60 정도이다. 포도당 75 맥아당 32 유당 16, 글리세린은 무색 무취이며 물보다 비중이 크다.

40 다음 중 향신료가 아닌 것은?

① 카다몬
② 오스파이스
③ 시나몬
④ 카라야검

해설 카다몬은 열대 산악지대에 널리 자생하고 있는 관엽수의 타원형 녹색 열매로 레몬과 같은 달콤함과 스파이시 향이나는 향신료, 카라야검은 껌이니까 점도증진제이다.

41 글루텐 형성의 주요 성분으로 탄력성을 갖는 단백질은?

① 알부민
② 글로불린
③ 글루테닌
④ 글리아딘

해설 글루텐(gluten)은 글루테닌(glutenin)과 글리아딘(gliadin)이 결합하여 만들어지는 성분으로, 물에 용해되지 않는 불용성 단백질의 일종이다. 글루테닌은 반죽에 탄성력을 부여하는 역할을 하고 (반죽시간과 관련이 깊다), 글리아딘은 반죽에 점성과 신장성을 부여하여 제품의 부피를 형성하는데 역할을 한다.

42 다음 중 달걀에 대한 설명 중 잘못된 것은?

① 노른자의 수분함량 약 50%
② 전란(흰자+노른자)의 수분함량은 75%
③ -5~10로 냉동저장 시 품질이 보장된다.
④ 노른자는 유화기능을 갖는 레시틴 함유

해설 달걀보관방법 : 달걀은 실온 또는 냉장 보관한다.
• 실온 (17°C) 보관 : 17일 이상 보관하는 경우 품질 저하로 식용으로 사용하기에 부적합하다.
• 저온 (2~5°C) 보관 : 106일까지 보관하여도 신선도는 크게 저하되지 않는다.

43 비중컵의 무게 40g, 물을 담은 비중컵의 무게 240g, 반죽을 담은 비중컵의 무게 180g일 때, 반죽의 비중을 구하면?

① 0.2
② 0.3
③ 0.5
④ 0.7

해설 반죽의 비중 = 반죽무게 / 물무게 = (반죽담은 비중컵 무게 - 컵무게) / (물담은비중컵무게 - 비중컵무게) = (180-40) / (240-40) = 140 / 200 = 14 / 20 = 7 / 10 = 0.7

44 로-마지팬(Raw marzipan)의 아몬드 : 설탕 비율은?

① 아몬드 1 : 설탕 3
② 아몬드 1 : 설탕 2
③ 아몬드 1 : 설탕 0.5
④ 아몬드 1 : 설탕 1

해설 로-마지팬은 아몬드와 설탕을 2 : 1(1 : 0.5) 갈아만든 가공하지 않은 페이스트 반죽을 말한다.

45 충전물 또는 젤리가 롤케이크에 축축하게 스며드는 것을 막기 위한 조치사항으로 잘못된 것은?

① 물 사용량 감소
② 굽기시간 조정
③ 반죽 시간 증가
④ 밀가루 사용량 감소

해설 너무 많은 수분이 문제이므로 밀가루 사용량을 감소시키는 것은 해결책이 될 수 없다.

46 파운드케이크의 윗면이 자연적으로 터지는 원인이 아닌 것은?

① 반죽 내 수분이 불충분한 경우
② 설탕입자가 용해되지 않고 남아있는 경우
③ 팬닝 후 장기간 방치하여 표피가 말랐을 경우
④ 오븐 온도가 낮아 껍질 형성이 늦은 경우

해설 같은 제품을 굽더라도 높은 온도에서 짧게 구울 때, 낮은 온도에서 오래 굽는 것보다 표면이 많이 부풀고 잘 터진다. 오븐 예열을 충분히 하지 않을 경우 초기 온도가 낮아 잘 부풀지 않고 빈대떡처럼 퍼지기 쉽다.

47 굽기 손실에 영향을 주는 요인으로 관계가 가장 적은 것은?

① 믹싱시간
② 배합율
③ 제품의 크기와 모양
④ 굽기온도

해설 굽기손실이란 빵반죽이 오븐에서 구워지는 동안 무게가 줄어드는 것을 말하는데 굽는 동안에 반죽 내 수분과 발효 산물 중 휘발성 물질이 함께 증발하면서 무게가 줄어든다.

48 식품첨가물의 안전성 시험과 가장 거리가 먼 것은?

① 아급성 독성 시험법
② 만성 독성 시험법
③ 맹독성 시험법
④ 급성 독성 시험법

해설 식품첨가물의 안전성 시험에는 ④ 급성 독성 시험법 ① 아급성 독성 시험법 ② 만성 독성 시험법은 있지만 ③ 맹독성 시험법은 없다.

정답 43. ④　44. ③　45. ④　46. ④　47. ①　48. ③

49 사람에게 영향을 미치는 결핵균의 병원체를 보유하고 있는 동물은?

① 쥐
② 소
③ 말
④ 돼지

해설 소 결핵균은 사람에서도 결핵을 일으킬 수 있는 인수공통 전염병균이다.

50 병원성 대장균 식중독의 가장 적합한 예방책은?

① 곡류의 수분을 10% 이하로 조정한다.
② 어류의 내장을 제거하고 충분히 세척한다.
③ 어패류는 민물로 깨끗이 씻는다.
④ 건강보균자나 환자의 분변 오염을 방지한다.

해설 병원성 대장균 식중독은 건강보균자나 환자의 분변으로 오염될 수 있기 때문에 식사 전과 후, 화장실 이용 후에는 꼭 손을 깨끗이 씻는 등 개인위생관리를 철저히 한다.

51 장염 비브리오균에 감염되었을 때 나타나는 주요 증상은?

① 급성위장염 질환
② 피부농포
③ 신경마비 증상
④ 간경변 증상

해설 장염 비브리오균은 여름철 어패류를 잘못 먹었을 때 나타나기 쉬우며 급성 위장염(복통) 증세가 주로 나타난다.

52 비타민 B1이 부족할 때 생기는 결핍증상은?

① 괴혈병
② 야맹증
③ 구순구간염
④ 각기병

해설 각기병은 비타민B1(티아민)이 부족하여 생기는 근육위축 질환으로, 다리 힘이 약해지고 지각 이상(저림 등)이 생겨서 제대로 걷지 못하는 병이다.

53 밀가루의 숙성과 표백시간 단축을 위해 사용하는 것은?

① 밀가루 개량제
② 팽창제
③ 점증제
④ 이스트

해설 밀가루 개량제는 밀가루에 함유된 카로티노이드계 색소를 표백하고 효소와 미생물을 불활성화시켜 밀가루 품질을 향상시키는 첨가물로 과산화벤조일, 과황산암모늄,이산화염소 등이 주로 사용된다.

54 굽기 과정 후 빵의 포장 단계에서의 적정 온도는?

① 0℃
② 5~10℃
③ 20~25℃
④ 35도~40℃

해설 빵의 냉각과 포장에 적합한 온도는 35에서 40도이다.

정답 49. ②   50. ④   51. ①   52. ④   53. ①   54. ④

55 부패판정을 위한 사람의 관능검사 항목으로 적합하지 않은 것은?

① 맛

② 냄새

③ 색깔

④ 미생물의 수량

해설 관능검사(sensory evaluation)란 검사대상에 대해서 인간의 감각 즉, 시각, 후각, 미각, 청각, 촉각으로 감지되는 반응을 측정하는 것을 말한다.

56 식빵제조 시 스트레이트을 사용한 식빵제조 시 설탕은 몇 %로 해야 이스트의 작용을 지연시킬 수 있는가?

① 1%

② 2%

③ 3%

④ 5% 이상

해설 설탕은 5% 이상으로 투입해야 삼투압 현상으로 이스트 작용을 지연시킬 수 있다.

57 제빵 시 팬 오일로 유지류를 선택할 때 고려해야 할 사항으로 옳은 것은?

① 가소성이 좋을 것

② 크림성이 좋을 것

③ 비등점이 높을 것

④ 발연점이 높을 것

해설 일반적인 굽기 온도에서 연기가 나거나 타지 않아야 하므로 팬 오일로 유지류 선택시에는 발연점이 220 이상으로 높은 오일을 선택하는 것이 바람직하다.[발연점은 연기가 나기 시작하는 시점의 온도를 말한다.]

58 글루텐을 형성하는 단백질과 그 역할로 옳게 짝지어진 것은?

① 글루테닌 : 탄력성 향상, 글리아딘 : 신장성 향상

② 글리아딘 : 탄력성 향상, 알부민 : 신장성 향상

③ 알부민 : 탄력성 향상, 글리아닌 : 신장성 향상

④ 글로불린 : 탄력성 향상, 글루테닌 : 신장성 향상

해설 [Tip! 테탄딘신] 글루테닌 : 탄력성 향상, 글리아딘 : 신장성 향상

59 어떤 한 종류의 케이크를 만들기 위해 믹싱을 끝내고 비중을 측정한 결과가 다음과 같을 때, 구운 후 기공이 조밀하고 부피가 가장 작아지는 비중의 수치는?

| 0.45 | 0.55 | 0.66 | 0.75 |

① 0.45

② 0.55

③ 0.66

④ 0.75

해설 반죽 상태에서 비중이 큰 반죽일수록 공기량이 적다는 뜻이므로 구운 후 기공이 조밀하고 부피가 작아진다.

60 아이싱에 사용하여 수분을 흡수시키는 용도로 아이싱이 젖거나 묻어나는 것을 방지하는 흡수제로 적당하지 않은 것은?

① 옥수수 전분

② 타피오카 전분

③ 밀 전분

④ 설탕

해설 설탕은 수분에 용해되므로 부적당하다.

01 단백질의 효율 PER은 무엇을 나타내는가?

① 단백질의 질
② 단백질의 열량
③ 단백질의 구성
④ 단백질의 양

해설 PER(Protein Efficiency Ratio)은 단백질의 질을 평가하는 방법으로, 체중이 증가할수록 체단백질 이용 역시 증가한다는 가정 하에 측정하는 지표이다. (어린 쥐의 성장 정도를 측정)

02 일반적으로 세균이 잘 자라는 pH는?

① 1.0 이하
② 2.0~4.5
③ 4.0~5.5
④ 6.5~7.5

해설 일반세균은 알칼리성인 pH6.5~7.5의 범위에서 활동과 번식이 가장 활발하다.

03 제빵에 적절한 물의 경도 범위는?

① 0~50ppm
② 60~120ppm
③ 120~180ppm
④ 180ppm 이상

해설 물의 경도(물의 세기)란 물에 녹아있는 칼슘과 마그네슘의 양을 수치화한 값으로 60ppm 미만인 경우를 연수, 60~120ppm 사이를 아연수, 120~180ppm 사이는 아경수, 180ppm 이상을 경수라 하며 제빵에 적합한 물의 경도는 120~180ppm 인 아경수이다.

04 다음 중 감염병에 대한 설명 중 올바르지 않은 것은?

① 인수공통감염병은 인간과 동물사이에 전파되는 질병이다.
② 세균성 인수공통감염병에는 탄저병, 살모넬라증 등이 있다.
③ 바이러스성 인수공통감염병에는 발진열, Q열, 병원성 대장균 등이 있다.
④ 브루셀라증은 동물에게 유산을 일으키고 사람에게 열병을 일으키는 대표적인 인수공통감염병이다.

해설 Q열과, 발진열은 리케차(세균과 바이러스 중간)에 의해서 발병하며, 병원성 대장균은 세균에 의해 발병한다. 바이러스성 인수공통감염병에는 인플루엔자, 사스, 메르스, 코로나19 등이 있다.

05 감자에 들어있는 독소는?

① 엔테로톡신
② 웰치균
③ 클로스트리디움 보튤리늄
④ 솔라닌

해설 상하지 않은 감자에도 100g당 약 7mg의 솔라닌이 들어있다. 그러나 싹이 나고 변색된 감자에는 솔라닌이 10배 이상 들어있다. 엔테로톡신(enterotoxin)은 황색포도상구균이 식품 속에서 증식할 때 생성하는 장독소이며 웰치균은 식육과 육류가공품을 비롯하여 어패류 등의 동물성 단백식품 섭취 시 감염될 수 있다. 클로스트리디움 보튤리늄은 가공 육류 제품, 퓨레, 채소를 가공한 제품의 통조림에 증식할 수 있다.

정답 1. ①   2. ④   3. ③   4. ③   5. ④

06 화농성 질병이 있는 사람이 만든 제품을 먹고 식중독을 일으켰다면 가장 관계가 깊은 것은?

① 보툴리누스균

② 살모넬라균

③ 포도상구균

④ 장염비브리오균

> 해설 포도상구균은 조리작업 시 상처부위의 고름이 음식물에 들어가 전염을 일으킬 위험이 있다.

07 고시풀이 들어있는 식품과 복어 중독의 원인물질이 올바르게 짝지어진 것은?

① 면실유, 테트로도톡신

② 감자, 베네루핀

③ 보리, 테무린

④ 모시조개, 삭시톡신

> 해설 [Tip! 면실유 → 고시풀(면티입은 고시원생), 복어독 → 테트로도톡신(복테복테!)]
> 모시조개 → 베네루핀 [카페베네는 모시조개 팔다 망했나?]
> 독보리 → 테무린, 섭조개 → 삭시톡신 [섭삭섭삭!]

08 설탕의 전체 고형질을 100%라 할 때 포도당과 물엿의 고형질 함량은?

① 포도당 91%, 물엿 80%

② 포도당 81%, 물엿 70%

③ 포도당 71%, 물엿 60%

④ 포도당 61%, 물엿 50%

> 해설 고형질 함량은 설탕이 100% 일 때 포도당 91%, 물엿 80%

09 반죽의 온도가 25도일 때 반죽의 흡수율이 61%인 조건에서 반죽의 온도를 30도로 올리면 흡수율은 어떻게 변하는가?

① 56%

② 58%

③ 60%

④ 62%

> 해설 온도와 (수분)흡수율은 반비례한다. 온도가 5도 높으면 수분흡수율 3%가 감소하고 온도가 5도 낮으면 수분흡수율이 3% 증가한다. 따라서 25도에서 30도로 5도 높아졌으므로 흡수율은 3% 감소하여 58%가 된다.

10 독소형 세균성 식중독 균으로 알맞은 것은?

① 리스테리아균

② 장염비브리오균

③ 살모넬라균

④ 황색 포도상구균

> 해설 독소형 식중독균은 대표적으로 황색포도상구균, 클로스트리디움 보틀리늄균이 있다.

11 저율배합의 특징으로 올바른 것은?

① 제품이 부드럽다.

② 대표제품으로는 브리오슈가 있다.

③ 일반적으로 저온에서 굽는다.

④ 오랜 기간 보관에는 적합하지 않다.

> 해설 저율배합은 밀가루 사용량이 설탕보다 많거나 같다. 일반적으로 저율배합은 믹싱 중 공기혼입이 적고 반죽의 비중이 크며, 화학적팽창제 사용이 많으며, 높은 온도에서 굽는 특징이 있고 오랜기간 보관에 적합하지 않다. 반면에 고율배합은 많은 설탕을 녹일만한 많은 양의 물을 사용하기때문에 수분이 제품에 많이 남게 되므로 촉촉하고 신선한 상태를 오래 유지시킬 수 있고 부드러움이 지속되는 특징이 있다.

12 건포도를 넣은 식빵을 구울 때 주의사항은?

① 굽는 시간을 늘린다.

② 굽는 시간을 줄인다.

③ 오븐 온도를 높인다.

④ 윗불을 약간 약하게 한다.

해설 건포도의 당성분으로 인해 빵 윗부분 표면의 열흡수가 빨라지므로 윗불을 약간 약하게 하여 굽는다.

13 살균이 불충분한 육류 통조림 섭취 후 발생할 수 있는 식중독의 원인균은?

① 살모넬라균

② 보툴리누스균

③ 황색포도상구균

④ 리케치아균

해설 육류를 불완전하게 살균하여 가공한 통조림이나 햄, 소시지, 어패류 등에는 클로스트리디움 보툴리늄균(보툴리누스균)이 생성하는 열과 소독제에 저항성이 강한 신경독소인 뉴로톡신에 의해 오염 가능성이 크다.

14 냉동제품을 해동 및 재가열하는 목적으로 사용하는 오븐은?

① 릴오븐

② 대류식 오븐

③ 데크식 오븐

④ 적외선 오븐

해설 냉동제품의 해동 및 재가열에는 음식의 표면보다는 내부의 온도를 높여야 하므로 적외선파장을 이용한 오븐이 적당하다.

15 패닝 시 팬의 온도는?

① 0~5℃

② 22~24℃

③ 30~35℃

④ 40℃ 이상

해설 패닝 시 팬의 온도는 30~35도가 적당하다.

16 효소를 구성하는 주요 물질은?

① 탄수화물

② 지방

③ 단백질

④ 무기염류

해설 효소는 단백질이다. 생물체의 특정 반응을 촉진하도록 만들어진 거대 생체 분자의 일종인 단백질을 말한다.

17 냉각 손실에 대한 설명 중 옳지 않은 것은?

① 식히는 동안 수분 증발로 무게가 감소한다.

② 상대습도가 높으면 냉각손실이 작다.

③ 냉각 손실은 5%가 적당하다.

④ 여름보다 겨울에 냉각 손실이 크다.

해설 냉각손실은 제품을 구워낸 후 냉각, 건조, 저장 등에 의해 중량이 감소하는 현상을 말하며 2% 정도가 적당하다.

18 일반적으로 식품의 저온 살균에 적합한 온도는?

① 20~30℃

② 60~70℃

③ 100~110℃

④ 130~140℃

해설 초고온 살균 130~140도, 고온살균 95~120도, 저온살균 60~70도

19 1차발효실의 적절한 상대습도는?

① 55~65%

② 65~75%

③ 75~85%

④ 85~95%

> **해설** 1차 발효실 적정 온도는 27도, 적정 상대 습도는 75~85%

20 다음 중 페디스토마의 제 1중간숙주는?

① 다슬기

② 배추

③ 붕어

④ 새우

> **해설** 다슬기가 페디스토마의 제 1 중간 숙주이다. 제 2중간 숙주는 민물가제, 민물게

21 단백질의 소화와 관련된 내용으로 옳은 것은?

① 췌장에서 분비되는 트립시노겐은 활성형이다.

② 펩신은 카제인을 응고시킨다.

③ 소장에서 아미노펩티다아제가 분비된다.

④ 위내 트립신이 펩시노겐을 펩신으로 전환시킨다.

> **해설** ① 췌장에서 분비되는 트립시노겐은 비활성형이다.
> ② 레닌이 카제인을 응고시킨다.
> ③ 아미노펩티다아제는 소장에서 분비되는 단백질 분해효소이다.
> ④ 트립시노겐은 비활성, 위에서 분비되는 펩시노겐(pepsinogen)이 염산에 의해 펩신으로 활성화된다.

22 단백질의 소화, 흡수에 대한 설명으로 틀린 것은?

① 단백질은 위에서 소화되기 시작한다.

② 펩신은 육류 속 단백질일부를 폴리펩티드로 만든다.

③ 십이지장에서 췌장에서 분비된 트립신에 의해 더 작게 분해된다.

④ 소장에서 단백질이 완전히 분해되지는 않는다.

> **해설** 소장에서 분비되는 효소인 아미노펩티다아제(aminopeptidase), 펩티다아제(peptidase)에 의하여 아미노산으로 분해되어서 소장 점막세포내로 이동한다.

23 빵굽기의 반응이 아닌 것은?

① 이산화탄소의 방출과 노화를 촉진시킨다.

② 빵의 풍미와 색상을 좋게 한다.

③ 제빵제조 공정의 최종단계로 빵의 형태를 만든다.

④ 전분의 호화로 식품의 가치를 향상시킨다.

> **해설** 굽기 단계는 탄산가스를 생성으로 부풀어올라 빵모양을 만든다. 빵굽기 단계에서는 노화가 아니라 호화가 일어난다.

24 다음 중 중화가를 구하는 식은?

① 중조의 양/산성제의 양 X 100

② 종조의 양/산성제의 양

③ 산성제의 양 X 중조의 양 X 100

④ 산성제의 양/중조의 양

> **해설** 중화가란 산 100g을 중화시키는데 필요한 중조의 양 [중조의 양/산성제의 양 X 100]

25 기업경영의 3요소 3M에 해당하지 않는 것은?

① 사람

② 자금

③ 재료

④ 시간

> **해설** 3M (1차 3요소 - 사람 Man, 재료 Material, 자금 Money)
> 7M (2차 추가 4요소- 방법 Method, 시간 Minute, 기계 Machine, 시장 Market)

26 머랭을 만드는데 1kg의 흰자가 필요하다면 껍질을 포함한 평균무게가 60g인 계란은 약 몇 개가 필요한가?

① 20개

② 24개

③ 28개

④ 32개

> **해설** 계란은 껍질 10%, 노른자 30%, 흰자 60%로 이루어져 있다. 60g의 계란 1개의 흰자의 무게는 60g의 60%인 36g이므로 1000 / 36 = 27.777… 28개의 계란이 필요하다.

27 대형공장에서 사용되고 온도조절이 쉽다는 장점이 있는 반면에 넓은 면적이 필요하고 열손실이 큰 오븐은?

① 회전식 오븐

② 데크 오븐

③ 터널식 오븐

④ 릴 오븐

> **해설** 터널식 오븐은 터널과 같은 형태를 갖추고 있어, 생산 라인이 터널을 통과하면서 오븐 내에서 일정한 온도와 조건으로 제품을 가열하거나 조리하게 된다. 생산성 향상과 균일한 품질 유지가 필요한 대형공장에서 주로 사용된다.

28 패리노 그래프의 기능이 아닌 것은?

① 산화제 첨가의 필요량 측정

② 밀가루 흡수율 측정

③ 믹싱시간 측정

④ 믹싱 내구성 측정

> **해설** 첨가할 산화제의 필요량을 구하는 기구는 익스텐소 그래프이다.

29 일반적으로 반죽을 강화시키는 재료는?

① 유지, 환원제, 설탕

② 탈지분유, 소금, 산화제

③ 유지, 탈지분유, 계란

④ 소금, 산화제, 설탕

> **해설** 탈지분유, 소금, 산화제는 글루텐 탄성을 강화시킨다.

30 무기질에 대한 설명으로 틀린 것은?

① 칼슘은 주로 골격과 치아의 구성성분으로 혈액 응고작용을 한다.

② 요오드는 갑상선 호르몬의 구성성분으로 결핍 시 갑상선종을 일으킬 수 있다.

③ 나트륨은 주로 세포 외액에 들어있고 삼투압에 관여한다.

④ 황은 당질(탄수화물) 대사에 관여하며 혈액을 알칼리성으로 유지시킨다.

> **해설** 당질-탄수화물 대사에 중요한 역할을 하는 무기질은 마그네슘이다. 황은 비금속 산성물질로 산성식품은 비금속원소(인.황.염소 등)가 금속원소(나트륨.칼륨.칼슘.마그네슘 등)보다 더 많이 든 식품을 말한다.

정답 25.④ 26.③ 27.③ 28.① 29.② 30.④

31 호밀빵 제조 시 호밀을 사용하는 이유 및 기능과 거리가 먼 것은?

① 독특한 맛
② 조직의 특성
③ 색상
④ 구조력 향상

해설 호밀은 특성상 글루텐 함량이 낮으므로 구조력은 약하다.

32 반죽의 혼합과정중 유지를 첨가하는 방법으로 옳은 것은?

① 밀가루 및 기타재료와 함께 계량하여 혼합하기 전에 첨가한다.
② 반죽이 수화되어 덩어리를 형성하는 클린업 단계에서 첨가한다.
③ 반죽의 글루텐 형성 중간 단계에서 첨가한다.
④ 반죽의 글루텐 형성 최종 단계에서 첨가한다.

해설 [유지류 첨가 → 클린업 단계]
유지를 픽업 단계에서 넣으면 글루텐 형성을 방해하여 반죽 시간이 오래 걸리고 발효도 잘 되지 않기 때문이다.

33 이스트의 3대 기능과 거리가 먼 것은?

① 팽창 작용
② 향 증진
③ 반죽 발전
④ 저장성 향상

해설 생이스트의 경우 단백질이 대부분으로 저장온도가 높을 경우 쉽게 부패한다.

34 흰자를 사용하는 제품에 주석산 크림이나 식초를 첨가하는 이유로 적합하지 않은 것은?

① pH를 낮춰 흰자를 강력하게 한다.
② 알칼리성의 흰자를 중화한다.
③ 풍미를 좋게 한다.
④ 색깔을 희게 한다.

해설 주석산 크림, 식초 첨가의 주된 목적은 흰자의 알카리성에 대한 중화역할로 튼튼한 제품을 만들기 위함이다. 풍미를 좋게 하기 위해서는 적절하지 않다.

35 아밀로그래프의 기능이 아닌 것은?

① 전분의 점도측정
② 아밀라아제의 효소능력 측정
③ 점도를 BU(Brabeder unit) 단위로 측정
④ 전분의 많고 적음을 측정

해설 아밀로그래프는 아밀라아제의 활성화 정도와 전분 점도를 측정하는 기구이다. 즉 전분의 질을 측정하는 기구다. 전분의 많고 적음을 측정하는 것이 아니다.

36 다음 중 연질 치즈로 곰팡이와 세균으로 숙성시킨 것은?

① 크림 치즈
② 로마노 치즈
③ 카망베르 치즈
④ 파마산 치즈

해설 카망베르 치즈는 곰팡이와 세균으로 숙성시킨 치즈이다.

37 쿠키 포장지의 특성으로 적합하지 않은 것은?

① 내용물의 색과 향이 변하지 않아야 한다.

② 독성 물질이 없어야 한다.

③ 방습성이 있어야 한다.

④ 통기성이 좋아야 한다.

해설 쿠키를 통기성이 있는 포장지에 포장 시 공기가 들어가 쉽게 건조해진다.

38 찜을 이용하여 만들어진 제품이 아닌 것은?

① 찜 케이크

② 호빵

③ 중화 만두

④ 소프트롤

해설 소프트롤은 거품형 케이크 - 오븐에 구워서 만든다.

39 빵의 품질 평가 방법 중 내부특성에 대한 평가 항목이 아닌 것은?

① 기공

② 속색

③ 조직

④ 껍질의 특성

해설 껍질의 특성 평가는 빵의 내부가 아니라 외부특성 평가이다.

40 분할된 반죽을 동그랗게 말아 하나의 피막을 형성되도록 하는 기계는?

① 믹서

② 오버헤드 프루퍼

③ 정형기

④ 라운더

해설 "동그랗게 말아 피막형성 둥글둥글~~" 라운더 (Rounder)

41 아밀로오스의 특징이 아닌 것은?

① 일반곡물 전분 속에 약 17~28% 존재

② 퇴화의 경향이 적다.

③ 요오드 용액에 청색으로 반응

④ 비교적 적은 분자량을 가졌다.

해설 아밀로오스는 쉽게 퇴화하고 침전되는 경향이 있으므로 2번이 틀렸다.

42 동물성 지방을 과다 섭취하였을 때 발생할 가능성이 높은 질병은?

① 신장병

② 골다공증

③ 부종

④ 동맥경화증

해설 동맥경화증은 과다한 동물성 지방을 섭취할 경우 비만, 고지혈증과 동맥경화증 발병 가능성을 증가시킨다. 따라서 지방 섭취 시 동물성 포화지방산 대신 식물성 불포화 지방산을 섭취하는 것이 좋다.

43 식품 등을 통해 감염되는 경구감염병의 특징이 아닌 것은?

① 원인 미생물은 세균, 바이러스 등이다.

② 미량의 균에도 감염을 일으킨다.

③ 2차 감염이 빈번하게 일어난다.

④ 화학물질이 주요 원인이 된다.

해설 경구감염병이란 경구(입)을 통해 미생물이 몸속으로 침입하여 일으키는 질병을 일컫는다.

44 다크 초콜릿을 템퍼링할 때 맨 처음 녹이는 공정의 온도범위는?

① 10~20℃
② 20~30℃
③ 30~40℃
④ 40~50℃

> **해설** 다크초콜릿은 40~50℃, 화이트초콜릿은 40℃ 정도, 밀크초콜릿은 45℃ 정도로 하는 것이 좋다.

45 호염성 세균으로 어패류를 통해 가장 많이 발생하는 식중독은?

① 살모넬라 식중독
② 장염비브리오 식중독
③ 포도상구균 식중독
④ 병원성 대장균 식중독

> **해설** 호염(好鹽)이란 소금을 좋아한다는 뜻이므로 소금기가 많은 곳에 서식하는 호염성 식중독 세균은 대표적으로 장염비브리오 균이 있다.

46 파이 굽기 중 과일 충전물이 끓어 넘칠 때 원인으로 점검해야 할 사항이 아닌 것은?

① 배합의 부정확 여부를 확인
② 바닥 껍질이 너무 얇지 않은 지 확인
③ 껍데기에 구멍이 없어야 하므로, 껍질 사이 밀봉 상태를 확인
④ 충전물의 온도가 너무 높지는 않은지 확인

> **해설** 파이 굽기 시 열기를 밖으로 배출할 수 있도록 껍질에 구멍을 뚫지 않을 경우 충전물이 끓어 넘친다.

47 쵸콜릿의 팻 블룸(Fat Bloom) 현상에 대한 설명으로 옳지 않은 것은?

① 쵸콜릿제조 시 온도조절이 부적합할 때 생긴다.
② 쵸콜릿 표면에 수분이 응축하여 나타나는 현상
③ 보관 중 온도관리가 부적절할 때 나타난다.
④ 쵸콜릿의 균열을 통해 표면으로 침출하는 현상이다.

> **해설** 팻블룸은 쵸콜릿 속의 카카오 버터가 고온(28 이상)에서 녹아서 설탕, 코코아, 분유 등이 분리되었다가 다시 굳어져 표면에 배어 나오는 현상이며, 쵸콜릿 표면에 설탕이 녹은 수분이 응축하여 나타나는 현상은 슈가블룸이다

48 제빵에 가장 적합한 물의 광물질 함량은?

① 1~60ppm
② 60~120ppm
③ 120~180ppm
④ 180ppm 이상

> **해설** 광물질 함량은 경도와 관련이 있다. 광물질 함량이 많을수록 경도가 큰 경수이다. 아경수의 범위 120~180ppm

49 더운 여름 얼음을 사용하여 반죽온도를 조절할 때 계산 순서로 적합한 것은?

① 마찰계수 - 물 온도 계산 - 얼음 사용량
② 물 온도 계산 – 얼음사용량 – 마찰계수
③ 얼음사용량 - 마찰계수 - 물 온도 계산
④ 물 온도 계산 - 마찰계수 - 얼음사용량

> **해설** [암기Tip! "마~ 물얼(바라)~마물얼(봐)"] 마찰계수 - 물 온도 계산 - 얼음 사용량

---

50 식빵을 만들려고 한다. 실내온도가 15도, 수돗물온도 10도, 밀가루 온도 13도일 때 믹싱 후 반죽온도가 21도가 되었다면 마찰계수는?

① 5도

② 10도

③ 20도

④ 25도

> **해설** 마찰계수 = (반죽온도 X 3) - (밀가루온도 + 실내온도 + 수돗물온도)
> = 21 X 3 - (13+15+10) = 63-38 = 25
> **[암기Tip! 마찰 = 3반에서 밀실수 빼!]**

51 스펀지법에 비해 스트레이트법의 장점에 해당하는 것은?

① 노화가 느리다.

② 발효에 대한 내구성이 좋다.

③ 노동력이 감소된다.

④ 기계에 대한 내구성이 증가한다.

> **해설** 스트레이트법은 모든 재료를 한꺼번에 믹서에 넣고 반죽하는 방법으로 제조공정이 단순하고 노동력과 시간을 절감할 수 있고 발효손실을 감소시킬 수 있다. 발효내구성이란 발효 중 최적 숙성 상태를 나타내는 시간적 여유가 있다는 뜻으로 이해하면 된다.

52 다음중 단당류가 아닌 것은?

① 포도당

② 과당

③ 올리고당

④ 갈락토오스

> **해설** 포도당(글루코스), 과당(프락토오스), 갈락토오스는 단당류, 올리고당은 3~7개 분자가 뭉쳐진 다당류

53 액체 발효법에서 액종 발효 시 완충제 역할을 하는 재료는?

① 탈지분유

② 설탕

③ 소금

④ 마가린

> **해설** 완충제 역할이란 탈지분유 속의 단백질이 액종의 pH가 급격히 낮아지는 것을 막아준다는 점에서 완충제 역할을 한다고 이해하면 된다.

54 수평형 믹서를 청소하는 방법으로 옳지 않은 것은?

① 청소 전 전원을 반드시 차단한다.

② 생산 직후 청소를 실시한다.

③ 물을 가득 채워 회전시킨다.

④ 금속 스크레퍼로 반죽을 긁어낸다.

> **해설** 금속 스크레퍼는 믹서통 벽면에 흠집이 생기므로 부적당하다. 실리콘이나 합성수지 재질의 스크레퍼를 사용한다.

55 직접배합에 사용하는 물의 온도로 반죽조절이 편리한 제품은?

① 젤리 롤 케이크

② 퍼프 페이스트리

③ 과일 케이크

④ 버터 스펀지 케이크

> **해설** 퍼프페이스트리는 다량의 유지가 들어가는 특성 상 직접 배합 시 물온도를 조절하여 반죽 편리성을 극대화할 수 있다.

정답 50. ④ 51. ③ 52. ③ 53. ① 54. ④ 55. ②

56 케이크 반죽의 믹싱 완료 정도는 무엇으로 파악하는가?

① 반죽의 점도
② 반죽의 온도
③ 반죽의 비중
④ 반죽의 색상

해설 케이크 반죽 혼합의 완성 정도는 반죽의 비중을 측정하여 알 수 있다. 왜냐하면 무게와 부피의 비율인 비중 값을 통해 반죽의 기공과 조직의 완성도를 파악할 수 있기 때문이다.

57 쿠키가 잘 퍼지지(spread) 않는 이유가 아닌 것은?

① 고운 입자의 설탕 사용
② 과도한 믹싱
③ 알칼리 반죽 사용
④ 너무 높은 굽기 온도

해설 산성 반죽 사용 시 잘 퍼지지 않는다.

58 다음 중 감염성이 가장 낮은 것은?

① 콜레라
② 장티푸스
③ 폴리오
④ 납 중독

해설 납 중독은 우리 몸에 오랜기간 축적되어 발현되는 중금속에 의한 식중독으로 감염성은 없다.

59 화학적 식중독에서 나타나는 일반적 증상이 아닌 것은?

① 구토
② 복통
③ 고열
④ 두통

해설 화학적 식중독은 주로 구토, 복통, 두통 등을 일으킨다. 고열은 드물다.

60 과실이 익어감에 따라 어떤 효소의 작용에 의해 수용성 펙틴이 생성되는가?

① 프로토펙틴 가수분해 효소
② 아밀라이제
③ 리파아제
④ 브로멜린

해설 펙틴은 과일이 익으면서 나타나는 수용성 식이섬유의 일종으로 식물의 세포벽 등에 함유된 복합 다당류를 말한다. 과실이 익어감에 따라 프로토펙틴 가수분해 효소의 작용에 의해 수용성 펙틴이 생성된다. 아밀라제는 탄수화물 분해 효소, 리파아제는 지방 분해 효소, 브로멜린은 파인애플에 많이 함유된 천연 단백질 분해효소이다.

정답 56. ③ 57. ③ 58. ④ 59. ③ 60. ①

PART II | 제빵기능사 필기 CBT 복원 실전 모의고사 3회

01 카카오버터의 결정이 거칠어지고 설탕의 결정이 석출되어 초콜릿의 조직이 노화되는 현상은?

① 템퍼링
② 블룸
③ 페이스트
④ 콘칭

해설 온도변화에 따라 표면에 카카오버터나 설탕물이 침출되어 허옇게 굳는 현상은 블룸이다.

02 한 개의 무게가 50g인 과자 100g 중에 탄수화물이 70g, 단백질이 5g, 지방 15g, 무기질 4g, 물6g이 들어 있다면 이 과자 10개를 섭취할 경우 낼 수 있는 열량은?

① 1230 kcal
② 2175 kcal
③ 2840 kcal
④ 3210 kcal

해설 [Tip! 탄단지는 449] 과자가 10개면 500g 이므로 100g 당 열량을 구해서 X 5 해준다.
먼저 100g 당 들어있는 탄단지의 열량을 각각 구해보면, (무기질과 물은 열량이 없다.)
탄수화물 70g X 4 kcal = 280 kcal
단백질 5g X 4 kcal = 20 kcal
지방 15 kcal X 9 kcal = 135 kcal
100g 섭취 시 총 열량은 280 + 20 + 135 = 435 kcal
이고 500g 섭취 시 435 X 5 = 2175 kcal

03 제과 제빵용 건조 재료와 팽창제 및 유지 재료를 알맞은 배합률로 균일하게 혼합한 원료를 무엇이라 하는가?

① 향신료
② 팽창제
③ 개량제
④ 프리믹스

해설 프리믹스(Premix)는 판매 또는 사용되기 전에 이미 혼합한 상태를 말하며 제과 제빵에서는 건조 재료와 팽창제 및 유지 재료를 알맞은 배합률로 균일하게 혼합한 원료를 뜻한다.

04 일시적 경수에 대한 설명으로 옳은 것은?

① 가열 시 탄산염이 되어 침전된다.
② 끓여도 경도가 제거되지 않는다.
③ 황산염에서 기인한다.
④ 제빵에 사용하기 가장 좋다.

해설 일시적 경수는 가열 시 탄산염이 되어 침전된다.
• 일시적 경수 : 탄산칼슘이나 탄산마그네슘이 용해된 물로 끓이면 경도가 사라져 연수가 된다.
• 영구적 경수 : 황산칼슘이나 황산마그네슘을 포함하고 있어 끓이더라도 경도에 영향이 없다.

정답 1. ② 2. ② 3. ④ 4. ①

05 제품의 팽창형태가 화학적 팽창이 아닌 것은?

① 와플

② 팬케이크

③ 비스킷

④ 잉글리시 머핀

> **해설** 와플, 팬케이크, 비스킷은 산과 반응해서 이산화탄소 가스를 방출해서 부풀게 할 수 있는 중조를 이용한 같은 화학적팽창제를 이용하고, 잉글리시 머핀은 이스트에 의한 생물학적 팽창을 한다.

06 수크라아제는 무엇을 가수분해하는 효소인가?

① 맥아당

② 설탕

③ 전분

④ 과당

> **해설** [암기Tip!"수포과"] 우리 몸의 장액 속에 들어있는 소화효소인 수크라아제는 설탕(자당)을 포도당과 과당으로 가수분해한다.

07 포장된 케이크의 변패에 가장 중요한 원인은?

① 흡습 환경

② 고온의 환경

③ 저장기간

④ 작업자의 청결

> **해설** 케이크의 변패, 변질은 흡습(습도가 높은) 현상을 방치하는 경우가 가장 직접적인 원인이라 할 수 있다.

08 밀가루 중에 가장 많이 들어있는 물질은?

① 지방

② 단백질

③ 전분

④ 회분

> **해설** 전분이 70% 이상

09 1mg과 같은 것은?

① 0.0001g

② 0.001g

③ 0.01g

④ 0.1g

> **해설** 1,000mg 은 1g 이다. 따라서 1mg = 0.001g

10 다음 중 파이롤러를 사용하지 않는 제품은?

① 케이크 도넛

② 데니시 페이스트리

③ 롤 케이크

④ 퍼프 페이스트리

> **해설** 롤 케이크는 파이롤러를 사용하지 않는다.
> 파이 롤러를 사용하여 제조 가능한 제품들에는 퍼프 페이스트리, 데니시 페이스트리, 케이크 도넛, 쇼트브레드 쿠키 등이 있다.

11 거품형 케이크 제조 시 녹인 버터의 투입시기는?

① 처음부터 다른 재료들과 함께 넣는게 좋다.

② 밀가루와 섞어 넣는다.

③ 설탕과 섞어 넣는다.

④ 반죽의 최종단계에 넣는다.

> **해설** 거품형 케이크에서 녹인 버터는 달걀의 기포를 제거하는 소포작용을 하기때문에 반죽의 최종단계에 넣는 것이 좋다.

정답 5. ④   6. ②   7. ①   8. ③   9. ②   10. ③   11. ④

12 제과제빵에서 효모에 의한 발효란?

① 주로 혐기성 상태에서 유기물질이 인체에 이로운 물질로 변하는 것

② 주로 호기성 상태에서 유기물질이 인체에 해로운 물질로 변하는 것

③ 주로 호기성 상태에서 유지가 산화되는 것

④ 혐기성 상태에서 유지가 환원되는 것

해설 발효는 생물이 유기물을 분해하는 과정 또는 그 결과물을 의미하는데 부패와 동일한 의미지만, 그 유기물질이 인체의 건강에 이로운 경우를 말하며 산소를 필요로 하는 호기성발효와 산소를 필요로 하지 않는 혐기성발효가 있다. 제과제빵에서의 효모에 의한 알코올 발효는 혐기성발효에 해당하며, 초산발효(초산균), 유기산 발효(곰팡이)는 호기성 발효에 해당한다.

13 식품의 부패를 판정할 때 화학적 판정방법이 아닌 것은?

① TMA

② ATP

③ LD50

④ VBN

해설 LD50은 반수치사량, 즉 물질의 독성 실험 수치를 말한다. 실험군의 50%가 사망하는 투여량을 의미한다. TMA은 트리메틸아민 수치측정, VBN은 휘발성염기질소, ATP는 휴대용 오염도 측정기로 위생 검사등에 쓰이는데 미생물, 유기물 에너지원이 되는 ATP값을 측정하는 것이다. ① ② ④ 는 모두 식품 부패 판정 시 사용되는 화학적 판정 방법이 될 수 있다.

14 과자류, 빵류 제조 시 가스를 발생시켜 연하고 맛을 좋게하며 소화되기 쉬운 상태로 만들 목적으로 사용하는 식품첨가물은?

① 유화제

② 피막제

③ 식품제조용제

④ 팽창제

해설 제과제빵 과정 중 가스를 발생시켜 제품에 부피감과 부드러움 부여하고 식감과 소화흡수율 향상시키는 것은 팽창제의 역할이다.

15 식품을 태웠을 때 재로 남는 성분은?

① 무기질

② 유기질

③ 단백질

④ 지질

해설 무기질

16 버터 톱 식빵 제조 시 분할 손실이 3%라면 완제품 500g 짜리 4개를 만들려고 할 때 사용하는 강력분의 양으로 적절한 것은? (단, 총배합률은 195.8%이다.)

① 약 1037g

② 약 1053g

③ 약 1065g

④ 약 1098g

해설 먼저 완제품 4개의 총무게는 2000g 이고, 이 완제품은 분할손실이 반영된 분할 후의 무게이므로 분할 전의 무게는 2000g / (100%-3%)

즉, 2000g을 0.97로 나누어주면 분할 전의 무게가 나온다.

2000 / 0.97 = 2061.85 이 값은 반죽배합 후의 무게이다

총 배합률이란 것은 밀가루 즉 강력분 양을 100%라고 했을 때 전체 반죽 무게의 비율을 뜻하므로 밀가루 무게를 A라고 두면, A X 195.8% = 2061.85 가 되고, 이를 계산하면

밀가루무게 A = 2061.85 / 195.8% 계산기에 넣어주면 1053g 이 나온다.

17 생크림의 보존 온도로 가장 적절한 것은?

① -18℃

② -5~-1℃

③ 0~10℃

④ 15~18℃

해설 생크림은 0~10℃ 냉장온도에서 보관한다.

18 검류에 대한 설명으로 틀린 것은?

① 유화제, 안정제, 점착제 등으로 사용된다.
② 낮은 온도에서도 높은 점성을 나타낸다.
③ 무기질과 단백질로 구성되어 있다.
④ 친수성 물질이다.

해설 검류는 고분자 다당류의 일종이다.

19 직접반죽법에 의한 발효 시 가장 먼저 발효되는 것은?

① 맥아당
② 포도당
③ 과당
④ 갈락토오스

해설 포도당이 가장 먼저 발효된다.

20 반죽의 신장성과 신장에 대한 저항성을 측정하는 기기는?

① 패리노그래프
② 레오퍼멘토에터
③ 익스텐소그래프
④ 믹서

해설 익스텐소그래프는 반죽의 신장성과 신장에 대한 저항성을 측정하고 패리노그래프의 결과를 보완해주며 밀가루 개량제의 효과를 측정할 수 있는 기기이다.

21 전분을 효소나 산에 의해 가수분해시켜 얻은 포도당을 효소나 알칼리 처리로 포도당과 과당으로 만들어 놓은 당의 명칭은?

① 전화당
② 이성화당
③ 맥아당
④ 전분당

해설 이성화당에 대한 설명이다. 포도당 일부를 과당으로 변화시켜 혼합체를 만들어 놓은 것이 이성화당이다.

22 비터 쵸콜릿 32% 중에는 코코아 함량이 약 얼마 정도인가?

① 8%
② 10%
③ 20%
④ 32%

해설 비터쵸콜릿의 5/8는 카카오파우더, 3/8은 카카오버터로 이루어져 있으므로 32%의 비터 쵸콜릿에는 32%의 5/8이 코코아함량이 된다. 0.32 X 5/8 = 0.2 따라서 20% 가 코코아 함량이다.

23 메틸알코올 중독증상과 거리가 먼 것은?

① 두통
② 구토
③ 환각
④ 실명

해설 두통, 구토, 실명, 호흡곤란 마비증상 등을 일으킨다.

24 혈당의 저하와 관련이 깊은 것은?

① 인슐린
② 리파아제
③ 프로테아제
④ 펩신

해설 인슐린은 췌장에서 분비되는 호르몬으로 포도당을 혈액속에 운반해주고 혈당을 내려주는 역할을 한다. 인슐린은 총 51개의 아미노산으로 구성된 분자량 약 5800의 폴리펩타이드로 이루어져 있다.

25 밀 제분 공정 중 정선기에 온 밀가루를 다시 마쇄하여 작은 입자로 만드는 공정은?

① 조쇄 공정(Break roll)
② 분쇄 공정(Reduct roll)
③ 정선 공정(Milling separator)
④ 조질 공정(Tempering)

> **해설** 밀 제분 공정 순서 - 정선 → 조질(수분처리) → 조쇄 → 분쇄 → 사별(체로치기)

26 효소와 온도와의 관계로 틀린 것은?

① 효소는 단백질이므로 열에 의해 변성된다.
② 최적온도 수준을 지나칠 경우 반응 속도는 증가한다.
③ 적정온도범위에서 온도가 낮아질수록 반응속도는 낮아진다.
④ 적정온도범위에서 온도 10도 상승 시 효소활성은 2배로 증가한다.

> **해설** 효소는 적정 온도범위를 벗어난 80 이상 시 파괴된다.

27 빵 속에 줄무늬가 생기는 원인으로 옳은 것은?

① 덧가루를 과다하게 사용한 경우
② 반죽개량제의 사용이 과다한 경우
③ 밀가루를 체로 치치 않은 경우
④ 너무 되거나 진 반죽인 경우

> **해설** 빵속 줄무늬는 건조함과 관련이 있다 덧가루를 과다하게 사용할 경우 줄무늬가 형성된다.

28 제빵 시 완성된 빵의 부피가 비정상적으로 크다면 그 원인으로 가장 적합한 것은?

① 소금을 많이 사용하였다.
② 알칼리성 물을 사용하였다.
③ 오븐온도가 낮았다.
④ 믹싱이 고율배합이다.

> **해설** 오븐 온도가 낮은 경우 오버베이킹으로 부피가 크게 되기 쉽다. 그 밖에 오븐 온도가 낮으면 껍질이 두꺼워지고 껍질색이 엷게 나오며, 윗면 갈라지고 광택이 부족하거나 얼룩이 생긴다.

29 맥아당은 이스트의 발효과정에서 효소에 의해 무엇으로 분해되는가?

① 포도당 + 포도당
② 포도당 + 과장
③ 포도당 + 유당
④ 과당 + 갈락토오스

> **해설** [Tip! 맥포포!] 맥아당은 말타아제에 의해 포도당 2분자로 분해된다.

30 스펀지 도우법에서 드롭 또는 브레이크 현상이 일어나는 가장 적당한 시기는?

① 1.5배 부풀었을 때
② 2~3배 부풀었을 때
③ 4~5배 부풀었을 때
④ 6~7배 부풀었을 때

> **해설** 스펀지 도우법에서는 1차발효 완료 후 부피가 4~5배 증가했을 때가 드롭/브레이크가 일어나기 적당한 시기이며, 반면에 스트레이트법에서는 3~3.5배 부풀었을 때가 브레이크점 (발효 부피 완료시점)으로 적당하다.

31 다음이 설명하는 성분으로 옳은 것은?

> 글리세린 1개에 지방산 3개가 결합한 구조로 실온에서는 단단하지만 입안에 넣는 순간 녹게 만든다. 고체로부터 액체로 변하는 온도범위가 겨우 2~3도로 매우 좁다.

① 카카오매스
② 카카오버터
③ 카카오파우더
④ 카카오페이

해설 카카오 버터에 대한 설명이다. 실온에서는 단단하지만 입안에 넣는 순간 녹게 만든다. → 카카오버터!

32 다음 제품 중 건조방지를 위해 나무틀을 사용하여 굽는 제품은?

① 슈
② 밀퓌유
③ 카스테라
④ 퍼프 페이스트리

해설 카스텔이라는 나무틀을 이용하여 껍질 형성이 급하게 이루어지지 않도록 하여 부드럽고 팽창이 잘 되도록 한다. (카스테라는 제조 특성 상 다량의 계란과 설탕을 사용하므로 껍질이 빨리 생성된다.)

33 제빵용으로 주로 사용되는 도구는?

① 모양깍지
② 돌리판
③ 스크래퍼
④ 짤주머니

해설 제빵 시 반죽분할에 스크래퍼를 사용한다.

34 육두구과의 상록활엽교목에 맺히는 종자를 말리면 넛메그가 된다. 이 넛메그의 종자를 싸고있는 빨간 껍질을 말린 향신료는?

① 생강
② 시나몬
③ 트러플
④ 메이스

해설 넛메그를 싸고있는 빨간 껍질로 만든 향신료

35 유지의 경화란?

① 표화 지방산의 수증기 증류를 말한다.
② 불포화 지방산에 수소를 첨가하는 것이다.
③ 규조토를 경화제로 하는 것이다.
④ 알칼리 정제를 말한다.

해설 마가린, 쇼트닝 등 경화유는 불포화지방산에 니켈을 촉매로 수소를 첨가하여 만든다.

36 다음 중 탄산수소나트륨(중조)이 반응에 의해 발생하는 물질이 아닌 것은?

① CO_2
② H_2O
③ C_2H_5OH
④ Na_2Co_3

해설 탄산수소나트륨의 반응식은 $2NaHCO_3$(중조) → Na_2CO_3(탄산나트륨) + H_2O(물) + CO_2(이산화탄소)가 발생한다. C_2H_5OH(에탄올)은 아니다.

---

37 쇼트닝에 대한 설명으로 틀린 것은?

① 정제한 동식물성 유지로 만든다.

② 돼지기름인 라드의 대용으로 개발되었다.

③ 수분을 10% 함유하고 있다.

④ 온도 범위가 넓어 취급하기 쉬운편이다.

> **해설** 쇼트닝은 거의 100% 지방이며 수분함량이 0.5%이하로 미미하다.

38 식빵제조 시 수돗물온도 20도, 사용할 물 온도 10도, 사용물의 양 4kg일 때 사용할 얼음량은?

① 100g

② 200g

③ 400g

④ 500g

> **해설** 얼음사용량 = 물사용량 X (수도물온도 - 계산된 사용할 물온도) / (80+수도물온도)
> 4000 X (20-10) / (80+20) = 40000 / 100 = 400g

39 식빵제조 시 물 사용량이 1000g, 계산된 물온도 -7도, 수돗물온도 20도라면 얼음사용량은?

① 50g

② 130g

③ 270g

④ 410g

> **해설** 얼음사용량 = 물사용량 X (수도물온도 - 계산된 물온도) / (80+수도물온도)
> = 1000 X (20-(-7)) / (80+20) = 27000 / 100 = 270g

40 건포도 식빵 제조 시 2차 발효에 대한 설명으로 틀린 것은?

① 식감이 가볍고 잘 끊어지는 제품을 만들 때는 2차발효를 약간 길게 한다.

② 밀가루의 단백질의 질이 좋은 것일 수록 오븐스프링이 크다.

③ 100% 중종법보다 70% 중종법이 오븐스프링이 좋다.

④ 최적의 품질을 위해 2차발효를 짧게 한다.

> **해설** 일명 스폰지법이라고 하는 중종 반죽법은 믹싱 즉 반죽과정을 두 번하는 방법이다. 먼저 밀가루의 50% 이상에 이스트와 물을 섞어 반죽한 스펀지 즉 중종(sponge)을 2~5시간 정도 발효시킨 다음, 남은 밀가루와 부재료를 물과 함께 다시 믹싱한다. 나중의 반죽을 본반죽(dough)이라고 한다. 이때 처음 스펀지를 만들때 밀가루를 100% 사용하는 100% 중종법이 70% 중종법보다 오븐스프링이 좋다. 스펀지 만들때 다 쓰는 것이 더 많이 팽창한다로 이해한다.

41 어느 제과점의 이번 달 생산예상 총액이 1000만원인 경우, 목표 노동생산성은 5000(원/ 시/인), 생산 가동일수가 20일, 1일 작업시간 10시간인 경우 소요인원은?

① 4명

② 6명

③ 10명

④ 12명

> **해설** 노동생산성은 한명이 한시간동안 일할 때의 생산단가를 나타내므로 일단 한달 생산총액을 노동생산성으로 나누면 총 생산시간 X 총 인원이 나온다.
> 10,000,000원 / 5000원 = 2000
> 생산가동일수가 20일 일일 생산시간은 10시간이므로 총 생산시간은 200시간, 생산시간 X 인원이 2000 이므로, 이를 다시 200으로 나누면 소요인원은 10명

42 냉각으로 인한 빵 속의 수분함량으로 적당한 것은?

① 약 5%

② 약 15%

③ 약 25%

④ 약 38%

해설 약 35~38%가 적당하다.

43 일반적으로 식빵에 사용되는 설탕은 스트레이트법에서 몇 %정도일 때 이스트 작용을 지연시키는가?

① 1%

② 2%

③ 3%

④ 7%

해설 보통 스트레이트법으로 식빵제조 시 설탕이 5% 이상 들어가면 삼투압작용에 의해 이스트 작용을 지연시킨다.

44 성형과정을 거치는 동안 반죽이 거친 취급을 받아 상처받은 상태이므로 이를 회복시키기 위해 글루텐의 숙성과 팽창을 도모하는 과정은?

① 1차 발효

② 2차 발효

③ 중간 발효

④ 펀치

해설 2차발효에 대한 설명이다. 성형하는 과정에서 빠졌던 공기층을 다시 발효를 통해 부풀리게 된다.

45 파운드케이크를 구운 직후에 계란 노른자에 설탕을 넣어 표면에 칠해주는데 이 때 설탕의 역할로 알맞지 않은 것은?

① 광택의 효과

② 보존기간의 개선

③ 맛의 개선

④ 탈색 효과

해설 파운드케이크를 구운 직후에 계란 노른자에 설탕을 넣어 표면에 칠해주면 표면 색상을 먹음직스러운 갈색으로 만들어 준다.

46 밤과자 제조 공정에 대한 설명으로 틀린 것은?

① 반죽을 한 덩어리로 만들어 즉시 분할한다.

② 반죽과 내용물의 되기를 동일하게 한다.

③ 성형 후 물을 뿌려 덧가루를 제거한다.

④ 껍질의 두께가 일정하도록 내용물을 싼다.

해설 밤과자 반죽은 반죽 후 즉시 분할하지 않고 냉장온도에서 휴지시킨 후에 분할한다.

47 식빵 배합률 합계 180%, 밀가루 총 사용량 3,000g일 때 총 반죽의 무게는? (단, 기타손실은 없음)

① 1,620g

② 3,780g

③ 5,400g

④ 5,600g

해설 총 반죽의 무게 = 밀가루 총 사용량 3,000 X 배합률 합계 180% = 3,000 X 1.8 = 5,400
배합률이란 밀가루 사용량을 100으로 했을 때의 다른 재료들의 상대적인 비율이므로 이를 다 더한 총 배합률을 밀가루를 포함하여 전체 재료의 무게가 밀가루 무게의 몇 배인가를 나타낸다.

정답 42. ④   43. ④   44. ②   45. ④   46. ①   47. ③

48 믹싱의 효과와 거리가 먼 것은?

① 원료의 균일한 분산

② 반죽의 글루텐 형성

③ 이물질 제거

④ 반죽에 공기 혼입

해설 이물질 제거는 믹싱의 효과가 아니라 체로 가루를 치는 이유에 속한다.

49 다음 중 밀가루에 들어있지 않은 색소는?

① 카로틴

② 크산토필

③ 플라본

④ 멜라닌

해설 멜라닌 색소는 여러 동물의 피부나 조직속에 들어있는 흑색 또는 갈색 색소, 유해산소제거로 피부암예방에 효과가 있다고도 한다.

50 아이싱이나 토핑에 사용하는 재료의 설명으로 틀린 것은?

① 중성 쇼트닝은 첨가하는 재료에 따라 향과 맛을 살릴 수 있다.

② 분당은 아이싱 제조 시 끓이지 않고 사용할 수 있는 장점이 있다.

③ 생우유는 우유의 향을 살릴 수 있어 바람직하다.

④ 안정제는 수분을 흡수하여 끈적거림을 방지한다.

해설 생우유를 쉽게 상할 수 있기때문에 아이싱이나 토핑 재료로 부적절하다.

51 가나슈크림에 대한 설명으로 옳은 것은?

① 생크림은 절대 끓여서 사용하지 않는다.

② 초콜릿과 생크림 배합비율을 10:1로 한다.

③ 초콜릿 종류는 달라도 카카오 성분은 같다.

④ 끓인 생크림에 초콜릿을 더한 크림을 말한다.

해설 생크림과 다크초콜릿을 1:1의 비율로 생크림을 끓인 다음 초콜릿을 넣고 섞어서 만든다.

52 10명의 인원이 50초당 70개의 과자를 만들 때 7시간에는 몇 개를 생산하는가?

① 3,528개

② 35,280개

③ 24,500개

④ 245,000개

해설 1시간은 60분 60분은 1분에 60초니까 60X60=3,600초 이므로 3600초 X 7시간은 25200초가 된다. 이를 50으로 나누면 25200/50초 = 504가 되고 다시 여기에 70을 곱하면 504 X 70 = 35280개가 된다. 10명이란 인원수는 계산에 필요 없다.

53 산형 식빵의 비용적으로 가장 적합한 것은?

① 1.5~1.8 cm³/g

② 1.7~2.6 cm³/g

③ 3.2~3.5 cm³/g

④ 4.0~4.5 cm³/g

해설 반죽의 비용적이란 반죽 1g이 차지하는 부피를 말한다.
산형 식빵의 비용적은 3.2~3.5cm³/g [Tip! 산삼!3.2~3.5]

정답 48. ③　49. ④　50. ③　51. ②　52. ②　53. ③

54 달걀 흰자의 약 13%를 차지하며 철과의 결합능력이 강해서 미생물이 이용하지 못하는 항세균 물질은?

① 오브알부민
② 콘알부민
③ 아비딘
④ 오보뮤코이드

해설 콘알부민 달걀 흰자 속 단백질로 13~15%를 차지한다.

55 부패 세균이 아닌 것은?

① 어위니아균
② 슈도모나스균
③ 티포이드균
④ 고초균

해설 티어위니아균, 슈도모나스균, 고초균, 살모넬라균은 부패세균 맞고, 티포이드균은 감염형 식중독균이다.

56 제빵 과정에서 2차발효가 덜 된 경우 나타나는 현상은?

① 기공이 거칠다.
② 브레이크와 슈레이드가 부족하다.
③ 빵의 속색이 회색과 같이 어둡다.
④ 부피가 작아진다.

해설 2차발효는 성형과정에서 상처받은 반죽을 다시 신장성을 줘서 가스팽창이 잘 일어날 수 있도록 하는 것이 가장 큰 효과이다. 따라서 2차 발효가 덜 된 경우 구울 때 오븐스프링을 부족해서 부피가 작아진다.

57 감염병과 관련된 내용이 바르게 연결되지 않은 것은?

① 콜레라 - 외래감염병
② 파상열 - 바이러스성 인수공통감염병
③ 장티푸스 - 고열 동반
④ 세균성 이질 - 점액성 혈변

해설 파상열은 브루셀라증을 말한다. 인수공통감염병은 맞지만 바이러스성이 아니라 브루셀라균에 의한 세균성 인수공통감염병이다.

58 질병에 대한 저항력을 지닌 항체를 만드는데 꼭 필요한 영상소는?

① 단백질
② 지방
③ 탄수화물
④ 무기질

해설 항체는 면역 단백질로 되어있다. 우리몸의 혈액, 눈물, 침, 점액, 모유 속에 모두 들어있다.

59 작업장의 방충, 방서용 금서망의 그물로 적당한 크기는?

① 5 mesh
② 15 mesh
③ 20 mesh
④ 30 mesh

해설 30 매쉬는 그물 간 간격이 0.6mm

60 다음 중 캐러멜화가 가장 빠른 것은?

① 맥아당
② 포도당
③ 자당
④ 유당

해설 캐러멜화는 당류가 일으키는 산화 반응 등에 의해 생기는 현상으로, 요리에 고소함과 진한 캐러멜 색의 원인이되는 중요한 현상

01 빵을 포장할 때 가장 적합한 빵의 중심온도와 수분함량은?

① 중심온도 30℃, 수분함량 30%

② 중심온도 35℃, 수분함량 38%

③ 중심온도 42℃, 수분함량 45%

④ 중심온도 48℃, 수분함량 55%

해설 [빵 포장온도 반드시 암기!] 35~40℃ 수분함량 38%

02 식빵 껍질 표면에 물집이 생기는 이유가 아닌 것은?

① 반죽이 질었다.

② 2차발효실 습도가 너무 높았다.

③ 발효가 과다하게 일어났다.

④ 오븐의 윗불 온도가 너무 높았다.

해설 발효가 과다할 때가 아니라 발효가 덜 되었을 때 식빵 껍질 표면에 물집이 생긴다.

03 자당 10%를 이성화해서 10.52%의 전화당을 얻었다면, 이때 포도당과 과당의 비율은?

① 포도당 7.0%, 과당 3.52%

② 포도당 3.52%, 과당 7.0%

③ 포도당 3.52%, 과당 7.89%

④ 포도당 5.26%, 과당 5.26%

해설 전화당의 구성비율은 포도당과 과당이 1:1로 반반씩 구성되어 있으므로 둘 다 10.52%의 반인 5.26%가 정답이다.

04 콜레스테롤에 관한 설명 중 잘못된 것은?

① 담즙의 성분이다.

② 비타민 D3의 전구체가 된다.

③ 탄수화물 중 다당류에 속한다.

④ 다량섭취 시 동맥경화의 원인물질이 된다.

해설 콜레스테롤은 탄수화물이 아니라 혈액 속에 있는 기름 즉, 지방과 유사한 물질로 신경세포, 호르몬, 담즙의 원료가 되고 비타민 D3의 전구체가 된다. 다당류에는 전분, 덱스트린, 셀룰로오소, 녹말 등이 있다.

05 굽기과정에서 일어나는 변화로 틀린 것은?

① 당의 캐러멜화와 갈변반응으로 껍질색이 진해지며 특유의 향을 발생한다.

② 굽기가 완료되면 모든 미생물이 사멸하고 대부분의 효소도 불활성화 된다.

③ 전분 입자는 팽윤과 호화의 변화를 일으켜 구조를 형성시킨다.

④ 빵의 외부층에 있는 전분이 내부층 전분보다 호화가 덜 진행된다.

해설 외부층 전분이 내부층 전분보다 호화가 더 빨리 진행된다.

06 절대적으로 공기와의 접촉이 차단된 상태에서만 생존할 수 있어 산소가 있으면 사멸하는 균은?

① 호기성균

② 편성 호기성균

③ 통성 혐기성균

④ 편성 혐기성균

정답 1.② 2.③ 3.④ 4.③ 5.④ 6.②

정답 2

해설 산소 분자가 존재하는 환경에서는 살아가지 못하는 균은 편성 혐기성균 (偏性嫌氣性)이다.
통성 혐기성균 (通性嫌氣性) - 산소 호흡을 하지만 산소가 없는 환경에서도 증식할 수 있는 균으로 대장균, 효모류가 있다.

07 식품에 식염을 첨가함으로써 미생물 증식을 억제하는 효과와 관련이 가장 적은 것은?

① 삼투압 증가
② 펩티드 결합의 분해
③ 산소의 용해도 감소
④ 탈수 작용에 의한 식품 내 수분 감소

해설 펩티드 결합은 아미노산 즉 단백질 결합으로 생각하면 되는데 펩티드 결합이 분해되는 것은 어떤 효소작용에 의한 것이지 식염과는 관련이 없다.

08 지방의 연소와 합성이 이루어지는 장기는?

① 췌장
② 간
③ 위장
④ 소장

해설 지방은 간에서 연소와 합성이 이루어진다. 지방분해 효소인 리파아제는 간에서 분비된다.

09 빵반죽의 이스트 발효 시 주로 생성되는 물질은?

① 물 + 이산화탄소
② 알코올 + 이산화탄소
③ 알코올 + 글루텐
④ 알코올 + 물

해설 이스트 발효 $C_6H_{12}O_6$(포도당) → $2C_2H_5OH$ (알코올) + $2CO_2$(이산화탄소)
발효(醱酵, fermentation)란 효모를 비롯한 곰팡이나 세균 등의 미생물이 생존을 위해 유기물을 분해하면서 우리에게 유용한 물질을 만드는 것을 말한다.

10 제빵 시 굽기 단계에서 일어나는 반응에 대한 설명으로 옳지 않은 것은?

① 반죽온도가 60℃로 오르기까지 효소의 작용이 활발해지고 휘발성 물질이 증가한다.
② 글루텐은 90℃부터 굳기 시작하여 빵이 다 구워질때까지 천천히 응고가 계속된다.
③ 반죽온도가 60℃에 가까워지면 이스트가 죽기 시작하며 그와 함께 전분이 호화되기 시작한다.
④ 표피부분이 160℃를 넘어서면 당과 아미노산이 마이야르 반응을 일으켜 멜라노이드를 만들고, 당의 캐러멜화 반응이 일어나며 전분이 덱스트린으로 분해된다.

해설 글루텐의 형성은 90℃가 아니라 70℃ 부근에서 굳기 시작한다.

11 우리나라 식품첨가물 중 버터류에 사용할 수 없는 첨가물은?

① TBHQ (터셔리부틸히드로퀴논)
② BHA (부틸히드록시아니솔)
③ BHT (디부틸히드록시톨루엔)
④ 식용색소 황색4호

해설 시용색소 황색4호는 버터류 등 유제품과 아이스크림, 식빵, 두부 등에 사용이 금지되어있다. 천식유발

12 빵의 품질 평가 방법 중 내부특성에 대한 평가항목으로 부적당한 것은?

① 기공
② 조직
③ 속색
④ 껍질의 특성

해설 빵내부의 조직 상태나 기공의 상태, 속색깔 등은 내부적 특성파악항목이나 껍질 특성은 외부특성이다.

13 발효가 부패와 다른 점은?

① 미생물이 작용한다.

② 생산물을 식용으로 한다.

③ 단백질의 변화반응이다.

④ 성분의 변화가 일어난다.

해설 발효와 부패는 미생물의 작용으로 인한 단백질 성분 변화 반응이라는 점에서 같지만 인간의 관점에서 이로운 작용은 발효로 분류된다.

14 괴혈병 예방에는 어떤 비타민이 많은 음식을 섭취하는 것이 좋은가?

① 비타민 D

② 비타민 C

③ 비타민 A

④ 비타민 B1

해설 비타민C 결핍 시 나타나는 괴혈병의 증상은 비타민 C 결핍 후 3개월이 지나서부터 서서히 나타난다. 괴혈병의 주된 증상 : 출혈이나 뼈의 변질이 일어난다.

15 비터 쵸콜릿 32%에는 코코아가 약 얼마정도 함유되어 있는가?

① 8%

② 16%

③ 20%

④ 24%

해설 비터쵸콜릿의 구성은 3/8이 코코아 버터이며 5/8가 코코아이다. 따라서 32%중에 코코아는 5/8만큼 들어있으므로 32% X 5/8 = 20%

16 단순 단백질인 알부민에 대한 설명으로 옳은 것은?

① 물이나 묽은 염류 용액에 녹고 열에 의해 응고된다.

② 물에는 불용성이나 묽은 염류 용액에 가용성이고 열에 의해 응고된다.

③ 중성 용매에는 불용성이나 묽은 산, 염기에는 가용성이다.

④ 곡식의 낱알에는 존재하며 밀의 글루테닌이 대표적이다.

해설 달걀의 흰자, 우유에 함유되어있는 단순단백질 알부민은 물이나 묽은 염류 용액에 녹고(가용성이고), 열에 의해 응고된다.

17 단백질 식품을 섭취한 결과 음식물 중의 질소량이 13g이며 대변의 질소량이 0.7g, 소변중의 질소량이 4g일 때, 이 식품의 생물가 (B.V.)는 약 얼마인가?

① 25%

② 45%

③ 64%

④ 82%

해설 생물가란 음식물 섭취로 체내에 흡수된 질소량 중에 배출되고 남은 질소량의 비율로 구할 수 있다. 남은 질소량 = 13-0.7-4 = 8.3 g   생물가 = 8.3 / 13 = 0.6384 약 64%

18 유화제에 대한 설명으로 틀린 것은?

① 계면활성제라고도 한다.

② 친유성기와 친수성기를 각각 50%씩 갖고 있어 물과 기름의 분리를 막아준다.

③ 레시틴, 모노글리세라이드, 난황 등이 유화제로 쓰인다.

④ 빵에서는 글루텐과 전분 사이로 이동하는 자유수의 분포를 조정하여 노화를 방지한다.

해설 HLB(Hydrophile-Lipophile Balance)는 계면활성제가 물과 기름에 대한 친화성 정도를 단계별로 나눈 값으로 0~20까지 있으며 수치가 0에 가까울수록 기름과 가까운 친유성, 20에 가까울수록 물과 가까운 친수성을 띈다. 모든 계면활성제는 친유성과 친수성 두가지 성질을 동시에 가지고 있는데 모두 딱 50%씩 가진 것이 아니라 친유성이 큰 유화제도 있고 친수성이 큰 유화제도 있다. 유화제 마다 그 성질이 다르다.

19 음식물을 통해서만 얻어야 하는 아미노산과 거리가 먼 것은?

① 메티오닌
② 리신
③ 트립토판
④ 글루타민

해설 필수아미노산은 우리 체내에서 합성되지 않기 때문에 음식물 섭취를 통해서만 얻을 수 있다.
필수아미노산 8종 : 메티오닌, 리신, 트립토판 그리고 히스티딘, 이소류신, 류신, 페닐알라닌, 발린 글루타민은 단백질 합성에 이용되는 아미노산은 맞지만 필수 아미노산은 아니다.

20 다음 중 빵의 냉각방법으로 가장 적합한 것은?

① 바람이 없는 실내에서 냉각
② 강한 송풍을 이용한 급냉
③ 냉동실에서 냉각
④ 수분분사 냉각

해설 갓 구워내서 뜨거운 빵을 바람이 없는 실내에서 상온의 온도로 식히는 것이 올바른 빵의 냉각방법이다. 적정온도는 빵 속의 온도가 35~ 40℃이다.

21 인수공통 감염병 중 오염된 우유나 유제품을 통해 사람에게 감염될 수 있는 것은?

① 탄저병
② 야토병
③ 구제역
④ 결핵

해설 결핵에 걸린 소에서 짜낸 우유나 유제품의 경우 결핵균으로 오염되어 인체로 감염시킬 수 있다. 살균하지 않은 유제품을 섭취함으로써 걸리게 된다.

22 달걀에 대한 설명으로 옳은 것은?

① 노른자에 가장 많은 것은 단백질이다.
② 흰자보다 노른자의 중량이 더 크다.
③ 껍질은 대부분 탄산칼슘으로 되어 있다.
④ 흰자는 대부분 물이고 그 다음 많은 성분은 지방질이다.

해설 노른자에 가장 많은 것은 지방으로 70%이며 흰자에는 지방이 거의 없다.
껍질을 제외한 전란에서 흰자 비중은 60% 노른자가 40%, 껍질 대부분은 탄산칼슘이다.

23 성장기 어린이, 빈혈환자, 임산부 등 생리적 요구가 높을 때 흡수율이 높아지는 영양소는?

① 철분
② 아연
③ 나트륨
④ 칼슘

해설 우리의 혈액속에 들어있는 헤모글로빈은 철성분을 다량 함유하고 있으며 우리 몸의 각세포에 산소를 운반해주는 역할을 하는데 이 철분이 결핍되면 빈혈증상이 나타난다.

24 유지의 층상구조를 이용한 파이, 크로와상, 데니쉬 페스트리 등의 제품은 유지의 어떤 성질을 이용한 것인가?

① 쇼트닝성
② 가소성
③ 안정성
④ 크림성

해설 유지의 가소성이란 유지가 상온에서 고체 형태를 유지하는 성질이다. 파이, 크로와상, 데니쉬 페스트리 등이 유지와 밀가루 반죽이 서로 완전히 섞이지 않고 겹겹이 층을 이루게 하는 것은 유지의 가소성을 이용한 것이다.

25 합성감미료와 관계가 없는 것은?

① 화학적 합성품이다.
② 아스파탐이 이에 해당한다.
③ 일반적으로 설탕보다 감미도가 낮다.
④ 인체 내에서 영양가를 제공하지 않는 합성감미료도 있다.

해설 아스파탐, 사카린, 수크랄로스 등의 합성감미료 또는 인공감미료는 일반적으로 설탕보다 감미도가 높다. 훨씬 달다.

26 반죽의 얼음 사용량을 계산하는 공식으로 옳은 것은?

① 얼음={물사용량×(계산된물온도-수돗물온도)} / (80+수돗물온도)
② 얼음={물사용량×(수돗물온도+사용수온도)} / (80+수돗물온도)
③ 얼음={물사용량×(수돗물온도×사용수온도)} / (80+수돗물온도)
④ 얼음={물사용량×(수돗물온도-사용수온도)} / (80+수돗물온도)

해설 반죽의 얼음사용량 =
[암기Tip! 물곱 수마사(수돗물온도 마이너스 사용수온도) / 80 수]

27 캐러멜화가 가장 높은 온도에서 일어나는 것은?

① 설탕
② 과당
③ 아카시아꿀
④ 전화당

해설 설탕은 180도 이상의 높은 온도에서 캐러멜화가 일어나는 고분자 화합물이다.

28 식빵의 배합률 합계가 180%, 밀가루 총 사용량이 3,000g일 때 총반죽의 무게는? (단, 기타 손실은 없음)

① 1620g
② 3780g
③ 5400g
④ 5800g

해설 총 배합률이라는게 밀가루사용량을 100%라고 했을 때의 전체 반죽의 %이므로 총 밀가루 사용량에 총 배합률합계를 곱하면 총반죽 무게가 나온다.
총 밀가루 사용량 3000g X 식빵 배합률 합계 180% = 5400g 총반죽 무게

29 곰팡이가 생존하기 가장 어려운 서식처는?

① 물
② 곡류
③ 두류식품
④ 토양

해설 곰팡이는 곡류, 두류식품, 토양에서 pH4~6정도의 산성환경이 조성될 때 서식에 유리하다. 하지만 습기는 곰팡이 생육에 필수적이지만 물 속은 보통 pH7로 중성을 띠므로 일반적인 곰팡이 생육에 불리하다.

정답 24. ② 25. ③ 26. ④ 27. ① 28. ③ 29. ①

30 일반적으로 신선한 우유의 pH는?

① 4.0~4.5

② 3.0~3.5

③ 5.5~6.0

④ 6.5~6.7

해설 신선한 우유의 pH 6.5~6.7, 오래된 우유는 pH가 떨어져서 산성이 된다.

31 과당을 분해하여 CO_2 가스와 알코올을 만드는 효소는?

① 리파아제

② 프로테아제

③ 찌마아제

④ 말타아제

해설 리파아제 - 지방분해, 프로테아제 - 단백질 분해, 말타아제 - 맥아당분해

32 효소와 활성 물질이 잘못 짝지어진 것은?

① 펩신 - 염산

② 트립신 - 트립신 활성 효소

③ 트립시노겐 - 지방산

④ 키모트립신 - 트립신

해설 펩신과 트립신은 단백질 분해효소로 펩신은 염산, 트립신은 트립시노겐에 의해 활성화되고 트립시노겐은 엔테로키나제에 의해 활성화 된다. 키모트립신은 트립신에 의해 활성화되는 것은 맞다.

33 제빵 시 발효공정의 직접적인 목적으로 볼 수 없는 것은?

① 탄산가스 발생으로 팽창작용을 한다.

② 유기산, 알코올 등을 생성시켜 빵고유의 향을 발달시킨다.

③ 글루텐을 발전, 숙성시켜 가스의 포집과 보유 능력을 증대시킨다.

④ 발효성 탄수화물의 공급으로 이스트 세포수를 증가시킨다.

해설 발효 중 생성된 유기산과 알코올은 빵 고유의 향이 나게 하고, 글루텐을 연화시켜서 가스 포집력이 향상시키게 되는데, 이 가스를 통해 나중에 빵이 부드럽고 잘 늘어나는 신장성이 좋아지게 된다. 하지만 발효과정에서 발효성 탄수화물이 공급되는 건 맞지만 이로 인해 팽창가스가 발생하는 거지 2~3시간 정도 발효시킨다고 이스트 세포수가 증가하는 건 아니다.

34 다음 중 코코아에 대한 설명으로 잘못된 것은?

① 코코아에는 천연 코코아와 더취 코코아가 있다.

② 더취 코코아는 천연 코코아를 알칼리 처리하여 만든다.

③ 더취 코코아는 색상이 진하고 물에 잘 분산된다.

④ 천연 코코아는 중성을 더취 코코아는 산성을 나타낸다.

해설 천연코코아는 산성이 강한 식품이고 더취 코코아는 천연 코코아가루를 알카리성분인 포타시움(potassium) 용액에 처리해서 산성을 중화시킨 유럽식 코코아(네덜란드식 코코아)를 말한다.

35 빵의 굽기에 대한 설명 중 옳은 것은?

① 고배합의 경우 낮은 온도에서 짧은 시간 굽기
② 고배합의 경우 높은 온도에서 긴 시간 굽기
③ 저배합의 경우 낮은 온도에서 긴 시간 굽기
④ 저배합의 경우 높은 온도에서 짧은 시간 굽기

해설 고율배합은 저온에서 장시간 (오버해서 굽는다=오버베이킹), 저율배합은 고온에서 단시간 굽는다. (좀 모자라게, 짧게 굽는다 = 언더베이킹)

36 보존료의 구비조건으로 옳지 않은 것은?

① 공기, 광선에 의해 잘 분해될 것
② 미량으로도 효과가 클 것
③ 독성이 없거나 극히 낮을 것
④ 무미, 무취할 것

해설 공기나 광선에 의해 잘 분해되지 않고 안정성을 가지고 있어야 한다.

37 과자빵 껍질에 흰 반점이 생긴 경우 그 원인에 해당되지 않는 것은?

① 반죽온도가 높았다.
② 발효하는 동안 반죽이 식었다.
③ 숙성이 덜 된 반죽을 그대로 정형하였다.
④ 2차 발효 후 찬 공기를 오래 쐬었다.

해설 반죽온도가 낮은 경우 흰 반점이 생긴다.

38 열량 영양소의 단위 g당 칼로리에 대한 설명으로 옳은 것은?

① 단백질은 지방보다 칼로리가 많다.
② 탄수화물은 지방보다 칼로리가 적다.
③ 탄수화물은 단백질보다 칼로리가 적다.
④ 탄수화물은 단백질보다 칼로리가 많다.

해설 [탄단지는 449]

39 다음 중 발효시간을 연장시켜야 하는 경우는?

① 식빵 반죽온도가 27℃도이다.
② 발효실 온도가 24℃이다.
③ 이스트푸드가 충분하다.
④ 1차 발효실 상대습도가 80%이다.

해설 반죽온도는 27℃가 적당하고, 1차 발효실의 일반적인 조건은 온도는 27℃, 습도는 75~80%, 반죽의부피가 2.5~3배 될 때까지 발효시킨다. 따라서 발효실 온도가 24로 낮은 경우 발효시간을 연장시키는 것이 좋다. 중간발효와 성형 후 2차 발효 온도는 35~38℃, 습도는 80~90%가 적당하다.

40 다음 중 제과제빵의 재료로 사용되는 쇼트닝에 대한 설명으로 틀린 것은?

① 쇼트닝을 경화유라고 한다.
② 쇼트닝은 불포화 지방산의 이중결합에 촉매 존재하에 수소를 첨가하여 제조한다.
③ 쇼트닝성과 공기포집 능력을 갖는다.
④ 쇼트닝은 융점이 매우 낮다.

해설 융점(녹는점)이 낮으면 상온에서 고체상태로 존재할 수 없다. 쇼트닝의 녹는 점은 44~51℃ 정도로 낮지 않다.

41 화학적 식중독을 유발하는 요인이 아닌 것은?

① 테트로도톡신
② 불량한 포장용기
③ 유해한 식품첨가물
④ 농약에 오염된 식품

해설 테트로도톡신은 복어독으로 자연독이다.

정답 35. ④   36. ①   37. ①   38. ②   39. ②   40. ④   41. ①

42 초콜릿제품을 생산하는데 필요한 도구는?

① 디핑포크
② 오븐
③ 파이롤러
④ 워터스프레이

해설 디핑포크가 쵸콜릿 생산할 때 필요한 도구이다. 파이롤러는 패스트리 파이류를 자동으로 말아주는 기계
[디핑포크]

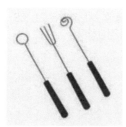

43 도넛 튀김용 유지로 가장 적당한 것은?

① 라드
② 유화쇼트닝
③ 면실유
④ 버터

해설 튀김유로는 발연점이 높은 식물성기름이 적합하다. 면실유 약 230℃, 콩기름 220~240℃, 옥수수기름 270~280℃, 채종유 250℃, 올리브유 180~200℃, 포도씨유 250 ℃ 등이 적합하다.
라드유의 발연점은 182℃, 쇼트닝 165℃, 일반버터 180℃로 튀김유로는 부적당하다.

44 부패의 진행에 따라 생기는 산물이 아닌 것은?

① 암모니아
② 황화수소
③ 일산화탄소
④ 메르캅탄

해설 일산화탄소는 어떤 물질을 태울 때 발생하는 그을음으로 생각하면 된다. 부패산물이 아니다. 메탄티올(methanethiol) 또는 메틸 메르캅탄(methyl mercaptan)은 화학식이 CH3SH로 유기 황 화합물을 말하며 독특한 부패한 냄새가 나는 무색 가스로 부패산물의 하나이다.

45 반죽의 온도조절을 위한 고려사항으로 적절하지 않은 것은?

① 마찰계수를 구하기 위한 필수적인 요소는 반죽결과온도, 원재료온도, 작업장온도, 사용되는 물온도, 작업장 상대습도이다.
② 기준이 되는 반죽온도보다 결과온도가 높다면 물의 일부를 얼음으로 사용하여 희망하는 반죽온도를 맞춘다.
③ 마찰계수란 일정량의 반죽을 일정한 방법으로 믹싱할 때 반죽온도에 영향을 미치는 마찰열을 실질적인 수치로 환산한 것이다.
④ 계산된 사용수 온도가 56℃ 이상일 때에는 뜨거운 물을 사용할 수 없으며, 영하로 나오더라도 절대치의 차이라는 개념에서 얼음계산법을 적용한다.

해설 마찰계수를 구하기 위한 필수적인 요소는 공식을 적어 보면 알수있다.
마찰계수 = (반죽온도 X 3) - (밀가루온도 + 실내온도 + 수돗물온도)
[암기Tip! 마찰 = 3반에서 밀실수 빼!]

46 강력분과 박력분의 성상에서 가장 중요한 차이점은?

① 단백질의 함량차이
② 비타민의 함량차이
③ 지방의 함량차이
④ 탄수화물의 함량차이

해설 단백질의 함량, 즉 글루텐 함량이 강력분, 중력분, 박력분으로 나누는 기준이 된다.

47 다음 중 재료에 사용되는 달걀에 대한 설명이 틀린 것은?

① 노른자의 수분함량은 약 50% 이다.

② 달걀은 -10℃에서 -5℃로 냉동 저장해야 품질을 보장할 수 있다.

③ 노른자에는 유화기능을 갖는 레시틴이 함유되어 있다.

④ 전란의 수분 함량은 75%정도이다.

해설 냉동보관이 아니라 냉장보관(5~10℃)해야 된다.

48 표준 스펀지 - 도우법 (중종법)의 스펀지 발효시간은?

① 1시간 ~ 2시간 30분

② 3시간 ~ 4시간 30분

③ 5시간 ~ 6시간

④ 7시간 ~8시간

해설 스펀지 도우법은 처음 반죽을 스펀지반죽 나중반죽을 본반죽이라고 하며 스트레이트법과 달리 두번 반죽하는 중종법이다. 발효시간에 따라 장시간, 단시간 그리고 표준 세가지로 나누는데 표준스펀지 도우법의 발효시간은 3시간에서 4시간 반 정도가 적당하다.

49 비상스트레이트법의 장점이 아닌 것은?

① 임금 절약

② 짧은 공정 시간

③ 대량 주문에 신속히 대처

④ 저장성의 향상

해설 비상스트레이트법은 보통 식빵이나 단팥빵 등에 쓰인다. 반죽시간은 20~30% 늘려주고 발효시킬 때는 이스트양을 두배로 늘려서 최대한 발효시간을 단축시켜서 말그대로 비상 시 공정 시간을 줄이고 많은 주문에 신속히 대응할 수 있고 노동력과 임금도 줄일 수 있는 장점을 가진 반죽법이다. 반면에 이스트냄새가 날 수 있고, 부피가 고르지 않고 저장성이 짧아지고 쉽게 노화되는 단점이 있다.

50 다음 중 바이러스가 원인인 감염병은?

① 간염

② 장티푸스

③ 파라티푸스

④ 콜레라

해설 간염은 간염바이러스에 의해 감염된다. 그 외에 폴리오, 인플루엔자, 일본뇌염 등도 바이러스에 의해 전파되는 감염병이다.

51 팬닝 시 주의사항으로 잘못된 것은?

① 팬에 적정량의 오일을 바른다.

② 반죽의 이음매는 바닥으로 놓이도록 해야한다.

③ 반죽의 무게와 상태를 정하여 비용적에 맞추어 적당한 반죽량을 넣는다.

④ 틀이나 철판의 온도는 25℃로 맞춘다.

해설 팬닝 시 팬의 온도는 32~35℃로 맞춘다. 온도가 너무 높으면 빵이 축 처지는 현상이 나타나고 반대로 너무 낮으면 발효가 지연되므로 주의한다.

52 액종을 만드는 방법 중 틀린 것은?

① 이스트, 물 등을 넣고 액종을 만든다.

② 완충제로는 탈지분유, 탄산칼슘을 사용하며 pH4.2~5.0의 액종을 만든다.

③ 본반죽의 온도는 28~32℃가 적당하다.

④ 액종을 섞은 후 온도는 24℃에서 12~13시간 발효시킨다.

해설 액종법은 액체발효법이라고 부르는데 스펀지법의 변형으로 스펀지 대신에 액체를 발효시킨 발효종을 넣어준다. 액종을 만드는 방법은 이스트와 이스트푸드, 맥아, 설탕, 소금 등의 재료를 물에 넣고 완충제로 탈지분유, 탄산칼슘을 넣어서 pH4.2~5.0의 액종을 만든 다음에 이것을 본반죽과 섞어서 30℃ 정도에서 2~3시간 비교적 짧게 발효시키는 방법이다. 따라서 발효시간이 짧기 때문에 글루텐 숙성과 풍미가 떨어지는 단점이 있다.

정답 47. ②　48. ②　49. ④　50. ①　51. ④　52. ④

53 식빵의 굽기 단계는 몇 단계로 이루어지는가?

① 1단계

② 2단계

③ 3단계

④ 4단계

> **해설** 식빵 굽기는 반죽급속 팽창 단계(204℃) → 껍질색 발현 단계(238℃) → 중심부 열침투 단계(221~238℃) 총 3단계로 이루어진다.

54 인수공통감염병으로만 짝지어진 것은?

① 결핵, 유행성 간염

② 홍역, 브루셀라증

③ 탄저병, 리스테리아증

④ 폴리오, 장티푸스

> **해설** [인수공통감염병 – 브탄결엔야리돈Q] 브루셀라증, 탄저, 결핵, 인플루엔자, 야토병, 리스테리아증, 돈단독증, 큐열] 그 밖에 바이러스성 인수공통감염병으로 사스, 메르스, 코로나19 등도 추가로 알아 둔다.

55 다음 중 함께 개량할 때 문제가 되는 재료로 짝지어진 것은?

① 밀가루와 반죽개량제

② 소금과 설탕

③ 이스트와 소금

④ 이스트와 밀가루

> **해설** 이스트가 소금에 직접적으로 닿게 되면 삼투압 현상으로 이스트의 활동이 억제된다.

56 빵 반죽을 분할기로 기계식 분할을 할 때 기준이 되는 것은?

① 무게

② 모양

③ 배합율

④ 부피

> **해설** 기계식 분할기 기준은 부피이며, 분할은 15~20분이 내에 완료하는 것이 좋다.

57 압착효모(생이스트)의 일반적인 고형분 함량은?

① 10%

② 20%

③ 30%

④ 90%

> **해설** 생이스트의 고형분 함량은 30%, 건조이스트는 고형분 함량이 90%

58 굽기 중 일어나는 변화로 가장 높은 온도에서 발생하는 것은?

① 탄산가스의 용해도 감소

② 전분의 호화

③ 이스트의 사멸

④ 단백질 변성

> **해설** ① 탄산가스의 용해도 감소 : 49℃ ② 전분의 호화 : 60℃
> ③ 이스트의 사멸 : 63℃ ④ 단백질 변성 : 74℃

정답 53. ③　54. ③　55. ③　56. ④　57. ③　58. ④

59 제빵 시 베이커스 백분율의 기준이 되는 재료는?

① 설탕

② 밀가루

③ 유지

④ 물

해설 베이커스 백분율은 밀가루 양을 100%로 했을 때 각 재료의 %를 나타낸다.

60 머랭제조에 대한 설명으로 옳은 것은?

① 기름기나 노른자가 없어야 튼튼한 거품이 나온다.

② 일반적으로 흰자 100에 대하여 설탕 50의 비율로 만든다.

③ 저속으로 거품을 올린다.

④ 설탕을 믹싱 초기에 첨가하여야 부피가 커진다.

해설 흰자 100 : 설탕 100 또는 설탕의 비율을 올리기도 하지만 설탕을 더 적게 넣는 것은 일반적이지 않다. 믹싱 속도는 저속→고속→저속 순으로 하고 설탕을 너무 일찍 투입하면 계란 흰자의 단백질 사슬 결합을 방해하고 시럽화가 될 우려가 있으므로 적당한 시기를 봐서 3회정도 나누어 투입하는게 좋다.

01 이스트푸드 중 연수를 경수로 고정하여 반죽의 수축력을 향상시켜 CO_2의 포집력을 크게 하는 것은?

① NH_4Cl

② $CaSO_4$

③ $KBrO_3$

④ 전분

> **해설** 이스트푸드 중 물조절제에 대한 설명이다. 칼슘의 양 조절을 통해 물의 경도를 조절하고 반죽 탄력성을 향상시키는 물조절제로는 황산칼슘($CaSO_4$), 인산칼슘($Ca_3(PO_4)_2$), 과산화칼슘(CaO_2) 등이 사용된다. 반면에 이스트의 영양분인 질소 공급을 목적으로 할 때는 염화암모늄(NH_4Cl), 황산암모늄($(NH_4)_2SO_4$), 인산암모늄($(NH4)_3PO_4$)을 사용한다.

02 밀 쌀과 같은 곡류에서 특히 부족하기 쉬운 아미노산은?

① 페닐알라닌

② 트레오닌

③ 리신

④ 알기닌

> **해설** 리신은 곡류에 부족한 아미노산이다. 트립토판 역시 부족하다.

03 다당류 중 포도당으로만 구성되어 있는 탄수화물이 아닌 것은?

① 셀룰로오스

② 전문

③ 글리코겐

④ 펙틴

> **해설** 포도당으로만 이루어진 다당류에는 대표적으로 글리코겐과 셀룰로오스, 전분이 있다. 하지만 펙틴은 다당류는 맞지만 주성분이 포도당이 아니라 갈락토스의 산화물인 갈락튜론산이다.

04 글리세롤 1분자에 지방산, 인산, 콜린이 결합한 지질은?

① 레시틴

② 세파

③ 피리딘

④ 콜레스테롤

> **해설** 일반적으로 콩이나 달걀 노른자에 많이 함유되어 유화제 역할을 하는 레시틴은 글리세롤 1분자에 지방산, 인산, 콜린이 결합한 지질이다. 우리 몸속에서 물과 기름을 섞이게 하는 유화 작용을 해서 혈관벽에 들러붙은 지방을 녹여서 동맥경화를 예방하는 기능을 한다.

05 유통기한에 영향을 미치는 내부적 요인은?

① 제조 공정

② 포장 방법

③ 제품의 배합

④ 소비자 취급

> **해설** 유통기간이 짧고 길고에 있어 제품 성분이나 배합 자체가 원인이 되는 것이 내부적 원인이고, 제품을 자체가 아닌 제조과정, 포장, 취급이 원인이 되는 것이 외부적 요인이다. 따라서 제품의 배합에 따라 유통기간이 달라지는 것은 내부적 요인이다. 그 밖에 원재료, pH와 산도, 수분함량 등이 내부적 요인이 된다.

정답 1. ②　2. ③　3. ④　4. ①　5. ③

06 지방의 주요 기능이 아닌 것은?

① 비타민 ADEK의 운반 및 흡수
② 체온 손실 방지
③ 정상적인 삼투압 조절에 관여
④ 티아민 절약

> **해설** 우리몸에서 나트륨농도가 올라가면 갈증을 느끼게 해서 물을 흡수하고, 나트륨농도가 떨어지면 소변이나 땀으로 나트륨을 몸 밖으로 배출하는 것 즉, 삼투압 조절 기능은 단백질과 무기질의 기능이다.

07 유황을 함유한 아미노산으로 -S-S- 결합을 가진 것은?

① cystine
② glutamic acid
③ lysine
④ leucine

> **해설** 유황(황)의 원소기호는 S이다. 시스틴은 단백질을 구성하는 아미노산 중 하나로, 두 개의 시스테인이 황결합을 한 것을 말한다. 화학식은 $C_3H_7NO_2S$, 간단히 [황을 함유한 아미노산 - 시스테인]으로 암기한다. 글루타민산 $C_5H_9NO_4$, 리신 $C_6H_{14}N_2O_2$ 류신 $C_6H_{13}NO_2$ 에는 모두 황이 들어 있지 않다.

08 올리고당류의 특징으로 가장 거리가 먼 것은?

① 감미도가 설탕에 비해 낮다.
② 청량감이 있다.
③ 설탕에 비해 충치에 저항성이 강하다.
④ 장내 비피더스 균의 증식을 억제한다.

> **해설** 올리고당은 청량감이 있고, 설탕에 비해 20~30% 덜 달고, 이빨도 덜썩는다. 또한 비피더스 균의 증식을 도와 장기능을 활성화시킬 수 있어서 설탕의 대용품으로 많이 사용한다.

09 Mycotoxin의 특징을 바르게 설명한 것은?

① 곰팡이가 생성한 독소에 의한다.
② 원인식품은 지방이 많은 육류이다.
③ 약제에 의한 치료효과가 크다.
④ 항생물질로 치료된다.

> **해설** myco-(균: fungus)가 생산한 toxin(독소)을 합친 단어로 '곰팡이독'을 뜻한다. 마이코톡신은 곡물이나 견과류에서 수확 전후에 발생하는 곰팡이가 생성하는 독성화합물로 곡물을 건조하고 시원한 곳에 보관해서 곰팡이가 피지 않도록 해야한다.

10 HACCP을 수행하는 준비단계가 아닌 것은?

① 공정흐름도 작성
② CCP (중요관리점) 결정
③ HACCP 팀 구성
④ 제품설명서 작성

> **해설** HACCP 준비 5단계 : 팀구성, 설명서 확인, 용도 확인, 공정흐름도 작성, 공정흐름도 현장 확인
> **[Tip! 해썹준비 → 팀설용 흐흐~]**
> (비교) HACCP 7대원칙 → 위중한 모개검문!

11 프랑스빵, 하드 롤, 호밀빵 등의 Hearth Bread를 구울 때 스팀을 사용하는 목적으로 옳지 않은 것은?

① 표면이 마르는 시간을 늦추어 준다.
② 오븐 스프링을 유도하는 기능을 한다.
③ 윤기가 나는 빵을 만들 수 있다.
④ 빵 표면의 껍질이 두꺼워진다.

> **해설** Hearth Bread의 원래 의미는 전통적인 화목이나 석탄등으로 불을 지펴 빵을 굽는 오븐방식을 사용해서 아주 높은 온도에서 구워서 껍질(크러스트)가 아주 두껍고 씹는 맛이 있는 빵을 말한다. 스팀을 해주는 목적은 오븐에 반죽을 넣은 직후에 수분을 공급해서 표면이 마르는 시간을 늦추고 껍질이 두껍게 형성되는 것을 방지한다.

12 아래의 쌀과 콩에 대한 설명 중 (   )안에 들어갈 알맞은 말은?

> 쌀에는 라이신이 부족하고 콩에는 메티오닌이 부족하다. 이것을 쌀과 콩단백질의 (   )이라 한다.

① 제한 아미노산
② 필수 아미노산
③ 필요 아미노산
④ 아미노산 불균형

해설 만일 어떤 식품으로 단백질 만을 섭취한다고 가정할 때 8가지 필수 아미노산 중 특정 아미노산이 부족하거나 없다면 그것을 제한 아미노산이라 한다.

13 섬유소를 완전히 가수분해하면 어떤 물질로 분해되는가?

① 포도당
② 설탕
③ 맥아당
④ 아밀로오스

해설 일반적인 섬유소(Fiber)의 분자식은 $(C_6H10O_5)n$인데 여기서 n이 분자 내에 포도당의 수이다. 섬유라고 하면 공업용으로도 많이 쓰이지만 문제는 당연히 식물의 주요 구성체인 식이섬유소를 말할 것이다. 식이섬유소의 대표격인 셀룰로오스는 수백에서 수천 개의 D-포도당 단위체들이 β(1→4) 글리코사이드 결합으로 연결된 선형 사슬이 중첩된 격자형의 다당류이다. 이것은 쉽게 말해 단당류인 수백개의 포도당(글루코스(Glucose)) 분자들이 체인처럼 길게 연결된 상태를 말한다. 따라서 섬유소를 완전히 가수분해하면 포도당으로 분해된다.

14 밀가루의 탄성을 강하는 재료가 아닌 것은?

① 비타민 A
② 레몬즙
③ 식염
④ 칼슘염

해설 레몬즙, 식초와 같은 산성 재료를 첨가하면 글루텐의 성분인 글리아딘과 글루테닌의 결합을 느슨하게 해, 글루텐의 탄성이 줄어든다 .

15 모카 아이싱(Mocha icing)의 특징을 결정하는 재료는?

① 커피
② 분당
③ 코코아
④ 쵸콜릿

해설 커피를 첨가하는 것이 모카 아이싱(Mocha icing)의 특징이다.

16 피자 제조시 많이 사용하는 향신료는?

① 넛매그
② 오레가노
③ 박하
④ 계피

해설 [Tip! 피자향이 와이리 오래가노?] 오레가노(Oregano) 꿀풀과에 속하는 다년생 식물의 잎과 꽃의 끝부분을 말린 것으로 바질과 조합하여 대부분의 피자소스나 토마토 파스타 소스에 들어가며 톡 쏘는 매운 향이 특징이다.

17 완전단백질이 아닌 것은?

① 카제인
② 헤모글로빈
③ 미오신
④ 오브알부민

해설 완전단백질이란 필수 아미노산을 모두 포함하는 단백질을 말한다. 혈액속 적혈구를 구성하는 헤모글로빈은 복합 단백질로 굳이 따지자면 불완전 단백질이다.

18 펀치의 효과와 가장 거리가 먼 것은?

① 반죽의 온도를 균일하게 한다.
② 이스트의 활성을 돕는다.
③ 반죽에 산소공급으로 산화, 숙성을 진전시킨다.
④ 성형을 용이하게 한다.

정답 12. ①   13. ①   14. ②   15. ①   16. ②   17. ②   18. ④

해설 가스 빼기(punch) 1차 발효에서 가스를 빼는 작업으로 반죽의 부피가 2.5~3배 정도되었을 때 반죽을 눌러 탄산가스를 제거하는 것을 말한다 . 신선한 산소를 공급해서 이스트의 활성을 돕고 반죽의 온도를 균일하게 하여 고른 숙성을 위해 실시한다 .

19 다음 중 우유에 관한 설명이 아닌 것은?

① 우유에 함유된 주 단백질은 카제인이다.
② 연유나 생크림은 농축우유의 일종이다.
③ 전지분유는 우유 중의 수분을 증발시키고 고형질 함량을 높인 것이다.
④ 우유 교반 시 비중의 차이로 지방입자가 뭉쳐 크림이 된다.

해설 전지분유는 우유를 그대로 건조시켜 분말로 만들어 첨가물을 넣지 않은 것으로, 우유의 지방 함유량을 규격에 맞게 조제한 뒤 농축, 탈수한 것이다. [(비교) 고형질 함량을 높였다 → 연유나 생크림의 농축우유]

20 버터 스펀지 케이크 반죽 제조 시 주의사항으로 옳지 않은 것은?

① 중탕을 할 때 달걀이 익지 않도록 주의한다.
② 달걀에 설탕을 넣고 저은 반죽은 휘퍼 자국이 서서히 사라지는 정도가 되어야 완성된다.
③ 식용유와 반죽을 섞을 때는 부피가 줄지 않도록 잘 섞어야 한다.
④ 밀가루를 넣고 너무 많이 섞으면 비중이 낮아질 수 있다.

해설 밀가루를 넣고 너무 많이 섞으면 기포가 줄어들어 부피가 줄면서 비중이 커질 수 있다.

21 별 모양깍지를 이용하여 모양을 만들려고 한다. 다음 중 어떤 것이 적당한가?

① 조개모양
② 장미꽃
③ 글씨쓰기
④ 코스모스 꽃

해설 별 모양깍지 → 조개모양, 줄모양깍지 → 장미꽃 등 꽃잎, 펜모양 → 글씨쓰기

22 가압하지 않은 찜기의 내부온도로 가장 적합한 것은?

① 65℃
② 99℃
③ 150℃
④ 200℃

해설 증기로 익히는 찜기는 100가 넘지 않으면서 가장 뜨거워 제품을 익힐 수 있는 온도 99℃

23 어린반죽으로 제조 시 중간 발효시간은 어떻게 되는가?

① 길어진다.
② 짧아진다.
③ 같다.
④ 판단할 수 없다.

해설 어린 반죽은 1차발효 시 발효가 덜 된 반죽으로 조치사항으로는 중간 발효 시 발효시간을 늘려주면 된다.

24 노타임 반죽법에 사용되는 산화, 환원제의 종류로 틀린 것은?

① 소르브산
② L-시스테인
③ ADA (Azodicarbonamide)
④ 요오드칼슘

해설 ADA는 산화제로 쓰이고, 소르브산, L-시스테인과 소르브산은 환원제로 쓰인다.

정답 19. ③ 20. ④ 21. ① 22. ② 23. ① 24. ④

25 빵 속에 줄무늬가 생기는 원인으로 옳은 것은?

① 덧가루 사용이 과다할 경우

② 반죽 개량제 사용이 과다할 경우

③ 밀가루를 체로 쳐서 사용하지 않은 경우

④ 너무 되거나 진 반죽인 경우

> **해설** 덧가루 사용이 과다할 경우 빵속에 줄무늬가 생긴다.

26 빵 표면의 갈변반응로 옳은 것은?

① 이스트가 사멸하면서 생겨나는 현상이다.

② 경화유지류의 반응으로 생긴다.

③ 굽기 온도 때문에 지방이 산패되면 생긴다.

④ 아미노산과 당의 반응으로 생긴다.

> **해설** 빵 표면의 갈변 반응은 고온으로 빵을 구울 때 아미노산과 당의 반응, 즉 마이야르 반응 시 나타나고 또는 당성분에 고열이 가해졌을 때 나타나는 캐러멜화 반응으로도 나타난다.

27 다음 제품 중 2차 발효실 습도를 가장 낮게 유지하는 것은?

① 빵도넛

② 햄버거빵

③ 풀먼식빵

④ 과자빵

> **해설** 빵도넛 2차발효 습도는 65%~70% 정도로 가장 낮다. 빵도넛은 기름에 넣어 튀겨야 하므로 반죽에 탄력성을 유지하면서 튀김시 반죽 표면에 수포가 생기지 않도록 2차 발효실의 습도가 낮게 설정되어야 한다. 2차 발효 (Final Proofing)는 굽기 전 마지막 공정으로 성형을 마친 반죽을 팬닝해 일반적으로 온도 35~40℃, 습도 80~90%의 발효실에 넣는 과정이다.

28 불란서빵의 2차 발효실 습도로 가장 적합한 것은?

① 50~55%

② 60~65%

③ 75~80%

④ 80~85%

> **해설** 2차 발효실의 일반적인 조건은 온도 38 ~ 40℃, 습도 80 ~ 90%이지만 불란서 빵은 빵껍질이 바삭해야하고 껍질이 두껍게 형성되면 안되므로 습도를 75~80%로 좀 더 낮춰야한다.

29 스펀지 도우법에서 스펀지의 밀가루량을 증가시킬 때 나타나는 결과가 아닌 것은?

① 도우 제조 시 반죽시간이 길어진다.

② 완제품 부피가 커진다.

③ 도우의 발효시간이 짧아진다.

④ 반죽의 신장성이 좋아진다.

> **해설** 스펀지는 1차적으로 해주는 반죽이므로 당연히 밀가루량을 늘리면 반죽시간이 길어진다. 하지만 도우반죽 시의 밀가루량은 오히려 줄어들기 때문에 반죽시간은 길어진다는 것은 틀린 내용이다.

30 다음 중 팬닝에 대한 설명으로 틀린 것은?

① 반죽의 이음매가 틀의 바닥으로 놓이게 한다.

② 철판의 온도를 60로 맞춘다.

③ 반죽은 적정 분할량을 넣는다.

④ 비용적의 단위는 cm³/g이다.

> **해설** 팬닝 시 팬의 온도는 32℃가 적당하다. 60는 너무 높다.

31 장내에서 흡수속도가 가장 빠른 것은?

① 만노스
② 갈락토오스
③ 글루코스
④ 프락토오스

해설 글루코스 (포도당)의 흡수 속도를 수치 상 100이라고 했을 때 유당인 갈락토오스는 110으로 만노스 19, 과당인 프락토오스 43 보다 흡수속도가 훨씬 빠르다.

32 일반적인 계란의 수분 함량은?

① 50%
② 75%
③ 80%
④ 95%

해설 수분 75% 고형질 25%(전란기준)

33 제빵용으로 주로 사용되는 도구는?

① 모양깍지
② 회전판
③ 짤주머니
④ 스크래퍼

해설 반죽이 믹싱볼 표면에 달라붙지 않도록하거나 빵 반죽 분할 시 스크래퍼를 사용한다.

34 빵의 냉각단계에서 빵 속의 수분함량은 어느정도가 적당한가?

① 약 5%
② 약 15%
③ 약 28%
④ 약 38%

해설 냉각 시 온도는 35~38℃ 빵 속의 수분은 38%가 적당하다.

35 다음 중 냉동반죽의 저장온도와 동결온도로 올바른 것은?

① 저장온도 -5~-1℃, 동결온도 0℃
② 저장온도 -6~10℃, 동결온도 -18℃
③ 저장온도 -18~-24℃, 동결온도 -40℃
④ 저장온도 -40~-45℃, 동결온도 -40℃

해설 저장온도 -18~-24℃, 동결온도 -40℃

36 빵 제조 시 연수를 사용할 때의 적절한 조치는?

① 끓여서 여과
② 이스트량 증가
③ 미네랄 이스트 푸드사용 증가
④ 소금량 감소

해설 미네랄 이스트푸드를 사용을 증가시킨다. 연수는 경도 0~60ppm의 단물로 제빵에 사용 시 글루텐을 연화시켜 반죽을 연하고 끈적거리게 하고 [점착성 증가] 가스 보유력을 감소시켜 오븐스프링을 감소시킨다. 따라서 다음과 같은 조치가 필요하다.
• 물의 양을 줄여 흡수율을 감소시킨다. (2%)
• 미네랄 이스트푸드와 소금 사용량을 증가시킨다.
• 이스트양을 감소시키고 발효시간을 단축한다.

37 무기질에 대한 설명으로 틀린 것은?

① 황은 당질 대사에 중요하며 혈액을 알칼리성으로 유지시킨다.
② 칼슘은 주로 골격과 치아를 구성하고 혈액응고작용을 돕는다.
③ 나트륨은 주로 세포 외액에 들어 있고, 삼투압 유지에 관여한다.
④ 요오드는 갑상선 호르몬의 주성분으로 겹핍 시 갑상선종을 일으킨다.

해설 1번은 마그네슘에 대한 설명, 황은 단백질 합성에 관여하고 해독작용과 산화 환원작용을 한다. 식품을 태운 재의 성분 중에서 황(S), 인(P)이 많은 식품이 산성 식품이고, 칼슘(Ca), 칼륨(K), 나트륨(Na), 마그네슘(Mg)이 많은 식품이 알칼리성 식품이라고 할 수 있다.

정답 31. ② 32. ② 33. ④ 34. ④ 35. ③ 36. ③ 37. ①

38 수용성 향료(에센스)의 특징으로 옳은 것은?

① 제조 시 계면활성제가 반드시 필요하다.

② 기름에 쉽게 용해된다.

③ 내열성이 강하다.

④ 고농도의 제품을 만들기 어렵다.

> **해설** 에센스에는 알코올을 사용한 수용성 향료와 비알콜성인 기름에 용해되는 지용성 향료가 있는데 1.2.3번 모두 지용성 향료의 특징이고 수용성 향료는 고농도제품을 만들기 어렵다.

39 빵의 표면에 흰 반점이 생겼다면 그 원인에 해당되지 않는 것은?

① 반죽온도가 높았다.

② 발효하는 동안 반죽이 식었다.

③ 숙성이 덜 된 반죽을 그대로 정형했다.

④ 2차 발효 후 찬 공기에 오랫동안 노출되었다.

> **해설** 빵반죽 흰 반점은 반죽이 덜 숙성되거나 혹은 건조하거나, 차가운 공기나 수증기와 접촉 시 생긴다. 반죽온도가 높은 경우는 해당되지 않는다.

40 하나의 스펀지 반죽으로 2~4개의 도우를 제조하는 방법으로 노동력과 시간을 절약할 수 있는 반죽법은?

① Overnight Sponge법

② Master Sponge법

③ 비상스펀지법

④ 가당스펀지법

> **해설** 마스터 스펀지법은 하나의 큰 스펀지 반죽(마스터스펀지)을 1차 발효 한 후, 반죽을 몇 조각으로 나누어서 여러 개의 도우를 만드는 것으로 노동력과 시간을 절감할 수 있다. 오버나잇 스펀지법은 장시간 발효가 특징이고, 비상스펀지 2~3시간 짧은 발효가 특징이다. 가당 스펀지법은 설탕량이 많이 한 스펀지가 특징이다.

41 밀알의 83%를 차지하며 밀가루 구성의 주부위는?

① 내배유

② 배아

③ 껍질부위

④ 세포

> **해설** 내배유가 밀알의 83% 차지한다. 단백질 함량이 70~75%로, 분말화하여 제과제빵에 적합한 "밀가루"로 사용된다. 밀기울은 껍질, 과피 부분으로 밀알의 14% 차지하고 영양분이 풍부하나 식감에 따른 영향으로 일반적으로 제분 과정에서 분리된다. 베아(씨눈은 밀알의 2~3% 차지한다.

42 스펀지 도우법에서 스펀지 반죽의 일반적인 밀가루 사용범위는?

① 20~40%

② 40~60%

③ 60~100%

④ 30~50%

> **해설** 스펀지 도우법은 중종반죽법이라고 하며 소규모 빵집보다는 대규모 제빵공장에서 사용되는 방법이다. 1차로 밀가루와 물, 이스트, 이스트푸드를 섞어 스펀지를 만들고 여기에 다른재료들을 넣고 반죽하여 본반죽인 도우를 만든다. 이 때 밀가루 사용범위는 스펀지는 60~100%, 도우는 0~40% 이다.

43 다음 재료 중 식빵 제조 시 반죽온도에 가장 큰 영향을 주는 것은?

① 설탕과 물

② 밀가루와 물

③ 소금과 물

④ 반죽 팽창제와 물

> **해설** 반죽온도는 반죽의 가장 기본재료인 밀가루와 물의 온도에 가장 큰 영향을 받는다. 특히 물의 온도에 가장 큰 영향을 받는다.

---

44 다음 중 식품접객업에 해당되지 않는 것은?

① 위탁급식영업
② 유흥주점영업
③ 일반음식점영업
④ 식품냉동 냉장업

해설 식품접객업에는 휴게음식점, 일반음식점, 단란주점, 유흥주점, 위탁급식, 제과점영업 등이 있다.

45 순수한 지방 20g이 내는 열량은?

① 80kcal
② 140kcal
③ 180kcal
④ 200kcal

해설 [Tip! 탄단지는 449] 지방 1g은 9kcal 의 열량을 내므로 20g X 9 kcal = 180 kcal

46 굽기과정 중에서 당류의 캐러멜화가 시작되는 온도는?

① 100℃
② 120℃
③ 150℃
④ 185℃

해설 캐러멜화 반응은 당류를 고열인 160~180℃정도로 가열했을 때 일어나는 갈변반응으로 150℃ 정도에서 일부 시작된다.

47 식빵 포장 시 28까지 냉각하면 어떤 영향이 있는가?

① 노화가 일어나 빨리 딱딱해진다.
② 곰팡이가 발생하기 쉽다.
③ 빵의 모양이 푹 꺼진다.
④ 식빵을 슬라이스하기 어렵다.

해설 미생물증식을 억제하는 일반적으로 적절한 빵 포장온도는 35~40, 이 보다 낮은 온도인 28에서 포장작업 시 노화가 일어나 빨리 딱딱해지기 쉽다.

48 반죽제조 단계 중 렛다운 단계까지 믹싱하는 제품은?

① 옥수수식빵, 밤식빵
② 크림빵, 앙금빵
③ 바게트, 프랑스빵
④ 잉글리시 머핀, 햄버거 빵

해설 렛다운 단계는 반죽의 신장성이 최대인 단계로 잉글리시머핀, 햄버거빵 반죽 시 탄력성이 거의 없이 쳐지는 단계까지 믹싱한다.

49 지용성 비타민에 대한 설명으로 틀린 것은?

① 기름과 유지에 용해된다.
② 섭취한 필요 이상의 것은 체내에 저장된다.
③ 결핍 증세가 서서히 나타난다.
④ 필요량을 매일 먹지 않으면 결핍증이 발생한다.

해설 수용성비타민 즉 비타민 B군이나 C군은 체내에 저장되지 않고 배설되기 때문에 매일 섭취해줘야 되고 결핍증상도 바로 나타나지만, 지용성 비타민은 비타민 ADEK의 경우 결핍증상도 천천히 나타나고 체내에 저장되기때문에 매일 섭취하지 않아도 된다.

정답 44.④ 45.③ 46.③ 47.① 48.④ 49.④

50 식품의 관능을 만족시키기 위해 첨가하는 물질은?

① 강화제

② 보존제

③ 발색제

④ 이형제

해설 관능평가는 시각, 후각, 미각, 촉각 및 청각으로 감지되는 반응을 측정하는 것이므로 색상을 내는 발색제가 관능만족 첨가물이다. 그 밖에 감미료, 조미료, 착색, 착향료 등이 있다.

51 반죽이 팬에 가득차는 성질과 관련된 것은?

① 흐름성

② 가소성

③ 점탄성

④ 활착성

해설 반죽이 팬에 가득차는 것은 반죽의 흐름성이 좋기 때문이다. 흐름성(Viscous Flow)은 반죽이 팬 또는 용기의 모양이 되도록 하는 성질이며 가소성(Plasicity)은 반죽이 둥글리기와 성형을 통해 형성되는 모양을 유지하는 성질이다.

52 오븐에서 구운 빵을 냉각할 때 평균 몇 %의 수분 손실이 추가로 발생하는 가?

① 2%

② 3%

③ 5%

④ 8%

해설 굽기가 완료된 빵은 식히면 2%의 수분손실이 추가로 발생한다.

53 인슐린이라는 호르몬의 성분이 되는 무기질은?

① 아연

② 철분

③ 구리

④ 유황

해설 인슐린이 적절히 작용하도록 췌장에서의 인슐린 합성을 돕는 역할을 아연이 담당한다.

54 제품 100g에 무기질이 2g들어있었다면 이 무기질로부터 얻을 수 있는 열량은?

① 0 kcal

② 4 kcal

③ 5 kcal

④ 9 kcal

해설 무기질은 열량을 내는 열량소가 아니다.

55 칼슘이 인체에서 하는 역할이 아닌 것은?

① 신경 자극을 전달하고 유지시킨다.

② 혈액 응고작용에 관여한다.

③ 지방의 흡수를 조절한다.

④ 근육의 수축과 이완작용을 조절한다.

해설 지방 흡수 조절은 칼슘의 역할이 아니다.

56 체내에서 사용한 단백질이 배설되는 주요 경로는?

① 호흡

② 소변

③ 대변

④ 피부

해설 단백질은 주로 체내에서 분해되어 흡수되고 남은 찌꺼기는 요소와 요산의 형태로 소변으로 배설된다.

---

57 다음 중 비타민 C가 가장 많이 함유된 식품은?

① 풋고추

② 미역

③ 양배추

④ 바나나

해설 풋고추가 귤보다 비타민 C 2배를 함유하고 있다. 100g 당 60~80mg, 양배추는 36mg, 미역 18mg, 바나나 8.7mg를 함유하고 있다.

58 식품 또는 식품첨가물을 채취, 제조, 가공, 조리, 저장, 운반, 또는 판매하는 직접종사자들이 정기건강 진단을 받아야 하는 주기는?

① 1회/월

② 1회/3개월

③ 1회/6개월

④ 1회/1년

해설 식품 또는 식품첨가물(화학적 합성품인 식품첨가물을 제외한다)을 채취, 제조, 가공, 조리 저장, 운반 또는 판매하는데 직접 종사하는 자는 직전 건강진단 검진을 받은 날을 기준으로 매 1년마다 1회 이상 건강진단을 받아야 한다. 식품위생 분야 종사자의 건강진단 규칙 [시행 2022. 4. 28.] [총리령 제1804호, 2022. 4. 28., 일부개정]

59 HACCP 시스템 적용 시 준비단계에 해당하지 않는 것은?

① 제품 설명서 작성

② 제품의 사용용도 파악

③ 공정흐름도, 평면도 작성

④ 위해 요소 분석

해설 위해요소 분석은 준비단계가 아니라 HACCP 7대 원칙에 속한다. 5단계 준비사항은 1. HACCP팀 구성, 2. 제품 설명서 작성, 3. 제품의 사용용도 파악, 4. 공정흐름도, 평면도 작성, 5. 공정흐름도, 평면도가 작업현장과 일치하는지 확인 단계로 구성되어 있다.
[Tip! 해썹준비 → 팀설용 흐흐~]
(비교) HACCP 7대원칙 → 위중한 모개검문!

60 1일 2000kcal를 섭취하는 성인의 경우 탄수화물의 적절한 섭취량은?

① 1100~1400g

② 850~1050g

③ 500~125g

④ 275~350g

해설 일단 탄수화물은 전체 탄단지 섭취 비율 중 55~70%를 차지한다는 사실을 암기하고 있어야 한다. [따라서 55%로 계산하면 2000kcal의 55%는 2000 X 0.55 =1100 kcal 이므로 이것을 4로 나누면 1100 / 4 = 275 따라서 275g이 나오고, 70%로 계산하면 2000 kcal의 70%는 1400kcal 이므로 탄수화물 1g이 내는 열량 4kcal로 나누면 350g이 된다. 따라서 275~350g 이 1일 2000kcal를 섭취하는 성인의 경우 탄수화물의 적절한 섭취량이 된다. 정답은 ④ 275~350g

※ 참고로 2010년 한국영양학회 기준에서 탄수화물 섭취 비율을 기존 55~70%에서 55~65%로 낮추었다. 하지만 기존 문제를 푸는데는 크게 지장이 없으므로 55~70%구한 다음 가장 가까운 답을 체크한다.

정답 57. ① 58. ④ 59. ④ 60. ④

제과제빵
산업기사
핵심정리

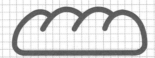

: 합격 수험전략

새로 시행되는 자격증 시험을 노려라! 과년도 기출문제에서 대부분 출제되는 자격증 시험 특성 상 문제 풀(Question Pool)이 절대적으로 부족한 신규 산업기사 자격증은 문제 난이도를 어렵게 내지 않기 때문에 상대적으로 합격율이 높은 편입니다.

최근 새롭게 시행된 제과제빵 산업기사 시험 역시 문제 풀이 적고 계속해서 새로운 문제들을 만들어내거나 기존 기능장 또는 기능사 시험의 기출문제를 가져와 출제되기 때문에 23년도에 기출되었던 문제를 풀어보시는 것이 크게 의미가 없습니다. 그 보다는 출제 범위의 핵심 이론을 제대로 정리하고, 이미 방대한 과년도 문제 Pool을 갖춘 기존 제과제빵기능사 또는 기능장 필기 기출문제를 인터넷에서 무료 제공하는 사이트나 어플에서 반복해서 풀어보시는 것이 훨씬 효과적인 공부법이라 생각합니다. 본 [제과제빵 산업기사 핵심이론정리]는 신규 자격과정과 함께 새롭게 제시된 NSC 교육내용을 심층적으로 분석하여 시험에 나올 부분을 간추려 핵심 이론을 정리하였습니다. 제과제빵 산업기사 시험은 과목별로 과락 점수가 있기 때문에 맞게 과락없이 합격할 수 있도록 목차 및 내용을 재구성하였으며 기존 기능장, 기능사 필기 시험 이론에서 산업기사 시험에 출제가능성이 높은 내용들을 엄선하여 추가하였습니다.

여러분이 먼저 도전하시는 제과제빵 기능사 필기시험은 난이도가 낮은 시험이 아닙니다. 여러가지 기능사 필기시험 중 난이도가 가장 높은 편이며 합격률 또한 낮은 편입니다. 제과제빵 산업기사 필기시험은 제과제빵 기능사 필기 이론을 바탕으로 베이커리 경영과 중급 관리자로서 갖추어야 할 HACCP 인증 등 식품 위생과 안전에 관련된 세부지식과 그 범위가 약간 늘어났을 뿐 기능사 합격 수준의 지식을 갖춘 분이라면 충분히 도전 가능한 시험입니다. 기능사 필기를 위해 공부한 내용이 점점 잊혀지기 전에 경력이나 학력 등 응시 기준을 충족하셨다면 기능사 자격에 머무르지 않고 제과제빵 산업기사에도 꼭 도전하셔서 한단계 높은 전문가 수준으로 도약하시기를 기원합니다.

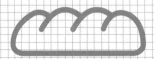

: 제과산업기사의 주요항목과 세부항목

◈ 위생안전관리 [20문제]

1. 빵류제품 생산작업준비 : 개인위생 점검, 작업환경점검, 기기 도구 점검, 재료 계량

2. 빵류제품 위생안전관리 : 개인 위생안전관리, 환경 위생안전관리, 기기 위생안전관리, 식품 위생안전관리

3. 빵류 품질관리 : 품질기획, 품질검사, 품질개선

◈ 제과점 관리 [20문제]

1. 과자류제품 재료구매관리 : 재료 구매관리, 설비 구매관리

2. 매장관리 : 인력관리, 판매관리, 고객관리

3. 베이커리 경영 : 생산관리, 마케팅관리, 매출손익관리

◈ 과자류 제품제조 [20문제]

1. 과자류제품 재료혼합 : 반죽형 반죽, 거품형 반죽, 퍼프 페이스트리 반죽, 부속물 제조, 다양한 반죽

2. 과자류제품 반죽정형 : 케이크류 정형, 쿠키류 정형, 퍼프페이스트리 정형, 다양한 정형

3. 과자류제품 반죽익힘 : 반죽익힘

4. 초콜릿제품 만들기 : 초콜릿제품 제조

5. 장식케이크 만들기 : 장식케이크 제조

6. 무스케이크 만들기 : 무스케이크 제조

7. 과자류제품 포장 : 과자류 제품 냉각, 마무리, 포장

8. 과자류제품 저장유통 : 과자류 제품 저장 및 유통

: 제빵산업기사의 주요항목과 세부항목

◈ 위생안전관리 [20문제]

1. **빵류제품 생산작업준비 개인위생 점검, 작업환경 점검** : 생산 전 작업장 위생 점검, 기기도구 점검, 재료 계량, 배합표 작성 및 점검
2. **빵류제품 위생안전관리** : 개인 위생안전관리, 공정 중 개인위생관리, 교차오염관리, 식중독 예방관리, 경구감염병, 작업환경위생관리, 미생물관리, 방충 및 방서관리, 이물관리
3. **기기 및 식품위생 안전관리** : 위해요소관리, 공정안전관리, 재료위생관리, 식품위생법규
4. **빵류제품 품질관리** : 품질기획, 품질검사, 제품품질 평가, 품질 개선관리

◈ 제과점 관리 [20문제]

1. **빵류제품 재료 구매관리, 재료구매·검수, 재고관리**
2. **밀가루와 부재료 특성, 영양학**
3. **베이커리 운영, 설비관리, 매장관리, 인력관리, 직업윤리**
4. **판매관리** : 진열관리, 판매활동, 원가관리, 고객관리, 고객 응대관리
5. **생산관리** : 수요 예측, 생산계획 수립, 생산일지 작성, 재고 관리
6. **마케팅관리** : 고객 분석, 마케팅, 매출손익 관리, 손익관리, 매출관리

◈ 빵류제품 제조 [20문제]

1. **스트레이트법 반죽, 비상스트레이트법 반죽, 스펀지법 반죽, 사우어도우법, 액종법 반죽 등 다양한 반죽(탕종 등)**
2. **빵류제품 반죽발효** : 1차 발효관리, 2차 발효관리, 다양한 발효관리(유산균, 저온발효 등)
3. **빵류제품 반죽정형** : 반죽 분할, 둥글리기, 중간 발효, 성형, 패닝
4. **빵류제품 반죽 익힘, 반죽 굽기, 반죽 튀기기**
5. **기타빵류 제조** : 페이스트리, 조리빵, 고율배합빵, 저율배합빵, 냉동빵 제조
6. **빵류제품 마무리** : 빵류제품 충전 및 토핑, 충전물과 토핑 제조, 냉각 및 포장관리

: CONTENTS

1   제과제빵산업기사 공통파트

2 제과산업기사 제과 제품제조

3 제빵산업기사 제빵 제품제조

1 제과제빵산업기사 공통파트

(1) 위생안전관리

1) 생산시설 위생관리

① 작업장 위생관리

[위생관련 상식 OX]

조리작업을 위해 편안한 조리복만 착용한다. X

전열기 내부는 물을 뿌려 깨끗이 청소한다. X

난로는 불을 붙인 채 기름을 넣는 것이 좋다. X

조리실 바닥의 음식찌꺼기는 모아 두었다 한꺼번에 치운다. X

떨어지는 칼은 위생을 생각하여 즉시 잡도록 한다. X

주방 내 전등의 조도가 높은 경우 미끄럼 사고의 원인이 된다. X

위생복은 정해진 작업 장소에서만 착용하며, 작업장 이외의 장소를 출입할 때는 그 용도에 맞는 옷으로 갈아입는다. O

앞치마, 고무장갑 등을 구분하여 사용하고 매 작업 종료 시 세척 및 소독을 실시한다. O

작업장 바닥은 세척 및 소독이 가능한 방수성, 방습성, 내약품성, 내열성, 내구성이 있는 재질 선택한다. O

작업장 바닥은 배수가 용이하고, 덮개를 설치하여 교차오염이 발생하지 않도록 한다. O

작업장의 창문과 창틀 사이에는 실리콘, 고무 패드 등을 부착하여 밀폐 상태를 유지한다. O

증기, 수증기, 열, 먼저 유해가스, 악취 등을 환기시키고 축적되는 것을 방지하기 위하여 환기시설을 설치한다. O

파리, 나방, 바퀴벌레, 개미 등의 해충 등이 들어오지 않도록 틈새가 없도록 한다. O

② 소독과 살균

소독력의 강도는 멸균>살균>소독>방부 순이다.

• 방부 : 미생물 증식을 억제하여 부패와 발효를 제한하는 수준을 말한다.

• 소독 : 병원성 미생물을 사멸시켜 감염과 증식을 차단한다.

• 살균 : 식품에 있는 모든 미생물과 포자를 죽이거나 영양세포를 사멸시킨다.

- 멸균 : 병원균 및 비병원균 (모든 곰팡이, 세균, 바이러스, 및 원생동물 등)의 영양세포 및 아포까지 사멸시켜 <u>무균상태</u>로 만든다.

■ 소독법의 종류

1. **물리적 소독법** : 증기소독법, 열탕소독법(=자비소독 100도씨에서 30분 이상), 자외선살균법
2. **자외선 살균법** : 거의 모든 균종에 대해 효과가 있으며, 피조사물에 변화를 주지 않고 큰 살균효과를 줄 수 있으나 표면 투과성이 나쁜 특징이 있다.
3. **화학적 소독법** : 염소(수돗물), 석탄산(페놀), 과산화수소(농도3%), 역성비누, 알코올(농도70%), 차아염소산나트륨, 크레졸 비누액, 승홍, 포름알데히드, 포르말린, 생석회 등의 소독제를 이용한 소독을 말한다.

■ 소독제의 조건

1. 강한 살균력
2. 악취가 없을 것
3. 부식성과 표백성이 없을 것
4. 안전성, 경제성, 편리성이 있을 것

   ※살균소독제를 사용하여 소독한 후에는 자연 건조한다.

   (마른 타월로 닦는다. × / 표면 수분을 마르지 않게 한다. × / 세제를 탄 물로 최종 헹굼 ×)

■ 세척제의 구비 조건 및 종류

1. 지방을 유화시키는 유화성을 가지고 있고 금속 부식성이 없어야 한다.
2. 세정력이 강하고, 단백질을 용해시킬 수 있어야 한다.
3. 세척제 종류에는 1종 (야채, 과일 등 세척), 2종 (식기, 식품용 조리기구 세척), 3종 (식품의 제조, 가공용 기구 등 세척)이 있다.

■ 균의 종류별 번식 온도

저온균 : 0~25℃   중온균 : 15~55℃   고온균 : 40~70℃

③ 미생물의 종류 및 특징

- **세균(Bacteria)** : 모양에 따라 구균, 간균, 나선균 등으로 구분되며, 그람염색반응에 따라 그람양성균, 그람음성균으로도 나눌 수 있다. 또한 산소 요구도에 따라 호기성세균과 혐기성세균으로 나뉜다. 경구감염병 및 세균성 식중독의 원인, 발효균에 의한 발효 및 부패의 원인이 된다.
- **바이러스(Virus)** : 크기가 20~400나노미터로 미생물 중 가장 작으며 동물·식물·세균 등의 살아 있는 세포에만 기생하고, 세포 안에서만 증식이 가능한 미생물이다.

- **리케치아(Rickettsia)** : 리케차속 병원균에 속하는 세균을 통틀어 말하며 세균과 바이러스의 중간 형태로 발진티부스, 큐열 등을 일으키는의 병원성 미생물이다. 일반 세균보다 크기가 작고 바이러스처럼 살아있는 세포 밖에서는 증식하지 못한다.
- **곰팡이(Mold)** : 진핵미생물에 속하며 실 같은 균사체의 본체를 가지고 있는 사상균이다. 효모, 버섯과 함께 분류학적으로 균류(Fungi)에 속한다. 세균과 같이 유기물을 분해하는 역할로 식품 변패의 원인이 되지만 누룩곰팡이나 푸른곰팡이가 생산하는 항생물질(페니실린)처럼 인간에게 이로운 역할도 한다.
- **효모(Yeast)** : 진핵미생물로 막걸리, 와인 등 주류나 제빵 발효에 활용된다. 효모는 그 자체로 단백질원으로서 가축의 사료로도 이용된다.

④ **식품첨가물**

식품첨가물이란 식품을 제조, 가공, 조리 또는 보존하는 과정에서 감미, 착색, 표백 또는 산화 방지 등의 목적으로 사용되는 물질을 말한다. (식품 및 식품첨가물, 기구, 용기, 포장의 규격과 사용 기준 : 식품의약품안전처장이 작성 및 보급)

■ **식품첨가물의 조건**

1. 무독성, 소량으로도 효과가 클 것
2. 경제성이 있고 사용이 편리할 것
3. 무미, 무취이고 자극성이 없을 것
4. 미생물에 대한 증식 억제 효과가 클 것
5. 공기, 빛, 열에 안정적일 것

■ **식품첨가물의 사용 목적**

1. 식품의 변질, 변패 방지
2. 식품의 풍미 개선과 영양 강화
3. 식품 외관, 기호성 향상
4. 식품의 품질을 개량하여 저장성 향상

■ **식품첨가물의 종류**
- **착색제** : 식품의 색을 입히거나 없앨 때 사용하는 용액이나 파우더로 천연 색소(동식물에서 추출한 색소 (예) B-카로틴, 치자황색소, 비트레드색소) 인공색소 (비타르계 색소, 타르계 색소)로 나뉜다.
- **발색제** : 식품의 색소를 유지, 강화시키는 데 사용하며 대표적으로 아질산나트륨(육류 발색), 황산제1철, 제2철(과채류 발색) 등이 있다.

- **항산화제(산화방지제)** : 식품의 산화를 늦춰주어 식품 품질 저하를 방지하는 식품첨가물로 식품의 저장기간을 연장시킨다. 대표적인 제과제빵용 식용유지의 산화방지제로는 다이부틸하이드록시톨루엔(BHT), 부틸하이드록시아니솔(BHA), 토코페롤(비타민E) 등이 있다.
- **응고제** : 겔화작용을 통해 과일이나 채소의 조직을 견고하게 유지시킨다.
- **감미료** : 식품에 단맛을 부여하기 위해 사용함 사카린나트륨(생과자, 청량음료), D-소비톨(과일 통조림), 아스파탐(빵, 과자류) 등
- **밀가루 개량제** : 표백작용과 단백질 분해효소 활성을 억제하고 글루텐 성질을 향상시켜 완성품의 품질을 개선하기위해 사용한다. 밀가루에 직접 첨가하는 과황산암모늄, 과산화벤조일, 이산화염소, 염소 등과 제빵용 이스트에 첨가하는 브롬산칼륨 등이 있다.
- **살균제** : 식품내 또는 표면의 병원균을 살균하기 위한 것으로 표백분(표백작용), 차아염소산나트륨(소독, 살균, 과일 소독에 사용) 등이 주로 사용된다.
- **표백제** : 원래의 색을 없애거나 퇴색을 방지하기 한 것으로 과산화수소(산화제), 아황산나트륨(환원제) 등이 쓰인다.
- **방부제(보존료)** : 미생물에 의한 변질을 방지하여 식품의 보존기간을 연장시킨다. 프로피온산칼슘, 프로피온산나트륨(빵, 과자류), 소브산나트륨(육제품), 디하이드로초산(버터, 치즈 등)
- **산도조절제** : 식품의 산도를 적절한 범위에서 조정하여 식품의 산화방지와 변색을 막고 보존효과를 높이기 위해 사용된다. 사과산, 탄산칼슘, 시트르산, 수산화나트륨 등

⑤ HACCP

식품안전관리인증기준 (해썹 HACCP : Hazard Analysis and Critical Control Point)

식품의 원료 관리, 제조·가공·조리·소분·유통의 모든 과정에서 위해한 물질이 식품에 섞이거나 식품이 오염되는 것을 방지하기 위하여 각 과정의 위해요소를 확인·평가하여 중점적으로 관리하는 기준을 말한다.

■ **위해요소(Hazard)의 분류**

  - 생물학적 위해요소 : 원, 부자재 및 공정내에서 인체의 건강을 해할 우려가 있는 리스테리아, 대장균 O157:H7, 대장균, 대장균군, 효모, 곰팡이, 기생충, 바이러스 등
  - 화학적 위해요소 : 중금속, 농약, 항생/항균물질 또는 사용 기준 초과 식품첨가물 등
  - 물리적 위해요소 : 쇳조각, 돌, 유리 파편, 플라스틱, 비닐 등

■ **중요관리점** : 위해요소 중점관리기준에 따라 식품의 위해요소를 예방, 제거 또는 허용 기준이하로 감소시켜 해당 식품의 안전성을 확보할 수 있는 중요한 단계나 공정

■ 제조 공정도 : 제품의 생산 흐름을 보여주는 제조 과정을 도식화하며 표현한 문서

　(제조 공정서 : 생산 방법이 자세하게 기술되어 있는 제품 설명서와 같은 것)

■ HACCP의 12단계

	단 계	내용
1	HACCP팀 구성	HACCP을 진행할 팀 설정, 수행 업무와 담당을 결정한다.
2	제품 설명서 작성	생산하는 제품에 대해 설명서를 작성한다. 내용에는 제품명, 제품 유형 및 성상, 제조 단위, 완제품 규격, 보관 및 유통방법, 포장 방법, 표시 사항 등이 포함된다.
3	용도확인	예측 가능한 사용 방법과 범위에 대한 파악과 제품 내 잠재적 위해물질과 이에 대해 민감한 대상 소비자를 파악하는 단계
4	공정 흐름도 작성	원료 입고에서부터 완제품의 출하까지 모든 공정 단계를 파악하여 흐름을 **도표나 그래프로 나타내는 단계**
5	공정 흐름도 현장 확인	작성된 공정 흐름도가 **현장과 일치하는지를 검증**하는 단계
6	위해요소 분석	원료, 제조 공정 등에 대해 생물학적, 화학적, 물리적인 위해요소를 **분석**하는 단계
7	중요관리점(CCP) 결정	HACCP을 적용하여 식품의 위해를 방지, 제거하거나 안전성을 확보할 수 있는 단계 및 공정을 **결정**하는 단계
8	중요관리점(CCP) 한계 기준 설정	결정된 중요관리점에서 위해를 방지하기 위해 **한계 기준을 설정하는** 단계로, 육안 관찰이나 측정으로 현장에서 쉽게 확인할 수 있는 수치 또는 특정 지표로 나타내어야 함 (예 : 온도, 시간, 습도)
9	중요관리점(CCP) 모니터링 체계 확립	중요관리점에 해당하는 공정이 한계 기준을 벗어나지 않고 안정적으로 운영되도록 관리하기 위하여 일련의 과정을 관찰 또는 측정할 수 있는 **모니터링 방법**을 설정
10	개선 조치 및 방법 수립	모니터링에서 한계 기준을 벗어날 경우 취해야 할 **개선 조치를 사전에 설정**하여 신속하게 대응할 수 있도록 방안을 수립하는 단계
11	검증 절차 및 방법 수립	HACCP 시스템이 올바르게 운영되고 있는지를 확인하기 위한 검증 방법을 설정하는 단계로 현재의 HACCP 시스템이 설정한 안전성 목표를 달성하는데 효과적인지, 관리 계획대로 실행되는지, 관리 계획의 변경 필요성이 있는지 등을 **검증**한다.
12	문서화 및 기록 유지	HACCP체계를 **문서화**하는 효율적인 기록 유지 및 문서 관리 방법을 설정하는 것으로, 이전 유지 관리 중인 기록을 우선 검토하여 현재의 작업 내용을 통합한 가장 단순한 방식을 따른다.

■ HACCP 적용 7대 원칙

HACCP 적용 7대 원칙	
1. **위**해요소 분석	
2. **중**점관리점 결정	암기Tip!
3. **한**계기준 설정	**HACCP 7대 원칙**
4. **모**니터링 체계 확립	**"위중한 모개검문"**
5. **개**선조치 방법 수립	
6. **검**증 절차 및 방법 수립	
7. **문**서화 및 기록 유지	

■ HACCP에 의한 중요관리점(CCP)

1. 교차오염방지
2. 권장된 온도에서의 냉각
3. 권장된 온도에서의 조리와 재가열
(기출 : 생물학적 위해요소 분석 X)

■ HACCP 의무 적용 대상

1. 빙과류★
2. 비가열음료★
3. 레토르트식품★
4. 어육가공품 중 어묵류
5. 냉동수산식품 중 어류, 연체류, 조미가공품
6. 냉동식품 중 피자류, 만두류, 면류
7. 김치류 중 배추김치
(껌류는 의무 적용 대상이 아니다.)

■ **HACCP 인증 단체급식업소의 보존식 준비** : 조리된 식품은 매회 1인분 분량을 -18℃ 이하에서 144시간 이상 보관해야 한다.

■ HACCP 7단계에 5단계 준비단계를 합쳐 **12절차**로 볼 때, 가장 첫번째 단계는 **HACCP팀 구성**이다.[**HACCP 준비 5단계 : 팀구성,** 설명서 확인, 용도 확인, 공정흐름도 작성, 공정흐름도 현장 확인]

■ ISO 인증제도 (International Organization for Standardization, 국제표준화기구)
품질, 안전, 효율 등을 보장하기 위해 서비스 및 재화와 관련된 설비와 활동의 표준화를 통하여 세계적으로 널리 인정되는 규격을 제공하는 것
■ 제조물책임법(Poduct Liability : PL법)
제조되어 시장에 유통된 상품의 결함으로 인해 이용자 또는 제3자의 생명 또는 신체나 재산에 손해가 발생한 경우 제조물의 생산, 판매과정에 관여한 자의 과실 유무에 관계없이(무과실) 재조자 등이 그러한 손해에 대해 책임을 지는 법리를 말한다.
■ 식품이력추적관리 (Traceability system)
식품을 제조·가공단계부터 판매단계까지 각 단계별로 이력추적정보를 기록 · 관리하여 소비자에게 제공함으로써 안전한 식품선택을 위한 '소비자의 알권리'를 보장하고, 해당 식품의 안전성 등에 문제가 발생할 경우, 신속한 유통차단과 회수조치를 할 수 있도록 관리하는 제도

⑥ 식품관련 업종의 신고 및 허가

■ 식품위생법의 목적

1. 위생상의 위해를 방지

2. 식품영양의 질적 향상을 도모

3. 식품에 관한 올바른 정보 제공

(건전한 유통 판매 도모 ×)

■ 식품이란 [식품위생법에서] ?

1. 의약품의 제외한 모든 음식물

2. 식용얼음, 유산균음료, 채종유는 식품이나 비타민C 약제는 식품이 아니다.

3. 식품위생법상 안전성평가를 받아 식용으로 적합한 유전자 재조합 식품은 판매가 가능하다.

■ 식품관련 영업의 종류

• 식품제조가공업, 즉석판매제조가공업, 식품첨가물제조업, 식품운반업, 식품소분판매업, 식품접객업, 용기 및 포장류제조업, 식품보존업 (먹는샘물제조업 ×)

• 식품접객업에는 휴게음식점, 일반음식점, 단란주점, 유흥주점, 위탁급식, 제과점영업 등이 있다.

• 휴게음식점영업은 음주행위가 허용되지 않으나 단란주점의 경우에는 주로 주류를 조리, 판매하는 영업으로 유흥종사자를 두지 않고 손님이 노래를 부르는 행위가 허용된다.

• 유흥주점은 유흥종사자를 둘 수 있고 손님이 노래를 부르거나 춤을 추는 행위가 허용된다.

• 반드시 영업허가를 받아야 하는 업종 : 식품조사처리업, 단란주점, 유흥주점 영업
  [허가권자 : 단란주점, 유흥주점 - 시장, 군수, 구청장 / 식품조사처리업 - 식품의약품안전처장]

• 그 외 일반음식점, 휴게음식점, 위탁급식, 제과점, 즉석판매제조업, 식품소분판매업, 식품운반업, 식품보관업, 용기포장류제조업 등은 **특별자치도, 시장, 군수, 구청장**에게 **영업신고만** 하면 되는 업종이다.

- 복어조리점에서는 반드시 식품위생법상 조리사를 두어야 한다.
- 양곡관리법에 다른 양곡가공업 중 도정업은 식품위생법상 영업신고를 하지 않는다.

2) 개인위생관리

① 식중독의 종류와 특징

■ 세균성 식중독

1. **독소형 식중독** : 황색포도상구균, 클로스트리디움 보툴리늄, 바실러스, 세레우스 등에 의해 발병한다.

황색포도상구균	클로스트리디움 보툴리늄
· 포도상구균 자체는 열에 약하지만, 생성되는 장독소인 엔테로톡신은 열에 강하다. · 잠복기가 1~5시간 정도로 아주 짧다. · 화농성 질환자의 식품 취급을 금지한다.	· 뉴로톡신(neurotoxin)이라는 신경독소를 생성한다. · 오래된 통조림 등 밀봉식품의 부패나 햄, 소시지 등 육가공품에서 발생할 수 있다. · 잠복기가 약 36시간으로 아주 길다. · 동공확대, 언어장애 등 신경마비 증상 · 일반적으로 사망률이 매우 높다.

2. **감염형 식중독** : 살모넬라균, 장염비브리오균, 병원성 대장균, 웰치균, 캄필로박터균 등에 의해 발병한다. 살모넬라균 식중독은 심한 발열을 일으키며, 장염비브리오균 식중독은 우리나라에서 7~9월 중 해수세균에 의해 집중적으로 발생하며 이를 예방하기 위해서는 식품섭취 전에 반드시 가열한다.

3. **경구감염병과 세균성 식중독의 특징 비교**

경구감염병 [식중독 X] [장티푸스, 콜레라, 파라티푸스, 세균성이질, 브루셀라증 등]	세균성 식중독 [살모넬라균, 병원성대장균, 장염비브리오균, 웰치균 등]
· 소량의 균으로도 발병 · 2차감염 빈번히 발생 · 잠복기간이 길다. · 면역성 있다.(백신으로 예방)	· 다량의 균으로 발병 · 2차감염 없음 · 잠복기간이 짧다. · 면역성 없다. [감염 후 면역성 획득 X]

■ 자연독에 의한 식중독 ★★★

- 독버섯 → 무스카린(muscarine), 무스카리딘, 아마니타톡신(광대버섯), 콜린, 뉴린, 팔린 [독버섯은 색이 선명하고 화려하며, 은수저의 접촉 시 색이 검게 변하기도 한다. 겉 표면에 끈적이는 점액질이 있거나, 줄기 표면이 거칠다. 줄기를 세로로 쪼갤 때 잘 갈라지지 않으며, 쓴맛이나 신맛이 나는 것이 많다.]
- 독미나리 → 시큐톡신(cicutoxin)

- 섭조개 → 삭시톡신(saxitoxin) [Tip! 섭삭]
- 복어독 → 테트로도톡신(tetrodotoxin) [Tip! 복테]
- 모시조개, 바지락, 굴 → 베네루핀(venerupin) [Tip! 카페베네에서 모시조개 팔다 망했다.]
- 청매실, 복숭아씨, 살구씨, 아몬드, 자두씨 → 아미그달린(amygdalin)
- 목화씨(면실유) → 고시폴(gossypol)
- 피마자 → 리신(ricin)
- 감자 → 솔라닌(solanine : 싹이 나거나 햇빛에 노출되어 푸른색일 때 증가)
  셉신(sepsine : 부패한 감자에 들어있다.)
- 소라 → 테트라민
- 미치광이풀 → 아트로핀
- 독보리 → 테무린

■ 화학적 식중독

소량의 원인물질 흡수로도 만성 중독이 일어나고 체내흡수와 분포가 빨라 사망률이 높으며 중독량에 달하면 급성증상이 나타난다.

1. 중금속에 의한 식중독

- 납(Pb) : 납 유약을 바른 도자기 사용 등으로 만성중독 식욕부진, 만성피로, 변비, 복부팽만
- 수은(Hg) : 홍독성 홍분, 미나마타병(중추신경계 장애)
- 카드뮴(Cd) : 신장기능 장애, 이타이이타이병(골연화증)
- 주석(Sn) : 오래된 과일이나 산성 채소 통조림에서 유래(복통, 설사, 구토)
- 크롬(Cr) : 비중격천공(콧속 비중격에 구멍이 생겨 좌우측이 연결되는 현상)

2. 첨가물에 의한 식중독

- 감미료(단맛) : 둘신(dulcin), 사이클라메이트(cyclamate), 에틸렌글리콜(etylene glycol), 페릴라르틴(perillartine) 모두 사용이 금지된 감미료이다.
- 착색제 : 황색색소 아우라민(auramine)(단무지, 카레), 핑크색소 로다민(rhodamine)B(어묵, 과자), 갈색 타르색소 실크스칼렛(silk scarlet)(대구 알젓) 등은 구토, 복통, 두통을 일으키고, 니트로아닐린(p-nitroaniline)은 무미, 무취의 황색 결정으로 두통, 청색증, 혼수 등을 일으킨다.
  그 밖에 롱가릿(금지 표백제), 붕산(유해 보존료), 승홍(유해 보존료), 불소화합물(유해 보존료), 포름알데히드(유해 보존료) 등도 유해한 첨가물로 식중독을 일으키는 성분이다. 반면에 무수아황산(표백제), 차아황산나트륨(표백제), 과산화수소(표백제), 소르빈산나트륨(보존료)은 유해첨가물에 속하지 않는다.

3. 농약에 의한 식중독

- 유기인제 농약 ★★ : 파라티온(parathion), 말라티온(malathion) 등은 독성이 강하지만 빨리 분해되어 만성중독을 일으키지 않는 농약을 말한다.
- 유기염소제 농약 : DDT, BHC 등에 중독 시 복통, 설사, 구토 등의 증상이 나타난다.

■ 알레르기성 식중독 ★★★

가다랑어, 꽁치, 고등어와 같은 붉은 살 생선에 다량 함유되어 있는 히스타민(histamine) 독소는 원인균인 모르가넬라 모르가니(Morganella morganii)에 의해 두드러기, 가려움증, 두통, 호흡곤란 등의 증상이 나타낸다. [Tip! 내가 알레르기인거 몰라? 모르가넬라 모르가니]

■ 노로바이러스 식중독 ★★

오염된 식수나 식품, 감염환자와의 접촉이나 비위생적 환경, 조리도구 오염 등으로 발생하며 설사, 복통, 구토 등 급성 위장염 증상이 나타난다. 노로바이러스는 크기가 매우 작고 구형이며 발병 후 별다른 치료법은 없으나 2~3일 후 자연치유 된다. 예방을 위해서는 오염 지역에서 채취한 어패류는 85℃ 이상에서 1분 이상 가열하여 섭취하고, 의심되는 지하수 섭취를 피하며 맨손으로 음식물을 만지지 않는다. 하지만 백신 접종으로 예방이 불가능하다.

■ 곰팡이 독소(mycotoxin)에 의한 식중독

- **아플라톡신(땅콩, 곡류** : 아스퍼질러스 플래이버스(aspergilius flavre)에 의해 간장독이 생성된다.)
- **맥각(보리, 호밀** : 맥각균에 의한 곰팡이 독소인 에르고톡신 생성)
- **황변미(쌀** : 페니실리움 속 푸른곰팡이에 의해 간장독 시트리닌 생성)

② 감염병의 분류 및 특징

■ 일반 사항

- **감염병의 3대 발생 요소** : 감염원, 감염경로, 숙주의 감수성
- **감염병 발생의 3대 요인** : 환경, 숙주, 병인 (기출 예방접종 ×)
- **감염병의 예방 대책** : 병원소의 제거, 예방접종, 환자의 격리 (기출 식품의 저온저장 ×)
- **숙주의 감수성이란** 침입한 항원에 대항하여 감염이나 발병을 막을 능력이 없는 상태를 말한다.
- **접촉감염지수(감수성 지수)** : 높을수록 접촉 시 감염확율이 높음, 홍역이 가장 높다.
  홍역(95%) > 백일해(60~80%) > 디프테리아(10%) > 폴리오(0.1%)
- 질병의 임상 증상이 회복되는 시기에도 여전히 병원체를 지닌 사람을 회복기 보균자라 하며, 병원체를 몸에 지니고 있으나 겉으로는 증상이 나타나지 않는 건강한 사람을 건강보균자라 하는데 감염병 관리가 가장 어려운 대상은 이러한 건강보균자이다.

■ 주요 감염병 특징

- 콜레라는 콜레라균(Vibrio cholerae)이 일으키는 2급 법정 감염병 병균에 오염된 물이나 음식, 환자의 배설물 등으로 전파되므로 환경위생을 철저히 함으로서 예방 가능하다.
- **호흡기계 감염병** : 홍역, 디프테리아, 백일해 (기출 일본뇌염 x)
- 백일해는 병원체가 세균(백일해균: Bordetella pertussis)이며, 폴리오는 바이러스 감염에 의해 발생하며 음식물을 통해 전파된다. (기출 폴리오는 공기로 감염된다. x)
- **리케차(rickettsia)가 일으키는 감염병** → **발진티푸스, 큐열**
- **트라코마**는 클라미디아균에 오염된 파리, 오염된 물건이 직접적으로 눈에 접촉하여 발병하는 감염성 질환으로 개달물(介達物: 병원체 비활성 운반 수단) 전파가 가장 잘되는 질병이다.
- **한센병**은 6세기경 처음 발견된 한센병균이 피부, 말초신경계, 상기도의 점막을 침범하여 조직을 변형시키는 질환으로 한센병균은 나균이라고도 하며, 과거에는 나병이라고 불렀다. 잠복기는 짧으면 5년, 길면 20년가량으로 아주 길다.
- 파상풍은 상처 부위에서 증식한 파상풍균(Clostridiumtetani)이 번식과 함께 생산해 내는 신경 독소가 신경 세포에 작용하여 근육의 경련성 마비와 동통을 일으키지만 감염병 관리상 환자의 격리를 요하지는 않는다.

■ 법정 감염병의 종류

구분	제 1급 감염병	제 2급 감염병	제 3급 감염병	제 4급 감염병
특성	생물테러감염병 또는 치명률이 높거나 집단 발생의 우려가 커서 발생 또는 유행 즉시 신고. 음압격리와 같은 높은 수준의 격리가 필요한 감염병 (16종)	전파가능성을 고려하 여 발생 또는 유행 시 24시간 이내에 신고. 격리가 필요한 감염병 (23종)	발생을 계속 감시할 필요가 있어 발생 또는 유행 시 24시간 이 내 신고하여야 하는 감염병 (26종)	유행 여부를 조사하기 위하여 표본감시 활동 이 필요한 감염병 (23 종)
종류	에볼라바이러스병 마버그열 라싸열 크리미안콩고출혈열 남아메리카출혈열 리프트밸리열 두창 페스트 탄저병 보툴리눔독소증 야토병 중증급성호흡기증후군(SARS)	결핵 수두 홍역 콜레라 장티푸스 파라티푸스 세균성이질 장출혈성대장균감염증 A형간염 백일해 유행성이하선염 풍진 폴리오	파상풍 B형간염 일본뇌염 C형간염 말라리아 레지오넬라증 비브리오패혈증 발진티푸스 발진열 쯔쯔가무시증 렙토스피라증 브루셀라증 공수병	인플루엔자 회충증 편충증 요충증 간흡충증 폐흡충증 장흡충증 수족구병 매독(梅毒) 임질 클라미디아감염증 연성하감 성기단순포진

종류	중동호흡기증후군 (MERS) 동물인플루엔자 인체 감염증 신종인플루엔자 디프테리아 등	수막구균감염증 폐렴구균감염증 한센병 성홍열 E형간염 코 로 나 바 이 러 스 감 염 증-19 원숭이두창 등	신증후군출혈열 후천성면역결핍증 (AIDS) 크로이츠펠트-야콥병 (CJD) 황열 뎅기열 큐열 진드기매개뇌염 지카바이러스 감염증 등	급성호흡기감염증 해외유입기생충감염증 엔테로바이러스감염증 사람유두종바이러스 감염증 등

■ 인수공통 감염병

감염병	매개물	감염병	매개물
브루셀라증	소	**야**토병	토끼
탄저병	양, 말, 소	**리**스테리아증	주로 식품류, 동물배설물
결핵	소, 젖소, 양, 사슴 등 포유동물	**돈**단독증	소, 돼지, 말
조류인플루엔자	야생조류, 닭	**큐**열	소, 양

※ 그 밖에 페스트(쥐), 렙토스피라증(쥐), 광견병(개) 파상풍(소, 돼지, 염소) 등도 동물을 매개로 하는 인수
공통 감염병에 속한다. [**암기Tip!** 인수공통 감염병 ➔ 브탄결엔 야리돈큐!]

◆ 광견병은 인수공통감염병으로 병원체가 바이러스이다.

◆ 톡소플라스마 : 원형동물 기생충으로 여성이 임신 중에 감염될 경우 유산과 불임을 포함, 태아에 이
상을 유발할 수 있는 인수공통감 감염병인 톡소플라스마증을 일으킨다. 사람들이 모르는 사이에 고
양이 배설물로부터의 톡소플라스마 낭종을 섭취하거나 오염된 육류를 섭취할 때 발생한다.

■ 기생충 감염

1. **선모충** : 돼지고기로 감염, 구토와 열 발생

2. **유구조충(갈고리촌충)** : 돼지고기를 생식하거나 돼지에게 사람의 대변을 먹이는 지역에서 감염자가
많이 발생

3. **무구조충(민촌충)** : 쇠고기 육회나 생고기를 자주 먹을 경우 걸리는 장내 조충

4. **간흡충** : 왜우렁이(제1중간숙주)와 잉어, 붕어 등 담수어(제2중간숙주)를 통해 감염

5. **폐흡충** : 덜 익은 민물 가재나 민물 게 속의 피낭유충에 의해 감염

6. **아니사키스충** : 바다새우(제1중간숙주)와 고래(제2중간숙주)를 통해 감염

7. **편충** : 흙이나 채소를 통해 우리 몸속으로 들어와 감염을 일으킨다.

[개인위생관련 예상 지문 정리]

- 식중독의 발생 즉시 가장 먼저 취해야 할 행동 조치는 식중독 발생 신고이다.
- 식중독 발생 시 24시간 이내에 의사 또는 한의사, 집단급식소 설치 운영자는 시장, 군수, 구청장에게 보고한다.
- 우리나라에서 식중독 사고가 가장 빈번히 발생하는 계절은 여름이다.
- 난류(알)는 살모넬라균에 오염되기 쉬운 대표적 식품이다.
- 웰치균(Clostridium perfringens)은 산소가 없는 환경에서 잘 자라는 혐기성 균주이며, 열에 강하여 가열로 쉽게 사멸시키기 힘들며, 냉장온도보다는 냉동육이나 냉동 어패류에서 발생한다.
- 세균성 식중독의 가장 대표적인 증상은 급성위장염이다.
- 세균성 식중독 예방법 : 조리장 청결유지, 조리 기구소독, 신선한 재료 사용 (유독한 부위 제거 ×)
- 고시폴, 무스카린, 솔라닌은 식물성 자연독이지만 테트로도톡인은 동물성(복어독)이다.
- 복어독은 복어의 난소에 가장 많이 들어있으며 햇볕에 강하다.
- 화학적 식중독은 체내 분포가 빨라 사망률이 높다.
- 아민류는 탈탄산 반응에 의해 생성되는 단백질로 알레르기성 식중독의 원인물질이다.
- 평균수명에서 질병이나 부상으로 인해 활동하지 못하는 기간을 뺀 수명을 건강수명이라 한다.
- 영아사망률은 한 국가의 보건수준이나 생활 수준을 나타내는 지표로 가장 많이 이용된다.
- 구충, 구서의 원칙은 구제 대상 동물의 생태 및 습성에 따라 발생원을 제거하는 것으로 발생 초기에 광범위하게 동시에 실시한다. (성충시기에 구제한다. ×)
- 역학의 목적은 질병 예방을 위해 질병 발생 요인을 규명, 보건의료의 기획과 평가를 위한 자료 제공, 질병 측정과 유행 발생의 감시 등이다. (경제 연구에 활용 ×)
- 사람이 예방접종을 통해 얻는 면역을 인공능동면역이라 하며, 모체로부터 태반이나 수유를 통해 얻어지는 면역을 자연수동면역이라 한다.
- 우리나라에서 출생 후 가장 먼저 인공능동면역(예방접종)을 실시하는 것은 결핵예방접종이다.
- 폴리오는 생균(live vaccine)을 사용한 예방접종으로 면역이 된다.
- DPT 예방접종은 디프테리아, 파상풍, 백일해에 대한 예방을 목적으로 한다. (페스트 ×)

3) 작업환경 안전관리

■ 재해의 특성과 관리

1. 환경이나 작업조건으로 인해 자신이나 타인이 상해를 입었을 때 이를 재해라 한다.
2. 재해는 불완전한 행동과 기술 등 구성요소의 연쇄반응으로 일어나며, 재해 발생 비율을 줄이기 위해서는 안전관리가 집중적으로 필요하다.

3. 위험도 경감의 3가지 시스템 구성요소는 절차, 사람, 장비이며

4. 위험 경감 원칙의 핵심요소 구성 시 위험요인의 제거, 위험발생 경감, 사고피해 경감을 반드시 고려해야 한다. (기출 : 사고피해 치료 X)

■ 안전사고 조치 및 예방

1. 안전사고 발생 시에는 가장 먼저 사고발생 관리자에게 보고한다. (기출 : 모든 작업자 대피 X)

2. 응급 조치는 다친 사람이나 급성질환자에게 사고 현장에서 즉시 취하는 조치로 생명 유지와 더 이상의 상태악화를 방지하고, 건강이 위독한 환자에게 전문적인 의료가 실시되기 전 긴급히 실시하는 것이다. (기출 : 응급 조치는 사고발생 예방과 피해 심각도를 억제하기 위한 조치이다. X)

3. 사고 예방을 위한 안전 교육은 인간생명의 존엄성을 인식시키고, 안전한 생활 습관을 형성하며, 개인과 집단의 안전성을 최고로 발달시키는 교육을 말한다. (기출 : 상해, 사망 또는 재산 피해를 가져오는 불의의 사고를 완전히 제거하는 것 X)

4. 작업 전 간단한 체조로 신체 긴장을 완화하면 작업 시 근골격계 질환을 예방할 수 있다.

5. 화재 발생 시에는 큰소리로 주위에 먼저 알린 후 소화기 사용방법과 장소를 미리 숙지하여 소화기로 불을 끈다. 또한 신속히 원인 물질을 찾아 제거하도록 한다.

   (기출 : 몸에 불이 붙었을 경우, 움직이면 불길이 더 커지므로 가만히 있는다. X)

6. 화재 발생 위험요소가 있는 기계가 있다면 정기적인 점검을 실시한다.

   (기출 : 화재 예방을 위해 근처에 가지 않는다. X)

■ 식품 제조 장소 별 권장 조명도

1. 원재료 하역장 및 제품 보관 창고 : 215~323룩스

2. 제품 검사 공간 : 1,184~1,400룩스

3. 작업 공간 : 592~700룩스

4. 포장 공간 : 753~861룩스

5. 사무 공간 : 646~969룩스

■ 조리용 장비 점검과 취급요령

◆ **정기점검** : 조리작업에 사용되는 설비 기능 이상여부와 보호구 성능 유지 등에 대해 최소 매년 1회 이상 실시하는 점검

◆ 주방에서 조리장비류를 취급 시 결함이 의심되거나 시설제한 중인 시설물의 사용여부를 판단하기 위해 실시하는 점검을 특별점검이라한다.

◆ 칼날의 방향은 반드시 몸의 바깥쪽으로 놓고 사용한다.

   (기출 : 몸 안쪽으로 사용한다. X)

◆ 가스레인지 사용 시 반드시 정기적으로 가스관을 점검해야 한다.

(기출 : 문제가 의심될 때만 가스관 점검 X)

◆ 육류절단기를 사용할 때는 작업 전 칼날 고정상태를 반드시 확인한다.

◆ **식품위생법에서 정의하는 기구의 범위**

1. 음식을 먹을 때 사용하는 것

2. 식품을 조리할 때 사용하는 것

3. 식품첨가물을 가공할 때 사용하는 것

(2) 제과점 관리

1) 기초과학

① 영양소

빵이나 과자를 포함하여 대부분의 식품(유기화합물)은 <u>탄수화물, 지방, 단백질</u> 같이 에너지원으로 이용되는 <u>열량 영양소</u>와 <u>비타민과 물</u>처럼 열량을 내지는 않지만 체내에서 생리작용을 조절하고 대사를 원활하게 하는 <u>조절영양소</u>로 이루어져 있다. 또한 우리 신체의 구성성분인 근육과 골격, 호르몬, 효소 등 을 이루고 있는 영영성분을 <u>구성영양소</u>라 하고 단백질, 무기질, 물이 여기에 속한다.

• 열량영양소 : 탄수화물, 단백질, 지방

• 조절영양소 : 무기질, 비타민, 물

• 구성영양소 : 단백질, 무기질, 물

> **탄수화물, 단백질, 지방** 1g이 내는 열량은 각각 얼마인가?
> 탄수화물(4kcal/g), 단백질(4kcal/g), 지방(9kcal/g) **(Tip!** 탄, 단, 지는 449)

☑ **3대 영양소 : 탄수화물, 단백질, 지방** [탄단지]

☑ **5대 영양소 : 탄수화물, 단백질, 지방, 무기질, 비타민** [탄단지무비]★★★

☑ **사람의 생명유지에 꼭 필요한 것 : 5대 영양소 + 수분** [Tip! 탄단지무비+수분]

☑ **탄수화물 단백질 지방은 각각 4kcal, 4kcal, 9kcal 의 열량을 낸다.** [Tip! 탄단지는 449]★★★

■ 기출 용어 정리

> ● <u>영양소</u>는 식품의 성분으로 생명현상과 건강을 유지하는데 필요한 요소이다.
> ● <u>건강</u>이라 함은 신체적, 정신적, 사회적으로 건전한 상태를 말한다.

- 물은 체조직을 구성하는 요소로 보통 성인 **체중의 2/3**를 차지한다.
- **열량소**란 체내에서 산화 연소하여 신체활동의 에너지원으로 쓰이는 영양소로 **탄수화물, 지방, 단백질**이 해당된다.
- **조절소**란 체내에서 생체조절 기능을 담당하는 영양소로 **무기질, 비타민, 물**이 해당된다.

■ 일일 영양섭취량 [성인기준]

- ◆ 탄수화물 55~70%
- ◆ 지방 15~30%
- ◆ 단백질 7~20%

■ 한국인 영양섭취기준(KDRIs)의 구성요소

- ➤ **평균필요량** (Estimated Average Requirements : EAR)

  건강한 사람들의 일일 영양필요량의 중앙값

- ➤ **권장섭취량** (Recommended Intake : RI)

  평균필요량에 표준편차의 2배를 더하여 정한 값

- ➤ **충분섭취량** (Adequate Intake : AI)

  평균필요량 정보 부족 시, 건강인의 영양섭취량을 토대로 설정한 값

- ➤ **상한섭취량** (Tolerable Upper Intake Leve l: UL)

  인체 건강에 유해영향이 나타나지 않는 최대 영양소 섭취수준

② 탄수화물의 구성

- ◆ 구성원소 : 탄소C 수소H 산소O (**Tip!** 탄수화물은 탄수산물) 일반식은 CmH_2nOn 또는 $Cm(H_2O)n$ (m, n은 상수)

- ◆ 종류 : 단당류, 이당류, 다당류

  - 단당류(5탄당과 6탄당) : 탄수화물을 구성하는 가장 작은 단위

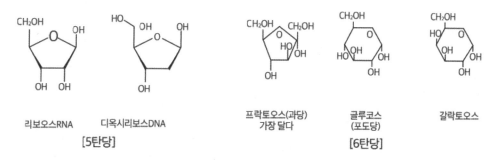

아라비노오스(arabinose), 자일로오스(xylose)도 5탄당이다.

  - 이당류 : 2개의 단당류가 글리코사이딕 결합을 한 것 · 말토오스(맥아당) = 포도당 + 포도당 · 수크로스(설탕) = 포도당 + 과당 · 락토오스(유당) = 포도당 + 갈락토오스

- 올리고당(3당, 4당류)
- 다당류 : 10개~수천개의 단당류의 중합체, 복합당질이라고도 한다.
  - 전분 : 아밀로오스+아밀로팩틴으로 이루어져 있다. 찬물에 쉽게 녹지 않는다. 달지는 않으나 온화 한 맛을 준다. 가열하면 팽윤되어 점성을 갖는다. 전분은 동물이 아니라 식물 체내에 저장되는 탄수화물로 열량을 공급한다.

    전분은 아밀로오스와 아밀로팩틴 두가지 형태로 이루어져 있다.
  - 글리코겐 : 간과 근육에 저장되는 다당류로 불용성 과립형태로 존재한다.
  - 식이섬유 : 팩틴(수용성), 글루코만난(곤약, 수용성), 셀룰로오스(불용성), 리그닌(불용성)

당류의 감미도 순서 : 과당(175) → 전화당(130) → 설탕(자당)(100) → 포도당(75) → 맥아당(32) → 갈락토오스(32) → 유당(16)

③ 단백질의 구성

◆ 구성원소 : 탄소C 수소H 산소O + 질소N + 황S (**Tip!** 단백질은 탄산수질황)

육류, 생선, 알류 및 콩류에 함유된 주된 영양소

◆ 기본단위 : 아미노산(amino acid) 단백질의 기본 구성 단위로, 단백질을 가수분해하면 암모니아와 함께 생성된다. 산성과 염기성을 모두 가진 공산염기성으로 용매와 pH에 따라 용해도가 달라진다.

◆ 종류 : 단순 단백질, 복합 단백질, 유도 단백질

◆ 필수 아미노산의 종류 트립토판, 메티오닌, 발린, 리신, 루신, 이소루신, 트레오닌, 페닐알라닌

◆ 완전단백질(Complete protein)이란? 정상적인 성장을 돕는 필수 아미노산이 충분히 함유된 단백질

◆ 마이야르 반응 [=아미노카르보닐화 반응] 당류(탄수화물)와 아미노산(단백질) 사이에 일어나는 화학반응으로 멜라노이딘 색소가 형성되어 식품이 갈색화 되고 독특한 풍미가 형성되는 현상이다. 수분, 온도, 당의 종류에 의해 영향을 받는다. [마이야르는 효소에 의한 작용이 아님에 주의!]

◆ 간장과 된장의 착색은 식품에 아미노기와 카르보닐기가 공존하는 경우에 일어나는 마이야르 반응 즉, 아미노카르보닐화 반응의 예이다. 이는 1912년 프랑스인 마이야르에 의해 규명되었다.

◆ 캐러멜화 반응 당류반응, 조리 중 당류를 160~180℃로 가열 시 일어나는 산화 반응에 의한 현상으로, 고소한 풍미 와 진한 색을 만들어 낸다.

④ 지방의 구성

지방(지질 脂質 : Lipid) : 구성원소 → 탄소C 수소H 산소O (**Tip!** 지방은 탄산수)

✧ 지질의 종류

- **단순지질**(중성지방) : 지방산과 글리세롤(지방, 왁스)
- **복합지질** : 지방산과 알코올에 다른 화학물이 결합된 지질
- 유도지질 : 단순지질, 복합지질의 가수분해로 얻어지는 지용성 물질(지방산 - 유도지질)

✧ 지방산(Fatty Acids)

지방산은 카르복실기와 탄화수소 사슬로 구성되어 있고 포화 지방산과 불포화 지방산으로 나누어진다.

- **불포화 지방산** : 탄소 간에 이중결합이 있는 지방산으로 리놀레산(Linoleic Acid: R18:2 오메가6 지방산)과 알파 리놀렌산(Alpha-Linolenic Acid: R18:3 오메가3 지방산), 올레산, 아라키돈산 등이 있다. 이중결합이 많을수록 산화되기 쉬우며 융점은 낮아진다.
- **포화 지방산** : 탄소 간에 이중결합이 없는 지방산으로 탄소 원자에 수소 원자가 더 이상 결합할 수 없기 때문에 포화 지방산이라 한다. 포화 지방산은 동물성 기름에만 있는 게 아니라 팜유, 코코넛유 등 식물성 기름 중에도 들어 있다.
- **필수 지방산** : 신체를 구성하는 데 필요하나 체내에서 합성되지 않는 지방산을 말하며, 리놀레산, 리놀렌산, 아라키돈산 등 주로 불포화 지방산을 말한다.

◆ **지방의 경화** : 불포화 지방산에 수소를 첨가하여 경화시키는 것을 말한다. 마가린, 쇼트닝(경화유)
제조원리 : 불포화 지방산에 수소(H_2)를 첨가 후 니켈(Ni)과 백금(Pt)을 촉매 제로 액체유를 고체유로 만든다.

◆ **유지의 안정화 방법**
  - 산화방지제(항산화제) 첨가 : 토코페롤(비타민 E), BHA, BHT, 구아검 등
  - 항산화 보완제 첨가 : 비타민 C, 주석산, 인산, 구연산 등
  - 수소 첨가 : 유지의 포화도를 높여 안정성을 높인다.

◆ **건성유와 반건성유, 불건성유 (요오드가는 불포화도를 나타냄)**
- 건성유 : 들기름, 아마인유 등 요오드가 130 이상으로 고도의 불포화 지방산 함량이 많은 기름
- 반건성유 : 참기름, 채종유, 면실유, 미강유, 옥수수유 등 (요오드가 100~130)
- 불건성유 : 땅콩유, 올리브유, 피마자유, 야자유, 동백유 등 (요오드가 100 이하)
- 지방산의 불포화도에 의해 요오드가, 융점 등의 수치가 달라지는데 불포화도가 높을수록 요오드가는 높고 융점이 낮다.

⑤ 무기질

무기질 성분은 인체의 약 4%를 구성하지만 체내 합성이 불가능하므로 반드시 음식물 섭취하게 된다.

■ 식품의 산성과 알칼리성

◆ 흔히 신맛이 나는 식품을 산성 식품이라고 아는 사람이 많지만 실제로 신 맛이 나는 과일, 채소, 해조류의 대부분은 알칼리성 식품이다. 식품에 있어서 산성, 알칼리성의 구분은 맛이 아니라, 식품을 태워서 남는 재의 성분 즉 무기질에 의해 결정된다.

◆ 산성 식품 : 음식을 섭취 후 연소되고 남은 성분으로 주로 인(P), 황(S), 염소(Cl) 등이 많은 식품이 해당한다. 대표적인 산성식품으로는 대부분의 **곡류, 육류, 어류**와 달걀 노른자, 치즈, 버터, 튀김, 가다랭이포, 말린 오징어, 굴, 조개, 전복, 새우, 김, 땅콩, 완두콩, 된장, 간장, 아스파라거스 등이다.

◆ 알칼리 식품 : 주로 철(Fe), 마그네슘(Mg), 구리(Cu), 망간(Mn), 칼슘(Ca), 칼륨(K), 나트륨(Na) 등의 무기질을 함유하고 있는 식품이다. 달걀 흰자, 우유, 미역, 다시마 등 **해조류와 대부분의 과일과 채소** 등이다.

■ 주요 무기질 성분

◆ 칼슘(Ca)

➤ 칼슘은 골격과 치아를 구성하며 혈액응고 작용 및 신경의 전달 작용을 한다.

➤ 우유와 건멸치에는 양질의 칼슘이 다량 함유되어 있다.

➤ 옥살산은 칼슘의 흡수를 방해한다.

◆ 인(P) : 신체를 구성하는 전체 무기질의 1/4정도를 차지하며 골격과 치아조직을 구성한다.

◆ 철(Fe) : **헤모글로빈의 구성 성분**으로 신체의 각 조직에 **산소를 운반하는 기능**을 한다.

◆ 요오드(I) : 겹핍 시 갑상선종이 발생할 수 있다.

◆ 나트륨(Na) : 세포 외액의 양이온, 신경 자극 전달, 삼투압 조절, 산 염기 평형 등

◆ 칼륨(K) : 수분, 전해질, 산, 염기 평형 유지, 근육의 수축 이완, 단백질 합성 등

◆ 염소(Cl) : 체내 삼투압 유지, 수분 평형, 수소 이온과 결합

◆ 마그네슘(Mg) : 골격, 치아 및 효소의 구성성분

⑥ 비타민

■ 지용성 비타민 : 비타민 A, D, E, K

◆ 비타민 A : 레티놀이라고도 한다.

전구물질은 당근, 호박, 고구마, 시금치에 많이 들어 있는 카로틴이다.

결핍 시 안구건조증, **야맹증**이 나타난다.

◆ 비타민 D(칼시페놀) : 햇볕에 노출하여 자외선을 쪼이게 되면 피부에서 합성된다.

전구물질은 프로비타민 D로 불리는 <u>에르고스테롤</u>(ergosterol)이다.

결핍되면 **골연화증, 유아발육 부족**이 나타난다.

◆ 비타민 E : 생식기능 유지와 노화방지의 효과가 있고 화학명은 토코페롤(tocopherol)이다.

비타민 E 결핍 시 **불임과 근육 위축증** 등이 나타난다.

◆ 비타민 K(필로퀴논/메나퀴논) : 주로 혈액 응고에 관여하므로 결핍 시 **출혈 및 지혈장애**가 나타난다.

■ **수용성 비타민 : 비타민 B군과 비타민 C**

◆ 비타민 B1 (<u>티아민</u>)

  ➢ 쌀에서 섭취한 전분이 체내에서 애너지를 발생하기 위해 꼭 필요하다.

  ➢ 마늘의 매운맛 성분인 <u>알리신</u>은 비타민 B의 흡수를 도와준다.

◆ 비타민 B2 (<u>리보블라빈</u>)

  ➢ 체내 유해한 활성 산소를 제어하는 항산화제 역할을 한다.

  ➢ 결핍 시 구각염이 발생한다.

◆ 비타민B3 (<u>니아아신</u>)

  ➢ 생체 내에서 효소의 작용을 도와주는 전구체역할을 한다.

  ➢ 결핍 시 펠라그라(피부병), 구토, 빈혈, 피로감이 생긴다.

◆ 비타민 B6 (<u>피리독신</u>)

  ➢ 항피부염 인자, 단백질 대사과정에서 보조효소로 작용한다.

  ➢ 일반적으로 많은 식품에 함유되어 결핍은 거의 일어나지 않지만 결핍 시 피로, 짜증, 수면장애, 우울증, 피부염 등의 증상이 나타날 수 있다.

◆ 비타민 B9 (**엽산**)

  ➢ 아미노산, 핵산 합성에 필수적 영양소로 헤모글로빈, 적혈구 등을 생성에 관여한다.

  ➢ 결핍 시 숨가쁨 및 현기증, 빈혈, 장염, 설사 및 임산부 여성에게 조산, 유산 등을 일으킬 수 있다.

◆ 비타민 C (**아스코브산**)

  ➢ 가열조리에 의해 가장 파괴되기 쉬운 비타민이다.

  ➢ 콜라겐을 합성하며, 항산화제 역할 및 혈관 노화 방지

  ➢ 결핍 시 괴혈병, 전신피로, 식욕부진, 상처 회복 지연, 면역체계 손상 등이 생길 수 있다.

  ➢ 과잉섭취 시 오심, 구토, 복부팽만, 복통, 설사를 유발할 수 있다.

■ 비타민 결핍증

비타민 A : 야맹증	비타민 D : 구루병
비타민 B : 각기증, 피로	비타민 E : 불임, 유산
비타민 C : 괴혈병	비타민 K : 혈액 응고 장애

⑦ 수분

■ 유리수(자유수)와 결합수

◆ 유리수(자유수)란?

자유수는 미생물 번식과 성장에 이용되는 일반적인 물로 생각하면 된다.

◆ 결합수란?

결합수는 보통 식품 내부에서 단백질 분자표면과 강하게 결합되어 있어 일반적인 방법으로 분리하기 쉽지 않고 미생물의 번식 등에도 이용될 수 없다.

유리수(자유수)	결합수
◆ 밀도가 작다.	◆ 밀도가 크다.
◆ 식품을 압착 시 쉽게 분리 제거된다.	◆ 식품을 압착해도 쉽게 분리 제거되지 않는다.
◆ 용매로 작용한다.	◆ 용매로 작용하지 않는다.
◆ 미생물의 번식 등에 이용된다.	◆ 미생물 번식에 이용되지 못한다.
◆ 대기 중에서 100℃로 가열하면 수증기가 되고 0℃ 이하에서 언다.(4℃에서 비중이 가장 크다)	◆ 쉽게 얼거나 증발하지 않는다.
◆ 표면 장력과 점성이 크다.	◆ 표면 장력과 점성이 작다.

■ 식품의 수분활성도란?

$$수분활성도 [Aw] = \frac{식품의\ 수증기압}{순수\ 물의\ 수증기압}$$

◆ 임의의 온도에서 순수한 물의 수증기압에 대한 식품이 나타내는 수증기압의 비율

◆ 수분활성도의 값이 작을수록 미생물의 이용이 쉽지 않다.

◆ 일반적으로 식품의 수분활성도는 물의 수분활성도인 1보다 작다.

(예 : 어패류의 수분활성도는 0.98~0.99정도이다.)

◆ 수분활성도의 계산<기출>

식품의 수증기압이 0.75기압이고, 그 온도에서 순수한 물의 수증기압이 1.5기압일 때 식품의 수분활성도(Aw)를 구하시오.

$$\text{수분활성도 [Aw]} = \frac{\text{식품의 수증기압}}{\text{순수 물의 수증기압}} = \frac{0.75}{1.5} = \frac{1}{2} = 0.5 \quad \text{정답 : 0.5}$$

⑧ 효소★★★

■ 효소란?

효소는 생명체에서 화학반응을 일으키는 데 작용하는 촉매를 뜻한다. 특정한 기질과만 결합하는 기질 특이성이 있으며, 활성화 최적온도는 로 이상에서는 활성이 떨어지거나 사라진다. 또한 pH에 따라 최적으로 활성화 정도가 결정되는데 이는 효소마다 다르게 나타난다.

■ 효소는 탄소, 산소, 수소, 질소로 구성(탄산수질) 효소는 단백질 CHON 1g=4kcal

어떤 특정 기질에만 반응하는 선택성이 있고, 온도와 PH에 영향을 받는다.(가열 시 변성한다)
(온도 10도 상승 시 2배 활성)

■ 탄수화물 분해효소

❖ 단당류 분해효소 [암기팁! 단찌퍼]
● 찌마아제 : 단당류를 알코올과 이산화탄소로 분해(제빵용 이스트)
● 퍼옥시다아제 : 카로틴계 황색색소를 무색으로 산화(대두)

❖ 이당류 분해효소 [암기팁! 이인말락]
● 인베르타아제 : 설탕(자당)을 포도당+과당으로
● 말타아제 : 맥아당을 포도당2분자로
● 락타아제 : 유당을 포도당 + 갈락토오스로

❖ 다당류 분해효소 [암기팁! 다이아셀]
● 이눌라아제 : 돼지감자, 뿌리식물에 존재(이눌린을 과당으로)
● 아밀라아제(디아스타제) : 밀가루, 맥아, 침, 박테리어, 곰팡이에 존재
  알파 : 전분을 덱스트린으로 분해 / 베타 : 전분을 맥아당 단위로
● 셀룰라아제 : 섬유소(셀룰로오스) 분해효소, 인간의 소화기관에 없다.

■ 지방분해효소 [지방 → 지방산 + 글리세린]

➤ 종류 : 스테압신 (췌장) / 리파아제 (밀가루, 이스트, 장액에 들어있다.)
  포스포리파아제 (췌장, 코브라독, 말벌독) [암기팁! 지방분해~스리포!]

▪ 지방을 가수분해 하면 → 모노디글리세라이드 → 지방산 + 글리세린
  [중간생성물질인 모노디글리세라이드 (Monodiglyceride)를 거쳐 분해된다.]

■ **단백질 분해효소**

- 프로테아제 : 밀가루/발아중인 곡물 단백질

- 펩신 : in 위액

- 펩티다아제 : in 췌장(이자)

- 레닌 : 소, 양 등 반추동물의 위액, 단백질 응고작용

- 트립신 : in 췌액(이자액)

- 에렙신 : in 장액

■ **과일에 들어있는 단백질 분해효소**

- 파파야(파파인), 파인애플(브로멜린)

- 무화과(피신), 키위(엑티니딘), 배, 생강(프로테아제)

■ **우리 몸의 각 소화기관에서 분비되는 효소 작용**

기관	효소	역할
입안	아밀라아제	[탄수화물 분해효소] 전분 → 맥아당
	말타아제	[탄수화물 분해효소] 맥아당 → 포도당
위	펩신	[단백질 분해효소] 단백질 → 펩톤
	리파아제	[지방 분해효소] 지방 → 지방산 + 글리세롤
신장	레닌	[단백질 분해효소] 우유의 카제인 → 응고작용
췌장	아밀라아제	[탄수화물 분해효소] 전분 → 맥아당
	트립신	[단백질 분해효소] 단백질, 펩톤 → 아미노산
	스테압신	[지방 분해효소] 지방 → 지방산 + 글리세롤
소장 대장	말타아제	[탄수화물 분해효소] 맥아당 → 포도당 + 포도당 [말포포, 맥포포]
	수크라아제	[탄수화물 분해효소] 자당 → 포도당 + 과당 [수포과, 자포과]
	락타아제	[탄수화물 분해효소] 유당(젖당) → 포도당 + 갈락토오스 [락포갈, 유포갈]
	리파아제	[지방 분해효소] 지방 → 지방산 + 글리세롤 [리찌글, 찌찌글]

■ **담즙의 기능**

산의 중화작용, 유화작용, 약물 및 독소 등의 배설작용 [당질의 소화 ✕]

■ **효소 작용에 따른 갈변 방지법**

식품을 조리하거나 저장 또는 가공할 때 **폴리페놀옥시다아제(사과), 티로시나아제(감자)** 등의 갈변을 일으키는 효소에 의해 껍질을 벗긴 채소류 및 과일류, 감자 등의 색이 갈색으로 변한다.

아래 방법을 통해 갈변을 방지할 수 있다.

1. pH농도를 산성인 3이하로 낮추어 효소작용을 억제한다.

2. 가열하여 효소를 불활성화 시킨다.

3. 아황산가스처리를 한다.

4. 설탕(당)이나 소금(염)을 첨가한다.

(기출 : 산화제를 첨가한다. ✕)

■ **그 밖에 갈변 방지법**

◆ 공기중의 산소와 접촉하지 않도록 밀폐하고 용기에 이산화탄소나 질소를 주입한다.

◆ 온도를 -10도씨이하로 급격히 낮추거나, 구리, 철 등 금속으로 된 용기사용을 피하는 것이 좋다.

◆ 귤의 경우 갈변현상이 심하게 나타나지 않는데 이는 **비타민 C의 함량이 높기 때문**이다.

◆ **사과, 배 등 신선한 과일**의 갈변 현상을 방지하기 위해서는 **레몬즙에 담가 두는 것**이 좋다.

◆ **감자**는 껍질을 벗겨두면 **티로시나아제**라는 효소에 의해 갈변하는데 **물에 담가 둘 경우 갈변을 방지**할 수 있다.

2) 재료관리

① 밀가루

밀가루 선택 시 고려 요소

① 단백질 함량 → 제품의 부피와 구조를 결정

② 회분함량 → 껍질색과 풍미를 결정

③ 흡수량 → 제품의 유연성(부드러움)과 저장성을 결정

■ **밀알의 구조**

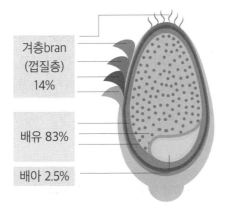

겨층bran
(껍질층)
14%

배유 83%

배아 2.5%

• **밀기울(껍질, 과피)** : 밀알의 14% 차지, 셀룰로오스와 회분 함유

영양분이 풍부하나 식감에 따른 영향으로 일반적으로 제분 과정에서 분리된다.

- **내배유** : 밀알의 83% 차지, 단백질 함량이 70~75%로, 분말화하여 제과제빵에 적합한 "밀가루"로 사용된다. 호분층에 가까울수록 단백질 함유율이 높고, 중심부로 갈수록 단백질 양이 적이지지만 품질은 좋아진다. (글리아딘과 글루테닌이 거의 동량으로 함유)
- **베아(씨눈)** : 밀알의 2~3% 차지, 식용으로도 사용되기도 하지만 보통 제분 시 제거된다. (씨눈에는 약 10% 지방이 함유되어 밀가루의 저장성을 떨어뜨린다.) 배아유는 식용, 약용으로 사용 가능

■ 제분과 제분율(제분 수율)

- **제분** : 밀알에서 껍질과 배아 부위를 제거하고 내배유 부분의 전분이 손상되지 않도록 고운 가루로 만드는 것으로 통밀알을 제분 하게되면 수분과 탄수화물은 증가하고, 단백질은 1% 감소한다.
  [참고 : 껍질과 배아의 분리를 쉽게 하기 위해 내배유를 부드럽게 만드는 공정을 조질(템퍼링) 공정이라고 한다.]
- **회분함량** : 회분은 식품의 무기질 총량을 나타내는 용어로 밀가루를 태우고 남은 무기물(재/ash)의 양을 말한다. 제분율이 높은 거친 밀가루일수록 회분함량이 높고 영양가가 높지만 제빵 적성에는 맞지 않게 된다. 밀가루 제분 시 회분함량은 1.8%에서 0.4~0.45% 정도로 감소한다.
- **제분율(제분 수율)** : 밀알을 제분하여 밀가루를 만들 때 밀알에 대한 밀가루 양의 배율을 %로 나타낸 것으로 일반적으로 72%로 제분한다. (껍질과 배아가 모두 포함된 전밀가루의 제분율은 100%)
- **제분율이 낮은 경우** : 껍질이 적은 고급 밀가루가 되지만 회분과 단백질의 함량은 오히려 떨어진다.
- **제분율이 높은 경우** : 껍질 부위가 증가하므로 소화율은 감소

■ 밀가루의 종류

❖ 단백질 함량에 따른 밀가루의 분류

- 경질춘맥, 초자질 → **강력분** [단백질 함량 12~15%] : 제빵용
- 듀럼분, 초자질 → **듀럼분** [단백질 함량 11~12.5%] : 스파게티면, 마카로니
- 연질동맥, 중자질 → **중력분** [단백질 함량 8~10%] : 제면용(우동, 국수면), 다목적용
- 연질동맥, 분상질 → **박력분** [단백질 함량 7~9%] : 제과용[과자류, 케이크류]
- 경질춘맥(春麥)은 봄에 파종한 것으로 밀알이 적색을 띠고 단단하다.[→강력분]
- 연질동맥(冬麥)은 겨울에 파종한 것으로 밀알이 흰색을 띠고 부드럽다.[→박력분]

❖ 회분 함량에 따른 밀가루의 분류*(( )는 회분함량)

특등급(0.3~0.4%) → 1등급(0.4~0.45%) → 2등급(0.46~0.6%)

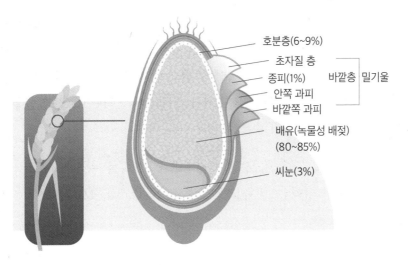

호분층(6~9%)
초자질 층
종피(1%)
안쪽 과피
바깥쪽 과피
바깥층 밀기울
배유(녹물성 배젖) (80~85%)
씨눈(3%)

■ 밀가루의 탄단지 구성

[탄수화물]

- 밀가루는 탄수화물이 약 70%를 차지하며 대부분 전분이다.(그 외 덱스트린, 셀룰로오스, 펜토산, 당류등을 함유)
- 밀가루의 탄수화물은 제분 과정 중 전립분이 충격을 받아 손상(분산)되는데 이 손상전분 함량은 4.5~8%가 적당하다.
- 손상전분은 알파아밀라아제제가 작용하기 용이하여 분해 시 가스발생과 흡수율을 높이는 역할을 한다. [일반전분 대비 흡수율 2배 증가효과]
- 전분의 함량은 단백질 함량과 반비례하므로 강력분보다 박력분이 전분함량이 높다.
- 밀가루의 전분은 발효 시 이스트의 먹이가 되므로 빵 내부 조직과 골격을 이루는 중요한 역할을 한다.

[단백질]

- 밀가루 단백질은 알부민(Albumin), 글로불린(Globulin), 글리아딘(Gliadin) 및 글루테닌(Glutenin) 등으로 이루어져 있다.
- **글리아딘(Gliadin)** : 밀가루를 반죽 시 **점성과 신장성**을 가지게 한다. [Tip! 점신은 롯데리아에서 먹자.]
- **글루테닌(Glutenin)** : 밀가루를 반죽 시 **탄력성**을 가지게 한다.[Tip! ㅌ → ㅌ 연결 글루테닌 → 탄력성]
- 글루텐(Gluten) : 불용성인 글리아딘과 글루텐닌이 물과 결합하면 글루텐이 된다. 주성분은 글리아딘(Gliadin) 36% 및 글루테닌(Glutenin) 20%, 메싸이오닌 (methionine) 17% 이며, 알부민(Albumin), 글로불린(Globulin) 7%, 기타 수분과 회분으로 구성된다. 글루텐은 풍부한 점성, 신장성, 탄력성을 가지며 탄산가스 보유력으로 반죽을 부피를 유지시킨다.
- 알부민(Albumin), 글로불린(Globulin) : 물과 묽은 염기성 용액에 용해되며 열에 의해 응고된다. 글루텐구성의 7%를 차지한다.

- 젖은 글루텐 : 밀가루와 물을 2 : 1로 섞어 반죽한 후 다량의 물로 전분을 씻어낸 것을 말한다.
- 건조 글루텐(활성 밀 글루텐) : 밀가루에 물을 소량 가해 반죽한 다음 물속에서 주물러 전분을 제거하여 200℃ 온도에서 구워서 건조시킨 후 가공한 연한 황갈색 가루로 반죽의 강도를 개선하는 밀가루 개량제로 이용된다.(글루텐 생성 속도를 높여 반죽 시간이 단축된다.) **건조 글루텐**의 단백질 함량은 젖은 글루텐의 3배 (3은 단백질의 수분흡수량)
- 건조 글루텐 효과 : 반죽 내구성 개선, 흡수율 증가, 발효 및 성형 시 안정성 증가, 제품 부피, 기공 조직, 저장성 개선
- **글루텐 함량의 계산**

$$젖은\ 글루텐\ 함량(\%) = \frac{젖은\ 글루텐\ 무게}{밀가루\ 무게} \times 100$$

$$건조\ 글루텐\ 함량(\%) = \frac{젖은\ 글루텐\ 함량}{3}$$

[밀가루 내 효소와 색소]

- 밀가루 내에는 탄수화물인 전분을 분해하는 아밀라아제와 글루텐 조직을 연화시키는 대표적인 단백질 분해효소인 **프로테아제**가 들어있으며, 반죽에 산화제를 첨가 시 프로테아제의 활성도는 낮아진다.
- **프로테아제**는 반죽 발효 시 신장성 증대와 가스보유력을 향상시키지만 과다하면 글루텐 조직이 끊어져 끈기가 없어 진다. 잉글리시머핀이나 햄버거빵 제조 시 반죽에 흐름성을 부여하기 위해 첨가한다.
- 밀가루는 배유에 함유되어 있는 카로티노이드(carotenoid)계 색소인 크산토필(xanthophyll)에 의하여 **맑은 크림색**을 나타낸다. 제분 중 겨층의 혼입에 의하여 색상이 어두워진다. 제분 입도에 따라 입자가 작을수록 밝은 흰색을 띤다.
- 밀가루의 표백은 카로티노이드계 색소를 제거하는 것으로 공기 중 산소 접촉을 통해 자연 표백시키거나 과산화벤조일, 과산화질소, 염소가스, 산소 등의 표백제를 사용하여 표백한다.

[밀가루의 숙성]

- 밀가루는 생화학적으로 제과제빵용으로 사용하기에 불안정한 상태이므로 공기 중 산소에 의해 자연 숙성을 통해서, 또는 **브롬산칼륨, 비타민C 또는 ADA (Azodicarbonamide)** 등으로 통해 표백을 하지 않고 밀가루를 숙성시켜 사용한다.
- 숙성 후의 밀가루는 흰색을 띠며 pH는 5.8~5.9로 약간 낮아지고, 빵 발효에 적합한 적성을 지니게 된다. 글루텐의 질이 개선되어 흡수성이 좋아지고, 환원성 물질이 숙성과정에서 산화되면서 반죽 시 글루텐 파괴를 줄일 수 있다.

[지방]

밀가루에 함유된 지방은 1~2% 정도로, 제품의 저장성을 해치는 요소로 작용한다.

[밀가루 전분의 호화(Gelatinization)]

: 밀가루 전분은 포도당이 여러 개로 축합되어 이루어진 중합체로 아밀로스(Amylose)와 아밀로펙틴 (Amylopectin)으로 구성되어 있음.

: 전분 분자들은 수분을 흡수하면(60~80도) 호화되기 시작하고 전분의 형태가 붕괴되면서 반투명한 점도 있는 풀이 되며, 이러한 현상을 전분의 호화(a화)라고 함

② 기타 가루

[호밀가루(Rye Flour)]

1. 호밀가루에는 글루텐 형성 단백질인 프롤라민(글리아딘 gliadin)과 글루테린(글루테닌 glutenin)이 밀가루 대비 25% 정도 밖에 되지 않아 밀가루와 양적인 차이는 없으나 질적인 차이가 있다.

2. 글루텐 구조를 형성할 수 있는 능력이 부족해 빵이 잘 부풀지 않아 밀가루와 혼합해서 사용한다. (신장성과 탄력성이 떨어짐)

3. 호밀가루에는 펜토산 함량이 높아 반죽을 끈적이게 하고 글루텐 탄성을 약화시킨다.

4. 제분율에 따라 단백질과 껍질입자(회분)가 가장 많이 함유된 흑색 호밀빵, 회분이 1% 함유된 중간색(담회색), 회분이 0.5~0.65% 함유된 백색 호밀가루로 나뉜다.

5. 호밀빵 제조 시에는 산화된 발효종이나 사워종을 사용하면 양질의 제품을 얻을 수 있다.

[감자가루]

제과 제빵 시 노화지연제, 이스트의 영양공급, 향료제로 쓰인다.

[옥수수가루]

옥수수 단백질은 필수아미노산인 트립토판과 라이신이 없어 불완전 단백질에 속한다. 다른 곡물에 부족한 트레오닌과 함황아미노산인 메티오닌을 많이 함유하고 있어 밀가루 등 다른 곡류와 섞어 사용하면 좋다. 옥수수 전분의 경우 음식물 조리 시 농후화제로 사용한다.

[땅콩가루]

단백질과 필수아미노산의 함량이 높아 영양강화용으로 이용한다.

[면실분]

목화씨를 갈아 만든 가루로 단백질 함량이 높고, 비타민과 미네랄이 풍부하다.

[보리가루]

밀가루보다 비타민과 무기질, 섬유질 등을 다량 함유하고 있어 잡곡 바게트 등 건강빵 제조 시 이용되며, 보리껍질이 들어있어 맛은 거칠고, 색이 어둡다.

[대두분]

대두분은 콩을 갈아 만든 가루로 필수아미노산인 리신을 다량 함유하고 있어 밀가루의 영양을 보강하고 제품의 구조력을 강화시킬 수 있다.

③ 감미제

감미제의 종류로는 설탕(정제당, 전화당, 황설탕, 분당, 함밀당 등), 당밀, 전분당, 맥아시럽, 포도당, 물엿, 유당을 비롯하여 아스파탐, 꿀, 올리고당, 이성화당, 카라멜 색소, 스테비오사이드, 사카린, 메이플시럽 등이 있다.

[감미제의 기능]

- 단맛과 독특한 향을 부여하며, 껍질색을 형성한다.
- 밀가루 단백질(글루텐) 연화 및 부드러운 조직을 형성한다.
- 수분 보유력을 가지고 있어 노화 지연 및 신선도를 유지시킨다.
- 제과 반죽의 퍼짐성과 흐름성을 조절할 수 있다.
- 발효 시 이스트의 먹이가 된다.
- 달걀 단백질의 기포력을 저하시키지만 광택과 기포안정성, 기포 포집력을 향상시킨다.

[설탕(자당 Sucrose)]

- 제과제빵에 사용하는 대표적 감미제로 사탕수수나 사탕무에서 추출한 즙액을 농축하여 결정화 한 다음 원심분리하여 만든 원당으로 제조한 당류를 말한다.
- 당밀과 불순물을 제거하여 만든 정제당과 설탕을 가수분해하여 포도당과 과당의 시럽형태인 전화당(트레몰린), 약과나 카라멜 색소의 원료로 사용되는 황설탕, 설탕을 미세하게 갈아 만든 분당(슈가파우더), 당밀을 분리하지 않고 함께 굳힌 흑설탕인 함밀당 등이 있다.

[포도당(덱스트린 dextrose)]

- 전분을 가수분해하여 만든 전분당으로 감미도가 75 정도로 설탕보다 단맛이 약하다.
- 이스트의 영양 공급원으로 발효 촉진에 사용되며, 껍질색을 진하게 하고 입안의 청량감을 부여한다.
- 제품의 부드러움과 탄력성을 높인다.

[물엿(Corn syrup)]

- 전분당의 일종으로 전분을 산이나 효소로 가수분해하여 만든다. (반유동성 감미제)
- 감미도는 설탕의 1/3 정도로 낮지만 점성과 보습성이 좋아 제빵, 제과, 통조림, 사탕, 빙과제조에 널리 쓰인다.
- 제과제빵에 사용 시 제품 조직을 부드럽게 할 수 있다.

[맥아(Molt)와 맥아 시럽(Molt syrup)]

맥아는 보리의 낱알을 발아시킨 것으로 이스트 발효 촉진 효과가 있으며, 맥아 시럽은 맥아 가루에 물을 넣고 가열하여 여러 분해 효소들을 추출한 액체로 만든 시럽이다. 맥아 시럽 역시 이스트 발효 촉진, 카라멜이나 캔디 제조 시 설탕의 재결정화를 방지하고 제품 내 수분을 유지시키는 역할을 한다.

[유당(젖당 Lactose)]

포유동물의 젖에 들어있는 감미제로 우유의 약 4.8%가 유당이다. 이스트에 의해 발효되지 않고 잔류당으로 남기 때문에 굽는 과정에서 갈변을 일으켜 껍질색을 진하게 한다.

④ 물

제과제빵에서 물은 재료를 일정하게 분산시키고, 반죽의 되기를 조절하며, 글루텐 단백질을 결합시키는 역할을 한다. 또한 물은 반죽온도를 조절하고, 글루텐을 형성시킨다.

■ 연수 (0~60ppm, 단물) 증류수나 빗물

- 제빵에 사용 시 글루텐을 연화시켜 반죽을 연하고 끈적거리게 한다.[점착성 증가]
- 가스 보유력을 감소시킨다. → 오븐스프링 감소

[조치사항]

- 물의 양을 줄여 흡수율을 감소시킨다. (2%)
- 이스트푸드와 소금 사용량을 증가시킨다.
- 이스트양을 감소시키고 발효시간을 단축한다.

■ 경수 (180ppm 이상, 센물) 광천수, 온천수, 바닷물

- 물 속에 각종 미네랄이 녹아 있는 물
- 제빵에 사용 시 반죽이 질겨지고 발효 시간이 길어진다. [글루텐 경화]
- 반죽 탄력성이 증가해 반죽이 단단해지고, 믹싱과 발효시간이 길어진다.
- 일시적 경수 : 탄산칼슘이나 탄산마그네슘이 용해된 물로 끓이면 경도가 사라져 연수가 된다.
- 영구적 경수 : 황산칼슘이나 황산마그네슘을 포함하고 있어 끓이더라도 경도에 영향이 없다.

[조치사항]

- 물의 양을 증가시킨다. 흡수율을 증가시킨다.
- 이스트푸드와 소금 사용량을 감소시킨다.
- 이스트양을 증가시키거나 맥아 또는 효소를 첨가한다.

■ **아경수 (120~180ppm)** 제빵에 가장 적합한 경도로 이스트의 영양물질이 되고, 글루텐을 적절히 강화시킨다.

■ **물의 pH (수소이온농도)**

물의 pH는 반죽의 효소작용과 글루텐의 물리적 성질에 영향을 주는데 일반적으로 산성물은 발효를 촉진하고, 알칼리성 물은 발효를 지연시킨다. pH 5.2~5.6의 약산성물이 제빵용으로 가장 적합하다.

산성 물로 반죽 시	발효를 촉진시킨다. 여린 껍질 색상이 옅고 향이 약하다. 기공이 작고 조직이 조밀하다. 글루텐이 용해되어 반죽이 찢어지기 쉽다. 조치사항 : 이온교환수지 이용(소금과 같은 염을 함유한 물을 통과시키면 염을 구성하는 이온이 수지에 흡수되어 중화된다.)
알칼리성 물로 반죽 시	발효가 지연된다. 기공이 크고 조직이 거칠다. 탄력성이 떨어져 부피가 작고 노란색을 띤다. 조치사항 : 제과반죽 → 레몬즙, 주석산 크림 등 추가 　　　　　　제빵반죽 → 산성 이스트푸드 양 증가(황산칼슘 함유)

⑤ 달걀

달걀은 난황(노른자 30%: Yolk), 난백(흰자 60%: Albumen)과 난각(껍질 10%: Egg Shell)로 구성되며, 흰자와 노른자를 합쳐 전란(全卵)이라 한다. 난황의 단백질 성분 비텔린과 난백의 단백질 성분인 알부민은 우리 몸의 세포 생성에 중요한 작용을 한다.

구분[껍질 10%]	구성비[껍질 10%]	수분	고형분
전란	90%	75%	25%
노른자	30%	50%	50%
흰자	60%	88%	12%

- 껍질[10%] : 껍질의 성분은 탄산칼슘이며, 미세한 구멍으로 세균이 침투가능하지만 큐티클(cuticle)층이 이를 막아낸다.
- 노른자(난황)[30%] : 약 50%는 수분이며, 고형분 50% 중 단백질이 30%, 지방이 70%를 차지하며,

그 외 인과 회분 등이 들어있다. 노른자에는 콜레스테롤, 트리글리세리드, 인지질 등이 들어있는데 인지질의 대부분은 레시틴으로 제과제빵 시 천연유화제로 사용된다.

- 흰자(난백)[60%] : 달걀의 흰자는 pH8.5~9.0 의 알칼리성으로 88%가 수분이며 나머지는 단백질로 이루어져 있다. 흰자에는 오브알부민(필수아미노산 함유), 콘알부민(철결합능력), 오부뮤코이드, 아비딘 등의 단백질을 함유하고있다.

■ 제과 제빵에서 달걀의 역할

결합제(응고성, 점성), 유화제(레시틴), 팽창제(기포형성), 농후화제(걸쭉), 영양강화(완전단백질) 등의 역할을 한다.

[제품 별 연결]

결합제로서의 기능 → 빵가루 도포, 커스터드 크림

유화제로서의 기능 → 마요네즈, 아이스크림, 케이크

팽창제로서의 기능 → 엔젠푸드케이크, 스펀지케이크

농후화제로서의 기능 → 커스터 크림, 푸딩

■ 달걀의 기포성과 유화성

- **기포성** : 달걀 흰자의 거품형성에 관여하는 단백질은 글로불린으로 오래된 달걀일수록(수양난백), 30도씨 정도의 온도에서 거품이 많이 형성된다. 설탕, 식염, 우유, 지방 등의 첨가는 안정적인 기포 형성에 도움을 주지만, 식초나 레몬 등 산성분은 기포성을 떨어뜨리는 요인이 된다.
- 신선한 달걀은 기포 형성 후 유지 시간이 길고 안정적인 반면, 신선도가 떨어지는 달걀은 기포 유지 시간은 짧고 기포가 불안정하다.
- **유화성** : 달걀의 노른자 속 레시틴은 유화제로 콜레스테롤의 흡수를 방해하고 혈전 용해 작용 등 건강에 좋은 영향을 주며 마요네즈(난황+식초+오일)가 대표적인 달걀 노른자를 유화제로 활용한 예이다.

■ 신선한 달걀 고르는 법

- 난황이 중심에 있고 윤곽이 뚜렷한 것을 고른다.
- 6%~10% 농도의 소금물에 담갔을 때 가라앉는 것이 신선하다.[신선한 달걀의 비중은 1.08~1.09]
- 껍질이 까칠까칠하고 광택이 없고 흔들었을 때 소리가 나지 않는 것을 고른다.
- 계란을 편평한 곳에 깨뜨렸을 때
  - ➢ 난황계수(노른자 높이/지름)가 0.36~0.44 범위면 신선한 것이다. (0.25 이하는 오래된 것)
  - ➢ 난백계수(흰자 높이/지름)가 0.15 이상이면 신선한 것이다. (0.1 이하는 오래된 것)

⑥ 유지류

제과제빵에 사용되는 유지류는 액체상태의 오일(Oil)과 고체상체의 지방(Fat)을 모두 포함한다.

제과제빵에 사용되는 유지류는 다음과 같은 특성으로 판단한다.

크리밍성	유지류가 반죽(교반) 과정에서 공기를 포집하여 품는 성질을 말한다. 유지량에 비해서 많은 공기를 품는 유지일수록 크리밍성이 크다고 한다. 크림법으로 제조하는 제품에서 중요하다.
가소성	고체에 힘을 가했을 때 모양의 변화와 유지(維持)가 가능한 성질을 말한다. 유지(油脂)가 너무 단단하면 반죽이 부서지며 무르면 고르게 펼 수 없다. 버터, 마가린, 쇼트닝은 실온(약 20℃)에서 고체상태를 유지하는데 이는 포화지방산의 비율이 높아서 가소성이 있기때문이다. 페이스트리나 파이류에서 중요한 성질이다.
쇼트닝성	유지 입자들이 반죽 속에서 얇은 필름처럼 분산되어 글루텐 표면을 둘러싸 글루텐의 형성과 발달을 막는 성질을 말한다. 제품에 바삭함과 부드러움을 부여한다. 크래커나 식빵에서 중요한 성질이다.
유화성	서로 녹지 않거나 균일한 혼합물을 만들지 않는 두 액체에서 한쪽의 액체가 다른 쪽의 액체 가운데에 분산하여 에멀션(emulsion)을 만드는 성질로 두가지로 나뉜다. W/O형(기름중에 물이 분산된 유화상 형태) 과 O/W형(물중에 기름이 분산된 유화상 형태) 레이어케이크나 파운드케이크에서 중요한 성질이다.
안정성	유지가 산패와 산화에 장기간 안정적으로 견디는 성질을 말한다. 튀김유의 중요 요소이다.

- 버터 (유중수적형 W/O oil in water) : 우유 지방(80~81%)으로 제조한다. 수분 함량은 14~17% 정도 이며 맛과 풍미가 우수하다. 가소성의 범위가 좁고 융점이 낮다.
- 마가린 (유중수적형 W/O oil in water) : 버터 대용품으로 식물성 유지를 경화시킨 것이다. 지방이 약 80%를 함유한다. 버터에 비해 가소성, 크림성, 유화성이 우수하지만 풍미가 떨어진다.
- 쇼트닝 : 라드(돼지 기름) 대용품, 지방 100%로 무색, 무미, 무취의 특징을 가지며 크림성이 우수하며, 쿠키의 바삭한 식감을 준다.
- 라드 : 돼지 기름을 정제한 동물성 유지로 풍미가 좋고 가소성의 범위가 넓지만 크리밍성과 산화 안정성이 낮다.
- 튀김유 : 지방 100%로 필수지방산과 비타민E가 풍부한 식물성 오일을 사용한다. 적정 튀김온도는 180~195℃로 발연점이 높고, 산패에 안정성을 가지며, 제품이 냉각되는 동안 충분히 응결되어야 한다.

⑦ 이스트(효모 yeast)

- 빵과 주류 제조에 사용되는 미생물로 제과제빵 반죽의 발효 시 알코올 발효를 일으킨다.
- 발효과정에서 다량의 이산화탄소를 발생시켜 빵을 부풀게 하고, 반죽의 숙성과 향미를 증진시킨다.
- 반죽에 신장성과 조직을 개선하고 믹싱시간을 단축시킨다.
- 이스트에 함유된 효소에는 탄수화물 분해효소인 인베르타아제, 말타아제, 찌마아제와 지방분해 효소인 리파아제, 단백질 분해효소인 프로테아제가 있으며 이 중 찌마아제는 빵 반죽 발효에서 최종적으로 포도당과 과당을 분해하여 탄산가스(CO_2)와 알코올을 생성하는 역할을 한다.

- **생이스트** : 압착효모라고도 한다. 수분 함량이 68~83%이고 보존성이 낮다. 냉장온도(0~7℃)에서 보관하며 제조일로부터 2~3주이내 사용하는 것이 좋다. 생이스트는 28~32℃, pH 4.5~5.0에서 발효가 최적으로 된다.

- **건조이스트** : 활성 건조효모, 드라이이스트라고도 한다. 수분 함량이 8~9%로 낮고, 입자 형태로 가공한 것으로 일반적으로 미개봉 상태에서 1년간 보관가능하다. 건조이스트 양의 4~5배의 미지근한 물(35~43℃)에 5~10분간 수화하여 사용한다. (인스턴트 이스트는 바로 사용 가능) 건조 이스트는 생이스트보다 약 2배의 효과가 있다.

- **글루타티온** (glutathione) : 오래된 이스트에 많이 함유되어 있는 환원성 물질로 효모가 죽으면서 반죽의 연화작용에 작용한다. 환원성 물질의 함량이 많을수록 반죽시간은 짧아지나 끈적하고. 너무 연한 상태가 되어 풍미를 떨어뜨린다.

- **이스트를 이스트푸드(개량제), 소금, 설탕 과 직접 닿지 않게 하는 이유** : 삼투압 작용으로 이스트의 활동을 저해하기 때문

■ 이스트 사용량의 증감 결정

✓ 설탕, 소금 사용량 증가했을 때	✓ 수작업이 많은 제품일 경우
✓ 반죽 온도가 낮을 때	✓ 반죽실 온도가 높을 때
✓ 글루텐의 질이 좋은 밀가루를 사용할 때	✓ 천연 효모와 함께 사용할 경우
✓ 우유량이 많을 때	✓ 작업량이 많은 경우
✓ 발효시간을 단축 시킬 때	✓ 발효시간을 길게 할 때
이스트 사용량을 증가시킨다.	**이스트 사용량을 감소시킨다.**

⑧ 소금 (NaCl 염화나트륨)

- 맛과 풍미를 향상시키고 껍질색을 진하게 한다.
- 글루텐을 강화시켜 탄력성을 갖게 한다.
- 세균 번식을 막고 방부 효과가 있다.
- 소금을 넣는 시기는 보통 전반부에 이루어지지만 소금을 늦게 넣는 후염법으로 클린업 단계 이후에 넣는 후염법도 있다. 소금을 처음에 넣으면 반죽 시간이 길어지고, 후반에 넣으면 반죽시간을 20% 가량 단축할 수 있다.
- 삼투압 영향으로 이스트 발효능력을 억제하므로 이스트와 닿지 않도록 한다.

⑨ 이스트푸드 (밀가루개량제)

- 이스트의 발효를 촉진하고 안정된 품질의 제품을 생산하기 위해 반죽 밀가루 중량의 0.1~0.2% 사용

- 반죽강화제, 산화제, 환원제, 노화지연제 등을 사용
- 밀가루 개량제에는 이스트의 영양분인 질소를 제공하는 **황산칼슘($CaSO_4$), 인산칼슘($Ca_3(PO_4)_2$), 과산화칼슘(CaO_2)** / 칼슘의 양조절을 통해 물의 경도를 조절하고 반죽 탄력성을 향상시키는 **염화암모늄(NH_4Cl), 황산암모늄($(NH_4)_2SO_4$), 인산암모늄($(NH4)_3PO_4$)** / 이와 더불어 다음과 같은 <u>반죽조절제</u>가 있다.

반죽조절제 종류		기능
프로테아제, 아밀라아제	효소제	신장성, 가스보유력 증가
비타민 C, 브롬산칼륨, 오오드칼륨, 아조디카본아미드(ADA)	산화제	발효시간단축 부피증가 글루텐 강화 (반죽을 단단하게 함)
시스테인, 글루타티온	환원제	반죽시간 단축 및 글루텐 연화

⑩ 팽창제

- 화학 반응을 통한 탄산가스를 생성하며 과자나 케이크 등을 부풀려 모양 형성을 돕고, 식감을 부드럽게 한다.
- **탄산수소나트륨**(중조 또는 베이킹소다) : 대표적 팽창제로 단독으로 사용하거나 베이킹파우더를 만들어 사용한다. 이산화탄소를 발생시켜 반죽을 팽창시키며 알칼리 물질이 반죽에 남게되는데 이는 색상 형성에 영향을 미쳐 제품의 색상을 선명하고 진하게 만드는 효과가 있다. (과량 사용 시 소다맛이나 비누맛이 나며 제품의 색을 변화시키므로 주의)
- **베이킹파우더** : 탄산수소나트륨을 산성작용제 및 전분과 혼합하여 사용하므로 중조 단독 사용 시에 비해 이산화탄소의 발생과 속도를 조절 가능하도록 한 팽창제이다.
- 베이킹파우더에 들어가는 산성작용제에는 주석산, 산성 인산칼슘, 피로인산칼슘, 인산알루미늄소다, 황산알루미늄소다 등이 있으며 주석산이 반응 속도가 가장 크다.
- **이스파타(이스트파우더)** : 합성팽창제로 탄산수소나트륨에 염화암모늄을 혼합하여 만든다. 찜류의 팽창제로 많이 활용되며 팽창력이 상대적으로 강하고 환제품의 색상을 하얗게 만든다.
- 그 밖에 나트륨을 섭취하면 안되는 환자를 위한 대체 팽창제로 사용되는 **중탄산칼륨**, 속효성 베이킹파우더로 쓰이는 **주석산칼륨**, 수분과 열에 쉽게 반응하여 가스를 발생시키는 **중탄산암모늄** 등이 팽창제로 사용된다.

⑪ 안정제

불안정한 상태의 유동 혼합물의 점도를 증가시켜 안정된 상태로 변화시키는 첨가물을 말한다. 대표적으로 **한천, 젤라틴, 팩틴, 알긴산, 검류, CMC** 등이 안정제에 속한다.

■ 안정제의 기능

- 크림토핑 시 거품을 안정시킨다.
- 흡수제로 노화를 지연시킨다.
- 아이싱의 끈적거림을 방지한다.
- 포장성을 개선한다.
- 머랭의 수분보유력을 향상시킨다. (머랭의 수분 배출을 촉진 X)

⑫ 향신료

여러 재료들과 어울려 풍부한 맛과 향을 내기 위해 첨가하며 제품의 보존성 향상과 식욕증진 및 방부 작용 등의 유익한 기능을 한다.

■ 향신료의 종류

[넛메그(Nutmeg)]

육두구과 열매를 건조시킨 것으로 한 개의 종자에서 넛메그(씨앗)와 메이스(씨앗의 붉은 껍질)의 두 종류의 향신료를 얻을 수 있다. 약간 쓴맛과 톡 쏘는 맛이 있으며 애플 파이, 크림류에 이용한다.

[바닐라(Vanilla)]

바닐라 꼬투리가 노란빛을 띄기 시작할 때 따내어 70 물에 데친 다음 몇일 간 발효시키면 꼬투리의 색이 검게 변하고 진한 향을 내는 향신료가 된다. 제과 제품에서 가장 널리 쓰이며 초콜릿. 과자, 아이스크림 등에 이용한다.

[계피(Cinnamon)]

녹나무속(Cinnamomum)에 속하는 몇 종의 육계나무에서 새로 자란 가지의 연한 속껍질(bark)을 벗겨 말리거나 갈아서 가루형태의 향신료로 만든 것을 말한다. 케이크, 쿠키, 초콜릿 등의 과자류와 파이 등의 빵류에 이용한다.

[오레가노(Oregano)]

꿀풀과에 속하는 다년생 식물의 잎과 꽃의 끝부분을 말린 것이다. 바질과 조합하여 대부분의 피자소스나 토마토 파스타 소스에 들어가며 톡 쏘는 매운 향이 특징이다.

[생강(Ginger)]

열대성 다년초의 다육질 뿌리로 특유의 향기가 나며 진저롤(Gingerol)이라는 성분으로 인해 매운 맛을 낸다.

[정향(Clove)]

정향나무의 열매를 건조한 것으로 단맛이 강한 크림이나 소스에 이용한다.

[카다몬(Cardamon)]

생강과의 다년초 얼매에서 속의 작은 씨를 말려 빻은 것으로 푸딩, 케이크, 페이스트리에 이용한다.

[박하(Peppermint)]

쌍떡잎 꿀풀과의 풀인 박하 잎을 말린 것으로 산뜻하고 시원한 향이 난다.

[올스파이스(Allspice)]

올스파이스 나무의 덜 익은 열매를 따서 말린 것으로 자메이카 후추라고도 불리며 3대 스파이스인 크로우브(정향), 넛트멕(육두구), 시나몬(육계)의 향미가 모두 있어 올스파이스(Allspice)라는 이름이 붙여졌다. 후추 같은 매운맛은 없지만 상쾌하고 달콤하며 약간 쌉쌀한 맛이 모두 난다. 주로 과일케이크 등 단맛이 강한 케이크나 파이, 비스킷에 이용된다.

■ 초콜릿

• 초콜릿의 구성

일반적으로 초콜릿은 **코코아 $\frac{5}{8}$(62.5%)와 코코아버터 $\frac{3}{8}$(37.5%)**

기타 유화제 (0.2~0.8%), 소량의 설탕, 분유로 구성되어 있다.

초콜릿 제품은 재료 배합에 따라 여러 제품으로 만들 수 있는데, 다른 성분을 넣지 않은 순수한 초콜릿인 카카오매스(제과제빵의 커버춰용도로 사용)와 여기에 설탕, 레시틴, 바닐라향 등을 섞은 다크 초콜릿, 분유를 넣은 밀크 초콜릿, 짙은 갈색의 카카오 고형분을 제거하고 설탕, 분유 등을 추가한 화이트 초콜릿 등이 있다.

• 초콜릿 템퍼링(Tempering)

카카오 버터를 미세한 결정으로 만들어 매끈한 광택의 초콜릿을 만드는 과정을 말하며, 템퍼링을 통해 초콜짓에 광택을 주고 내부 조직을 치밀하게 한다. 또한 초콜릿 틀을 이용한 작업 시 틀에서 분리하기가 쉽고, 입 안에서 용해성이 좋아지며, 팻블룸(fat bloom) 현상을 방지할 수 있다.

• 초콜릿 템퍼링 순서

✓ 1단계 결정화 해체 : 초콜릿의 모든 성분을 49℃로 용해하여 카카오 버터가 가지고 있던 결정화를 해체시킨다.

✓ 2단계 냉각 : 그 다음 26℃ 전후로 냉각하여 신속히 결정화를 진행시킨다.

✓ 3단계 재가온 : 다시 적절한 온도(29~31℃)로 올려 안정적인 결합만 남긴다.

✓ 4단계 유지 : 작업 진행 도중 굳어지지 않도록 일정하게 온도를 유지한다.

- **초콜릿 템퍼링 방법**

  1. **수냉법** (Water Bath Method) : 50~55℃ 중탕한 초콜릿에 얼음물 또는 찬물을 밑에 대고 저으면서 27~28℃로 온도를 내린 다음 다시 따뜻한 물로 옮겨 30~31℃로 맞춘다.

  2. **대리석법** (Tabling Method) : 31℃로 중탕한 초콜릿의 2/3~3/4을 20℃ 정도 되는 대리석에 부은 다음 스패튤러를 이용하여 교반한 뒤 온도를 27~28℃로 낮춘 다음 다시 남은 초콜릿과 합쳐서 최종적으로 30~31℃로 맞춘다.

  3. **접종법** (Seeding Method) : 50℃ 정도로 중탕한 초콜릿에 잘게 자른 초콜릿을 조금씩 녹이면서 전체적인 온도를 낮춰 최종 온도를 맞추는 방법이다.

  4. **불완전 녹이기법** (Incomplete Melting Method) : 전체 초콜릿의 80% 정도를 먼저 중탕하거나 전자레인지를 이용하여 36℃ 정도로 녹인 다음 나머지 초콜릿을 추가하여 최종 온도를 맞추는 방법이다.

- **팻블룸과 슈가블룸**

팻블룸 (fat bloom)	초콜릿 속 코코아버터가 용해와 응고를 반복하면서 초콜릿 표면에 하얀 곰팡이처럼 얇은 막이 생기는 현상 부적절한 배합률, 부적절한 템퍼링, 부적절하고 더러운 틀 사용 등으로 인해 코코아버터 상태가 나빠지면서 결정이 형성되거나 보관 중 온도변화로 인해 발행한다. 조치 : 적절한 배합률과 템퍼링, 일정한 온도와 낮은 습도의 서늘한 곳에 보관
슈가블룸 (sugar bloom)	초콜릿 속 설탕이 보관 중 부적절한 습도와 온도변화에 의해 용해되었다가 건조되는 과정에서 수준이 증발해 표면에 반점형태로 얼룩으로 나타나는 현상 조치 : 적절한 온도 유지와 낮은 습도의 건조한 장소에 보관 　　　 적정보관온도 14~16℃ 상대습도 50~60%

3) 베이커리 경영

■ 시장조사

일반적으로 시장조사를 통해 **품목, 품질, 가격** 등을 조사하는데 시장조사에는 다음의 원칙이 적용된다. (판매처는 조사항목이 아님에 주의!)

■ 시장조상의 원칙

  1. 조사 적시성의 원칙
  2. 조사 계획성의 원칙
  3. 조사 정확성의 원칙

4. 비용 경제성의 원칙

　(기출 : 비용 소비성의 원칙 X)

■ 비용경제성의 원칙이란?

시장조사에 사용된 비용이 조사로부터 얻을 수 있는 이익을 초과해서는 안되므로 소요비용이 최소가 되도록 조사비용과 효용성 간에 조화를 이루어야 한다는 원칙이다.

4) 식품의 구입 방법

- **경쟁입찰** : 필요한 품목과 수량을 표시하여 업자에게 견적서를 받아 검토한 후 낙찰자를 정하여 계약을 체결하는 구매 형태

- **수의계약** : 경쟁이나 입찰없이 계약 이행에 적합한 특정업체를 선정하여 계약하는 비공식적 구매 형태. 절차가 간편하고, 경비와 인원을 줄일 수 있지만 가격면에서 비싸게 구매할 우려가 있다. 보통 채소류, 두부, 생선 등 저장성이 낮고 가격변동이 많은 식품 구매 시 적합한 방법이다.

5) 재고관리

물품부족으로 인한 급식생산 계획의 차질을 미연에 방지하고 도난과 부주의로 인한 식품재료 손실을 최소화 하기위해 급식 생산에 요구되는 식품재료와 일치하는 최소한의 재고량을 유지해야 한다.
하지만 재고물품은 적정 수준으로만 보유하는 것이 좋으며, 무조건 많이 보유한다고 유리한 것은 아님에 유의한다.

6) 검수관리

검수관리란 식품의 품질, 무게, 원산지가 주문 내용과 일치하는지 확인하고, 유통기한, 포장상태 및 운반차의 위생상태 등을 확인하는 것을 말한다.

■ 검수시설의 요건
　1. 검수구역은 540럭스(lux) 이상의 적절한 조도의 조명 시설을 갖출 것
　2. 물건과 사람이 이동하기에 충분한 공간을 확보할 것
　3. 안전성이 확보되고 청소와 배수가 용이할 것

■ 검수 시 주의사항
　1. 식품의 품질을 판단할 수 있는 지식, 능력, 기술을 지닌 검수 담당자를 배치하도록 한다.

2. 검수에 쓰이는 기기 : 운반차, 온도계

3. **운반차**는 반입, 검수, 일시보건 등을 하기 위한 주요기기에 해당한다.

4. 검수를 할 때는 구매명세서, 구매청구서를 참조한다.

5. 검수시간은 공급업체와 협의하여 검수 업무를 혼란없이 정확하게 수행할 수 있는 시간으로 정한다.

6. 검수구역이 배달 구역 입구, 물품저장소(냉장, 냉동고, 건조창고) 등과 **인접한 장소에 있어야 한다.**
   (기출 : 최대한 멀리 떨어져 있어야 한다. X)

7) 판매관리

■ 마케팅 전략

- 내외부 환경분석 (SWOT 분석) : 4P(상품,가격, 유통, 촉진) 또는 4C(고객, 비용, 편의, 의사소통) 등의 비즈니스나 특정 프로그램의 내외부 환경 분석을 통한 강점(Strength), 약점(Weakness), 기회(Opportunities), 위협(Threats) 요인을 식별하고 이를 토대로 전략을 수립하는 기법
- 외부환경 : 정치, 경제, 사회, 문화적 요인 등
- 내부환경 : 제품, 인적자원, 시설 및 장비 관련 등

■ 마케팅 전략 수립 절차

SWOT분석 → 전략 목표 설정 → 시장 세분화 → 목표 시장 선정 → 포지셔닝 → 마케팅 믹스 관리

■ 시장 세분화

- 시장세분화란 시장을 상호 유사한 몇 개의 세분시장(Segment)으로 구분함으로써 각각의 세분시장에 가장 적합한 콘셉트의 제품을 전달하도록 계획하는 것을 말한다.

■ 표적 시장 선정과 마케팅 전략

- 표적시장선정 : 기업의 마케팅 역량을 집중할 목표 시장을 결정하는 것으로 시장세분화를 통해 파악된 기회요인이 존재하는 잠재적 시장중에서 매력도를 평가하여 선정한다.
- 비차별화 마케팅 : 소비자의 선호도가 동질적일 때 대량 생산으로 원가 절감 효과를 보기 위해 사용하는 전략
- 차별화 마케팅 : 기업의 자원이 풍부한 경우 각 세분화된 시장에 대해 차별화된 서로 다른 마케팅 믹스를 적절히 적용하는 전략
- 집중화 마케팅 : 시장을 세분화하고 가장 적합한 시장을 선정하여 최적의 마케팅으로 모든 역량을 집중하여 공략하는 전략

8) 원가관리

① 원가의 3요소

[구분기준 : **발생형태**에 따른 분류] [**Tip!** 노재경 부장님]

- **노무비** : 제품의 제조를 위하여 소비된 노동의 가치를 말한다.

  임금(급여 or 급료), 수당, 상여금, 퇴직금, 복리후생비 등

- **재료비** : 급식 재료비는 가공식품, 반제품, 급식 원재료 및 조미료 등 급식에 소요되는 모든 재료에 대한 비용으로 직접재료비, 재료구입비 등이 해당된다.

- **경비** : 수도, 전기, 광열비, 감가상각비, 통신비 보험료, 외주가공비, 연구재료비 등

② 원가 계산과 재고관리법

- **원가계산의 원칙** : **확**실성의 원칙 **진**실성의 원칙, **발생**기준의 원칙 [**Tip!** 확진발생]
- **원가계산의 목적** : **예산**편성, **원가**관리, **가**격결정 [**Tip!** 예산원가]
- **손익분기점** : 총비용과 총수익(판매액)이 일치하여 이익도 손실도 발생되지 않는 기점
- **선입선출법(first-in, first-out)** : 재고 관리 방법 중 최근 구입 식품부터 먼저 사용하는 것으로 가장 오래된 물품이 재고로 남게되는 방법이다.
- 재료의 소비량을 알아내는 방법 : 계속기록법, 재고조사법, 역계산법
- **손익계산서**란 일정 기간 동안의 기업의 경영 성과를 나타내는 재무보고서로, 기업의 손실과 이익을 알아볼 수 있도록 계산해 놓은 표를 말한다.
- **원가 절감 방법**
  - 구매 관리, 구입 단가, 구매 시점 조절
  - 원재료의 입출고 및 보관중에 생기는 불량품을 줄여 재료 손실을 방지
  - 적정 재고량을 보유함으로써 부패로 인한 재료 손실을 최소화
  - 기계화, 자동화 등의 제조 방법을 개선

③ 원가의 분류

- **고정비와 변동비** [구분기준 : **생산량과 비용의 관계**]
  - **고정비** : 제품의 제조수량 증감에 관계없이 매월 고정적으로 발생하는 경비로 임대료, 노무비 중 정규직 급료, 세금, 보험료, 감가상각비 등
  - **변동비** : 생산량(매출) 증가에 따라 비례하여 증가하는 비용으로 재료비, 상품매입원가, 외주가공비, 전력비, 가스비, 수도, 노무비 중 시간제 아르바이트 임금 등

■ 직접비와 간접비
- **직접비** : 특정 제품에 사용된 것이 확실하여 제품에 직접 결부시켜 파악할 수 있는 비용으로 직접재료비, 직접노무비, 직접경비, 연구재료비, 연구활동비, 외주가공비 등
- **간접비** : 여러 제품의 생산에 공통적으로 사용되는 원가로 제품에 직접 결부시켜 파악할 수 없는 원가로 간접재료비, 간접노무비, 간접경비 등이 해당된다.

④ 원가의 구성

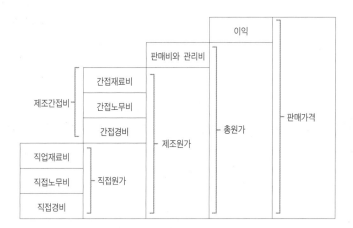

◇ 직접원가 = 직접재료비 + 직접노무비 + 직접경비
◇ 제조원가 = 직접원가 + 제조간접비
◇ 총원가 = 제조원가 + 판매관리비
◇ 판매가격 = 총원가 + 이익

[기출 유형 OX]
- 일반관리비는 직접원가에 포함된다. X
- 직접원가에 제조 시 소요된 간접비를 포함한 것은 제조원가이다. O
- 제조원가에 관리비용만 더한 것은 총원가이다. X
- 제조원가에 판매비와 관리비를 더한 것이 총원가이다. O
- 총원가는 판매관리비와 제조원가의 합이다. O
- 총원가는 제조간접비와 직접원가의 합이다. X
- 판매가격은 총원가와 판매경비의 합이다. X
- 판매가격은 총원가와 이익의 합이다. O

9) 설비 및 인력관리

① 설비관리

생산계획에 따른 연간 단위 총괄계획에 따라 자재 소요계획을 수립하고 계획된 수요량을 생산하기 위해 필요한 생산설비의 능력치를 산출한다.

- **설계 능력** : 현재의 생산 자원으로 최대 성능을 발휘했을 때 생산가능한 최대 산출 능력
- **유효 능력** : 현재 시스템 여건 상의 능력치로 유지보수, 휴식시간 및 식사시간, 품질요인, 일정 차질 가능성을 고려한 최대 산출 능력
- **실제 산출량** : 현재 설비 능력하에서의 실제 생산량
- **설비 이용률** : 설계 능력 대비 실제 설비 능력치 (설비의) 이용률 $= \dfrac{실제능력}{설계 능력}$
- **설비 효율** : 유효능력에 대한 실제 설비 능력치 (설비의) 효율 $= \dfrac{실제능력}{설계 능력}$
- **설비 구매 절차** : 타당성 검토 → 설치 환경 검토 → 설비 선정 → 업체선정 및 계약 → 입고 및 시험 운전

② 인력관리

조직의 목표를 달성하기 위해 미래의 인력 수요를 예측하고, 인력을 확보, 개발, 배치, 평가 단계를 밟는 일련의 업무을 말한다. 공정한 보상과 인간적 가치를 존중하면서 직원 개인의 능력 발전을 계속적으로 도모할 수 있도록 동기를 부여하고 높은 근무의욕을 유지시켜나가는 것이 중요하다.

- **인력계획의 과정** : 인력수요예측 → 인력 공급안 수립 → 인력 공급안 시행 → 인력 평가계획
- **직업윤리** : 직업적 활동의 관점에서 최적(最適)이라 생각되는 사람들 간의 일정 유형의 도덕적 관계를 규정하는 행동의 규약으로 원만한 직업생활을 위해 필요한 개인의 신념과 태도 및 올바른 직업관을 의미한다.
- **직업윤리 5대 원칙** : 객관성의 원칙, 고객중심의 원칙, 전문성의 원칙, 공정경쟁의 원칙, 정직과 신용의 원칙
- **소명의식** : 소명(召命)이란 하늘로부터 맡겨졌다는 뜻으로 자신에게 부여된 일을 꼭 수행해야 한다는 책임 있는 의식을 말한다.
- **직분의식** : 자신의 직업이 사회나 기업, 타인에게 있어 중요한 역할을 하고 있다고 믿고 자신의 활동을 수행하는 의식을 말한다.
- **천직의식** : 자신의 직업이 자신의 능력과 적성에 꼭 맞는다고 여기고 그 일에 열성을 가지고 성실히 임하는 자세를 말한다.
- 그 밖에 직업윤리와 관련된 의식으로는 **책임의식, 전문가의식, 봉사의식** 등이 있다.

2 제과산업기사 과자류 제조

(1) 과자류 반죽 일반 사항

주로 발효과정을 거치지 않고 팽창을 이용하여 생산되는 제품을 다루며 주식 이외 기호식품으로 먹는 과자류가 포함된다.
(곡식의 가루에 여러가지 첨가물을 혼합하여 제조)

반죽법의 결정 → 배합표작성 → 재료 계량 → 반죽제조 → 정형 및 팬닝 → 익힘(굽기/튀기기) → 마무리 및 냉각/포장

1) 반죽법의 결정 : 제품의 종류 및 특징에 따른 적정 반죽법의 결정

2) 배합표 작성

각 제품의 특성에 따른 필요 재료의 비율을 결정하는 단계
제품 생산에 필요한 각 재료, 비율, 중량을 작성한 표로 [베이커스 퍼센트와 트루 퍼센트]를 기준으로 작성한다.

■ 베이커스 퍼센트(Baker's Percent) [기준은 밀가루의 양]

밀가루 100%를 기준으로 하여 각각의 재료를 밀가루에 대한 백분율로 표시한 것
밀가루를 기준으로 소금이나 설탕의 비율을 조정하여 맛 조절이 가능하다.

[계산 공식]

$$\text{Baker's \%} = \frac{\text{각 재료의 중량(g)}}{\text{밀가루의 중량(g)}} \times 100(\%)$$

■ 트루 퍼센트(True Percent)

제품 생산에 필요한 재료 전체 양을 100%로 하여 각 재료의 비율 나타낸 것으로 각 재료의 사용량을 정확하게 알 수 있기 때문에 원가 관리가 용이한 특징이 있다.

[계산공식]

$$\text{True \%} = \frac{\text{각 재료의 중량(g)}}{\text{총 재료의 중량(g)}} \times \textbf{총배합률(\%)}$$

3) 반죽 온도와 비중

■ 마찰 계수의 계산 방법

마찰계수(Friction Factor)란 반죽을 제조할 때 반죽기가 회전하며 반죽이 형성될 때 휘퍼 또는 비터와 반죽 표면 사이의 마찰 정도를 뜻하며, 반죽 온도에 영향을 미치는 중요한 요인이 된다.

마찰 계수 공식 = (반죽 결과 온도 × 6) - (실내 온도 + 밀가루 온도 + 설탕 온도 + 유지 온도 + 달걀 온도 + 물 온도)

■ 사용수 온도 계산 공식

사용수 온도 = (반죽 희망 온도 × 6) - (실내온도 + 밀가루 온도 + 설탕 온도 + 유지 온도 + 달걀 온도 + 마찰 계수)

■ 얼음 사용량의 계산 공식

얼음 사용량 = 물 사용량 × (수돗물 온도 - 사용할 물 온도)/ (80 + 수돗물 온도)

(※ 80은 얼음의 비중을 나타낸다.)

■ 반죽 비중(Specific Gravity)의 영향

$$비중 = \frac{같은\ 부피의\ 반죽\ 무게}{같은\ 부피의\ 물\ 무게} = \frac{반죽\ 무게 - 컵무게}{물\ 무게 - 컵\ 무게}$$

반죽의 비중이 높으면 부피가 작고, 기공이 조밀하고 단단한 무거운 제품이 되고, 반대로 반죽의 비중이 낮으면 기공이 거칠며 부피가 큰 가벼운 제품이 된다.

4) 반죽의 pH (수소이온농도)

pH7(중성)을 기준으로 이보다 작으면 산성을 나타내고, 크면 알칼리성을 나타낸다.

수소이온농도 pH1의 차이는 수소이온농도 10배 차이를 나타내며, 제품별로 적정 pH를 알아 둘 필요가 있다.

제품 종류	pH
과일케이크	4.4~5.0
엔젤푸드케이크	5.2~6.0
옐로우레이어케이크	7.2~7.6
화이트레이어케이크	7.3~7.6
스펀지케이크	7.4~7.8
쵸콜릿케이크	7.8~8.8
데블스푸드케이크	8.5~9.2

■ 산도가 제품에 미치는 영향

산이 강한 경우	알칼리가 강한 경우
고운 기공(조밀한 기공)	거친 기공
연한 향	강한 향
여린 껍질색과 속색	어두운 껍질색과 속색
톡쏘는 신맛	소다맛
정상보다 제품 부피가 빈약(작다)	정상보다 제품의 부피가 크다

■ 반죽 pH의 조절

- 반죽의 pH를 높이고자 할 때는 중조를 첨가한다.
- 중조는 화학 반응 후 탄산나트륨을 만들어 반죽의 pH를 높인다.
- 중조는 알칼리성으로 완제품의 향과 색을 진하게 한다.
- 반죽의 pH를 낮추고자 할 때는 주석산 크림 또는 식초를 사용한다.
- 주석산 크림은 산성으로 완제품의 향과 색을 연하게 한다.
- 이스파타는 합성팽창제로 산성을 띠며 화학반응 후 염화나트륨을 만들어 반죽의 pH를 낮춘다.

■ 제과 재료별 pH 농도

증류수 : pH 7   박력분 : pH 5.2   달걀 흰자 : pH 8.8 ~ 9   우유 : pH 6.6

■ 반죽의 잔유 기포 → 완제품 기공과 거친 조직에 영향

- 반죽에 남아 있는 기포(공기, 이산화탄소, 암모니아 가스 등)는 완성품 기공을 과도하게 열리게 하여 제품의 탄력성을 감소시키며 거친 조직을 형성하여 제품이 부스러지기 쉽게 된다.

  1. 반죽의 pH : 알칼리성이 강한 반죽 경우에도 기공이 열리고 조직이 거칠어진다.
  2. 반죽의 온도 : 반죽온도가 높으면 많은 공기가 혼입되고 큰 공기 방울이 반죽에 남아 있게 된다.
  3. 지나친 크림화 : 많은 공기가 혼입되고 큰 공기 방울이 반죽에 남게 된다.
  4. 과도한 팽창제 사용 : 이산화탄소와 암모니아 가스가 과다하게 발생하여 큰 기포가 반죽에 남게 된다.
  5. 낮은 오븐 온도 : 가스가 천천히 발생하여 기공이 반죽에 남게 된다.

5) 제과 제빵 도구의 종류와 특징

■ 믹서

믹서 종류	특징
버티컬(수직형 Vertical Mixer)믹서	탁상 위에 설치가능한 크기로 주로 소규모 제과점에서 사용 반죽상태를 수시로 점검할 수 있는 장점이 있다.

믹서 종류	특징
호리즌털(수평형 Horizontal Mixer)믹서	단일 제품 반죽의 대량생산에 적합
스파이럴(나선형 믹서 Spiral Mixer)믹서 (제빵전용)	나선형태의 훅(hook)이 내장되어 있어 바케트빵 등 글루텐 성능이 떨어지는 밀가루를 사용 시 장점을 발휘하며 힘이 좋아 반죽성능은 우수하나 지나치게 고속으로 사용 시 각 제품에 적합한 적정 믹싱단계를 지나칠 수 있으므로 주의해야 한다.
에어믹서 (제과전용)	반죽에 기포를 주입하며 믹싱할 수 있다.
믹서 어태치먼트 용도	휘퍼 : 반죽에 공기를 주입하여 부피를 부풀릴 때 비터 : 반죽 교반 및 크림 제조 시 사용 훅 : 주로 제빵 시 글루텐 형성, 발전에 사용

■ 오븐

- **데크 오븐** : 소규모 제과점에서 사용, 반죽이 들어가는 곳과 나오는 곳이 동일하며, 윗불과 아랫불의 온도 조절이 가능하며, 오븐 내 열전도가 균일하지 않을 경우에는 굽기 도중에 제품의 위치를 바꾸어 주어야 한다.

- **터널 오븐** : 대규모 제과제빵 공장에서 사용, 반죽이 들어가는 곳과 나오는 곳이 다르며, 터널식으로 통과하여 굽기를 완료한다. 설치 비용이 비싸고 넓은 면적이 필요하며 열 손실 또한 크다.

- **컨벡션 오븐** : 컨벡션이란 대류를 뜻한다. 액체나 기체를 가열해 발생하는 열을 팬을 이용하여 강제로 순환시켜 발생하는 대류 현상으로 빵을 굽기 때문에 컨벡션 오븐이라하며, 반죽에 균일하게 열이 전달되어 크기와 색상이 고른 특징이 있다. 뜨거운 대류열로 반죽을 익히기 때문에 딱딱한 계열의 빵이나 과자류에 적합하다. 반죽의 수분이 금방 없어지고 겉면이 바삭해지는 특징이 있다.

- **로터리 오븐** : 컨벡션 오븐과 마찬가지로 팬을 사용하며, 오븐 내의 선반이 회전하므로 고르게 반죽을 익힐 수 있다.

■ **그 외 제과제빵 설비 및 도구 [관리사항]**

파이롤러	파이나 페이스트리 반죽의 밀어펴기에 사용하며 밀어펴기 후 냉장휴지 및 냉동보관 처리를 위해 냉장, 냉동고의 옆에 위치하는 것이 좋다. 사용 후에는 깨끗한 솔로 이물질을 제거하고, 소독한다.
발효기	제빵 전용 기기로 청소 소독 후 습기 제거
도우 컨디셔너	제빵 전용 기기로 프로그램에 의한 온도, 습도 자동 제어, 청소 소독 및 습기제거
분할기	제빵 전용 기기로 발효 후 일정 크기로 분할, 이물질 제거 및 소독
라운더	제빵 전용 기기로 둥글리기 및 표면정리, 이물질 제거 및 소독
튀김기	자동 유지류 온도 조절 장치 내장, 기름 재사용 금하고 비눗물 10분간 끓여 세척 후 건조
스크래퍼	반죽을 분할하거나 긁어낼 때 사용, 중성세제로 세척 후 자외선 소독
스패튤라	케이크 제조 시, 제과 반죽 믹싱, 짤주머니에 옮길 때 사용, 중성세제로 세척 후 자외선 소독

(2) 과자류 반죽 준비

1) 과자류 반죽 재료별 역할 및 특성

① **제품에 바삭한 식감을 주는 요소** : 유지류, 설탕, 팽창제 – 밀가루의 글루텐 형성을 약화시킴

② **제품에 모양과 형태를 단단히 잡아주는 요소** : 계란, 우유, 밀가루 등

③ **제품의 식감을 부드럽게 하는 요소** : 설탕, 유지류, 베이킹파우더, 계란노른자 등 (연화작용)

④ **제품의 풍미를 더해주는 요소** : 설탕, 소금, 계란, 유제품, 향신료, 주류 등

⑤ **반죽을 뭉치게하여 모양을 만들어 주는 요소(보형성)** : 물, 각 재료 속 수분

⑥ **제품을 부풀게 하여 볼륨감과 부드러움을 형성하는 요소(팽창성)** : 팽창제, 유지류, 계란, 반죽 내 수분 등

2) 고율배합과 저율배합

■ **고율배합**

　설탕 사용량이 밀가루 사용량보다 많고, 액체류가 밀가루나 설탕량보다 많은 배합으로 설탕의 보습성을 이용하여 표면이 건조되는 것을 막고 안정성을 높일 수 있다.

　계란 중심의 거품형 제품에 적합 (예) 레이어 케이크, 초콜릿 케이크 등

■ **저율배합**

　고율배합과는 반대로 설탕 사용량이 밀가루 사용량보다 적고, 액체류가 밀가루양보다 적은 배합

　유지 중심의 반죽형 제품에 적합 (예) 케이크 시트 제품은 대부분은 고율배합, 파운드케이크는 고율배합 가능

구분	고율배합	저율배합
배합	설탕≥밀가루	설탕≤밀가루
믹싱 중 공기혼입 정도	많다	적다
반죽의 비중	낮다	높다
화학팽창제 사용량	줄인다	늘린다
굽기 온도	낮다(저온 장시간/오버베이킹)	높다(고온 단시간/언더베이킹)

[재료 관련 핵심 지문 CHECK]

- 밀가루는 제과제품의 구조형성 기능을 한다. ○
- 케이크 제조 시 사용하는 밀가루는 단백질 함량 7~9% (회분 함량 : 0.4% 이하)의 박력분이 적합하다. ○ (유지함량이 많은 쿠키류 : 중력분, 퍼프페이스트리 : 강력분)
- 밀가루, 설탕, 탈지분유 등 가루상태의 재료는 체로 쳐서 사용한다. ○
- 우유는 밀가루와 함께 제품의 구조를 형성한다. ○
- 탈지분유는 수분 흡수 시 덩어리가 생기므로 설탕 또는 밀가루와 분산시킨다. ○
- 달걀은 밀가루와 함께 구조형성 기능을 한다. ○
- 달걀은 전란의 75%가 수분으로 구성 되어있는 중요한 수분 공급원이다. ○
- 달걀은 반죽에 공기를 혼입시키는 역할을 할 수 있으며, 굽기 중 팽창한다. ○
- 달걀은 커스터드 제품 제조 시 크림의 결합제 역할을 한다. ○
- 달걀 노른자의 레시틴은 천연 유화제 역할을 한다. ○
- 물은 반죽의 되기를 조절하는 재료로 식감에 중요한 영향을 미친다. ○
- 반죽 내부의 수분은 굽기과정에서 증기압을 형성하여 제품을 팽창시킨다. ○
- 물은 밀가루와 결합하여 글루텐을 형성시키고 반죽 온도조절의 역할을 한다. ○
- 물이라 함은 본래 형태로 첨가하는 물 뿐만 아니라, 우유나 달걀 등 액체재료에 포함된 수분과 건조재료에 포함된 수분 모두를 포함한다. ○
- 베이킹파우더는 제품의 식감을 부드럽게 하며(연화작용), 팽창작용으로 부피를 증가시킨다. ○
- 소금은 제품에 향미를 제공하고 설탕의 단맛을 순화시키는 기능을 한다. ○

3) 유지류의 역할

① **가소성** : 고체가 외부에서 힘을 받아 형태가 바뀐 뒤 그 힘이 없어져도 본래의 모양으로 돌아가지 않는 성질

② **신장성** : 반죽 사이에서 잘 밀어펴지도록 하는 성질

③ **크림성** : 믹싱 시 공기 혼입을 통해 크림화되는 성질

④ **쇼트닝성** : 설탕과 함께 유지는 밀가루의 글루텐 형성을 방해하여 제품의 부드러움(무름)과 바삭함(부서지기 쉬운 성질)을 부여한다.

⑤ **안정성** : 산소에 의한 산패에 잘 견디는 성질

4) 설탕의 역할

① 제품에 단맛을 부여한다.

② 캐러멜화로 껍질색을 진하게 한다.

③ 수분보유력이 있어 제품의 신선도를 유지시킨다.

④ 반죽의 유동성을 향상시키고, 퍼짐에 중요한 역할을 한다.

⑤ 반죽 중에 남아 있는 설탕은 굽기 중에 녹아 쿠키의 바닥면적을 크게하고 밀가루의 단백질을 연화시키는 작용을 한다.

⑥ 설탕의 입자가 작을수록 퍼짐성이 떨어지며 조밀하고 밀집된 기공이 형성된다.

■ **설탕 사용량이 적은 경우**

반죽의 비중은 감소하나 구조력은 커지게 된다.

기공이 닫혀 제품에 단단한 조직감 → 익힘 시 반죽의 팽창이 적고 최종제품의 부피가 작아진다.

■ **설탕 사용량이 많은 경우**

반죽의 비중 증가, 오븐 팽창이 커져 열린 기공상태 → 케이크 중앙부위가 가라앉는 현상

(3) 과자류 반죽

1) 반죽(믹싱)6단계

① 픽업단계 (혼합)

② 클린업단계 (글루텐 형성)

③ 발전단계 (탄성력최대, 매끈&광택, 반죽기고속)

④ 최종단계 (최적상태)

⑤ 렛다운단계 (오버믹싱, 지친단계)

⑥ 파괴단계 (글루텐 끊어짐, 신맛)

2) 반죽형 반죽 [크일설블]

(예) 파운드케이크, 레이어케이크, 과일케이크, 머핀, 마들렌

■ **특징** : 유지를 다량 사용하며, 화학적 팽창제 사용

- **크림법** (Sugar batter method)
    1. 유지와 설탕, 소금을 넣고 혼합하여 크림상태로 만든다.
    2. 그런 다음 달걀을 나누어 서서히 투입하며 크림을 부드럽게 한 후,
    3. 체 친 밀가루와 베이킹파우더 및 건조 재료를 넣고 균일하게 혼합한다.
    4. 부피가 큰 제품 제조에 적합하다.

- **1단계법** [스트레이트법 (직접반죽법)]
    1. 모든 재료를 한 번에 투입하여 반죽하는 방법 (믹싱온도 27℃)
    2. 모든 재료를 믹싱 후 유지를 클린업 단계에서 넣는다.
    3. 유화제와 화학적팽창제인 베이킹파우더가 필요한 제품에 적합하며 믹서의 성능이 좋아야 한다.
    4. 장점 : 제조공정 단순-노동력 시간 절감-장소 제약이 적고, 장비 절약
        (오답 : 발효손실 적다. X, 노화지연 X)

- **설탕물법**
    1. 설탕과 물의 비율을 2:1로 하여 설탕을 녹여 혼합하는 방법
    2. 고운 속 결의 제품과 계량의 정확성, 운반의 편리성으로 대량 생산 현장에서 많이 사용
    3. 설탕 입자가 남지 않아 유연하고 내부 질감이 곱고 부드러운 제품 제조에 적합하다.
    4. 균일한 껍질색을 낼 수 있다.
    5. 계량이 용이하고 운반이 편리하며 대량생산에 적합하다.

- **블렌딩법** (Flour batter method)
    1. 유지와 밀가루를 먼저 혼합하여 유지가 밀가루 입자를 얇은 막으로 피복하도록 한다.
    2. 나머지 건조 재료를 혼합한 후 액체 재료를 투입하여 균일하게 믹싱하는 방법
    3. 글루텐이 형성되지 않으므로 조직이 부드럽고 유연한 제품을 생산할 수 있다.

3) 거품형 반죽법

달걀의 기포성과 유화성, 응고성을 이용한 반죽법
(예) 스펀지케이크, 엔젤푸드케이크, 카스텔라, 머랭

- **공립법** : 흰자와 노른자를 함께 사용하여 거품을 내는 방법

  - **더운 방법**

    달걀과 설탕을 넣고 중탕하여 37~43℃까지 데운 후 거품을 내는 방법으로 고율 배합에 적합

    기포성이 양호하고 설탕의 용해도가 좋아 껍질 색이 균일

  - **찬 방법**

    중탕하지 않고 달걀과 설탕을 거품 내는 방법으로 저율 배합에 적합

    공기 포집 속도는 느리지만, 튼튼한 거품을 형성할 수 있으며 베이킹파우더 사용이 가능하다.

- **별립법** : 달걀 노른자와 흰자를 분리한 뒤 각각 설탕을 넣고 따로 거품 내어 사용

  공립법에 비해 제품의 부피가 크며 부드러운 것이 특징

- **머랭법** : 달걀 흰자만 사용하여 거품을 내어 사용하는 방법
  - **프렌치 머랭법** : 달걀흰자로 거품 형성 후 슈가파우더 또는 설탕을 조금씩 넣어 주면서 중속으로 거품을 올리는 방법
  - **이탈리안 머랭법** : 달걀흰자로 거품을 낸 후 115~118℃로 끓인 설탕 시럽을 조금씩 넣어 주면서 거품을 올리는 방법

    거품의 안정성이 우수하며 무스나 크림과 같이 열을 가하지 않는 제품에 적합
  - **스위스 머랭법** : 달걀 흰자와 설탕을 믹싱 볼에서 믹싱 후 43~49℃로 중탕하여 설탕이 완전히 녹으면 다시 거품을 올리는 방법, 장식 제작 및 아이싱 시 적합

- **시퐁법** : 달걀 흰자와 노른자를 분리하여 노른자는 거품을 내지 않고, 흰자는 설탕을 나누어 넣으며 거품형 머랭을 만든 다음 두 가지 반죽을 혼합하여 제조하는 방법으로 시퐁케이크를 제조 시 사용하는 방법이다.

(4) 팬닝

- 일정한 모양을 갖춘 틀에 적정량의 반죽을 채워 넣는 것을 팬닝이라 한다.
- 팬닝 시에는 반죽량 조절이 중요하다.
- 적정량의 반죽무게는 사용하고자 하는 틀의 부피를 비용적으로 나누어 구한다.
- 반죽량이 많으면 윗면이 터지거나 흘러넘치게 되고 반대로 반죽량이 적으면 모양새가 좋지 않게 된다.

■ 비용적이란?

- 반죽 1g당 굽는데 필요한 **팬의 부피**(cm³)를 말한다.

$$비용적 = \frac{틀부피}{반죽무게} \qquad 반죽무게 = \frac{틀부피}{비용적} \qquad 틀부피 = 밑판넓이 × 높이$$

비용적을 알고 팬의 부피를 계산한 후 팬닝을 해야 알맞은 제품을 얻을 수 있다.

■ 제품별 비용적 (단위 : cm³/g)

파운드케이크	레이어케이크	엔젤푸드케이크	스펀지케이크
2.4	2.96	4.71	5.08

파운드 케이크의 경우 비용적이 작으므로 같은 크기의 용기에 같은 무게의 반죽을 넣었을 때 타제품에 비해 부피가 작으며, 스펀지 케이크의 경우에는 비용적이 상대적으로 크므로 큰 부피를 나타낸다.

■ 틀 부피의 계산

1. 원형틀의 부피 = 밑넓이 × 높이 = 반지름 × 반지름 × 3.14 × 높이
2. 옆면이 경사진 원형틀의 부피 = 평균 반지름 × 평균 반지름 × 3.14 × 높이
3. 옆면이 경사지고 중앙에 경사진 관이 있는 원형틀의 부피 = 전체 둥근 틀 부피 - 관이 차지한 부피
4. 사각틀의 부피 = 밑판넓이 × 높이
5. 경사면을 가진 사각틀의 부피 = 평균 가로 × 평균 세로 × 높이

정확한 치수를 측정하기 어려운 틀의 부피는 곡류 알갱이 또는 물을 담은 후 메스실린더를 이용하여 측정한다.

(5) 성형

1) 성형방법

과자의 모양과 형태를 만드는 성형방법에는 다음과 같은 방법들이 있다.

- 짜내기 : 짤 주머니에 모양 깍지를 끼우고 철판에 짜내어 일정한 모양을 만드는 방법
- 찍어내기 : 반죽을 밀어 편 후 모양틀을 사용하여 찍어내어 팬닝하는 방법
- 접어밀기 : 유지를 밀가루 반죽으로 감싼 후 밀어 펴고 접는 일을 되풀이하는 방법
  (퍼프 페이스트리 반죽 등)

2) 반죽형 케이크

■ 파운드케이크

파운드케이크는 밀가루 100%, 설탕 100%, 달걀 100%, 유지 100%를 모두 동일한 1파운드(약 434g)씩 넣어 만들었다고 하여 이름 붙여진 대표적인 저율 배합의 반죽형 케이크다.

1. 부드러운 질감의 제품은 박력분을 사용하며, 쫄깃한 질감을 원할 시 중력분으로 대체 가능하다.
2. 크림성과 유화성 및 팽창기능과 흐름성이 좋은 유지를 사용하며, 주로 크림법으로 반죽한다. (크림성, 유화성 : 쇼트닝 > 마가린 > 버터 > 라드 순)
3. 유지의 온도는 상온과 같은 18~25℃여야 하고 크림법으로 제조한다.
4. 파운드케이크의 응용제품으로는 초콜릿과 코코아를 첨가해 만든 **마블 케이크**와 파운드케이크 반죽에 건조과일이나 시럽에 담근 과일을 전체 반죽의 25~50% 사용한 **과일파운드케이크**, 일반 파운드케이크 반죽에 커피를 넣은 **모카파운드케이크**가 있다.

파운드케이크 (팬닝은 틀의 70% 정도로 채운다.)		
적정 반죽 온도 23℃	비중 0.8 (±0.05)	비용적 2.4㎤
[굽기 온도] 윗불 200℃ 아랫불 180℃		

• **파운드케이크은 구울 때**

1. 밑면이 타는 것을 방지하고
2. 밑껍질이 두꺼워지는 것을 막기 위해서
3. 제품의 조직과 맛을 좋게 하기 위해 <u>반드시 이중 팬을 사용</u>한다.

• **파운드케이크의 윗면이 터지는 원인**

1. 반죽에 수분이 불충분하거나 설탕 입자가 다 녹지 않았을 때
2. 오븐 온도가 지나치게 높을 때
3. 팬닝 후 장시간 방치하여 표면이 말라있을 때

• **터짐 방지 조치**

굽기 직전 증기 분무 또는 굽기 초반부터 틀을 덮개로 덮고 굽기

■ 레이어 케이크

레이어 케이크는 고율 배합(설탕 사용량(166%)>밀가루 사용량(100%))의 제품으로 흰자를 사용하는 화이트 레이어 케이크, 옐로 레이어 케이크, 블렌딩 법으로 제조하는 데블스 푸드 케이크, 초콜릿 케이크가 있다.

레이어케이크 (팬닝은 틀의 55~60% 정도로 채운다.)		
적정 반죽 온도 24도	비중 0.85~0.9	비용적 2.96㎤
굽기온도 180~200에서 25~30분간 굽는다.		

화이트 레이어 케이크 [크림법]	흰자 = 쇼트닝 X 1.43	우유 = 설탕 + 30 - 흰자
	설탕 : 110~160%	흰자만 사용, 주석산 크림 사용
옐로 레이어 케이크 [크림법]	달걀 = 쇼트닝 X 1.1	우유 = 설탕 + 25 - 달걀
	설탕 : 110~140%	전란 사용
데블스 푸드 케이크 **[블렌딩법]**	달걀 = 쇼트닝 X 1.1	우유 = 설탕 + 30 + (코코아 X 1.5) - 달걀
	설탕 : 110~180%	옐로우 레이어 케이크 반죽 베이스에 코코아 사용(비터쵸콜릿사용시 중조불필요) 중조(천연코코아 사용 시) : 코코아사용량의 7%
초콜릿 케이크 [크림법]	달걀 = 쇼트닝 X 1.1	우유 = 설탕 + 30 + (코코아 X 1.5) - 달걀
	설탕 110~180%	옐로우 레이어 케이크 반죽베이스에 비터쵸콜릿 사용 쵸콜릿의 구성 : 카카오버터 3/8 코코아 5/8

3) 거품형 케이크

■ 스펀지케이크 [=제누와즈]

스펀지케이크는 밀가루(100%), 달걀(166%), 설탕(166%), 소금(2%)를 사용하여 만드는 대표적인 거품형 반죽으로 프랑스어로 제누와즈라고 한다.

1. 박력분과 전란을 사용하는 고율 배합제품이다. (중력분 사용 시 전분을 12% 이하로 섞어 사용)

2. 공립법과 별립법을 모두 사용하나 주로 공립법을 사용한다.

3. 계란 사용량을 감소시킬 때는 계란에 있는 수분과 고형질을 대체할 재료들을 더 넣어준다.

   (예) 계란 1% 감소 시 물 사용량은 0.75%, 밀가루 사용량을 0.25%를 추가한다.

4. 스펀지케이크의 응용제품으로는 조콩드라 불리는 아몬드 스펀지케이크와 건조방지를 위해 나무틀을 사용하여 굽는 카스텔라가 있다.

5. 굽기 전에 탭핑(tapping)을 통해 기포를 정리하고 반죽을 안정화시킨다.

6. 굽기 직후 즉시 틀을 제거하여 실온에서 냉각해야 수축을 막을 수 있다.

7. 굽기온도가 높거나 오래 구울 경우에 제품의 수축이 발생한다.

스펀지 케이크 (팬닝은 틀의 50~60% 정도로 채운다.)		
버터 스펀지 케이크(공립법)의 반죽온도는 25℃가 적당하다.	비중 0.45~0.55	비용적 5.08㎤
[굽기 온도] 반죽양이 많거나 높이가 높은 경우 180~200℃ 반죽양이 적거나 얇은 경우 204~213℃		

■ 롤 케이크 [스펀지케이크의 변형제품]

롤케이크는 공립법을 이용하는 젤리롤 케이크와 별립법으로 만드는 소프트롤 케이크가 있으며 설탕 100%에 대해 달걀을 75~200%까지 사용량을 늘려서 수분 함량이 높은 특징이 있다. 케이크를 얇게 구운 후 말아서 완성하기 때문에 구운 후 수분 보유가 관건이다. 따라서 롤 케이크를 말 때 표피의 수분이 증발하거나 과도한 팽창으로 점착성이 약해지면 표면의 터짐이 발생하게 되는데 이를 방지하는 방법은 다음과 같다.

1. 설탕의 일부를 물엿이나 시럽(수분 보유력 큰 재료)으로 대체한다.

2. 덱스트린(풀 상태의 전분) 또는 글리세린 등 보습제 첨가하여 점착성을 높인다.

3. 비중이 높지 않도록 믹싱을 조절

4. 팽창제 사용을 조절하여 두께를 조절한다. (팽창이 과할 경우 팽창제 사용을 줄인다)

5. 노른자 사용을 줄이고 전란(수분) 사용을 증가한다.

6. 오버 베이킹하지 않는다.(오버베이킹 시 겉면이 건조해진다)

7. 반죽 온도가 너무 낮지 않도록 조절한다.

8. 굽기 시 밑불이 너무 강하지 않도록 조절한다.

롤 케이크 (팬닝은 틀의 50~60% 정도로 채운다.)	
반죽 시 덩어리가 생기지 않도록 주의한다. 믹싱이 지나치면 거품이 파괴되고 끈기가 생겨 제품이 단단하고 질겨지게 된다.	비중 0.4~0.5
굽기 직후 바로 틀을 분리 후 냉각해야 수축과 말기 시 터짐을 방지할 수 있다.	

■ 엔젤 푸드 케이크

엔젤 푸드 케이크는 달걀 흰자만 사용하는 머랭법으로 만드는 거품형 케이크이다.

엔젤 푸드 케이크 제조 시 흰자와 주석산 크림, 그리고 소금를 사용한다.(주석산 + 소금 = 1%)

제품 풍미를 위해 당밀 8~10%를 넣을 수 있다.

흰자 머랭에 주석산 크림(주석산 칼륨)을 사용하는데 그 이유는 알칼리성인 흰자를 중화시키고, 머랭을 튼튼하게 하며, 머랭의 색상을 더욱 희게 만들기 때문이다.

엔젤 푸드 케이크 (팬닝은 틀의 60~70% 정도로 채운다.)		
설탕 사용량 = 100 -(흰자 + 밀가루 + 1)	비중 0.45~0.55	비용적 4.7㎤
틀에는 이형제로 물을 분무한다. 오버베이킹 시 수분손실량이 커지므로 주의한다.		

■ 퍼프 페이스트리

퍼프 페이스트리(프렌치 파이)는 강력분(100%), 유지(100%), 물(50%), 소금(1~2%)를 프랑스식 파이 반죽법을 사용하여 만든다. 밀가루는 반죽 시 유지를 지탱하고 여러 차례 밀어펴고 접기를 통한 층구조 형성을 하기 위해 반드시 양질의 <u>강력분</u>을 사용한다.

1. 유지가 녹는 것을 방지하기 위해 반죽 시 찬물을 사용한다.

2. 접이식 반죽 시 유지는 본 반죽용과 충전용 유지로 나누어 사용하는데 본 반죽용 유지를 증가시키면 밀어펴기는 쉽지만 결이 나빠지고 부피가 줄게 되므로 50% 미만으로 하고, 반대로 충전용 유지가 많을수록 결이 분명해지고 부피도 커지지만 밀어 펴기가 어려워진다.

3. 충전용 유지는 롤 인 유지, 파이 마가린이라고도 한다.

4. 충전용 유지는 융점(녹는점)이 높고 가소성(힘을 가하는 대로 변화하는 것)과 신장성이 좋아야 한다.

5. 반죽의 희망온도가 20℃로 과자류 반죽 중 가장 낮은 것이 특징이다.

6. 퍼프 페이스트리 반죽은 발전단계 후기까지 진행한다.

> **• 접이식 반죽**
> 밀가루에 물과 유지 일부를 넣고 먼저 본 반죽을 한 후에, 충전용 유지를 첨가하여 밀어 펴고 접기를 반복하는 방법으로 공정이 어려운 대신에 부피 크고 균일한 결을 얻을 수 있다.

> **• 반죽식 반죽**
> 밀가루 위에 유지를 넣고 잘게 잘라 혼합하여 유지가 호두 크기 정도가 되면 물을 넣어 반죽을 만들어 밀어 편다. 작업이 간편하지만 덧가루를 많이 사용하게 되어 결 형성이 불량하고 단단한 제품이 나온다.

■ 파이(쇼트 페이스트리)

파이는 퍼프 페이스트리의 응용 제품으로 아메리칸 파이 또는 쇼트 페이스트리라고도 한다.

1. 밀가루는 중력분 100% 또는 박력분 60% + 강력분 40%를 사용한다.

2. 유지는 쇼트닝 또는 파이용 마가린을 사용하는데 유지 입자 크기에 따라 파이의 결이 결정된다.

3. 유지의 입자가 클수록 결이 길어지며, 유지입자가 미세할 경우 결이 나타나지 않는다.

4. 소금, 설탕, 분유 등을 녹인 찬물을 이용하여 반죽한다.

5. 위와 아래의 껍질을 잘 붙여서 충전물이 새어나오지 않도록 하고, 달걀물을 발라 껍질색을 좋게 한다.

6. 굽기 온도는 220℃로 높은 온도에서 굽는다. 오븐 온도가 낮을 시 충전물이 끓어 넘칠 수 있으며, 파이 바닥이 눅눅해진다.

• 파이반죽을 냉장고에서 4~24시간 휴지시키는 목적

    1. 반죽을 연화 및 이완시켜 밀어펴기를 용이하게 한다.

    2. 유지와 반죽의 굳은 정도를 같게 하기 위해

    3. 전체 재료를 수화시키기 위해

    4. 끈적거림을 방지하여 작업성을 좋게 하기 위해

- 파이를 구울 때 충전물이 끓어넘치는 원인

✓ 껍질에 수분이 많았다.	✓ 오븐의 온도가 낮다.
✓ 위아래 껍질을 잘 붙이지 않았다.	✓ 바닥 껍질이 얇았다.
✓ 껍질에 구멍을 뚫지 않았다.	✓ 오븐 아랫불이 높았다.
✓ 충전물의 온도가 높았다.	✓ 충전물의 배합이 부정확했다.
	✓ 천연산이 많이 든 과일을 사용했다.

- 파이 바닥 껍질이 축축(눅눅)한 원인

✓ 파이 바닥의 반죽이 고율배합일 경우	✓ 윗불의 온도가 높아 파이 바닥이 익기 전에 윗 껍질의 색깔 만으로 판단하여 제품을 꺼냈을 경우
✓ 바닥 반죽이 얇았다.	
✓ 오븐의 아랫불의 온도가 낮았다.	

- 파이껍질이 질기고 단단하게 수축하는 원인

✓ 휴지시간 부족	✓ 자투리반죽을 많이 사용했다.
✓ 강력분만 사용하였다.	✓ 과도하게 밀어펴기를 하였다.(글루텐형성)
✓ 반죽시간이 과도하게 길었다.	✓ 바닥 껍질이 윗껍질보다 얇다.

- 파이 성형 실패원인

✓ 반죽을 너무 얇게 밀어 펼 경우 정형 시 또는 굽기과정에서 방출되는 증기에 의해 찢어지기 쉽다.
✓ 파치 반죽(모양이 못생겼거나 자잘한 흠이 있어 상품성이 떨어지는 반죽)을 너무 많이 사용하면 수축되기 쉽다.
✓ 밀어 펴기가 부적절하거나 고르기 않을 경우 찢어지기 쉽다.
✓ 성형 작업 시 덧가루를 과도하게 사용하면 글루텐 발달에 의해 질긴 반죽이 되기 쉽다.

■ 케이크 도넛

케이크 도넛은 도넛 껍질 안쪽 부분이 보통의 케이크와 조직이 비슷하며 중력분과 향신료(넛메그)를 사용한다. 공립법 또는 크림법으로 제조한다. [반죽온도 22~24℃]

1. 도넛 제조 시 달걀은 구조형성, 수분공급, 유화제 역할을 한다.

2. 케이크 도넛은 프리믹스 형태의 제품을 많이 사용하며 이때 밀가루의 수분함량은 11% 이하로 수분 흡수율이 높은 것이 특징이다.

   [프리믹스란 밀가루에 팽창제와 설탕, 분유를 섞어 물만 넣어 반죽할 수 있도록 만든 가루를 말한다.]

3. 성형 후 튀기기 전에 10~20분 정도 휴지시킨다.

4. 적정 도넛 튀김 온도는 180~195℃ 튀김 기름의 적정 깊이는 12~15cm

5. 튀김 기름은 발연점이 높고 산패에 강하며 안정성이 큰 면실유가 적당하다.

6. 도넛에 충전물 채울 때는 충분히 냉각된 후에 실시한다.

7. 글레이즈는 도넛이 식기 전 49℃ 정도로 데워 아이싱 한다.

8. 도넛 설탕 또는 계피 설탕은 40℃ 정도로 냉각되었을 때 실시한다.

9. 초콜릿 또는 퐁당은 40℃ 전후로 가온한 후 아이싱 한다.

- **케이크 도넛의 발한현상 대처 방법**

  케이크 도넛 제조 시 도넛에 묻힌 설탕이나 글레이즈가 녹아내려 시럽처럼 변하는 현상을 땀을 흘린다는 표현을 써서 발한(發汗) 현상이라 한다.[원인 : 설탕에 수분이 많거나 온도 상승 시 발생]

✓ 설탕 사용량을 늘리기	✓ 40℃ 전후로 충분히 식힌 다음 아이싱
✓ 튀김 시간을 늘리기	✓ 스테아린을 첨가
✓ 설탕 점착력이 높은 튀김기름 사용	

- **도넛에 기름이 많을 때 그 원인 (= 흡유율이 높은 원인)**

✓ 설탕, 유지, 팽창제의 사용량이 많았다.	✓ 묽은 반죽을 썼다.
✓ 튀김 시간이 길었다.	✓ 튀김 온도가 낮았다.
✓ 휴지를 적절히 하지 않았다. ✓ 강도가 약한 밀가루를 사용했다.	
✓ 반죽에 수분이 너무 많았다.	✓ 믹싱시간이 짧아 글루텐이 부족했다.

- **도넛의 부피가 작은 원인**

✓ 강력분을 사용했다.	✓ 반죽 온도가 낮았다.
✓ 튀김시간이 짧았다.	✓ 반죽 후 튀기기까지 과도한 시간 경과
✓ 성형 시 적정 중량에 미달했다.	

- **도넛 반죽 휴지의 효과**

  1. 이산화탄소 발생으로 반죽을 팽창시킬 수 있다.

  2. 표피 건조를 방지하고 글루텐 연화작용으로 밀어펴기 작업이 용이해진다.

  3. 각 재료에 수분이 흡수되며 표면이 쉽게 마르지 않는다.

  4. 조직을 균질화시켜 과도한 지방이 흡수되는 것을 방지할 수 있다.

- **도넛 성형 공정 시 실패 원인**

  1. 강력분이 들어간 케이크 도넛 반죽의 경우 구조가 단단하여 굽기 시 팽창이 제대로 되지 않으므로 약 10~20분간의 플로어 타임(휴지시간)을 둔다.

  2. 반죽 완료 후부터 튀김 시간 전까지의 시간이 지나치게 경과한 시 부피가 작아진다.

  3. 밀어 펴기 시 두께가 일정하지 않거나 많은 양의 파치 반죽을 사용한 경우 모양과 크기가 일정하지 않게 된다.

4. 밀어 펴기 시 과다한 덧가루 사용 시 튀긴 후에도 표피에 밀가루 흔적이 남는다.

■ 쿠키

쿠키는 반죽 특성에 따라 반죽형 쿠키와 거품형 쿠키로 나뉘며, 반죽형 쿠키로는 드롭(소프트) 쿠키, 스냅(슈가)쿠키, 쇼트 브레드 쿠키가 있고, 거품형 쿠키로는 머랭 쿠키와 스펀지 쿠키가 있다.

• 반죽형 쿠키

1. **드롭 쿠키** (Drop Cookie 소프트 쿠키) : 계란 사용량이 많아 **반죽형 쿠키 중 수분 양이 가장 많은 쿠키**이다. 짤 주머니로 짜서 성형하며 대표적인 제품으로는 버터쿠키가 있다.
2. **스냅 쿠키** (Snap Cookie) : 계란 사용량이 적고 설탕 사용량이 많은 쿠키로 밀어 편 다음 성형기로 찍어낸다. 대표적인 제품으로는 사브레가 있다.
3. **쇼트 브레드 쿠키** (Shortbread Cookie) : 유지 사용량이 스냅 쿠키 보다 더 많은 쿠키로 수분량은 가장 적다. 밀어 편 후 성형기로 찍어 제조하며 식감이 부드럽고 바삭하다.

• 거품형 쿠키

1. **스펀지 쿠키** : 전란을 사용한 공립법으로 반죽하며 **모든 쿠키 중 수분이 가장 많은 쿠키**다. 짤 주머니로 짜고 설탕을 뿌려 실온에서 말려서 굽는 스펀지쿠키의 대표적인 제품은 핑거 쿠키(Finger Cookies)이다.
2. **머랭 쿠키** : 계란 흰자와 설탕으로 만든 머랭으로 만든 쿠키로 대표 제품으로 다쿠와즈와 마카롱이 있다. 묽은 상태의 반죽을 짤주머니로 짜고 낮은 온도에서 건조시켜 굽는다.

■ 슈(Choux)

슈는 프랑스어로 양배추를 뜻한다. 보통 속을 크림으로 채워 슈크림이라고도 부르며 기본 반죽 재료에 설탕이 들어가지 않는 것이 특징이다.

1. 슈(Choux)반죽법 [밀가루 100%, 버터 100%, 달걀 200%, 물 125%, 소금 1%]
2. 물과 유지를 먼저 끓인 다음 밀가루를 넣고 완전히 호화될 때까지 저어준다.
3. 60~65℃ 정도로 냉각 후 달걀을 소량씩 넣으면서 매끈한 반죽으로 만든다. 반죽온도는 40℃ 과자류 반죽 중 가장 높다. 반죽에는 화학적 팽창제 또는 탄산수소 암모늄을 첨가하기도 한다.
4. 팬닝 시 충분한 간격을 두어야 굽기 시 팽창으로 서로 달라붙지 않는다.
5. 굽기 전에 반드시 물 분무나 침지를 해주며, 굽기 중에도 껍질이 너무 빨리 형성되는 것을 막기 위해 물을 뿌려준다.
6. 굽는 동안 반죽 안의 수분이 수증기로 변하여 팽창하면서 속이 비게 된다.
7. 굽기 중 색이 완전히 나오기 전에 문을 열게 되면 주저 않는 원인이 된다.
8. 철판에 반죽을 짜 둔 채로 방치하면 표면이 말라 구울 때 터지게 된다.

- **슈 반죽에 설탕 첨가 시 일어나는 현상**

  1. 제품 상부가 둥글게 된다.

  2. 내부 공간 형성이 좋지 않다.

  3. 표면에 균열이 생기지 않고 매끄럽게 된다.

- **오븐온도가 낮거나 철판에 기름칠이 적을 경우**

  충분히 팽창하지 않아 밑면은 좁고 윗면은 공모양처럼 된다.

[슈] 실패한 결과에 따른 올바른 원인 분석

크기와 모양이 균일하지 않을 때	성형 후의 개별 반죽 크기가 일정하지 않거나 간격이 너무 좁으면 서로 퍼지며 붙게 된다.
완성품의 부피가 작을 때	표면의 수분은 적정할 경우에 껍질 형성을 지연시켜 부피를 좋게 하는 작용을 하지만, 수분이 너무 많을 경우에는 과다한 수증기로 인해 오히려 부피가 줄어들게 된다.
슈의 껍질이 불규칙하게 터질 때	성형 후 철판의 반죽제품을 장시간 방치할 경우 표면이 건조되어 굽는 동안 팽창 압력을 견디는 신장성을 잃게 된다.
바닥 껍질에 공간이 생길 때	팬 오일이 과다할 경우 굽기 시 슈 반죽이 팬으로부터 떨어지게 되어 바닥 껍질의 형성이 지연되고 바닥 껍질에 공간이 생기게 된다.

■ **냉과**

냉장고에 넣어 차게 굳혀서 마무리하는 모든 과자류를 일컫는다. 바바루아, 무스, 푸딩, 젤리, 블라망제 등이 이에 해당한다.

- **바바루아** : 우유, 설탕, 달걀, 생크림, 젤라틴을 재료로 한다.

- **무스** : 프랑스어로 거품이라는 뜻으로 커스터드, 초콜릿, 과일 퓌레에 생크림, 젤라틴 등을 넣고 굳혀 만든다.

- **푸딩** : 설탕과 계란을 1 : 2, 우유와 소금을 100 : 1의 비율로 혼합하여 만드는 제품으로 우유와 설탕을 80~90℃로 데워 달걀물과 혼합한 다음 중탕으로 굽는다. 육류, 과일, 야채 등을 섞기도 한다. 거의 팽창하지 않으므로 팬닝은 95%까지 한다. 굽기 시 온도가 너무 높으면 표면에 기포가 생기므로 160~170℃를 유지한다.

- **젤리** : 과즙, 와인에 젤라틴, 펙틴, 한천, 알긴산 등 안정제(응고제)를 넣고 굳혀서 만든다 (젤리화 3요소 : 당, 산, 팩틴)

- **블라망제** (Blanc manger) : 프랑스어로 흰 음식이라는 뜻으로 밀가루나 쌀가루와 우유, 크림, 설탕 등을 혼합하여 만들며 아몬드 등을 추가하여 만들기도 하는 하얀색의 부드러운 냉과이다.

(6) 익히기

1) 굽기

제과류 익힘의 가장 기본이 되는 방법으로 오븐 등을 이용하여 제품의 윗면, 옆면, 밑면을 각각 복사열, 대류열, 전도열에 의해 익히면서 맛과 향을 좋게 하는 방법이다.

■ 오븐 온도에 따른 특징

- **오븐 온도가 높을 때**
  1. 겉면이 거칠어지고 옆면의 강도가 약하다.
  2. 껍질이 바스러지고 껍질색이 짙어진다.
  3. 언더베이킹으로 부피가 작게 나오게 된다.

- **오븐 온도가 낮을 때**
  1. 껍질이 두꺼워지고 껍질색이 엷다.
  2. 윗면 갈라지고 광택이 부족하거나 얼룩이 생긴다.
  3. 오버베이킹으로 부피가 크게되기 쉽다.

■ 고율배합과 저율배합

고율배합 : 저온에서 **장시간** 굽는다. (암기팁! 오버해서 굽는다 → 오버베이킹)

저율배합 : 고온에서 **단시간** 굽는다. (암기팁! 좀 모자라게, 짧게 굽는다 → 언더베이킹)

[※ 시간적 관점으로 이해하면 쉽다.]

- Over Baking → 주의사항 : 저온 장시간 굽기 때문에 껍질이 두꺼워지고 윗면이 평평하게 되며, 수분손실이 커서 노화가 촉진된다.
- Under Baking → 주의사항 : 고온 단시간 굽기 때문에 제품 설익음, 조직 거칠어짐, 중심부가 갈라지고 주저앉기 쉽다.

■ 굽기 손실의 계산

반죽이 오븐에서 구워지는 동안 제품 내부의 이산화탄소나 에틸알코올 등 휘발성물질과 수분이 증발하면서 빵의 무게가 줄어드는 것을 **굽기손실**이라고 한다.

[굽기손실 공식]

$$굽기손실율(\%) = \frac{굽기전\ 반죽\ 무게 - 굽기\ 후\ 제품무게}{굽기\ 전\ 반죽무게} \times 100$$

■ 굽기 중 일어나는 대표 현상

- **캐러멜화 반응 (Caramelization)** : 당류를 고온으로 가열하면 산화 반응 등에 의해 먹음직스러운 갈색을 띠게 되는 생기는 현상으로, 요리에 고소함과 진한 갈색의 원인이 되는 중요한 현상이다. 캐러멜화 작용의 발현에 효소가 관여하지 않는 비효소적 갈변반응이며, 발생하는 휘발성 화학 물질이 캐러멜의 독특한 맛과 향을 자아낸다.

- **메일라드(마이야르) 반응 (Maillard reaction)**
  비효소적 갈변 반응으로 **당류**, 특히 환원당과 **아미노** 화합물들에 의한 갈색화 반응을 말하는데 대부분의 식품들은 주성분으로 당류 등의 카보닐 화합물과 단백질 등의 아미노기를 가진 질소화합물을 함유하고 있기 때문에 마이야르 반응은 식품에서 흔히 볼 수 있는 갈색반응이며 식품가공에서 가장 중요한 비효소적 갈색 반응이다.

2) 튀기기

제과류 튀기기 시 적정 튀김기름 온도는 180~195℃로 표준온도보다 <u>온도가 낮은 경우 껍질이 거칠어지고 과다하게 부풀면서 흡유량이 많아진다</u>. 반대로 튀김기름의 <u>온도가 너무 높으면 속이 익지 않고 껍질색이 진하게 된다.</u>

■ 튀김 기름의 가열 시 일어나는 현상

1. 열로 인해 산패가 촉진되며, 유리지방산과 이물의 증가로 발연점은 점점 낮아진다.
2. 지방의 점도가 증가하며 거품이 발생하는 현상이 나타나기도 한다.
3. 단백질이 열분해 되면서 생성된 아미노산과 당이 메일라드 반응을 일으키면서 갈색 색소를 형성하여 제품의 색이 짙어진다.
4. 도넛 튀김 기름에 스테아린 3~6% 첨가 시 유지의 융점을 높여 도넛에 설탕이 붙는 점착성을 증가시키고, 제품에 기름이 흡수되는 것을 저지할 수 있으며 황화(회화) 현상을 방지할 수 있다.
   ※ 황화(회화)현상: 기름이 도넛 설탕을 녹이는 현상

■ 튀김기름의 조건과 선택

1. 엷은 색을 띠거나 투명하며, 광택이 있을 것
2. 불쾌한 냄새나 맛이 나지 않을 것
3. 가열했을 때 냄새가 없고 거품이나 연기가 나지 않을 것
4. 발연점(연기발생온도)이 높을 것 (열 안정성이 높을 것)
5. 항산화 물질(토코페롤 등)을 다량 함유하여 저장 중 산패에 안정성이 높을 것

6. 튀긴 후 제품 냉각 중에는 제품 속 흡수된 튀김기름(유지)는 충분히 응결할 것

7. 튀김용기의 깊이는 12~15cm가 적당하며 깊이가 낮을 경우 온도변화가 커지고, 깊이가 깊을수록 초기 온도를 올리는데 열량소모가 크다.

8. 튀김기름은 여러 번 사용하게 되면 산가(지질 및 과산화물 수치)가 높아지고, 점도(끈점임정도)가 증가한다.

9. 정제가 잘 된 식물성기름이 적합 (대두유, 옥수수기름, 면실유 등)

■ **튀김 시 흡유량 증가 요인**

- 튀김 시간이 길어질수록 흡유량이 많아지며 튀기는 제품의 표면적이 클수록 흡유량이 증가한다.
- 당류, 지방의 함량 및 레시틴(달걀노른자)의 함량, 수분 함량이 많을 때 기름 흡수가 증가한다.
- 박력분 사용 시 강력분 사용 시 보다 흡유량이 더 크다.

3) 찜

찜은 수증기의 이동에 의해 열을 전달하는 **대류현상**을 이용하는 것으로 물질이 온도 변화 없이 고체-액체-기체 등으로 상태가 변할 때 드는 열량(에너지)을 숨은열(잠열)이라고 하는데, **찜은 기화잠열 (559kcal/1g)을 이용**하여 제품을 익히게 된다.

찜기의 재질은 금속보다는 도자기로 된 것이 열의 전도가 적어 적당하며 처음에는 불의 세기를 강하게 하는게 좋다. 온도관리가 용이한 편이며 제품 모양 그대로를 보존할 수 있고 수용성 성분의 손실이 적은 것이 특징이다.

(7) 장식

1) 아이싱

아이싱이란 다양한 케이크나 과자 제품 표면에 설탕시럽이나 크림을 이용하여 한 꺼풀 씌워 냄으로써 모양을 좋게하고 표면이 마르지 않도록 하는 장식 방법을 뜻한다.

- **단순 아이싱** : 슈가파우더(분당粉糖), 물엿, 물을 넣고 43℃로 중탕하여 만든다.
- **퐁당 아이싱** : 설탕 시럽을 기포하여 크림화하여 만든다.[크림 아이싱]
- **퍼지 아이싱** : 설탕, 우유, 버터, 초콜링 등을 주재료로 크림화하여 만든다.[크림 아이싱]
- **마시멜로 아이싱** : 거품을 올린 흰자 머랭에 뜨거운 시럽을 첨가하면서 고속으로 믹싱하고 젤라틴을 첨가하여 만든다.[크림 아이싱]

※ 조합형 아이싱은 단순 아이싱과 크림 아이싱을 혼합하여 만든다.

■ 아이싱 시 주의사항

• 아이싱의 끈적거림을 방지하기 위해 젤라틴, 한천, 검류, 알긴산, 펙틴 등의 안정제를 사용하거나 전분이나 밀가루를 흡수제로 사용하기도 한다.

• 아이싱이 작업 중 굳었을 때는 35~43℃ 정도로 중탕하여 사용하거나 최소한의 액체(시럽)를 사용하여 풀어준다.

2) 글레이즈

• 주로 도넛이나 과자제품 표면에 광택효과를 내며, 제품의 건조를 방지하는 기능도 한다.

• 안정제인 젤라틴, 한천, 검류, 펙틴 등을 45~50℃ 정도로 데워서 사용한다.

3) 안정제

액상 재료의 점도(끈적한 정도)를 증가시켜 젤리 상태의 안정된 구조로 바꿔주는 역할을 한다.

■ 안정제의 역할

1. 아이싱의 끈적거림과 크랙(crack)을 방지할 수 있다.
2. 머랭이나 크림의 수분 배출을 억제해 기포를 안정시키고 노화를 지연시키는 효과가 있다.
3. 파이 충전물의 점도를 증가시키는 농후화제 역할을 한다.
4. 젤리, 무스, 바바루아, 커스터드 크림 등 다양한 제품에 사용된다.

■ 제과제빵에 사용되는 안정제

1. 젤라틴 : 동물의 가죽이나 연골의 콜라겐을 추출하여 만든 동물성 단백질이다. 물과 함께 가열하면 30℃ 이상에서 녹으며 냉과인 무스나 바바루아 또는 아이싱, 글레이즈의 안정제로 사용된다.

2. 펙틴 : 당 + 산과 함께 작용하여 젤리나 잼이 만들어진다. 천연 과일껍질에 들어있는 프로토펙틴이 가수분해 효소의 작용으로 수용성 펙틴이 된다.

3. CMC : 카복시메틸셀룰로스나트륨(Sodium Carboxymethylcellulose) 또는 CMC로 불리며 천연 펄프나 식물의 뿌리에서 추출한 셀룰로오스를 가공하여 만들어지는 점성 증진 안정제로 냉수에 쉽게 녹으며 산에 약한 특징이 있다.

4. 검류 : 구아검, 로커스트 빈검, 카라야검, 아라비아검 등이 유화제, 안정제, 점착제, 증점제로 사용된다. 안정제로 사용되는 검류는 냉수에 용해되는 친수성 물질이며 낮은 온도에서도 높은 점성을 나타낸다.

5. 한천 : 우뭇가사리 등 홍조류에서 추출한 식물성 원료를 물로 깨끗이 씻어 이물질을 제거한 후 열수 추출하거나 황산 또는 아세트산을 첨가한 약한 산성으로 추출해낸다.

6. 알긴산 : 다시마, 미역 등에서 추출

4) 충전물 (Filling) 및 토핑(Topping)

- 제품 내부에 과일이나 크림 충전물을 넣어서 굽거나, 구운 후에 속을 채워넣는 것을 충전이라한다. 과일류는 설탕에 절이거나, 건조과일을 물에 불려서 사용하며, 통조림이나 냉동 과일의 경우 과즙을 분리하고 호화시켜 사용하는 것이 좋다.
- 크림 충전물에는 버터크림, 휘핑크림, 커스터드 크림, 초콜릿 가나쉬 크림, 아몬드 크림 등이 있다.
- 토핑은 제품 성형 후 굽기 전 반죽 위에 얹거나 구운 후 제품 위에 얹어 보기에도 좋고 맛도 향상시킬 수 있도록 한다. 주로 견과류, 초콜릿, 냉동과일, 건과일 등을 얹거나 설탕이나 분당을 뿌린다.

[크림 충전물 및 농후화제]

휘핑 크림	국내에서는 유지방 함량으로 생크림(18% 이상)과 휘핑크림(18% 미만)을 구분하고 있으며 휘핑크림은 대부분 식물성 지방으로 만드는 기포성과 안정성을 강화한 제품을 말한다. 4~6℃에서 사용하는 것이 적합하다.
버터 크림	버터에 설탕 또는 물엿과 물을 섞어 114~118℃로 끓인 다음 에센스(향료, 연유, 술 등)를 넣어 만든 크림
커스터드 크림	우유, 계란(결합제 역할), 설탕, 옥수수 전분 또는 박력분(안정제 역할)을 혼합하여 끓인 크림
디프로매트 크림	커스터드 크림과 휘핑크림을 1:1의 비율로 배합하여 만든 크림
가나쉬 크림	생크림과 초콜릿의 비율을 1:1로 배합하여 만든 초콜릿 크림
아몬드 크림	아몬드, 버터, 설탕, 계란을 혼합하여 만든 크림
농후화제	충전물 제조 시 쌀이나 옥수수, 타피오카, 감자 전분가루나 식물성 검 등을 넣어주는데 이는 충전물의 농도 조절, 즉 호화를 촉진하기 위해 첨가한다.

(8) 냉각과 포장

❖ **냉각** : 굽기가 끝난 제품은 반드시 제품 내부의 온도와 수분함량을 일정 수준으로 낮춰서 포장해야한다. 그렇지 않으면 포장 내부에서 냉각되면서 수분이 포장 표면에 응축대에 제품 속에 침투하여 곰팡이나 유해세균이 번식할 위험이 높아진다.

❖ **포장** : 유통 과정에서의 안전하고 용이한 취급과 외부 환경으로부터 제품의 가치 및 상태를 보호하기 위해 적합한 재료 또는 용기에 제품을 넣는 과정을 말한다.

■ 냉각 방식

냉각팬에 올려 상온(20℃)에서 약 3~4시간 냉각하는 자연 냉각과 공기배출을 이용한 냉각컨베이어식(터널식) 냉각, 공기조절식(에어컨디션식) 냉각 등이 있다. 컨베이어식은 주로 대규모공장에서 사용되며, 공기조절식 냉각은 제품에 20~25℃ 습도 85%로 설정된 공기를 통과시켜 가장 빠르게 냉각하는 방식이다.

■ 냉각 온도에 따른 영향

- **일반적인 제품냉각 조건 : 온도 20~25℃, 습도 87~85%**
  1. 냉각실 설정 온도가 적정수준보다 낮을 경우 : 표면이 건조하여 거칠어지고 노화가 빠르게 진행된다.
  2. 냉각실 설정 온도가 적정수준보다 높을 경우 : 냉각 시간이 증가하며 절단이 용이하지 못해 형태가 고르지 못하게 된다.
  3. 냉각실 설정 습도가 지나치게 낮을 경우 : 껍질이 지나치게 건조하거나 갈라진다.
  4. 냉각실 설정 공기흐름이 지나치게 빠를 경우 : 껍질이 지나치게 건조해지고 잔주름과 모양이 나빠진다.

■ 냉각손실

제품 냉각 중 수분이 증발하여 손실되는 비율을 말하며 일반적으로 2%로 본다. 냉각손실은 **여름보다 겨울에 크게 나타나며, 상대습도가 낮을수록** 냉각손실이 커진다.

■ 포장 온도

- 포장 시 온도는 **과자류 20~25℃, 빵류 35~40℃**가 적당하다.
- **포장 전 빵의 온도가 너무 낮으면**
  → 수분손실이 많아져 껍질이 심하게 건조해지고 제품 노화가 가속된다.
- **포장 전 빵의 온도가 너무 높으면**
  → 형태 유지가 어렵고 포장지에 습기가 차서 곰팡이가 발생할 수 있다.

■ 포장의 기능

1. **내용물 보호** : 수분증발과 미생물 오염 방지, 노화억제 등 물리적, 화학적, 생물적, 인위적 요인으로부터 제품의 내용물을 보호하고 제품 손상을 방지한다.
2. **취급 상의 편의** : 제품 생산, 저장, 유통 과정 및 사용 후 폐기에 이르기까지 각 단계에서 취급이 편하도록 편의성을 제공하고 품질을 유지하여 상품의 수명을 연장한다.
3. **판매의 촉진** : 포장을 통해 제품을 차별화할 수 있으며 소비자들의 구매 욕구을 일으킴으로써 매출 증대 효과를 가져올 수 있다.

■ 포장용기의 구비조건

✓ 방수성과 작업 용이성 갖출 것	✓ 위생적일 것
✓ 통기성 없을 것	✓ 제품을 변형시키지 않을 것

■ 합성수지 포장재별 특징

- PP [Poly propyrene] 폴리프로필렌 : 일반 제과점 진열 포장을 비롯하여 각종 식품 포장 및 인쇄용으로 주로 사용되며 투명성과 강도가 뛰어나다.

- PE [Poly ethylene] 폴리에틸렌 : 값이 싸고 수분은 차단하고 기체는 투과시킬 수 있어 주로 짧은 기간 저장하는 저지방 식품의 포장에 쓰인다.

- PS [Poly Styrene] 폴리스티렌 : 가볍고 투명하여 육류나 생선류의 트레이로 많이 사용되나 충격에 약하다.

- OPP [Oriented Poly propyrene] 오리엔티드 폴리프로필렌 : 폴리프로필렌(PP)의 성능을 더욱 강화한 제품으로 PP와 더불어 제과제빵 포장에 널리 쓰이며 투명성, 방습성, 내유성이 우수하지만 가열 시에는 수축 변형된다.

  ※ PVC(Polyvinyl chloride)는 인체 유해물질을 포함하여 식품용, 의료용, 장난감 등에 사용이 금지되어 있음

3 제빵산업기사 빵류 제품 제조 [제빵파트]

(1) 제빵 반죽 준비

반죽법에 따라 제조공정에 차이가 있기 때문에 각각의 반죽법의 특징과 순서 및 장단점을 상세히 알아둘 필요가 있다. 제빵에서는 제과와 달리 발효 공정이 중요하게 다루어진다.

1) 반죽법의 결정 : 제품의 종류 및 특징에 따른 적정 반죽법의 결정

2) 배합표 작성

각 제품의 특성에 따른 필요 재료의 비율을 결정하는 단계
제품 생산에 필요한 각 재료, 비율, 중량을 작성한 표로 [베이커스 퍼센트와 트루 퍼센트]를 기준으로 작성한다.

- **베이커스 퍼센트(Baker's Percent) [기준은 밀가루의 양]**

  밀가루 100%를 기준으로 하여 각각의 재료를 밀가루에 대한 백분율로 표시한 것
  밀가루를 기준으로 소금이나 설탕의 비율을 조정하여 맛 조절이 가능하다.

  [계산 공식]

  $$\text{Baker's \%} = \frac{\text{각 재료의 중량(g)}}{\text{밀가루의 중량(g)}} \times 100(\%)$$

- **트루 퍼센트(True Percent)**

  제품 생산에 필요한 재료 전체 양을 100%로 하여 각 재료의 비율 나타낸 것으로 각 재료의 사용량을 정확하게 알 수 있기 때문에 원가 관리가 용이한 특징이 있다.

  [계산공식]

  $$\text{True \%} = \frac{\text{각 재료의 중량(g)}}{\text{총 재료의 중량(g)}} \times \textbf{총배합률(\%)}$$

3) 반죽 온도

제빵에서의 **반죽온도**는 반죽이 완성된 직후의 온도를 말하며 반죽온도는 반죽의 발전단계별 반죽의상태 및 발효속도에 모두 영향을 미치는 중요한 요소이다.
반죽온도에 영향을 미치는 요소로는 **실내온도, 수돗물온도, 밀가루 온도** 등이 있으며 이 중 **수돗물 온도**가 경제성과 작업성 측면에서 가장 온도조절이 쉬운 요소라 할 수 있다.

■ 제빵 반죽법에 따른 적정 반죽 온도

- **스트레이트법** : 27℃ [데시니페이스트리(Danish Pastry)의 경우 18~22℃]
- **스펀지 도우법(Sponge Dough Method)** : 스펀지 반죽 24℃ 본 반죽(Dough) 27℃
- **액체 발효법** : 28~32℃ [30℃]
- **재반죽법** : 27℃
- **비상 반죽법** : 30℃
- **노타임 반죽법** : 30℃
- **냉동 반죽법** : 20℃

4) 반죽온도 계산방법

① 스트레이트법 반죽온도 [**암기Tip!** 마찰 반삼밀실수 / 사용 반삼밀실마]

- **마찰 계수** = (반죽 결과 온도 × 3) - (밀가루 온도 + 실내 온도 + 수돗물 온도)

  ※ **마찰계수(Friction Factor)란** 반죽기가 회전할 때 휘퍼와 반죽 표면 사이의 마찰에 의한 온도상
  승을 나타내며, 반죽 온도에 영향을 미치는 중요한 요인이 된다.

- **사용수 온도** = (반죽 희망 온도 × 3) - (밀가루 온도 + 실내 온도 + 마찰 계수)

  ※ 희망온도는 반죽 후 원하는 온도 / 결과온도는 반죽 종료 시 측정한 실제 온도

- **얼음 사용량** = $\dfrac{\text{물 사용량} \times (\text{수돗물 온도} - \text{사용할 물 온도})}{80 + \text{수돗물 온도}}$

  ※ 분모의 80은 얼음 1g이 녹아 물 1g이 될 때 흡수하는 융해열을 의미하는 열량 상수이다.

② 스펀지법 반죽온도

- **마찰 계수** = (반죽 결과 온도 × 4) - (밀가루 온도 + 실내 온도 + 수돗물 온도 + 스펀지 온도)
- **사용수 온도** = (반죽 희망 온도 × 4) - (밀가루 온도 + 실내 온도 + 마찰 계수 + 스펀지 온도)
- **얼음 사용량** = $\dfrac{\text{물 사용량} \times (\text{수돗물 온도} - \text{사용할 물 온도})}{80 + \text{수돗물 온도}}$

5) 제과 제빵 도구의 종류와 특징

■ 믹서

믹서 종류	특징
버티컬(수직형 Vertical Mixer)믹서	탁상 위에 설치가능한 크기로 주로 소규모 제과점에서 사용 반죽상태를 수시로 점검할 수 있는 장점이 있다.

믹서 종류	특징
호리즌털(수평형 Horizontal Mixer)믹서	단일 제품 반죽의 대량생산에 적합
스파이럴(나선형 믹서 Spiral Mixer)믹서 (제빵전용)	나선형태의 훅(hook)이 내장되어 있어 바케트빵 등 글루텐 성능이 떨어지는 밀가루를 사용 시 장점을 발휘하며 힘이 좋아 반죽성능은 우수하나 지나치게 고속으로 사용 시 각 제품에 적합한 적정 믹싱단계를 지나칠 수 있으므로 주의해야 한다.
에어믹서 (제과전용)	반죽에 기포를 주입하며 믹싱할 수 있다.
믹서 어태치먼트 용도	휘퍼 : 반죽에 공기를 주입하여 부피를 부풀릴 때 비터 : 반죽 교반 및 크림 제조 시 사용 훅 : 주로 제빵 시 글루텐 형성, 발전에 사용

■ 오븐

- **데크 오븐** : 소규모 제과점에서 사용, 반죽이 들어가는 곳과 나오는 곳이 동일하며, 윗불과 아랫불의 온도 조절이 가능하며, 오븐 내 열전도가 균일하지 않을 경우에는 굽기 도중에 제품의 위치를 바꾸어 주어야 한다.

- **터널 오븐** : 대규모 제과제빵 공장에서 사용, 반죽이 들어가는 곳과 나오는 곳이 다르며, 터널식으로 통과하여 굽기를 완료한다. 설치 비용이 비싸고 넓은 면적이 필요하며 열 손실 또한 크다.

- **컨벡션 오븐** : 컨벡션이란 대류를 뜻한다. 액체나 기체를 가열해 발생하는 열을 팬을 이용하여 강제로 순환시켜 발생하는 대류 현상으로 빵을 굽기 때문에 컨벡션 오븐이라며, 반죽에 균일하게 열이 전달되어 크기와 색상이 고른 특징이 있다. 뜨거운 대류열로 반죽을 익히기 때문에 딱딱한 계열의 빵이나 과자류에 적합하다. 반죽의 수분이 금방 없어지고 겉면이 바삭해지는 특징이 있다.

- **로터리 오븐** : 컨벡션 오븐과 마찬가지로 팬을 사용하며, 오븐 내의 선반이 회전하므로 고르게 반죽을 익힐 수 있다.

■ 그 외 제과제빵 설비 및 도구 [관리사항]

파이롤러	파이나 페이스트리 반죽의 밀어펴기에 사용하며 밀어펴기 후 냉장휴지 및 냉동보관 처리를 위해 냉장, 냉동고의 옆에 위치하는 것이 좋다. 사용 후에는 깨끗한 솔로 이물질을 제거하고, 소독한다.
발효기	제빵 전용 기기로 청소 소독 후 습기 제거
도우 컨디셔너	제빵 전용 기기로 프로그램에 의한 온도, 습도 자동 제어, 청소 소독 및 습기제거
분할기	제빵 전용 기기로 발효 후 정량 분할, 이물질 제거 및 소독
라운더	제빵 전용 기기로 반죽 둥글리기, 표면 정리, 이물질 제거 및 소독
튀김기	자동 유지류 온도 조절 장치 내장, 기름 재사용 금하고 비눗물 10분간 끓여 세척 후 건조
스크래퍼	반죽을 분할하거나 긁어낼 때 사용, 중성세제로 세척 후 자외선 소독
스패튤라	케이크 제조 시, 제과 반죽 믹싱, 짤주머니에 옮길 때 사용, 중성세제로 세척 후 자외선 소독

(2) 제빵 재료 준비

1) 재료별 역할 및 특성

① 제품에 **바삭한 식감을** 주는 요소 : 유지류, 설탕, 팽창제 – 밀가루의 글루텐 형성을 약화시킴

② 제품에 **모양과 형태를 단단히 잡아주는** 요소 : 계란, 우유, 밀가루 등

③ 제품의 식감을 부드럽게 하는 요소 : 설탕, 유지류, 베이킹파우더, 계란노른자 등 (연화작용)

④ 제품의 풍미를 더해주는 요소 : 설탕, 소금, 계란, 유제품, 향신료, 주류 등

⑤ 반죽을 뭉치게하여 모양을 만들어 주는 요소(보형성) : 물, 각 재료 속 수분

⑥ 제품을 부풀게 하여 볼륨감과 부드러움을 형성하는 요소(팽창성) : 팽창제, 유지류, 계란, 반죽 내 수분 등

2) 고율배합과 저율배합

■ 고율배합
설탕 사용량이 밀가루 사용량보다 많고, 액체류가 밀가루나 설탕량보다 많은 배합으로 설탕의 보습성을 이용하여 표면이 건조되는 것을 막고 안정성을 높일 수 있다.
계란 중심의 거품형 제품에 적합 (예) 레이어 케이크, 초콜릿 케이크 등

■ 저율배합
고율배합과는 반대로 설탕 사용량이 밀가루 사용량보다 적고, 액체류가 밀가루양보다 적은 배합
유지 중심의 반죽형 제품에 적합

(예) 케이크 시트 제품은 대부분은 고율배합, 파운드케이크는 고율배합 가능

구분	고율배합	저율배합
배합	설탕≥밀가루	설탕≤밀가루
믹싱 중 공기혼입 정도	많다	적다
반죽의 비중	낮다	높다
화학팽창제 사용량	줄인다	늘린다
굽기 온도	낮다(저온 장시간/오버베이킹)	높다(고온 단시간/언더베이킹)

[재료 관련 핵심 지문 CHECK]
- 밀가루는 제과제품의 구조형성 기능을 한다. ○
- 케이크 제조 시 사용하는 밀가루는 단백질 함량 7~9% (회분 함량 : 0.4% 이하)의 박력분이 적합하다. ○

(유지함량이 많은 쿠키류 : 중력분, 퍼프페이스트리 : 강력분)

- 밀가루, 설탕, 탈지분유 등 가루상태의 재료는 체로 쳐서 사용한다. ○
- 우유는 밀가루와 함께 제품의 구조를 형성한다. ○
- 탈지분유는 수분 흡수 시 덩어리가 생기므로 설탕 또는 밀가루와 분산시킨다. ○
- 달걀은 밀가루와 함께 구조형성 기능을 한다. ○
- 달걀은 전란의 75%가 수분으로 구성 되어있는 중요한 수분 공급원이다. ○
- 달걀은 반죽에 공기를 혼입시키는 역할을 할 수 있으며, 굽기 중 팽창한다. ○
- 달걀은 커스터드 제품 제조 시 크림의 결합제 역할을 한다. ○
- 달걀 노른자의 레시틴은 천연 유화제 역할을 한다. ○
- 물은 반죽의 되기를 조절하는 재료로 식감에 중요한 영향을 미친다. ○
- 반죽 내부의 수분은 굽기과정에서 증기압을 형성하여 제품을 팽창시킨다. ○
- 물은 밀가루와 결합하여 글루텐을 형성시키고 반죽 온도조절의 역할을 한다. ○
- 물이라 함은 본래 형태로 첨가하는 물 뿐만 아니라, 우유나 달걀 등 액체재료에 포함된 수분과 건조 재료에 포함된 수분 모두를 포함한다. ○
- 베이킹파우더는 제품의 식감을 부드럽게 하며(연화작용), 팽창작용으로 부피를 증가시킨다. ○
- 소금은 제품에 향미를 제공하고 설탕의 단맛을 순화시키는 기능을 한다. ○

(3) 제빵 반죽

1) 반죽의 여러가지 특성

① **가소성** : 고체가 외부에서 힘을 받아 형태가 바뀐 뒤 그 힘이 없어져도 본래의 모양으로 돌아가지 않는 성질

② **신장성** : 반죽 사이에서 잘 밀어펴지도록 하는 성질

③ **크림성** : 믹싱 시 공기 혼입을 통해 크림화되는 성질

④ **쇼트닝성** : 설탕과 함께 유지는 밀가루의 글루텐 형성을 방해하여 제품의 부드러움(무름)과 바삭함(부서지기쉬운 성질)을 부여한다.

⑤ **안정성** : 산소에 의한 산패에 잘 견디는 성질

2) 반죽의 정도를 나타내는 단계

① **픽업단계 Pick up stage** : 건조재료와 액체재료를 적당히 섞어주는 단계

② **클린업단계 Clean up stage** : 글루텐 형성이 형성되기 시작하며 한덩이가 되면서 믹싱볼이 깨끗해지는 단계

③ **발전단계 Development stage** : 탄성력이 최대가 되며, 매끈하며 광택이 나는 단계 (프랑스빵류)

④ **최종단계 Final stage** : 대부분 빵의 최적 상태, 탄력성과 신장성이 가장 좋은 단계

⑤ **렛다운단계 Let down stage** : 오버믹싱, 과반죽 상태로 지친단계라고도 한다. 탄력성을 잃으면서 점성이 커지는 단계 (잉글리시머핀, 햄버거빵)

⑥ **파괴단계 Break down** : 신장성과 탄력성을 완전히 잃어버려 글루텐이 끊어지고 신맛이 나는 단계

■ 반죽 적성 측정 도구

이름	용도
페리노그래프(Farinograph)	밀가루의 흡수율과 글루텐의 품질, 반죽 내구성, 믹싱시간을 측정 일정 온도에서 반죽을 믹싱하면서 반죽의 가소성(plasticity), 움직임(mobility)을 측정하는 기구이다. 이를 통해 반죽이 일정한 굳기를 얻기까지 필요한 수분량(흡수율)과 반죽의 특성을 파악할 수 있다. 반죽의 굳기가 500 B.U.(Brabender Units)에 도달하도록 물을 부은 다음 여러 측정치를 시간(분) 또는 B.U.로 표시한다.
익스텐소그래프(Extensograph)	반죽을 잡아당겨 신장력 및 신장저항을 측정하는 기구이다. 반죽이 지닌 힘의 크기와 시간적 변화를 측정하여 발효에 의한 반죽의 성질을 파악하여 개량제의 효과를 측정할 수 있다. 일반적으로 단백질 함량이 많은 강력분 일수록 신장 저항력이 크다.
아밀로그래프(Amylograph)	아밀로 그래프는 온도변화에 따른 알파 아밀라아제의 활성을 측정하는 기구로 밀가루의 호화정도와 전분 질을 파악할 수 있다. 일반적으로 같은 제품 중 효소 활성도가 크게 되면 최고 점도가 400~600B.U.가 적당하다. [높으면 알파아밀라아제 양 적어 노화촉진, 낮으면 알파아밀라아제 양 많아 효소 작용 활발해지고 내부조직이 약화된다.]
레오그래프(Rhe-O-graph)	반죽의 기계적 발달을 도표로 나타낼 수 있는 기계로 밀가루의 흡수율 계산에 적합하다. 믹싱시간은 단백질의 함량, 글루텐의 강도, 기타 재료에 영향을 받는다.
믹소그래프(Mixograph)	반죽의 형성, 글루텐의 발달 정도, 밀가루의 단백질 함량과 흡수의 정도를 측정하여 믹싱시간 및 반죽의 내구성을 판단할 수 있다.

3) 반죽법의 종류

■ 스트레이트법 (직접법) Straight Dough Method

1. 모든 재료를 한 번에 투입하여 반죽하는 방법 (믹싱온도 27℃)

2. 모든 재료를 믹싱 후 유지를 클린업 단계에서 넣는다.

3. 1차발효 시 온도 27℃, 상대습도 75~80%, 1시간~3시간

4. 가스빼기작업(펀치) : 1차발효 후 처음부피의 2배 정도로 부풀었을 때 또는 발효 총 시간의 60%가 지난 시점에 실시한다.

5. 1차 발효는 처음 부피의 3배 정도 부풀었을 때 반죽의 섬유질 상태를 확인하여 손가락으로 찔러보아 자국이 살짝오므라드는 상태까지 진행한다.

6. 분할과 둥글리기 이후 중간발효(벤치타임)을 두어 반죽의 유연성과 신장성을 회복시킨다. (중간발효는 15~20분 정도한다. 온도 27~29℃, 상대습도 75%)

7. 정형과 팬닝 이후 제품을 철판위에서 최종적으로 2차 발효하는데 온도 35~43℃, 상대습도 85~90%에서 30분~1시간 정도 진행한다.

8. **장점** : 발효시간이 짧아 발효 손실을 줄일 수 있다. 제조공정 단순하여 노동력과 시간을 절감할 수 있다. (장소 제약이 적고, 장비 절약 가능)

9. **단점** : 잘못된 공정을 수정하기 어렵고, 노화가 빠르며, 제품의 부피가 작아지고 발효내구성이 약하다.

재료	비율	재료	비율
밀가루	100%	소금	2%
물	60~64%	유지	3~4%
이스트	2~3%	탈지분유	3~5%
설탕	4~8%	이스트푸드	0.2%

<스트레이트법 식빵 배합비율>

➢ **스트레이트법 제조공정**

배합표작성 → 재료계량(이스트와 소금, 설탕 분리 주의!) → 반죽 → 1차발효 → 분할, 둥글리기 → 중간발효 → 정형, 팬닝 → 2차발효 → 굽기 → 냉각

■ **스펀지 도우법 (중종법) Sponge Dough Method**

1. 반죽을 스펀지반죽와 본반죽(도우 dough)으로 나누어 두번 반죽하는 방법으로 발효공정 상 발효 실패확율이 적기 때문에 주로 대규모 제빵공장에서 사용되는 방법이다.

2. 스펀지 반죽은 재료배합 후 약 24℃의 반죽온도로 픽업단계까지 반죽한 후 온도 27℃, 상대습도 75~80%의 조건에서 3~5시간 발효하여 만든다.

3. 스펀지반죽 발효는 4~5배 부피가 증가 시 반죽의 중앙부가 오목하게 들어가는 드롭현상이 생기는데 이때까지 진행시킨다. (발효진행에 따라 반죽의 내부 온도는 약간 상승하고 pH는 떨어진다. 내부 온도 28~30℃, pH4.8)

4. 본반죽(도우반죽)은 스펀지반죽과 나머지 본반죽 재료를 모두 합쳐 8~12분간 믹싱하는 것을 말하며 본반죽 이후 20~40분간 플로어 타임(Floor Time)을 갖는다.

5. 플로어 타임(Floor Time)은 발효가 완료된 스펀지를 나머지 반죽과 혼합하였을 때 파괴된 글루텐 층이 다시 재결합하는데 걸리는 시간을 말한다.(통상 20~40분)

6. 이후 중간 발효부터 굽기 냉각까지의 과정은 스트레이트법과 동일하다.

7. 스펀지 도우법에서 탈지분유를 첨가하면 분유 속 단백질이 반죽의 pH저하 시 완충제 역할을 하여 글루텐의 믹싱과 발효 내구성을 조절하고 효소와 이스트의 활성을 돕기 때문에 밀가루가 쉽게 지치 거나 아밀라아제 활성이 과도할 때, 또는 단백질 함량이 적거나 약한 밀가루를 사용 시 탈지분유를 첨가한다.

8. **장점** : 공정이 잘못되더라도 이를 바로잡을 기회가 있으며 노화가 지연되어 저장성이 좋아진다. 발 효 내구성이 강하며 부피가 크고 속결이 부드러운 특징이 있다. 또한 이스트 사용량을 20% 가량 줄 일 수 있다.

9. **단점** : 발효손실 증가, 공정 시간 증가, 노동력, 시설 및 장소 제한

재료	스펀지반죽	본반죽
밀가루	60~100%	0~40%
물	스펀지밀가루의 55~66%	전체밀가루의 60~70%
이스트	1~3%	-
이스트푸드	0~1%	-
소금 / 설탕	-	1.75~2.25% / 3~8%
유지 / 탈지분유	-	2~7% / 2~4%

<스펀지법 식빵 배합비율>

➤ **제조공정**

배합표작성 → 재료계량 → 스펀지반죽 → 스펀지반죽 발효 → 본반죽 → 플로어타임 → 분할, 둥글 리기 → 중간발효 → 정형, 팬닝 → 2차발효 → 굽기 → 냉각

■ **액체 발효법 (액종법) Liquid ferment Method**

스펀지 도우법에서 발생할 수 있는 결함을 줄이기 위해 만들어진 스펀지 도우법의 변형으로 이스트, 이스트푸드, 설탕, 분유, 물을 섞은 다음 2~3시간동안 발효시켜 액종을 만든 다음 이를 사용하여 반 죽하는 방법, 완충제로 분유를 사용하기 때문에 이를 개발한 미국의 분유연구소 ADMI의 이름을 따 ADMI(아드미)법이라고도 부른다.

1. 배합표 작성과 재료계량 후 액종 재료를 섞고 2~3시간 발효하여 액종을 만든다.

2. 액종의 발효완료 시점은 pH를 체크하여 pH4.2~5.0 시 완료한다.

3. 플로어타임을 15분간 가지며, 분할 및 둥글리기 후 벤치타임을 두어 상한 반죽을 회복시킨다.(15~20분)

4. 이후 정형 팬닝, 2차발효, 굽기, 냉각의 과정은 앞의 두 방법과 동일하다.

5. **장점** : 한번에 많은 양의 발효가 가능하며, 발효손실이 적어 생산손실을 줄이고, 시간과 노동력 및 공간과 설비를 절감할 수 있다. 단백질 함량이 적기 때문에 발효 내구력이 약한 밀가루를 사용해서도 빵을 제조할 수 있다.

6. **단점** : 액종법은 산화제 사용량이 늘어나며 연화제와 환원제가 필요하며, 특성 상 설비의 위생에 각별한 주의를 요한다.

재료	액종	재료	본반죽
물	30%	물	32~34%
설탕	3~4%	밀가루	100%
이스트	2~3%	액종	35%
이스트 푸드	0.1~0.3%	소금 / 설탕	1.5~2.5% / 2~5%
탈지분유	0~4%	유지	3~6%

<액체 발효법 식빵 배합비율>

■ 노타임반죽법(No time dough method)

1. 발효에 의한 글루텐 숙성 대신에 산화제와 환원제를 사용한 화학적 숙성을 통해 발효 시간을 단축시켜 빠르게 반죽을 완성할 수 있는 방법이다.(일반적인 발효 공정을 거치지 않으므로 무발효 반죽법이라고도 함)

2. **산화제** : 밀가루 단백질의 치올기결합(-SH)을 이황화결합(SS결합)으로 산화시켜 단백질 구조를 튼튼하게 하고 가스보유력을 증가시킨다.(→취급성 증대, 1차 발효 시간 단축)

3. 산화제에는 지효성 작용을 하는 브롬산칼륨과 속효성 작용을 하는 오오드칼륨, 그리고 표백과 숙성작용을 하는 아조디카본아미드(ADA), 비타민 C(아스코르브산) 등이 있다.

4. **환원제** : 밀가루 단백질을 분해하고 이황화결합(SS결합)을 절단하여 글루텐 구조를 약화시킴으로써 반죽 시간을 25%가량 단축시킬 수 있다.

5. 산화제로는 이화화결합을 절단시키는 L-시스테인과 단백질 분해효소인 프로테아제, 소르브산, 아황산수소염 등이 있다.

6. 스트레이트법을 노타임 반죽법으로 변경 시에는 반드시 다음과 같은 조치를 한다.

> 물 사용량 1~2% 감소, 설탕 사용량 1% 감소, 이스트사용량 0.5~1% 증가
> 반죽온도 30~32℃, 산화제와 환원제 사용

7. **장점** : 반죽 제조시간이 단축된다, 빵의 속결이 치밀하고 고르다, 발효손실이 적고 반죽의 기계 내성이 양호하다, 반죽이 부드럽고 흡수율이 좋다.

8. **단점** : 발효 내성이 떨어지며 맛과 향이 좋지 않다, 제품에 광택이 없으며, 제품의 질이 고르지 않다, 저장성이 떨어지며, 재료 단가가 비싼 편이다.

■ 비상반죽법(Emergency dough method)

갑작스럽 주문이나 예상치 못한 설비 고장으로 빠른 대처가 필요할 때 표준 반죽 시보다 반죽시간을 늘리고 발효 속도를 촉진시킴으로써 전체 공정시간과 노동력을 줄일 수 있는 방법이다. 하지만 제품에서 이스트 냄새가 남거나 부피가 고르지 못하고 노화가 빨라 저장성이 떨어지는 단점이 있다.

• 표준 반죽에서 비상반죽으로 변경할 때 필수적 조치사항과 선택적 조치사항

➤ 필수적 조치사항

1. 반죽시간을 20~30% 증가 ➜ 반죽의 신장성과 가스보유력을 증가시킨다
2. 비상스트레이트법 15~30분 / 비상스펀지법 30분
3. 물사용량 1% 증가 ➜ 이스트 활성 촉진 및 작업성 향상
4. 반죽 온도를 30℃로 ➜ 반죽 발효 속도를 촉진시킨다.
5. 생이스트 사용량 2배로 증가 ➜ 반죽 발효 속도를 촉진시킨다.
6. 설탕사용량 1% 감소 ➜ 발효시간 단축으로 남아있는 당분이 많아져 껍질색 조절

➤ 선택적 조치사항

1. 소금 1.75% 감소 ➜ 이스트 활성을 억제하는 요소를 배제
2. 이스트 푸드 사용량 늘린다.
3. 완충제 역할로 발효를 지연시키는 분유는 1% 감소시킨다.
4. 식초나 젖산을 0.5~1% 첨가하여 반죽 pH를 낮춤으로써 발효를 촉진시킬 수 있다.

■ 냉동 반죽법(Frozen dough method)

1. 1차 발효 혹은 분할/성형을 마친 반죽을 -40℃로 급속 냉동시켜 -25~-18℃에서 냉동 저장했다가 필요 시마다 해동하여 사용하는 방법이다.
2. 급속냉동을 하는 이유는 전분의 노화구간은 -7~10℃를 빠르게 통과시켜 얼음 결정 생성을 최소화할 수 있기 때문이다.
3. 밀가루는 단백질 함량이 많은 것을 택하고 가능한 물(수분)은 적게 사용한다.
4. 스트레이트법으로 반죽하되 다른 제빵법보다 조금 되도록 물사용량을 조절한다.(반죽온도 20℃)
5. 냉동 중 가스발생을 줄이기 위해 보통 반죽보다 이스트양은 2배로 증가시킨다.
6. 냉동 시에는 1차 발효 때 생성된 수분이 얼면 부피가 팽창하면서 이스트와 글루텐이 손상을 입는다.
   ➜ 이스트파괴로 생성된 환원성 물질이 반죽을 퍼지게 하므로 수분량을 63%에서 58%로 줄인다.

7. 해동 사용 시 냉장고에서 완만 해동한다. (5~10℃) 도 컨디셔너(dough conditioner) 혹은 리타드 (retard) 등의 설비를 사용하면 해동 시간 조절이 가능하다.

8. 산화제(브롬산칼륨, 비타민C)와 환원제(L-시스테인) 및 노화방지제(스테아릴젖산나트륨 SSL)를 첨 가한다.

9. 냉동기간이 길어지면 품질저하가 일어나므로 냉동 후 꺼내어 사용할 때는 반드시 선입선출 원칙을 지킨다.

10. **장점** : 다품종 소량생산 및 야간, 휴일작업도 가능해 작업효율이 좋고, 생산 및 공급 조절이 쉽다. 냉동기간 중 제품 노화를 지연시킬 수 있으며, 빵의 최종부피가 커지고 속결과 향기기가 좋다. 발효 시간을 줄여 제조 시간이 짧아지므로 시간별로 갓 구운 제품 제공이 가능하다.

11. **단점** : 해동 시 반죽이 끈적거리고 퍼지기 쉽다. 이스트가 죽어 가스발생력, 가스보유력 모두 떨어진 다. 많은 양의 산화제를 사용해야 한다. 굽기 이후의 제품의 노화가 빠르다.

■ **찰리우드법(초고속 반죽법 Chorleywood dough method)**

영국 찰리우드 지방에서 유래된 초고속 반죽기를 이용한 반죽법으로 화학적 발효대신에 초고속 반죽 기를 이용하여 기계적으로 숙성시키므로 공정 시간은 줄일 수 있으나 향이 부족해진다. 플로어타임 이 후 분할한다.

■ **사워종법(sourdough method)**

가공된 이스트 대신에 자가 배양한 천연 발효종을 이용하는 방법으로 사워종법으로 제조한 빵은 풍미 가 좋고 소화가 잘되며, 노화를 지연시킬 수 있어 보존성이 향상된다.

■ **오버나이트 스펀지법(Over night sponge dough method)**

밤으로 새워 발효시킨다는 뜻에서 이름붙여졌으며 발효손실(3~5%)이 가장 큰 방법이다. 적은 양의 이 스트로 12~24시간 장시간 발효 시키기 때문에 신장성이 좋고 맛과 향이 풍부하다. 가스 보유력이 좋으 며, 저장성이 높다.

■ **후염법**

소금을 클린업 단계 직후에 넣어 믹싱하는 방법으로 반죽 시간을 단축시킬 수 있다. 반죽온도 감소, 흡 수율 증가 및 조직을 부드럽게 하고 반죽의 수화를 촉진시켜며 제품 속색으로 갈색으로 만든다.

(4) 제빵 발효

1) 1차 발효(Fermentation)

식품 속 미생물이 당류를 분해하거나 산화, 환원시켜 알코올, 산, 케톤을 만드는 생화학적 변화를 말한다. 발효과정에서 열과 탄산가스 등이 발생한다. 제빵 과정에서 효모는 반죽 속의 당을 분해하여 알코올과 이산화탄소를 만들고, 이 가스가 그대로 빠져나가지 않고 그물망 형태의 글루텐 막에 막혀 반죽이 부풀게 된다.

■ 1차발효의 대표적 목적 3가지

반죽의 팽창 / 반죽의 숙성 / 빵의 풍미 생성

2) 발효는 왜 하는가?

① 이스트의 가스 발생력(이산화탄소)을 최대로 하여 반죽의 팽창 작용을 용이하게 한다.

② 반죽의 가스 보유력 증대시켜 반죽의 신장성 향상시킨다.

③ 이스트 발효라는 생화학적 작용과 개량제를 이용한 화학작용으로 반죽을 분해하여 유연하게 숙성시킨다.

④ 발효에 의해 생성된 알코올, 에스테르, 유기산 등을 축적하여 독특한 맛과 향을 줌으로써 소화흡수율을 올리고 빵의 풍미 생성한다.

■ 1차 발효 조건

발효 온도 → 27℃	상대 습도→ 75~80%

■ 발효 완료점 확인법
- **물리적 변화** : 부피 증가(스트레이트법 3~3.5배, 스펀지법 4~5배), 표면 색변화, 반죽의 내부 망상조직(섬유질) 생성확인[스트레이트법], 핀홀(바늘구멍같이 작은 기포구멍)생성확인[스펀지법], 반죽을 눌렀을 때 누른 자국이 수축하는 탄력 정도로 확인[스트레이트법], 반죽 중앙이 오목하게 들어가는 드롭현상 확인[스펀지법]
- **생화학적 변화** : 내부 온도 변화[발효 진행에 따른 온도상승 체크], 내부 pH 변화[발효 진행에 따라 pH 하강 체크]

■ 펀치(가스빼기 Punch)
1차 발효에서 반죽내 발생한 가스를 빼는 작업으로 반죽의 부피가 2.5~3배 정도되었을 때 반죽을 눌러 탄산가스를 제거하는 것을 말한다 . 신선한 산소를 공급해서 이스트의 활성을 돕고 반죽의 온도를 균일하게 하여 고른 숙성을 위해 실시한다.

■ 이스트 사용량의 결정

이스트 사용량이 적을수록 발효시간은 길어지고 많을수록 발효시간은 짧아진다.

$$이스트\ 가감(조절)량 = \frac{기존\ 이스트양 \times 기존\ 발효\ 시간}{조절하고자\ 하는\ 발효\ 시간}$$

가스발생력은 이스트사용량, 전분 및 단백질의 효소에 의한 분해 작용에 의해 결정된다.

3) 발효 중 일어나는 변화 및 발효에 영향을 미치는 요소

➢ 프로테아제에 의해 단백질이 분해되어 글루텐 조직을 연화시키고 반죽의 신장성이 증가된다.

➢ 아밀라아제에 의해 전분이 맥아당으로 분해된다.

➢ 말타아제에 의해 맥아당이 포도당 2개로로 분해된다.

➢ 인버타아제에 의해 설탕이 포도당과 과당으로 분해된다.

➢ 당질의 분해 시 수분량 증가하여 글루텐에 흡수된다.

➢ 찌마아제의 탄수화물 분해활동으로 이산화탄소, 알코올, 유기산, 분해열 발생

➢ 탄수화물 분해 효소인 찌마아제에 의해 생성된 분해열이 반죽의 온도를 올리고, 생성된 이산화탄소에 의해 부피가 증가한다.

➢ 유기산 생성으로 반죽의 pH는 pH 4.6까지 떨어지면서 pH 4.5 ~ 5.5에서 발효가 가장 촉진된다.

➢ 유당은 분해되지 않고 남아서 굽기 시 캐러멜화 반응으로 껍질 색이 형성된다.

➢ 이스트 사용량이 많을수록 신선한 이스트일수록 가스 발생량이 많아 발효가 빨라진다.

➢ 설탕 사용량이 많을수록 발효가 빨라지지만 5%를 초과하면 가스 발생력이 약해져서 발효가 느려진다.

➢ 반죽 온도가 높을수록 발효가 빨라진다. (38℃에서 최대가 된다.)

➢ 소금은 표준량(1.75%)보다 많아지면 효소의 작용 억제되어 발효가 느려진다. 즉, 과량 사용 시 가스 발생 방해하여 발효 시간이 길어진다. 소금 사용 시 저장 기간이 길어지는 효과를 준다.

4) 발효손실

발효를 하는 도중 <u>수분 증발 및 효소에 의한 탄수화물</u> 분해과정에서 알코올과 탄산가스 발생으로 반죽 중량이 <u>약 1~2% 가량</u> 줄어드는 현상을 발효손실이라 한다.

✓ 소금과 설탕 사용량이 **많고**	✓ 소금과 설탕 사용량이 **적고**
✓ 발효시간이 **짧은** 경우	✓ 발효시간이 **긴** 경우
✓ 반죽온도와 발효실 온도가 **낮은** 경우	✓ 반죽온도와 발효실 온도가 **높은** 경우
✓ 발효실 습도가 **높은** 경우	✓ 발효실 습도가 **낮은** 경우
➔ 발효 손실이 적다.	➔ 발효 손실이 크다.

(5) 분할 및 둥글리기

분할은 1차 발효 후에 반죽을 정해진 분량으로 나누는 작업으로 분할 도중에도 발효는 계속 진행되기 때문에 식빵의 경우 15~20분, 과자빵류는 30분 이내로 분할을 완료한다. 분할 시 덧가루를 지나치게 많이 사용할 경우 빵 속에 줄무늬가 형성되고 완성제품에서 생밀가루 냄새가 날 수 있다.

■ 손분할과 기계분할

- **손분할[소량생산 시]** : 속도는 느리지만 반죽 손상이 적고 오븐스프링이 좋아 부피가 좋은 제품을 생산 가능하다.

- **기계분할[대량생산 시]** : 분할 전용 기계를 이용하여 반죽의 부피에 따라 분할이 이루어진다. 분할 속도는 분당 12~16회로 반죽의 온도는 비교적 낮은 것이 좋다. 반죽이 분할기에 달라붙지 않도록 유동 파라핀 오일을 이형제로 사용한다.

- **기계분할 시 반죽 손상을 줄이는 방법** : 스트레이트법보다 기계에 대한 내구성이 강한 스펀지법으로 반죽한다. 밀가루 단백질 함량이 높은 강력분이 반죽 손상이 적다. 반죽의 결과 온도가 낮은 것이 반죽 손상이 적다. 반죽의 수분흡수량이 최적상태이거나 약간 된 반죽일 경우 반죽손상에 강하다.

■ 반죽둥글리기

1. 분할완료한 반죽을 뭉쳐서 둥글림으로써 반죽 단면을 매끄럽게 마무리하고 가스를 균일하게 보유할 수 있는 구조로 재정돈하는 것을 말한다. 반죽의 절단면을 안쪽으로 말아 넣어 표면 점착성을 떨어뜨린다. 둥글리기 이후 성형이 용이한 최적상태로 만든다.

2. 둥글리기 방법에는 손을 이용한 수동방식과 라운더(Rounder)를 이용한 자동방식이 있다. 자동 방식은 속도는 빠른 반면 반죽 손상이 크다.

■ 반죽표면의 끈적거림 제거 방법은?

1. 덧가루는 적정량만 사용한다.
2. 반죽에 유화제 또는 오일을 윤활제로 사용한다.
3. 반죽 덧가루로 밀가루보다 소량사용 시에도 큰 효과를 얻을 수 있는 전분을 사용한다.

> **기출 Point**
> ➤ 둥글리기는 왜 해주나?
> ➤ 반죽표면 얇은 막형성 / 기공 고르게 / 글루텐 방향, 구조 정돈
>   But 수분 흡수력 증가 X
>   (수분 흡수력 증가는 믹싱공정의 역할이다.)

(6) 중간발효와 정형

■ 중간발효 [벤치타임 Bench Time]

둥글리기와 성형 사이에 10~20분 정도 잠시 발효시간을 두어 상실되었던 반죽의 물리적 특성[글루텐 재정돈, 유연성 회복, 표면 막 형성]을 회복시키는 것을 말한다. 끈적거림을 방지하고 신장성을 증가시켜 작업성을 향상시키는 것을 말한다.

■ 중간발효 조건과 방법

중간발효 [벤치타임] 온도 27~29℃, 상대 습도 75%, 시간 10~20분 정도

방법 : 반죽 수분 증발을 막기 위해 비닐 또는 젖은 헝겊으로 덮거나 캐비닛 발효실에 넣어 둔다.

(부피가 1.7~2배 팽창할 때까지) [대규모 공장에서는 오버헤드프루퍼(Overhead Proofer) 이용]

■ 정형(Make up or Molding)

벤치타임 후 반죽을 밀대로 밀어 가스를 빼주면서 원하는 모양으로 만들어주는 것

■ 정형작업 조건과 방법

✓ **온도 27~29℃, 상대 습도 75%**

✓ **방법 : [암기Tip!]** 밀-말-봉!

1. 밀기 : 반죽을 밀대로 밀어 큰 가스를 제거하고 기포를 고르게 분산시킨다.

2. 말기 : 적정 압력으로 말거나 접는다.

3. 봉하기 : 이음매를 단단히 고정하여 이후 과정(2차발효 및 굽기)에서 터짐을 방지한다.

(7) 팬닝

①정형 후 반죽을 일정한 모양을 갖춘 틀에 적정량의 채워 넣거나 팬에 일정 간격으로 위치시키는 것을 팬닝이라 한다. [팬닝 시 팬의 온도 32℃]

②팬닝 시에는 반죽량 조절이 중요하다.

③적정량의 반죽무게는 사용하고자 하는 틀의 부피를 비용적으로 나누어 구한다.

④반죽량이 많으면 윗면이 터지거나 흘러넘치게 되고 반대로 반죽량이 적으면 모양새가 좋지 않게 된다.

⑤반죽의 이음매는 반드시 아래로(바닥으로) 향하게 해야 2차발효나 굽기 시 벌어지는 것을 방지할 수 있다.

⑥굽기 후 팬에서 제품을 용이하게 분리하기 위해 틀에 도포하는 이형제는 맛, 색, 향이 없는 발연점 210℃ 이상의 안정성이 높은 유지를 사용한다. [종류 : **유동파라핀**, 면실유, 땅콩기름, 대두유 등]

⑦이형제 과다 사용 시에는 밑껍질이 두껍고 어두워지므로 반드시 적당량만 사용한다.

⑧팬닝 방식에는 한덩이로 넣는 스트레이트 팬닝(산형 식빵), 길게 늘인 반죽을 N, U, M자로 넣는 교차 팬닝(풀먼 식빵 등 뚜껑 덮는 제품), 길게 늘여 꼬아 넣는 트위스트 팬닝, 스파이럴 몰더와 연결된 스파이럴 팬닝 등이 있다.

■ 비용적이란?

• 반죽 1g당 굽는데 필요한 팬의 부피(cm^3)를 말한다.

$$비용적 = \frac{틀부피}{반죽무게(분할량)} \qquad 반죽무게(분할량) = \frac{틀부피}{비용적}$$

• 제품별 비용적을 알고 틀부피를 계산한 후 팬닝을 해야 알맞은 제품을 얻을 수 있다.

■ 제품별 비용적 (단위 : cm^3/g)

산형 식빵(윗면이 봉긋한 모양)	풀먼 식빵(윗면이 평평한 모양, 각식빵)
3.2~3.4cm^3/g	3.3~4.0cm^3/g

■ 틀 부피의 계산

1. 사각틀의 부피 = 밑판넓이 × 높이

2. 원형틀의 부피 = 밑넓이 × 높이 = 반지름 × 반지름 × 3.14 × 높이

3. 정확한 치수를 측정하기 어려운 틀의 부피는 곡류 알갱이 또는 물을 담은 후 메스실린더를 이용하여 측정한다.

(8) 2차 발효

1) 2차 발효의 효과와 발효실 조건

정형 또는 팬닝 시 이스트와 효소의 재활성화로 알코올 및 유기산을 생성시킴으로써 손상받은(가스가 빠진) 글루텐을 회복시키고, 신장성 증진 및 양호한 오븐 팽창을 하게 함으로써 최종적으로 양호한 외관과 식감을 부여하기 위한 발효 공정을 말한다.

2차발효 일반조건	**2차 발효실 일반조건 온도 38 ~40℃ 전후 습도 85%** **방법 : 완제품의 70%~80% 부풀린다. (정형 후 반죽 기준 2.5~3배)** **손가락으로 눌렀을 때 반죽 탄력성으로 판단**

제품별 2차발효 조건	• 식빵 및 단과자빵 → 고온고습 조건 : 온도 35~38℃ 습도 75~90% ✓ 햄버거빵이나 잉글리시 머핀은 반죽 흐름성 개선을 위해 상대 습도를 높게한다.
	• 크로와상, 데니시페스트리, 브리오슈, 하스브레드 → 저온저습 조건 : 온도 27~32℃ 습도 75% ✓ 바게트, 하드롤 등 하스브레드는 반죽 탄력성이 커야하므로 상대습도를 낮게한다. ✓ 데니시페스트리, 크로와상 등은 발효 중 롤인 유지가 흘러내리는 것을 방지 하기 위해 유지의 녹는점보다 2차 발효 온도를 낮게 설정하고, 습도도 낮게 해야 겉껍질이 바삭해진다. ✓ 브리오슈는 반죽 속 유지가 빠져나오는 것을 방지하기 위해 2차 발효온도를 낮게 설정한다.
	• 도너츠 류 → 저온건조 조건 : 온도 32℃ 습도 65~70% ✓ 반죽 탄력성을 유지하고 수포가 생기지 않도록 습도를 낮게 유지한다.

2) 온도, 습도, 시간에 따른 영향

①**발효실 온도가 낮을 때** : 껍질이 두껍고 거칠며 발효시간 길어짐, 풍미가 부족하고 팽창이 부족

②**발효실 온도가 높을 때** : 속과 껍질이 분리, 발효시간이 짧고, 반죽이 산성이 됨→세균 오염 우려

③**발효실 습도가 낮을 때** : 부피가 작고 표면이 갈라짐, 광택이 부족하고 얼룩이 생김, 윗면이 터지고 갈라짐, 껍질 형성이 조기에 발생

④**발효실 습도가 높을 때** : 껍질이 거칠어지고 질김, 껍질에 줄무늬, 수포, 반점 나타남, 윗면이 납작하게 됨

⑤**발효 시간이 부족할 때(어린 반죽)** : 부피가 작고 껍질에 균열 발생 용이, 껍질색이 짙고 붉은 빛깔, 속결이 조밀해진다.

⑥**발효 시간을 초과했을 때(지친 반죽)** : 부피가 너무 크거나 윗면이 주저 앉음, 내부 기공이 거칠고 노화가 빨라 저장성이 나쁘다. 신맛이 난다. 껍질색이 연하다. 속결이 거칠다.

(9) 익히기

1) 굽기

①빵류 익힘의 가장 기본이 되는 방법으로 오븐 등을 이용하여 반죽을 가열하면 단백질변성과 전분호화 등이 일어나면서 소화가 잘되고 향이 있는 제품을 만들어 내는 것을 말한다.

②껍질색을 짙게하고, 캐러멜 반응과 메일라드(마이야르) 반응으로 맛과 향이 좋아진다.

③탄산가스가 열에 의해 팽창하면서 오븐스프링과 오븐라이즈가 일어난다.

④2차 발효까지는 생화학적 반응이 활발히 진행되다가 굽기 단계에서는 미생물 활동과 효소 작용이 불활성화된다.

■ 언더베이킹과 오버베이킹

- 언더베이킹 : 고온에서 **단시간** 굽는다. (**암기팁!** 좀 모자라게, 짧게 굽는다 → 언더베이킹)
- 오버베이킹 : 저온에서 **장시간** 굽는다. (**암기팁!** 오버해서 오래 굽는다 → 오버베이킹)

  [※ 시간적 관점으로 이해하면 쉽다.]

- Over Baking → 저온 장시간 굽기 때문에

  ➢ 수분손실이 커서 노화가 촉진된다.

  ➢ 발효부족 시, 분할량을 많이 했을 경우 발생한다.

  ➢ 속 결은 부드러우나 껍질이 두꺼워지고 윗면이 평평하게 된다.

  ➢ 설탕, 유지, 분유량이 많은 고율배합에 적합(식빵)

- Under Baking → 고온 단시간 굽기 때문에
- 발효과다 시, 분할량 작을 시 발생한다.
- 제품 속이 설익고 조직 거칠어진다.
- 수분이 빠지지 않아 껍질에 주름이 지고 중심부가 갈라지고 주저앉기 쉽다.
- 설탕, 유지, 분유량이 적은 저율배합에 적합(과자빵)

■ 오븐 온도에 따른 특징

- **오븐 온도가 높을 때**
  1. 겉면이 거칠어지고 옆면의 강도가 약하다.
  2. 껍질이 바스러지고 껍질색이 짙어진다.
  3. 언더베이킹으로 부피가 작게 나오게 된다.

- **오븐 온도가 낮을 때**
  1. 껍질이 두꺼워지고 껍질색이 엷다.
  2. 윗면 갈라지고 광택이 부족하거나 얼룩이 생긴다.
  3. 오버베이킹으로 부피가 크게되기 쉽다.

■ 굽기 손실의 계산

반죽이 오븐에서 구워지는 동안 제품 내부의 <u>이산화탄소나 에틸알코올 등 휘발성물질과 수분</u>이 증발하면서 빵의 무게가 줄어드는 것을 **굽기손실**이라고 한다.

➤ 굽기손실 공식

$$굽기손실율(\%) = \frac{굽기전\ 반죽\ 무게 - 굽기\ 후\ 제품무게}{굽기\ 전\ 반죽무게} \times 100$$

[제품별 굽기손실]

일반식빵 11~13%, 풀먼식빵 7~9%, 단과자빵 10~11%, 하스브레드(바게트 등) 20~25%

■ **굽기 중 일어나는 대표 현상**

- **오븐스프링 (Oven spring)** : 오븐 속에서 빵 반죽이 급속히 부풀어 오르는 현상으로 일반적으로 반죽 내부 온도 49℃에서 급격히 부푼다. 이스트의 활동이 활발해져 다량의 탄산가스와 알코올이 기화되며, 이와 함께 효소 작용으로 전분의 호화와 글루텐 변성이 진행되는 현상 이후 반죽의 내부 온도가 60~65℃에 이르면 멈춘다.

- **오븐라이즈 (Oven rise)** : 처음 반죽을 오븐에 넣고 0~5분간 60℃까지 오르기 전 이스트가 가스를 발생시켜 점차 온도 상승하며 부풀어 오르는 현상을 말한다.

- **전분의 호화 (Zelatinization)** : 반죽은 54℃에서 호화로 인한 팽윤이 시작되며 팽윤된 전분에 계속 열이 가해지면 수분이 결정 부분까지 침투하여 흡수량이 증가한다. 계속 가열하면 결정구조 내의 수소결합이 파괴되고 결정 구조를 비결정형으로 변화시켜 반투명의 콜로이드 상태가 되는데 이와 같은 현상을 호화라 한다. 반죽 내부온도 70℃ 전후에서 호화가 완료된다.

- **캐러멜화 반응 (Caramelization)** : 당류를 고온으로 가열하면 산화 반응 등에 의해 먹음직스러운 갈색을 띄게 되는 생기는 현상으로, 요리에 고소함과 진한 갈색의 원인이 되는 중요한 현상이다. 캐러멜화 작용의 발현에 효소가 관여하지 않는 비 효소적 갈변반응이며, 발생하는 휘발성 화학 물질이 캐러멜의 독특한 맛과 향을 자아낸다.

- **메일라드(마이야르) 반응 (Maillard reaction)**
  비효소적 갈변 반응으로 당류, 특히 환원당과 아미노 화합물들에 의한 갈색화 반응을 말하는데 대부분의 식품들은 주성분으로 당류 등의 카보닐 화합물과 단백질 등의 아미노기를 가진 질소화합물을 함유하고 있기 때문에 마이야르 반응은 식품에서 흔히 볼 수 있는 갈색반응이며 식품가공에서 가장 중요한 비효소적 갈색 반응이다.

2) 튀기기

①튀기기 시 적정 튀김기름 온도는 180~195℃로 표준온도보다 **온도가 낮은 경우 껍질이 거칠어지고 과다하게 부풀면서 흡유량이 많아진다**. 반대로 튀김기름의 온도가 너무 높으면 속이 익지 않고 껍질 색이 진하게 된다.

②튀긴 후 설탕이나 글레이즈를 표면에 입혔을 때 제품 내부의 수분이 표면으로 흘러나와 설탕을 녹이면서 눅눅해지는 현상을 **발한현상**이라고 한다. 튀기는 시간을 늘리고, 튀긴 후 충분히 냉각시킬 것, 설탕 사용량을 늘리는 것으로 수분함량을 낮추는 방법 또는 튀김유에 3~6% 스테아린을 첨가하여 발한현상을 예방할 수 있다.

■ 튀김 기름의 가열 시 일어나는 현상

1. 열로 인해 산패가 촉진되며, 유리지방산과 이물의 증가로 발연점은 점점 낮아진다.

2. 지방의 점도가 증가하며 거품이 현상이 나타나기도 한다.

3. 단백질이 열분해 되면서 생성된 아미노산과 당이 메일라드 반응을 일으키면서 갈색 색소를 형성하여 제품의 색이 짙어진다.

4. 도넛 튀김 기름에 스테아린 3~6% 첨가 시 유지의 융점을 높여 도넛에 설탕이 붙는 점착성을 증가시키고, 제품에 기름이 흡수되는 것을 저지할 수 있으며 황화현상과 회화 현상을 방지할 수 있다.

■ 튀김기름의 조건과 선택

1. 엷은 색을 띠거나 투명하며, 광택이 있을 것

2. 불쾌한 냄새나 맛이 나지 않을 것

3. 가열했을 때 냄새가 없고 거품이나 연기가 나지 않을 것

4. 발연점(연기발생온도)이 높을 것 (열 안정성이 높을 것)

5. 항산화 물질(토코페롤 등)을 다량 함유하여 저장 중 산패에 안정성이 높을 것

6. 튀긴 후 제품 냉각 중에는 제품 속 흡수된 튀김기름(유지)는 충분히 응결할 것

7. 튀김용기의 깊이는 12~15cm가 적당하며 깊이가 낮을 경우 온도변화가 커지고, 깊이가 깊을수록 초기 온도를 올리는데 열량소모가 크다.

8. 튀김기름은 여러 번 사용하게 되면 산가(지질 및 과산화물 수치)가 높아지고, 점도(끈적임정도)가 증가한다.

9. 정제가 잘 된 식물성기름이 적합 (대두유, 옥수수기름, 면실유 등)

■ 튀기기 시 흡유량 증가 요인 [빵도넛]

- 튀김 시간이 길어질수록 흡유량이 많아지며 튀기는 제품의 표면적이 클수록 흡유량이 증가한다.

- 당류, 지방의 함량 및 레시틴(달걀노른자)의 함량, 수분 함량이 많을 때 기름 흡수가 증가한다.

- 박력분 사용 시 강력분 사용 시 보다 흡유량이 더 크다.

3) 찜

찜은 수증기의 이동에 의해 열을 전달하는 <u>대류현상</u>을 이용하는 것으로 물질이 온도 변화 없이 고체-액체-기체 등으로 상태가 변할 때 드는 열량(에너지)을 숨은열(잠열)이라고 하는데, <u>찜은 기화잠열 (559kcal/1g)을 이용</u>하여 제품을 익히게 된다.

찜기의 재질은 금속보다는 도자기로 된 것이 열의 전도가 적어 적당하며 처음에는 불의 세기를 강하게 하는게 좋다. 온도관리가 용이한 편이며 제품 모양 그대로를 보존할 수 있고 수용성 성분의 손실이 적은 것이 특징이다.

(10) 장식

1) 아이싱

아이싱이란 다양한 케이크나 과자 제품 표면에 설탕시럽이나 크림을 이용하여 한 꺼풀 씌워 냄으로써 모양을 좋게하고 표면이 마르지 않도록 하는 장식 방법을 뜻한다.

- **단순 아이싱** : 슈가파우더(분당粉糖), 물엿, 물을 넣고 43℃로 중탕하여 만든다.
- **퐁당 아이싱** : 설탕 시럽을 기포하여 크림화하여 만든다.[크림 아이싱]
- **퍼지 아이싱** : 설탕, 우유, 버터, 초콜링 등을 주재료로 크림화하여 만든다.[크림 아이싱]
- **마시멜로 아이싱** : 거품을 올린 흰자 머랭에 뜨거운 시럽을 첨가하면서 고속으로 믹싱하고 젤라틴을 첨가하여 만든다.[크림 아이싱]

※ 조합형 아이싱은 단순 아이싱과 크림 아이싱을 혼합하여 만든다.

■ 아이싱 시 주의사항

- 아이싱의 끈적거림을 방지하기 위해 젤라틴, 한천, 검류, 알긴산, 팩틴 등의 안정제를 사용하거나 전분이나 밀가루를 흡수제로 사용하기도 한다.
- 아이싱이 작업 중 굳었을 때는 35~43℃ 정도로 중탕하여 사용하거나 최소한의 액체(시럽)를 사용하여 풀어준다.

2) 글레이즈

- 주로 도넛이나 과자제품 표면에 광택효과를 내며, 제품의 건조를 방지하는 기능도 한다.
- 안정제인 젤라틴, 한천, 검류, 펙틴 등을 45~50℃ 정도로 데워서 사용한다.

3) 안정제

액상 재료의 점도(끈적한 정도)를 증가시켜 젤리 상태의 안정된 구조로 바꿔주는 역할을 한다.

■ **안정제의 역할**

  1. 아이싱의 끈적거림과 크랙(crack)을 방지할 수 있다.
  2. 머랭이나 크림의 수분 배출을 억제해 기포를 안정시키고 노화를 지연시키는 효과가 있다.
  3. 파이 충전물의 점도를 증가시키는 농후화제 역할을 한다.
  4. 젤리, 무스, 바바루아, 커스터드 크림 등 다양한 제품에 사용된다.

■ **제과제빵에 사용되는 안정제**

  1. **젤라틴** : 동물의 가죽이나 연골의 콜라겐을 추출하여 만든 동물성 단백질이다. 물과 함께 가열하면 30℃ 이상에서 녹으며 냉과인 무스나 바바루아 또는 아이싱, 글레이즈의 안정제로 사용된다.
  2. **펙틴** : 당 + 산과 함께 작용하여 젤리나 잼이 만들어진다. 천연 과일껍질에 들어있는 프로토펙틴이 가수분해 효소의 작용으로 수용성 펙틴이 된다.
  3. **CMC** : 카복시메틸셀룰로스나트륨(Sodium Carboxymethylcellulose) 또는 CMC로 불리며 천연 펄프나 식물의 뿌리에서 추출한 셀룰로오스를 가공하여 만들어지는 점성 증진 안정제로 냉수에 쉽게 녹으며 산에 약한 특징이 있다.
  4. **검류** : 구아검, 로커스트 빈검, 카라야검, 아라비아검 등이 유화제, 안정제, 점착제, 증점제로 사용된다.안정제로 사용되는 검류는 냉수에 용해되는 친수성 물질이며 낮은 온도에서도 높은 점성을 나타낸다.
  5. **한천** : 우뭇가사리 등 홍조류에서 추출한 식물성 원료를 물로 깨끗이 씻어 이물질을 제거한 후 열수 추출하거나 황산 또는 아세트산을 첨가한 약한 산성으로 추출해낸다.
  6. **알긴산** : 다시마, 미역 등에서 추출

(11) 냉각과 포장

❖ **냉각** : 굽기가 끝난 제품은 반드시 제품 내부의 온도와 수분함량을 일정 수준으로 낮춰서 포장해야한다. 그렇지 않으면 포장 내부에서 냉각되면서 수분이 포장 표면에 응축대에 제품 속에 침투하여 곰팡이나 유해세균이 번식할 위험이 높아진다.

❖ **포장** : 유통 과정에서의 안전하고 용이한 취급과 외부 환경으로부터 제품의 가치 및 상태를 보호하기 위해 적합한 재료 또는 용기에 제품을 넣는 과정을 말한다.

■ 냉각 방식

냉각팬에 올려 상온(20℃에서 약 3~4시간 냉각하는 자연 냉각과 공기배출을 이용한 냉각컨베이어식 (터널식) 냉각, 공기조절식(에어컨디션식) 냉각 등이 있다. 컨베이어식은 주로 대규모공장에서 사용되며, 공기조절식 냉각은 제품에 20~25℃ 습도 85%로 설정된 공기를 통과시켜 가장 빠르게 냉각하는 방식이다.

■ 냉각 온도에 따른 영향

- 일반적인 제품냉각 조건 : 온도 20~25℃, 습도 87~85%

  1. 냉각실 설정 온도가 적정수준보다 낮을 경우 : 표면이 건조하여 거칠어지고 노화가 빠르게 진행된다.
  2. 냉각실 설정 온도가 적정수준보다 높을 경우 : 냉각 시간이 증가하며 절단이 용이하지 못해 형태가 고르지 못하게 된다.
  3. 냉각실 설정 습도가 지나치게 낮을 경우 : 껍질이 지나치게 건조하거나 갈라진다.
  4. 냉각실 설정 공기흐름이 지나치게 빠를 경우 : 껍질이 지나치게 건조해지고 잔주름과 모양이 나빠진다.

■ 냉각손실

제품 냉각 중 수분이 증발하여 손실되는 비율을 말하며 일반적으로 2%로 본다. 냉각손실은 **여름보다 겨울에 크게 나타나며, 상대습도가 낮을수록** 냉각손실이 커진다.

■ 포장 온도

- 포장 시 온도는 **과자류 20~25℃, 빵류 35~40℃**가 적당하다.
- 포장 전 빵의 온도가 너무 낮으면

  → 수분손실이 많아져 껍질이 심하게 건조해지고 제품 노화가 가속된다.
- 포장 전 빵의 온도가 너무 높으면

  → 형태 유지가 어렵고 포장지에 습기가 차서 곰팡이가 발생할 수 있다.

■ 포장의 기능

1. **내용물 보호** : 수분증발과 미생물 오염 방지, 노화억제 등 물리적, 화학적, 생물적, 인위적 요인으로부터 제품의 내용물을 보호하고 제품 손상을 방지한다.
2. **취급 상의 편의** : 제품 생산, 저장, 유통 과정 및 사용 후 폐기에 이르기까지 각 단계에서 취급이 편하도록 편의성을 제공하고 품질을 유지하여 상품의 수명을 연장한다.
3. **판매의 촉진** : 포장을 통해 제품을 차별화할 수 있으며 소비자들의 구매 욕구을 일으킴으로써 매출 증대 효과를 가져올 수 있다.

■ 포장용기의 구비조건

✓ 방수성과 작업 용이성 갖출 것	✓ 위생적일 것
✓ 통기성없을 것	✓ 제품을 변형시키지 않을 것

■ 합성수지 포장재별 특징

- PP [Poly propyrene] 폴리프로필렌 : 일반 제과점 진열 포장을 비롯하여 각종 식품 포장 및 인쇄용으로 주로 사용되며 투명성과 강도가 뛰어나다.
- PE [Poly ethylene] 폴리에틸렌 : 값이 싸고 수분은 차단하고 기체는 투과시킬 수 있어 주로 짧은 기간 저장하는 저지방 식품의 포장에 쓰인다.
- PS [Poly Styrene] 폴리스티렌 : 가볍고 투명하여 육류나 생선류의 트레이로 많이 사용되나 충격에 약하다.
- OPP [Oriented Poly propyrene] 오리엔티드 폴리프로필렌 : 폴리프로필렌(PP)의 성능을 더욱 강화한 제품으로 PP와 더불어 제과제빵 포장에 널리 쓰이며 투명성, 방습성, 내유성이 우수하지만 가열 시에는 수축 변형된다.

  ※ PVC(Polyvinyl chloride)는 인체 유해물질을 포함하여 식품용, 의료용, 장난감 등에 사용이 금지되어 있음

(12) 제빵 제품별 특징

■ 단과자빵

단계	특징
믹싱(반죽)	최종 단계까지 (클린업 단계에서 유지 첨가)
1차 발효	80~100분 진행, 온도 27℃ 상대습도 75~80%
성형	분할→둥글리기→중간발효→정형→팬닝
2차 발효	팬닝 후 30~35분 진행, 온도 35~40℃, 습도 85%
굽기	윗불 190~200℃, 아랫불 150℃로 12~15분 굽는다.
특징	단과자빵은 식빵보다 설탕, 유지, 계란 비율이 높다. 크림빵과 단팥빵은 일본식 단과자빵이며, 커피케이크, 스위트롤은 미국식 단과자빵으로 분류된다.

■ 잉글리시머핀

단계	특징
믹싱(반죽)	렛다운 단계까지 묽게 반죽한다.
1차 발효	60~70분 진행, 온도 27℃ 상대습도 75~80%
성형	분할→둥글리기→중간발효→정형→팬닝

2차 발효	고온고습, 팬닝 후 25~35분 진행, 온도 35~43℃, 습도 85~95%
굽기	210~220℃으로 8~12분 굽는다.
특징	지지대를 사용하여 오븐의 윗 철판에 올려서 굽니다. 굽기 시작 시 제품 윗면이 평평해야 한다.

■ 데니시페이스트리

단계	특징
믹싱(반죽)	픽업 단계까지 반죽한다. (유지는 클린업 단계에서 투입)
1차 발효	60~70분 진행, 온도 27℃ 상대습도 75~80%
성형	일정한 두께로 밀어 편 후 롤인유지(버터, 마아가린 등)를 감싸 접은 후 냉장휴지(3회반복) 파치가 많이 생기지 않도록 재단 시 예리한 파이커터를 사용한다.
2차 발효	30분 진행, 온도 27~32℃, 습도 70~75%
굽기	윗불 200℃, 아랫불 150℃로 15~18분 굽는다.
특징	반죽온도는 18~22℃ 대표제품 : 크루아상 접기 횟수기 많을수록 부피가 증가하지만 최고점을 지나면 부피가 감소하기 시작하는데 이 현상은 롤 인 유지의 함량이 **적을수록 현저해진다.**

■ 바게트(프랑스빵)

단계	특징
믹싱(반죽)	반죽온도 24℃로 발전 단계까지 믹싱한다.
1차 발효	70~80분 진행, 온도 27℃ 상대습도는 65~75%로 상대적으로 다소 낮게 설정해야 반죽에 탄력성을 부 여하고 흐름성을 억제하여 껍질을 바삭하게 할 수 있다.
성형	분할→둥글리기→중간발효→정형→팬닝
2차 발효	팬닝 후 60분 진행, 온도 30~33℃, 습도 75%
굽기	원하는 부분만 터짐이 생기도록 표면에 사선으로 칼집을 내고, 220~240℃으로 40분간 굽는다.
특징	굽기 시 스팀을 분사하여 터짐을 방지하고 표면에 광택을 부여하며, 껍질을 얇고 바삭하게 한다. 하지 만 스팀이 과하면 껍질이 질겨질 수 있다.

■ **건포도 식빵**의 경우 반드시 건포도가 물을 흡수하도록 전처리를 하고, 건포도가 터지거나 반죽에 얼룩
이 생기는 것을 방지하기 위해 **최종단계**에서 투입한다.(일찍 투입 시 이스트활력이 떨어지고, 껍질색
이 칙칙해짐) 전처리를 통해 빵 속 수분이 건조한 건포도로 이동하는 것을 방지하고, 건포도의 맛과 향
을 살릴 수 있다.

■ **호밀빵**은 밀가루에 호밀가루를 첨가하여 색상과 풍미를 좋게 한 제품으로 반죽에 호밀가루 비율이 증
가할수록 흡수율이 증가하고 반죽온도가 낮아진다. [반죽온도 25℃, 발전단계까지 믹싱]

MEMO

| 파이팅 혼공TV PD 혼공 |

- 교육컨텐츠 기업 (주) 엔제이인사이트 대표이사
- 자격증 전문 유튜브채널 〈파이팅혼공TV〉 운영자
- 파이팅혼공TV 한식조리기능사 필기 초단기 합격 저자
- 파이팅혼공TV 전기기능사 필기 초단기합격 저자
- 파이팅혼공TV 조경기능사 필기 초단기합격 저자
- 파이팅혼공TV 산림기능사 필기 초단기합격 저자
- 파이팅혼공TV 지게차 운전기능사 필기 한방에 정리 저자
- 파이팅혼공TV 굴착기 운전기능사 필기 한방에 정리 저자

2025 제과·제빵기능사 & 산업기사 필기 CBT 복원 기출문제집

발행일   2025년 4월 21일

편저자   파이팅혼공TV 컨텐츠개발팀

발행처   인성재단(지식오름)

발행인   조순자

디자인   서시영

ISBN   979 - 11 - 94539 - 75 - 9

정가   25,000원